“马克思主义理论一级学科研究生核心课程教学设计”丛书

该书为 2021 年西南大学中央高校基本科研业务费专项资金项目（项目名称：当代欧洲左翼政党对资本主义的批判及其现实启示研究，项目编号：SWU2109201）、2020 年重庆市教委人文社会科学研究项目（项目名称：新时代高校思政课教师坚定马克思主义信仰研究，项目编号：20SKSZ005）、2020 年国家社科基金后期资助暨优秀博士论文项目（项目名称：当代欧洲左翼政党价值观及其教育实践研究，项目编号：20FKSB023）的阶段性成果。

“马克思主义发展史课”教学设计

薛俊强　蒋志红　易艳华 等　编著

西南大学出版社
SWUP 国家一级出版社 全国百佳图书出版单位

图书在版编目(CIP)数据

"马克思主义发展史课"教学设计 / 薛俊强等编著
. -- 重庆 : 西南大学出版社, 2023.6
("马克思主义理论一级学科研究生核心课程教学设计"丛书)
ISBN 978-7-5697-1421-0

Ⅰ. ①马… Ⅱ. ①薛… Ⅲ. ①马克思主义—发展史—教学设计—高等学校 Ⅳ. ①A81

中国版本图书馆CIP数据核字(2022)第100393号

"马克思主义发展史课"教学设计

"MAKESI ZHUYI FAZHANSHI KE" JIAOXUE SHEJI

薛俊强　蒋志红　易艳华　等　编著

责任编辑:李　君　王传佳
责任校对:牛振宇
装帧设计:观止堂_未　氓
排　　版:张　祥
出版发行:西南大学出版社(原西南师范大学出版社)
地址:重庆市北碚区天生路2号
邮编:400715
印　　刷:重庆紫石东南印务有限公司
幅面尺寸:170 mm×240 mm
印　　张:17.75
字　　数:390千字
版　　次:2023年6月 第1版
印　　次:2023年6月 第1次
书　　号:ISBN 978-7-5697-1421-0

定　　价:58.00元

编委会

本书编委会

编 著 人 员 （以姓氏笔画为序）

王娅娅　成军青　吴　瑶　吴大娟　易艳华

胡　刘　高　妍　蒋志红　谭惠芝　薛俊强

编写说明

为深入贯彻党的十九大关于实现高等教育内涵式发展的要求，落实全国高校思想政治工作会议精神，加强研究生课程建设，提高研究生培养质量，国务院学位委员会办公室委托国务院学位委员会马克思主义理论学科评议组编写了《马克思主义理论一级学科研究生核心课程指南》，以此作为研究生课程设置、讲授和学习的主要依据，教育行政部门和研究生培养单位开展质量评估的重要参考。

课程学习是我国学位与研究生教育制度的重要特征，是保障研究生培养质量的必备环节，在研究生成长成才中具有全面、综合和基础性作用。重视课程学习，加强课程建设，是提升研究生科研能力、创新能力、实践能力的重要手段，是当前深化研究生教育改革的重要任务。为确保开好、上好、学好“核心课程”，经培养单位研究，在马克思主义理论一级学科内以每门课程为单位组成教学团队，研究编制该门课程的“教学设计”，并正式出版。

伴随马克思主义理论一级学科成长壮大的前进步伐，已形成面世了几套研究成果丛书。最近的一套研究丛书是在2018年由人民出版社出版的。当时，是利用西南大学基本科研业务费专项资金“创新团队”项目——马克思主义理论学科创新发展研究研制出版的，有：《大学生思想政治教育改革创新研究》《思想政治教育基础理论前沿问题研究》《马克思主义基础理论专题研究》《国外马克思主义前沿问题研究》《高校思想政治理论课教学改革理论创新研究》等五本，集中反映了党的十八大以来马克思主义理论学科创新团队致力于马克思主义理论研究和人才培养的新进展新成果，也是对本学科建设历程与取得成绩的重要记载。此次研制出版“马克思主义理论一级学科研究生核心课程教学设计”丛书，是又一系列成果的鲜明展示，同样会在马克思主义理论学科建设的历史长河中写下重要一笔。

“马克思主义理论一级学科研究生核心课程教学设计”丛书，以每门课程为单元独立编写一本教学设计，共7本，其中博士研究生核心课程教学设计有：

“马克思主义经典著作研读课”教学设计　　　（负责人黄蓉生）

“马克思主义理论前沿问题课”教学设计　　（负责人陈跃）
“马克思主义研究方法课”教学设计　　（负责人邹绍清）
“思想政治理论课教学与研究课”教学设计　　（负责人吴艳东）

硕士研究生核心课程教学设计有：

“马克思主义经典著作导读课”教学设计　　（负责人白显良）
“马克思主义基本原理专题研究课”教学设计　　（负责人何玲玲）
“马克思主义发展史课”教学设计　　（负责人薛俊强）

“马克思主义理论一级学科研究生核心课程教学设计”丛书旨在帮助教师更好地教、引导学生更好地学，基本编写体例理路框架为：

1. 篇目概述
2. 教学目标
3. 讲授导入
4. 内容阐释
5. 课堂研讨
6. 资料运用
7. 案例推荐
8. 归纳小结

需要强调说明的是，本套“教学设计”依据“研究生核心课程指南”而编写，不具备“参考答案”功能，主要是为上好“核心课程”提供一些建设性意见。在编写过程中，各教学团队十分投入和努力，多次研讨交流，一方面吃透“研究生核心课程指南”精神，另一方面参考大量已有研究成果，力求正确准确精确地予以呈现，这是集体智慧的结晶、共同奋斗的结果。相信，这一套“教学设计”能够成为马克思主义理论教学、研究生培养的得力助手。

黄蓉生
2021 年 4 月 28 日

目　录

第一章　马克思主义的缘起、创立与发展

一、篇目概述

本章作为全书的开篇之章，主要从思想史和文本史相结合的研究视角，探讨马克思主义缘起、创立和发展的历史过程及其基本规律。马克思主义是在回答19世纪资本主义时代之问和汲取人类文明发展之有益成果的基础上形成的一门综合性思想理论体系，其内容涵盖了哲学、社会学、历史学、政治学、经济学、生态学等各个领域。作为一门“关于现实的人及其历史发展的科学”，马克思主义以“现实的人”为理论研究的出发点，把唯物史观和政治经济学批判作为剖析资本主义社会和整个人类社会历史发展之规律的思想武器，把实现无产阶级解放和全人类自由全面发展作为最高价值追求。马克思主义回应并解答了一系列资本主义时代面临的社会现实难题和无产阶级生存发展问题，创造性地开启了洞察现代社会本质的科学世界观及方法论，为剖析和应对当代社会发展过程中暴露的诸多疑难杂症提供了一套行之有效的研究范式和处理方法。马克思主义是最具批判性、革命性、科学性、实践性和整体性的社会历史理论。马克思主义不是一开始就呈现出我们当下所看到的理论形态和实践效应，而是经过了一段漫长曲折的发展过程。要想走进马克思主义思想体系的深处，挖掘其深刻的思想内涵和精神实质，必须掌握马克思主义产生的时代背景和思想基础。这是本章试图回应的一个关键性问题，也是理解和掌握全书的一条线索。马克思主义是历史发展的产物，其生成与发展深深根植于17—18世纪欧洲启蒙运动、德国古典哲学、英国古典政治经济学和近代欧洲空想社会主义传统提供的思想土壤之中。本章将回归马克思主义经典著作，结合政治经济史、工人阶级运动斗争史、社会主义发展史等，具体地探讨马克思主义是如何缘起、创立和不断发展成熟的。

在教学目标上，本章将从知识、技能和情感三个维度展开，切实帮助学生夯实理论基础和树立正确的价值观念。第一，通过理论阐释和课堂讲授，使学生掌握马克思主义产生与发展的时代背景和思想渊源、唯物史观与马克思主义政治经济学的批判性和革命性变革、马克思和恩格斯晚年的思想。第二，引导学生利用马克思主义立场、观点和方法，科学评价和讲述马克思主义创立发展的历史过程及其基本规律，并汲取其中的思想精髓分析当代社会现实问题。第三，培养学生历史唯物主义的思想方法和分析方法，引导学生坚定马克思主义理论信仰，坚持马克思主义在我国意识形态领域中的根本指导地位。

在教学内容方面，本章通过视频导入和问题导入，引出“马克思主义”这一主题，引导学生思考“马克思主义是在怎样的一个历史背景下产生的”“这一思想在今天是否还有存在的必要和意义”，从而展开本章内容。围绕本章探讨的核心问题，本章将着重阐述和讲解四个方面的内容：马克思主义产生的时代背景和思想渊源，唯物史观的形成与创立，马克思、恩格斯政治经济学批判的革命性变革，马克思、恩格斯晚年思想研究。

在教学方法上，本章将穿插使用理论讲授法、主题研讨法、案例教学法、实践体验法等方法。通过理论讲授法，将马克思主义产生的时代背景和思想渊源、唯物史观的基本内涵和历史贡献、马克思主义政治经济学的批判理论特质和方法前提、马克思与恩格斯晚年思想的问题意识等知识，一一传授给学生。通过主题研讨法，使学生掌握马克思主义是在资本主义取代封建主义和工业资本主义实践持续深入推进，批判吸收以往思想家和理论家学说合理因素的基础上形成的。帮助学生了解唯物史观的创立过程是马克思主义发展史的重要环节，唯物史观为分析人类社会历史发展的本质、过程和规律提供了科学的方法。通过案例教学法，使学生掌握马克思主义与欧洲启蒙运动的内在关系和历史唯物主义的独特内涵。通过实践体验法，将学生分成若干小组，围绕马克思主义经典著作，分组讨论马克思主义与欧洲启蒙运动的关系、马克思主义产生与英国工业资本主义、马克思主义与空想社会主义的历史关联等问题，最后形成PPT进行课堂展示。

本章围绕“马克思主义的缘起、创立与发展”这一主题，提供了相关的阅读资料和参考书籍(具体请参见“六、资料运用”)，以帮助学生在充分涉猎资料文献的基础上更好地消化本章内容，以达到“知其然且知其所以然”的学习高度。

二、教学目标

1.通过讲解马克思主义产生的时代背景和思想渊源，唯物史观的形成和创立过程，马克思和恩格斯政治经济学批判研究的思想历程，使学生了解马克思和恩格斯政治经济学批判学说创立的过程。通过思想史和文本史的梳理，带领学生重温马克思、恩格斯在19世纪70年代到90年代思想探索的核心主题，分析其思想演变的历史轨迹和发展线索，夯实学生对马克思主义发展史基础知识的理解。

2.回顾马克思和恩格斯是通过怎样的思想准备和理论研究，以及马克思是怎样一步步脱离黑格尔的自我意识哲学和费尔巴哈的人本学唯物主义的，从而使学生掌握唯物史观创建发展的演变进程。

3.通过讲解马克思主义实现了人类思想史的革命性变革,使学生了解革命性变革的特征和内涵,提升学生的归纳分析能力,激发学生树立追求真理、勇于探索的精神。

三、讲授导入

(一)马克思主义产生的时代背景和思想渊源

[视频导入]

《走进马克思》:视频简要地介绍了马克思的生平经历,让学生走进马克思主义产生的欧洲,走进欧洲启蒙运动批判思想的殿堂和那个风起云涌的革命时代,感受那个时代的脉搏,深刻体悟马克思主义产生的时代背景,追踪孕育马克思主义形成的时代烙印。

(二)唯物史观的形成与创立

[问题导入]

唯物史观这一新世界观的形成与创立过程是一个艰苦的思想磨炼和探索的历史过程。马克思、恩格斯通过对黑格尔法哲学和青年黑格尔派思辨哲学的批判,通过吸取费尔巴哈感性的人的学说,通过初步研究法国大革命时期的政治著作,并通过各自不同的思想批判历程共同找到了通往现实和实现人的自由发展的道路,共同创立了批判资本主义和探索实现人类解放道路的唯物史观。他们将唯物史观作为进一步从事政治经济学批判的理论基础,并在资本主义批判和政治经济学批判中不断深化对唯物史观的研究。

那么问题在于:我们该如何在现实斗争和思想纷争的思想史研究中明晰马克思、恩格斯唯物史观形成与创立的思想历程?只有通过对马克思、恩格斯所处时代的思想史、社会史、经济史和政治史进行广泛研究和思考,才能真正理解唯物史观这一伟大世界观的形成和创立过程。

(三)马克思、恩格斯政治经济学批判的革命性变革

[问题导入]

马克思和恩格斯为何要从事政治经济学的批判研究?他们从事政治经济学批判这项工作的出发点和全部事业的宗旨是什么?政治经济学批判的研究对象、研究方法和研究过程是什么?如何理解政治经济学批判与唯物史观、科学社会主义的关系?

马克思和恩格斯政治经济学批判的全部工作建立在对现代资本主义生产方式的批判之上,针对资本主义生产方式对无产阶级及劳动者的剥夺,揭示资本剥夺劳动的秘密,探索无产阶级解放的现实道路。本章将重点讲解马克思主义政治经济学批判,让我们将文本与现实相结合,走进资本主义世界,领略政治经济学批判的时代价值。

(四)马克思、恩格斯晚年思想研究

[问题导入]

马克思、恩格斯晚年思想是一座理论宝库,凝聚着他们毕生对马克思主义的理论创造和经验总结。马克思和恩格斯在晚年提出了哪些至今仍具有重要现实意义和时代价值的理论思考?这些思考对于推动当今马克思主义发展有何重要现实启示?马克思、恩格斯晚年思想从哪些方面丰富了马克思主义理论?与他们早年的思想相比,其晚年对资本主义的批判和对时代问题的分析有何独创性贡献?这些问题都是我们本章要讲解的核心内容。

四、内容阐述

本章将围绕马克思主义产生的时代背景和思想渊源,唯物史观的形成与创立,马克思、恩格斯政治经济学批判的革命性变革,马克思、恩格斯晚年思想研究四部分进行讲授。

(一)马克思主义产生的时代背景和思想渊源

近代欧洲启蒙运动是欧洲社会一次影响甚广的思想文化活动,它蕴含着革命的元素、社会主义的类型、实践的发展和技术的突变等。

1. 马克思主义与近代欧洲启蒙运动

这部分主要考察17世纪和18世纪欧洲启蒙运动与马克思主义形成的思想渊源,重点考察启蒙运动的"理性""社会进步观念"与马克思主义社会历史发展规律学说的思想传承。"理性"为人的行为和社会形成提供了基础规范,按照理性的标准,启蒙运动的理性主义还意味着一种对社会(包含现代资本主义社会)的批判。以法国启蒙运动思想为代表的启蒙学说蕴含着对人类美好生活的向往和追求,提供了对人的自我改善能力的信念,提供了对人类历史最终走向实现每个人自由个性发展的理想信念。18世纪可以称为法国启蒙运动的革命年代,恩格斯把法国启蒙运动作为法国大革命和资产阶级革命的思想先声,这是非常深刻的见解。法国启蒙运动的批判对象是当时作为欧洲旧势力

和封建专制思想基础的封建神学、宗教和旧的形而上学。在认识论、本体论和历史观方面,法国启蒙思想家(包括伏尔泰、孟德斯鸠、爱尔维修、狄德罗和卢梭等人)的思想为后来马克思主义关于实践、人的本质和经济因素决定社会发展的唯物史观奠定了基础。法国唯物主义强调对环境的改造也是一种对社会变革的最明确体现。

18世纪和19世纪的欧洲启蒙运动触发了马克思和恩格斯对现代社会的思考,以卢梭为代表人物的法国启蒙运动和法国大革命等思想革命运动直接奠定了马克思主义现代社会理论形成的基石。马克思主义之所以具有强大的历史生命力,是因为它对近代欧洲启蒙运动思想具有批判性继承与创新。第一,马克思主义分析和揭示了启蒙运动思想的价值前提,深入考察了作为启蒙运动思想前提的自然法传统,指出自然法传统的社会历史前提、思想限度和阶级属性。第二,马克思主义把启蒙运动思想所内含的实现个人自由解放的价值取向升华为实现无产阶级和全人类的自由解放,这为其实现"自由人的联合体"的理想社会提供了具有人文关怀维度的价值取向。第三,马克思主义把启蒙运动思想所内含的社会进步观念提升为对人类社会发展规律的探讨。可以说,深入思考马克思主义的形成历史和近代欧洲启蒙运动思想,可以加深对"马克思主义为什么具有强大的生命力"和"马克思主义为什么行"等问题的理解。

2.马克思主义与近代欧洲社会主义传统

本部分主要考察影响马克思主义形成的欧洲社会主义传统,尤其要考察马克思主义与英、法等国空想社会主义的关系。通过与空想社会主义比较,突显马克思主义自身具有的优势和时代价值。马克思和恩格斯深刻考察了以圣西门、傅立叶和欧文等为代表人物的三大空想社会主义学说所产生的社会历史根源和思想理论基础。从社会历史根源的角度出发,他们指出,空想社会主义学说是在资本主义社会的经济矛盾及伴随于其上的阶级矛盾已有所暴露却又发展得不是很充分的特定历史条件下的产物。恩格斯对空想社会主义理论家给予了理性客观的高度评价,也对其历史功绩和理论不足给予了详细分析。在恩格斯看来,空想社会主义者的理论具有不可忽视的历史意义:他们揭露了资本主义制度的"弊病"与资产阶级意识形态的"虚善",他们的社会历史观中包含着对未来社会的某些天才预测和思想萌芽,为唯物史观的形成和科学社会主义的创立奠定了理论基础。但是,以圣西门、傅立叶和欧文等为代表的空想社会主义者的理论存在着先天不足。他们只是基于人道主义层面揭露和抨击资本主义社会的弊端,没有深入洞察资本主义的本质和科学把握社会发展的客观规律,他们都不是作为当时已经历史地产生的无产阶级和工人运动的利益的代表出现的，他们不是想首先解放某一阶级而是想立即解放全人类。同法国启蒙学者具有共同的特点，空想社会主义理论家依然认为理性是现存事物的唯一裁判，应该建立理性的国家和社会，应当无情地铲除一切同永恒理性相矛盾的东西，而将社会主义看成真理、理性和正义的体现，只有天才人物才能认识它，而不是基于对资本主义社会的科学批判发现资本主义社会基本矛盾的运动规律，这必然决定他们没有找到变革的现实社会力量与实现社会理想的正确道路。“不成熟的理论，是同不成熟的资本主义生产状况、不成熟的阶级状况相适应的。解决社会问题的办法还隐藏在不发达的经济关系中，所以只有从头脑中产生出来……这种新的社会制度是一开始就注定要成为空想的，它越是制定得详尽周密，就越是要陷入纯粹的幻想。”①马克思主义在三个方面批判继承了欧洲社会主义传统。首先，在分析资本主义社会的关系方面，它以对资本主义社会的全面批判取代了对它的局部批判。其次，它把社会主义放入一种进化论的历史分析框架内，解释了为什么资本主义的历史发展最终必定会产生出社会主义社会。与空想社会主义不同，马克思主义关于未来社会的思考是历史进程的一部分，而不是终点。马克思主义只能预测它的一般原则和轮廓，还谈不上对它进行设计。最后，马克思主义阐明了从旧社会到新社会的过渡方式：无产阶级将会成为它的承担者，通过阶级运动进行阶级斗争。

3.马克思主义与德国古典哲学

本部分主要追溯马克思主义与以黑格尔、费尔巴哈为代表的德国古典哲学思想家的关系，通过考察学术思想史，突显马克思主义具有的强大理论解释力和思想穿透力。无论是马克思对黑格尔哲学和费尔巴哈哲学的批判，还是对英法以往社会主义学说空想性的批判，都是针对资本主义经济关系的批判。只有从这个意义上才能真正理解马克思哲学的革命性。马克思通过对古典政治经济学的批判，深入分析了他对黑格尔哲学、费尔巴哈哲学的理解。卢卡奇的见解一语中的，以黑格尔哲学为代表的近代批判哲学是从意识的物化结构中产生出来的。黑格尔哲学的抽象性在现实性上体现为对资本主义生产关系和资本的形而上学理解，具体来说就是对劳动的形而上学理解。黑格尔仅仅把劳动设定为证明自我意识发展的一个理论环节，肯定了劳动对自我意识的自我确证性。黑格尔同时又把劳动理解为主观需要获得满足（主观需要变为客观性）的中介和手段。他没有把资本主义生产关系看作全部现代社会秘密的发源地，而是把神圣形象的自我异化（精神现象学）看成社会发展的秘密，把

①《马克思恩格斯选集》第三卷，人民出版社1995年版，第724页。

人的现实异化看作自我异化的表现。黑格尔对人的肯定是抽象的自我确证,这与古典经济学家表面承认人,其实把人仅仅看作维持自身生存发展和资本增殖的工具并无根本不同。所以,马克思才认为黑格尔仍然是站在国民经济学家的立场上的。黑格尔把政治经济学看成伦理共同体发展的一个历史阶段,他看到资本主义发展所造成的现实社会人的贫困和异化,他把解决现实的人的贫困和异化归结为精神自我认识和发展的过程,最终依赖于国家共同体这一最高伦理实体(个人与共同体的真正统一)。在解决社会贫困和解释现实的人的异化的道路上,马克思与黑格尔最终决裂。黑格尔把实体(人、国家和社会)设定为神秘的主体(绝对精神和自我意识),即绝对人格。相反,马克思把实体还原为某一社会发展阶段的生产方式,这种生产方式本身是现实的人及其活动的结果和既定前提,是一个社会全部政治生活、精神生活的发源地。不论是以往的空想社会主义者,还是黑格尔和蒲鲁东,他们都陷入了对资本主义社会关系理解的抽象性和非批判性的实证主义,根本原因在于他们没有深入政治经济学的内在枢纽,即劳动的自然形式和价值形式的区分上,没有形成价值概念。从而他们仍然用资本主义的语言来批判和思考资本主义的问题,没有从根本上超越政治经济学,没有达到对现代社会本质的深刻洞见。虽然黑格尔也偶尔看到了资本主义社会劳动交往所形成的抽象性对个人的统治现象,但不过只是零星地对资本主义生产关系的直觉判断而已,这一直觉判断被其唯心主义体系的外表所遮蔽。对于现代社会理论本质,只有马克思具有深刻洞见,真正达到了对现代社会的本质理解。

4.马克思主义与英国古典政治经济学

本部分从马克思主义学说发展史的角度,基于个人、社会和国家相互关系的学术议题,考察马克思主义与英国古典政治经济学的学术渊源,彰显马克思主义对当代社会所具有的强大历史解释力和生命力。马克思政治经济学批判的真实意义不应被简单理解为对古典政治经济学劳动价值论的批判继承。马克思政治经济学批判通过对资本与劳动的真实历史关系的澄清,破解了“资本是被积累起来的劳动”这一古典政治经济学意识形态的神话。马克思对古典政治经济学的研究并不着眼于构建另一套政治经济学体系,而是在批判政治经济学经济范畴的基础上洞悉资本主义社会关系的本质,为无产阶级自身解放提供科学理论基础。政治经济学批判是作为劳动的政治经济学对抗资本的政治经济学。劳动的政治经济学体现了无产阶级的政治经济学。在马克思看来,整个“资本主义的生产或雇佣劳动制度,正是在资本和劳动之间的这种交换的基础上建立的,这种交换必然不断地造成这样的结果:工人作为工人再生产出来,资本家作为资本家再生产出来"①。通过政治经济学批判,马克思得以真正洞悉现代社会全部社会关系的实质。以往的空想社会主义者们都力图解决资本主义社会的贫困问题,他们在资本主义制度的范畴下试图解决资本主义自身带来的社会问题,提出了一些极具启发性的有关未来社会发展趋势的思考。但从根本性上说,他们的理论没有超越资本意识形态的束缚,没有提出真正对抗资本主义政治经济学的理论方案。马克思彻底颠覆了以往空想社会主义者和蒲鲁东等先验地构想某种解决社会问题公式的所谓科学,而是从对历史运动的批判性认识中,即对本身就产生了解放的物质条件运动的批判认识中得出科学。从根本上说,无产阶级的全部理论来自对政治经济学的批判性研究。古典政治经济学集中体现了对资本主义生产关系的研究。政治经济学批判构成了马克思批判古典政治经济学的理论内核。马克思秉承了古典政治经济学研究资本主义生产关系的传统,批判超越了古典政治经济学。具体来说,马克思通过对古典政治经济学经济范畴的历史批判,通过批判政治经济学研究方法的形而上学,破解了政治经济学的形而上学,构建了自己的一套社会历史理论与方法。马克思对政治经济学批判的总问题和核心要旨是:通过研究资本主义生产方式以及和它相适应的生产关系和交换关系,破解了资产阶级经济学家对资本主义社会关系形而上学的非历史性理解的根源,探求资本主义社会工人贫困的根源和解放的现实道路。在马克思看来,政治经济学是对经济现象及其所承载社会关系的形而上学思考。"旧的形而上学及其固定不变的范畴似乎在科学中又重新开始了它的统治。"②破解以往旧的形而上学只有通过政治经济学批判才能真正得到解决,即到资本主义的市民社会中和资本主义生产关系中去寻求。

5.马克思主义与蒲鲁东无政府主义

本部分主要从马克思主义发展史的视角讨论国家、革命和政党组织形式等,聚焦自由与权威的相互关系,通过对巴黎公社、无产阶级革命运动等重大革命事件的分析,重点讨论马克思与蒲鲁东、巴枯宁、列宁等人的思想关联,阐明马克思主义与无政府主义的异同点。通过比较分析,阐释马克思主义在分析国家和革命关系问题上的独特学术观点,彰显用马克思主义分析当代政治问题和工人运动的独特理论优势和现实意义,进而论证马克思主义的鲜活历史生命力和当代价值。

本部分坚持历史与逻辑相统一的原则,主要从三个阶段分析马克思、恩格

①《马克思恩格斯文集》第三卷,人民出版社2009年版,第58页。

②《马克思恩格斯文集》第二卷,人民出版社2009年版,第600页。

斯、列宁的政治学说。第一，从19世纪40年代中期到50年代中期。第二，从19世纪中期到70年代，探讨工人运动的历史进程。第三，恩格斯晚年和第二国际关于无产阶级和工人革命策略的争论。关于经典马克思主义和无政府主义的政治分歧的核心，表现了关于自由和权威的关系、政治组织问题以及对资本主义伦理批判的特点等方面存在的差异。马克思提供了超越无政府主义的人性理论局限性的工具，而列宁充分阐释了马克思自下而上的社会主义的政治意义。列宁远远站在乔姆斯基所指的自由主义和社会主义传统的对立面，恰当地分离于斯大林主义者对他的拙劣模仿，最后被理解为对人类自由斗争作出了基本理论和政治方面的贡献。这不是说，列宁主义的组织没有缺点：远非如此。自治主义者和无政府主义者误解了这些问题的社会基础，他们对经典马克思主义的批评往往不仅被误导，而且在政治上起到了削弱作用。

马克思主义的政治思想给我们留下了大量宝贵和值得继续探讨的理论遗产和智慧。第一，政治应当服从历史的发展，政治嵌入在历史之中。倘若政治不嵌入到历史之中，政治就不可能实现无产阶级的解放和工人运动的胜利。第二，工人阶级必须在政治上组织起来，也就是说组建为政党，才能夺取政权，随后将是无产阶级领导下的过渡性的国家机构体系。第三，国家的功能在于消除人民与作为统治者之政府的分离。

6.马克思主义与青年黑格尔派

青年黑格尔派在德国社会掀起的是一场激进的启蒙运动，这场运动局限于德国的少数知识分子和柏林大学生群体的青年哲学家小组。在柏林，黑格尔哲学是一切哲学讨论和研究的中心议题。这个派别通过在哲学批判和宗教问题的争论中广泛热议当时的德国政治、国家和社会，对社会采取了批判的理论姿态和实践冲动。马克思通过对青年黑格尔派成员布鲁诺·鲍威尔、施蒂纳、卢格等人思想的批判，在费尔巴哈的影响下，逐步建立起面向感性生活和改造现实的哲学。德国社会现实和理论的争论为马克思主义的诞生提供了思想前提，马克思通过对黑格尔思辨哲学的反思批判，开启了把黑格尔的自我意识辩证法改造为认识人类社会和人自身的实践历史辩证法的道路。通过与青年黑格尔派成员的交往与争辩，马克思加深了对当时德国社会政治制度和现实的体悟，一种新的历史观慢慢孕育而生。

链接·经典摘录

“黑格尔的整个学说，如我们所看到的，为容纳各种极不相同的实践的党派观点留下了广阔场所；而在当时的理论的德国，有实践意义的首先是两种东西：宗教和政治。特别重视黑格尔的体系的人，在两个领域中都可能是相当保守的；认为辩证方法是主要的东西的人，在政治上和宗教上都可能属于最极端的反对派。黑格尔本人，虽然在他的著作中相当频繁地爆发出革命的怒火，但是总的说来似乎更倾向于保守的方面；他在体系上所花费的'艰苦的思维劳动'倒比他在方法上所花费的要多得多。到30年代末，他的学派内的分裂越来越明显了。左翼，即所谓青年黑格尔派，在反对虔诚派的正统教徒和封建反动派的斗争中一点一点地放弃了在哲学上对当前的紧迫问题所采取的超然态度，由于这种态度，他们的学说在此之前曾经得到国家的容忍，甚至保护；到了1840年，正统教派的虔诚和封建专制的反动随着弗里德里希-威廉四世登上了王座，这时人们就不可避免地要公开站在这一派或那一派方面了。斗争依旧是用哲学的武器进行的，但已经不再是为了抽象的哲学目的；问题已经直接是要消灭传统的宗教和现存的国家了。如果说在《德国年鉴》中实践的最终目的主要还是穿着哲学的外衣出场，那么，在1842年的《莱茵报》上青年黑格尔学派已经直接作为努力向上的激进资产阶级的哲学出现，只是为了迷惑书报检查机关才用哲学伪装起来。"[①]青年黑格尔派相信思想与理性的力量，力图以思想为未来开辟道路，这个阶段为马克思主义新世界观的产生奠定了初步的思想基础和准备。

7.19世纪欧洲资本主义发展、法国大革命以来的革命风暴与工人运动兴起

马克思主义是资本主义社会矛盾和阶级矛盾激化与成熟的结果，集中体现了对19世纪欧洲工业资本主义造成的社会后果的反思与批判，反映了当时欧洲革命风暴与工人运动的现实社会状况。

19世纪英国的工业革命、法国大革命及欧洲工人运动的风起云涌是马克思主义产生最为重要的社会现实基础。英国的工业革命不仅建立起了巨大的社会生产力，极大地改变了当时的社会结构和社会关系，为资本主义开辟了道路，但随之而来的阶级对抗和冲突也异常剧烈。工业革命不仅是一场技术革新和生产革命，更是一场关涉政治、社会、阶级和日常生活的全面革命，如何看待工业时代生产进步和社会发展牺牲一些人生命代价的问题，这成为马克思主义回应时代问题的重要价值关切。工业革命引发了整个资本主义的深刻变革，引起社会关系和生产关系急剧改变，人们从以往和平宁静的乡村生活进入了一个生活节奏加快、生产活动出现工厂化集中的新社会，社会化大生产对人类社会实践产生了深远影响。社会化大生产激发和恶化了资本主义社会的内

①《马克思恩格斯文集》第四卷，人民出版社2009年版，第273-274页。

在矛盾，不同于先前的个人化的生产形式，生产资料被共同使用成为现实，工作需要多人协作并将各自独立的生产过程联系起来，人们在共同生产过程中出现了因丧失享用生活资料的机会而贫困的情况，出现了大量失业现象和生产“无政府状态”，出现了生产过剩的社会“瘟疫”现象，资本主义周期性的经济危机不断出现，加深了资本家与工人的对立。1825年，英国爆发了世界上第一次以生产相对过剩为特征的经济危机，危机随后波及欧洲其他国家。工业资本主义产生的社会问题为马克思主义的产生和形成提出了时代课题。

法国大革命对马克思主义产生的影响深远，其产生的巨大社会效应为马克思主义的形成提供了鲜明的时代课题。法国大革命为马克思、恩格斯洞察18世纪欧洲的政治现象和阶级冲突提供了现实样板，为他们揭示资本主义革命中的各阶级冲突和利益关系提供了分析对象，也为其总结资本主义矛盾生成提供了观察视角。

总之，法国大革命为马克思主义革命学说提供了重要的政治经验基础。19世纪上半期，欧洲各国陆续爆发了资本家与工人冲突的政治运动，无产阶级作为一支新兴政治力量登上了欧洲政治历史舞台。从根本上说，马克思主义是工业革命与欧洲无产阶级反抗资产阶级的斗争的实践产物。工人运动与无产阶级斗争为马克思主义的产生提供了鲜活的时代课题，为马克思主义形成奠定了坚实的阶级和实践基础。

（二）唯物史观的形成与创立

1. 马克思、恩格斯新世界观的奠基与问世

链接·经典摘录

“我学的专业本来是法律，但我只是把它排在哲学和历史之次当做辅助学科来研究。1842—1843年间，我作为《莱茵报》的编辑，第一次遇到要对所谓物质利益发表意见的难事。莱茵省议会关于林木盗窃和地产析分的讨论，当时的莱茵省总督冯·沙培尔先生就摩泽尔农民状况同《莱茵报》展开的官方论战，最后，关于自由贸易和保护关税的辩论，是促使我去研究经济问题的最初动因。另一方面，在善良的‘前进’愿望大大超过实际知识的当时，在《莱茵报》上可以听到法国社会主义和共产主义的带着微弱哲学色彩的回声。我曾表示反对这种肤浅言论，但是同时在和奥格斯堡《总汇报》的一次争论中坦率承认，我以往的研究还不容许我对法兰西思潮的内容本身妄加评判。我倒非常乐意利用《莱茵报》发行人以为把报纸的态度放温和些就可以使那已经落在该报头上的死刑判决撤销的幻想，以便从社会舞台退回书房。

为了解决使我苦恼的疑问，我写的第一部著作是对黑格尔法哲学的批判性的分析，这部著作的导言曾发表在1844年巴黎出版的《德法年鉴》上。我的研究得出这样一个结果：法的关系正像国家的形式一样，既不能从它们本身来理解，也不能从所谓人类精神的一般发展来理解，相反，它们根源于物质的生活关系，这种物质的生活关系的总和，黑格尔按照18世纪的英国人和法国人的先例，概括为'市民社会'，而对市民社会的解剖应该到政治经济学中去寻求。我在巴黎开始研究政治经济学，后来因基佐先生下令驱逐而移居布鲁塞尔，在那里继续进行研究。"①

政治经济学是资本主义社会关系的生理学解剖；"市民社会=资产阶级社会=现代社会"的结构性；古典政治经济学考察的是资本主义社会的生产方式及其规律。"古典政治经济学在英国从威廉·配第开始，到李嘉图结束，在法国从布阿吉尔贝尔开始，到西斯蒙第结束。"②从重商主义、重农学派到古典政治经济学。(1)重商主义：15—17世纪商业资本的反映，是近代产业资本的直接反映。(2)重农学派：18世纪中期，是法国大革命前夕资产阶级要求的反映。自然秩序（理想的资本主义秩序）是重农主义整个经济思想体系的基础，奠定了古典政治经济学的传统，这一传统的重要性在于把社会经济（社会结构有机体）看作一个可测度的制度的概念。问题在于，以上学派把社会的一个特定历史阶段的经济规律看成同样支配着一切社会形式的抽象规律（资本主义生产关系）。通过对古典政治经济学的批判研究开启新世界观：第一，经济范畴是社会关系的理论表现（商品、资本、劳动，价值等）；第二，"人的自由个性解放"需要放在社会关系中考量；第三，政治经济学批判就是研究社会关系的本质。

链接·经典摘录

"我所得到的，并且一经得到就用于指导我的研究工作的总的结果，可以简要地表述如下：人们在自己生活的社会生产中发生一定的、必然的、不以他们的意志为转移的关系，即同他们的物质生产力的一定发展阶段相适合的生产关系。这些生产关系的总和构成社会的经济结构，即有法律的和政治的上层建筑竖立其上并有一定的社会意识形式与之相适应的现实基础。物质生活的生产方式制约着整个社会生活、政治生活和精神生活的过程。不是人们的意识决定人们的存在，相反，是人们的社会存在决定人们的意识。社会的物质生产力发展到一定阶段，便同它们一直在其中运动的现存生产关系或财产关系（这只是生产关系的法律用语）发生矛盾。于是这些关系便由生产力的发展

①《马克思恩格斯选集》第二卷，人民出版社2012年版，第1-2页。

②《马克思恩格斯全集》第十三卷，人民出版社1962年版，第41页。

形式变成生产力的桎梏。那时社会革命的时代就到来了。随着经济基础的变更,全部庞大的上层建筑也或慢或快地发生变革。在考察这些变革时,必须时刻把下面两者区别开来:一种是生产的经济条件方面所发生的物质的、可以用自然科学的精确性指明的变革,一种是人们借以意识到这个冲突并力求把它克服的那些法律的、政治的、宗教的、艺术的或哲学的,简言之,意识形态的形式。我们判断一个人不能以他对自己的看法为根据,同样,我们判断这样一个变革时代也不能以它的意识为根据;相反,这个意识必须从物质生活的矛盾中,从社会生产力和生产关系之间的现存冲突中去解释。无论哪一个社会形态,在它所能容纳的全部生产力发挥出来以前,是决不会灭亡的;而新的更高的生产关系,在它的物质存在条件在旧社会的胎胞里成熟以前,是决不会出现的。"①

马克思通过对德国的政治、哲学和意识形态的批判,把对神学的批判上升到对政治的批判,把对宗教的批判上升到对法的批判,把对德国古典哲学的批判上升到对政治经济学的批判,进一步揭示了经济、政治与意识形态的辩证关系,唯物史观的理论视域逐步呈现出来。

图1–1 马克思

来源:《世界文化的由来》(中国档案出版社2006年版,第36页)

2.唯物史观的形成与创立②

唯物史观是由马克思和恩格斯发现的,但他们最初并不是无产阶级的思想家,而是革命民主主义者。他们发现唯物史观的过程,也是他们阶级立场转变的过程。无产阶级的阶级立场和斗争实践,给了他们洞察历史奥秘的慧眼。转到无产阶级的阶级立场上来,这是他们能够发现唯物史观的前提条件。

---

①《马克思恩格斯文集》第二卷,人民出版社2009年版,第591–592页。

②该部分内容参照了导师叶汝贤教授的马克思唯物史观讲稿,笔者参与了叶汝贤文集的校对工作。

唯物史观的发现，不论从哪一个角度说，都是典型的科学发现。这一发现过程虽然充满矛盾和曲折，但总的说来是一个从现象到本质、从偶然到必然，步步深入的过程。马克思和恩格斯与过去一切哲学家、历史学家存在着根本上的不同，他们不是凭空从思想上构思一个历史观的理论体系，而是从历史和现实的经验材料出发，从“批判旧世界中去发现新世界”，从历史本身出发去发现历史的规律。马克思和恩格斯说：“思辨终止的地方，即在现实生活面前，正是描述人们的实践活动和实际发展过程的真正实证的科学开始的地方。”[①]科学开始于对客观实际的研究，唯物史观更是如此。

列宁说过，发现唯物史观，就是彻底发挥唯物主义，把唯物主义对自然界的认识推广到对人类社会的认识。[②]在人类社会中，彻底地坚持唯物主义的世界观，就抓住了问题的实质。过去的唯物主义者之所以在社会历史领域陷入唯心主义，就在于他们在这一领域背叛了自己，不能把唯物主义贯彻到底。列宁这一论断明确地说明了马克思主义哲学同以往一切旧哲学的根本区别，同时也说明唯物史观是马克思主义哲学不可分割的组成部分；没有唯物史观，也就没有彻底的马克思主义哲学。但不能由此得出先产生辩证唯物主义，然后才产生历史唯物主义的结论。相反，由于马克思和恩格斯最初所面临的迫切问题是社会生活的实际问题，是无产阶级和人类解放的问题，这就决定了他们首先要运用辩证法来分析社会历史现象，重点是要解决社会历史观的问题。虽然这些问题的解决离不开辩证唯物主义的观点，但运用这些观点来分析实际问题，并不是论证这些观点本身，这些观点体现在他们对社会生活现象的分析中。

马克思和恩格斯创立唯物史观，经历了一个从不成熟到成熟、从发现个别原理到形成理论体系的过程。这个过程从1843年夏天批判黑格尔法哲学认为市民社会决定国家开始。这时候，马克思和恩格斯的思想发展，往往是新的思想同旧哲学的影响交错在一起，唯物史观思想的萌芽往往通过旧哲学的术语来表述，内容和形式还不统一。到1845年春天，马克思和恩格斯就着手全面清算他们过去的哲学信仰，同时着手制定唯物史观的基本原理。在这以前，马克思和恩格斯在不同时期的著作中，在社会历史观的这一或那一重要问题上，表述了唯物史观的观点，但还没有从历史观的整体意义上来表述这些观点，还没有揭示这些观点之间的内在联系。现在，马克思和恩格斯在制定自己的新的历史观的基本原理时，从物质生产出发揭示这些原理之间的内在联系，建立了一个科学的理论体系。这就标志着唯物史观的诞生和走向成熟。

①《马克思恩格斯全集》第三卷，人民出版社1960年版，第30-31页。
②《列宁选集》第二卷，人民出版社1972年版，第443页。

唯物史观的发现，实现了社会历史观的革命变革。为什么是革命变革？可以举出许多理由，但从根本上来说，就是因为马克思和恩格斯建立了唯物史观的科学体系。如果把唯物史观的基本原理孤立出来考察，可以看到不少观点在过去的哲学家、历史学家的著作中已有所表述，马克思和恩格斯的阐述似乎只是他们的观点的综合，只比他们的表述更完整、更深刻。一些哲学家、历史学家就是这样看的，他们由此得出结论：在马克思以前就有唯物史观，唯物史观并非马克思和恩格斯的发现。这是错误的。在马克思和恩格斯以前的一些哲学家、历史学家的著作中，在某一个社会历史问题上表述了唯物史观的观点，但在其他问题上、在历史观的整体上，则是唯心的。这种情况的发生，究其直接原因，就是因为这些哲学家、历史学家没有建立起唯物史观的科学体系。马克思和恩格斯则建立了唯物史观的科学体系，因而能够在社会历史观的一切问题上彻底地贯彻唯物史观的基本原则。

唯物史观的理论体系，是由一系列的范畴、规律所构成的，这些范畴、规律在这个体系中，既有其确定的地位，又相互联系、相互作用。这种地位和相互联系，不是任意的虚构，而是对社会历史的真实反映。社会是一个由多层次、多种因素构成的有机体，这个有机体的运动、发展，它的"历史"，是受一定的规律支配的。唯物史观的理论体系反映了社会有机体的结构及其发展，它的范畴、规律就是社会历史现象之网的网上纽结和网纲。不理解唯物史观的基本原理，当然无法掌握唯物史观的理论体系；但如果不把这些原理放到整个理论体系中去理解，则同样无法把握这些原理的实质。

唯物史观的理论体系，是一个严整的科学结构，但并不是一个封闭的体系。社会历史是发展的，这个理论体系也必然会不断发展。马克思和恩格斯本人就是根据社会生活和无产阶级革命斗争实践的发展不断发展这一体系的典范。在《德意志意识形态》中，他们确定了唯物史观理论体系的雏形，到1859年的《〈政治经济学批判〉序言》，马克思就像用自然科学那样精确的语言，阐明了唯物史观的基本范畴、基本规律和它们的内在联系，从而确定了唯物史观理论体系的经典形态。但马克思和恩格斯并不认为唯物史观的发展到此为止。他们始终根据实际生活的发展，不断地丰富和发展它。19世纪40年代，他们在创立唯物史观时，因为主要的斗争对象是唯心史观，因此，虽然并不忽视历史的辩证法，但重点却是论证历史的唯物主义。19世纪50年代以后，特别是80年代至90年代初，随着无产阶级革命实践的发展提出认识上层建筑、主观因素的作用的问题，随着批判对象的变化，他们又在坚持历史的唯物主义的同时，重点研究和阐明历史的辩证法。马克思和恩格斯都非常重视总结实践经验，都密切注视历史科学的每一个新发现。他们不但根据这些经验和发现不断地检验唯物史观，而且作出理论上的结论，用新的创见、新的原理不断地补充、丰富和发展唯物史观，使整个唯物史观理论体系不断地得到充实和愈益走向完善。

唯物史观是无产阶级的世界观，是无产阶级争取解放斗争的理论武器，它每前进一步，都必须经过激烈的斗争。在马克思和恩格斯创立和发展唯物史观的过程中，就曾经同青年黑格尔派的唯心史观、费尔巴哈的人本主义、蒲鲁东主义、巴枯宁主义、拉萨尔主义、杜林主义、新康德主义等小资产阶级思潮、机会主义作斗争，他们很多光辉的著作，就是这些斗争的产物。每次斗争的胜利，都促进了唯物史观的发展。到列宁、毛泽东的时代，这种斗争又有新的发展。列宁说："马克思主义在理论上的胜利，逼得它的敌人装扮成马克思主义者，历史的辩证法就是如此。"①恩格斯逝世以后出现和盛行一时的伯恩施坦主义、考茨基主义、孟什维克主义、托洛茨基主义以及现代的修正主义等，都是打着马克思主义的旗号反对马克思主义。甚至一些资产阶级学者，也用马克思主义的词句把自己装扮起来，并俨然以"回到真正的马克思主义"自居。例如流行于当今西方世界的"马克思学"，就搬出一些早已被马克思和恩格斯所抛弃的历史理论(如人本主义)，冒充为"新发现"，硬说这些"新发现"才是"真正的马克思主义"，唯物史观则是一种"退化"。资产阶级学者成了"真正的马克思主义者"，这事虽然滑稽，但在当今的西方世界却不是什么新奇的现象。这一事实有力地说明，同马克思和恩格斯创立唯物史观的时代比较，历史的发展已经走得多么远了。唯物史观已不再是什么"怪影"，它已在全世界的范围内，成为无产阶级政党和广大无产阶级、人民群众认识世界和改造世界的武器。在这里，我们又看到唯物史观发展到列宁主义阶段的另一个鲜明的特征，即同修正主义和冒牌唯物史观的斗争成了主要的斗争。

唯物史观从诞生到现在，已经经历了一百多年的历史。这一历史有力地证明，唯物史观具有无限丰富的内容和无穷的生命力，它同教条主义是根本对立的。它的生命力就在于它必然随着社会历史的发展而不断发展。虽然在发展的过程中，有可能出现失误、曲折，也可能遇到各种各样的阻力；但它总是能够冲破阻力，纠正失误，为自己的发展开辟道路。马克思主义经典作家马克思、恩格斯、列宁、斯大林和毛泽东，以及他们的学生和战友，用他们顽强的斗争，创造性的劳动，为我们提供了一个唯物史观的科学体系，我们应该在实际工作中学习和运用它，同时，也应该根据社会生活的发展不断地丰富和发展

①《列宁选集》第二卷，人民出版社1972年版，第439页。

它。随着历史的发展，随着无产阶级政党领导下的改造世界的斗争在更为广阔的历史画卷上展开，唯物史观不论在广度还是深度上，都将会获得更迅速、更深入的发展，这是完全可以预料的。

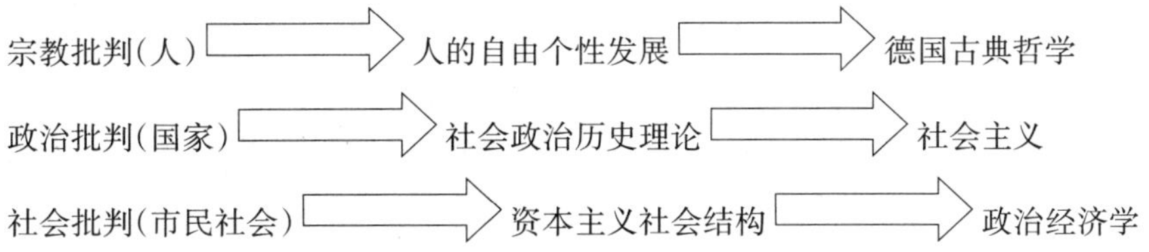

图1–2 唯物史观形成与创立的思想逻辑图谱

链接·经典摘录

1.在《德意志意识形态》中，马克思、恩格斯对“德意志意识形态家们”发出了这样的批评：“迄今为止人们总是为自己造出关于自己本身、关于自己是何物或应当成为何物的种种虚假观念。他们按照自己关于神、关于标准人等等观念来建立自己的关系。他们头脑的产物不受他们支配。他们这些创造者屈从于自己的创造物。他们在幻象、观念、教条和臆想的存在物的枷锁下日渐委靡消沉，我们要把他们从中解放出来。我们要起来反抗这种思想的统治。”①

2.关于社会存在和社会意识的关系问题，马克思、恩格斯进行了阐释：“不是意识决定生活，而是生活决定意识。前一种考察方法从意识出发，把意识看做是有生命的个人。后一种符合现实生活的考察方法则从现实的、有生命的个人本身出发，把意识仅仅看做是他们的意识。这种考察方法不是没有前提的。它从现实的前提出发，它一刻也不离开这种前提。它的前提是人，但不是处在某种虚幻的离群索居和固定不变状态中的人，而是处在现实的、可以通过经验观察到的、在一定条件下进行的发展过程中的人。”②

3.历史唯物主义的理论视域和内在逻辑

从思想史上看，马克思对青年黑格尔派自我意识哲学和黑格尔思辨哲学的批判开启了历史唯物主义对“现实的个人”“现实的历史和社会”重新理解的崭新视域。政治经济学批判和科学社会主义内在地构成了历史唯物主义的理论空间，深化并确立了历史唯物主义的理论视域和基本范畴。

（1）破解思辨结构的秘密与历史唯物主义理论视域的开启

马克思破解了黑格尔、青年黑格尔派和理性思辨哲学的秘密，开启了哲学

①《马克思恩格斯文集》第一卷，人民出版社2009年，第509页。

②《马克思恩格斯文集》第一卷，人民出版社2009年，第525页。

的新视域——历史唯物主义。马克思的哲学革命孕育和开启了历史唯物主义新世界观的理论视域。在《神圣家族》一书中,马克思对思辨哲学的神秘性和内在结构给予了深入剖析。单一个别的事物为什么表现为“实体”(事物的内在本质)?本应作为每个个别事物共相和抽象之表征的“实体”为什么具有自己的内在生命并与每个个别事物相对立?马克思哲学变革的先导和实质就在于他对思辨哲学内在结构的彻底颠覆和改造,这一改造的最终理论成果体现为历史唯物主义理论视域的开启。历史唯物主义的核心价值关切在于:如何彰显现实感性个体的自由个性,解蔽抽象实体对真正个体自由的遮蔽。马克思此时用哲学的语言来表述他对思辨哲学的批判。问题的关键不在于批判“思辨”本身,而在于批判思辨的抽象性和神秘性。马克思针对思辨哲学把“实体”归结为“主体”之自我构建的神秘特性,澄清了“实体”得以形成的社会机制:“实体”即社会,即现实的个人及其感性活动。个人的感性实践活动(物质生产)、人们的现实生活是经济范畴和社会意识现象的感性生成论基础。理性思辨哲学存在的基础在于现实的个人的感性生存活动。从这个意义上说,社会生活本质上是实践的。马克思通过对思辨哲学的批判性阐释,提出了历史唯物主义的初始问题视域:社会历史的现实起点、现实个人的感性活动和社会历史规律性生成的内在机制。

历史唯物主义不仅揭示了哲学与现实世界的关系,而且也把哲学得以生成和发展的领域界定为每个人所生活其中的现实的社会生活世界;哲学的使命和任务在于通过审视现实生活中每个人的感性生命活动,批判和反思“现实的个人”与社会的内在关系实质,通过社会关系的批判而洞悉社会生活的实践本质,彰显和实现每个人的自由个性和全面发展。历史唯物主义不是游离于社会历史现实生活之外的抽象思辨,而是把其整个理论学说奠基于从事现实生产活动的每个人的生活领域。“历史的任务就是确立此岸世界的真理。人的自我异化的神圣形象被揭穿以后,揭露具有非神圣形象的自我异化,就成了为历史服务的哲学的迫切任务。”[①]与其说马克思所实现的哲学变革在于对思辨哲学体系、内容和方法的变革,不如说体现在哲学观念上的变革。

(2)政治经济学批判、科学社会主义与历史唯物主义的确立

如果说马克思对思辨哲学的批判开启了历史唯物主义的理论视域,那么对古典政治经济学的批判则意味着历史唯物主义理论视域的深化和确立。基于马克思主义哲学史视角,不论马克思对蒲鲁东经济学的批判,还是对庸俗经

①《马克思恩格斯文集》第一卷,人民出版社2009年版,第4页。

济学的批判，他通过对古典政治经济学[①]的“生产”、“劳动”、“资本”和“货币”等经济范畴的批判，使历史唯物主义的基本范畴得以确立。马克思通过对古典政治经济学的批判，深化了历史唯物主义本有的问题意识和价值关切。马克思的政治经济学批判之逻辑展开就是历史唯物主义基本原理和范畴的生成和确立过程。反之，政治经济学批判的结论又是立足于历史唯物主义的理论视域。“对市民社会的解剖应该到政治经济学中去寻求。……我所得到的，并且一经得到就用于指导我的研究工作的总的结果。”[②]资本主义生产由于自然过程的必然性，造成了对自身的否定。资本主义必然被社会主义所取代的历史必然性不是一种进化论的自然过程，“构成指导这个必然性论证方法论视域的，不用说就是唯物史观；同时，唯物史观也是对取代资本主义生产方式社会形态，实现以生产资料社会占有为基础社会形态的现实性和必然性的展望”[③]。政治经济学批判与历史唯物主义两者以不可分割、内在交融的共时性状态共同存在于马克思思想中。

马克思对古典政治经济学的批判体现为一种深刻的社会历史批判，集中体现为对遮蔽真实社会关系的古典政治经济学经济范畴的经济哲学批判。具体言之，马克思对古典政治经济学的批判是以经济哲学为切入点，以解决“政治国家”和“市民社会”分裂所导致的个人发展的二元对立为出发点，以求彻底结束“资本”统治人的逻辑悖论。在《1857—1858年经济学手稿》中，马克思通过对“货币”（交换价值）起源的历史追溯，指出了人类历史发展的“三阶段说”。这三阶段包括古代共同体社会，以物的依赖性为基础的社会发展阶段（资本主义发展阶段）和每个人的自由个性和全面发展阶段。从中可以看出，马克思从事政治经济学批判的主要意图在于探求每个人的自由个性得以发展的历史道路。如何把人与人之间本有的和谐共生关系从以“物”的依赖性作为表现一切社会关系的资本主义生产方式下解放出来，这构成了马克思对古典政治经济学经济范畴批判的理论主题。具体表现为对“商品”、“货币”和“资本”的三大拜物教的批判。

通过对资本主义生产方式的历史辩证批判，历史唯物主义的理论视域和基本范畴得以最终确立，马克思对“自由人的联合体”未来理想社会的科学展望——科学共产主义理论得以形成。科学社会主义集中体现了历史唯物主义的革命性特质和主体性向度，并构成历史唯物主义革命性的理论延伸和必然结论。与此

①马克思对古典政治经济学的界定非常明确。“我所说的古典政治经济学，是指从威·配第以来的一切这样的经济学，这种经济学与庸俗经济学相反，研究了资产阶级生产关系的内部联系。”

②《马克思恩格斯文集》第二卷，人民出版社2009年版，第591页。

③广松涉：《唯物史观的原像》，邓习议译，南京大学出版社2009年版，第114页。

同时,科学社会主义超越空想社会主义的理论依据是历史唯物主义。“马克思恩格斯对这一事情加以自为的把握,立足于这种洞察,对原有社会主义·共产主义思想作了‘科学的’奠基。这时,使所谓的‘奠基’成为可能的社会观·历史观的依据,无非是唯物史观。换一个视角来说,马克思恩格斯确实与唯物史观的确立融为一体地真正得以超越早期社会主义。”①总之,政治经济学批判和科学社会主义构成、深化和确立了历史唯物主义的理论视域和基本范畴。

马克思的《资本论》及其留下的大量经济学手稿集中体现了马克思政治经济学批判的思想精髓。马克思通过对作为“市民社会”理论表现的政治经济学进行批判分析,剖析了19世纪欧洲资本主义生产方式的起源与运行规律,建立起具有思想原创力的历史唯物主义和剩余价值学说,使社会主义从空想变为科学。《资本论》以其特有的政治经济学批判精神,把对资本主义生产方式的科学分析与对无产阶级及人类解放的价值追求结合起来。当前《资本论》的研究应从单向度批判与学术争鸣中走向积极建构,深度开展经济学、哲学和其他学科的跨学科对话,形成理论合力和学术共同体,彰显《资本论》解答时代问题的理论生命力和当代价值。②

4.深化对历史唯物主义理论本性的理解

历史唯物主义具有强烈的“实践性”、“革命性”和“批判性”。从根本上来说,历史唯物主义是一门解蔽范畴和消解意识形态幻象的批判的社会历史理论。历史唯物主义上述理论特质决定了历史唯物主义的当代价值及其理论效应。

(1)历史唯物主义对现代社会资本逻辑的“批判性”和“革命性”特质

历史唯物主义关于社会发展的规律性和无产阶级革命理论的内在理论逻辑在于批判和解蔽物化的社会关系(“商品”、“货币”和“资本”)对个人的抽象统治,彰显每个人的自由个性和全面发展。马克思对以上问题的关切有着充分的理论自觉。历史唯物主义对现代社会权力关系运行机制进行了最为深刻和现实的历史批判,这极为鲜明地凸显出历史唯物主义的“批判性”向度。“每个个人行使支配别人的活动或支配社会财富的权力,就在于他是交换价值的或货币的所有者。他在衣袋里装着自己的社会权力和自己同社会的联系。”③马克思深刻地把资本对个人的抽象统治现状描述为:“资本越来越表现为社会权力,这种权力的执行者是资本家,它和单个人的劳动所能创造的东西不再发生任何可能的关系;但是资本表现为异化的、独立化了的社会权力,这种权力

①广松涉:《唯物史观的原像》,邓习议译,南京大学出版社2009年版,第115页。

②薛俊强:《〈资本论〉的政治经济学批判精神与时代价值——对当代中国马克思主义政治经济学创新的几点思考》,《厦门大学学报(哲学社会科学版)》,2020年第3期。

③《马克思恩格斯文集》第八卷,人民出版社2009年版,第51页。

作为物,作为资本家通过这种物取得的权力,与社会相对立。”①

同时,诸如“生产力”等历史唯物主义的基本范畴也不是一个知性的认识论范畴,而是蕴含着丰富的“批判性”维度。深入理解历史唯物主义基本范畴的“批判性”维度,必须挖掘历史唯物主义基本范畴蕴含着的人学向度。“这种生产力好像具有一种物的形式,并且对个人本身说来它们已经不是个人的力量,而是私有制的力量,因此,生产力只有在个人成为私有者的情况下才是个人的力量;在过去任何一个时期生产力都没有采取过这种对于作为个人的个人的交往漠不关心的形式,因为他们的交往本身还是很狭隘的。另一方面是和这些生产力相对立的大多数个人,这些生产力是和他们分离的,因此这些个人丧失了一切现实生活内容,成了抽象的个人。”②如何把本应是个人本质力量表征的生产力还给人本身,指明实现上述目标的实践路径是历史唯物主义的题中应有之义。解决问题的根本之道在于:通过提高社会生产力,解放生产力的社会属性,消解资本对个人的抽象统治,从而让资本服从主体本身的内在需求,最终为实现每个人的自由个性和全面发展创造条件。

历史唯物主义关于社会发展规律和无产阶级斗争的学说,为个体占有全部生产力提供了坚实的理论基础。无产阶级革命理论和阶级斗争学说折射出历史唯物主义强烈的“批判性”和“革命性”维度。无产阶级革命和阶级斗争不单是由资本主义经济危机爆发催生的纯粹自然进化过程,这其中也必然体现对无产阶级“阶级意识”自觉性的能动把握。“马克思恩格斯预想,资本主义发展使工人阶级均质化、其生活条件愈发严酷、阶级斗争变得越来越尖锐、工人阶级意识觉醒和组织结集,不可否认都进行了颇为乐观的推测。但是,在马克思恩格斯的组织路线,乃至阶级形成论的背景中,提出了关于阶级斗争物象化了的发展原动力的某种洞见,我们必须始终留意这一点,将之自为地抽取出来。”③马克思对有关阶级斗争的学说和激发群众阶级意识并使其起来革命的策略有着充分的理性自觉,无产阶级革命理论和阶级斗争超越了左倾冒进的“激进主义”和改良保守的革命策略。这一点得归功于历史唯物主义“物象化”的批判视域。正如马克思自己所说的那样,“问题不在于某个无产者或者甚至整个无产阶级暂时提出什么样的目标,问题在于无产阶级究竟是什么,无产阶级由于其身为无产阶级而不得不在历史上有什么作为。它的目标和它的历史使命已经在它自己的生活状况和现代资产阶级社会的整个组织中明显地、无可更改地预示出来了”④。

①《马克思恩格斯文集》第七卷,人民出版社2009年版,第293-294页。
②《马克思恩格斯全集》第三卷,人民出版社1960年版,第75页。
③广松涉:《唯物史观的原像》,邓习议译,南京大学出版社2009年版,第128页。
④《马克思恩格斯文集》第一卷,人民出版社2009年版,第262页。

(2)历史唯物主义对现代社会历史现实分析的“实践性”品格

历史唯物主义直面社会历史现实,其理论特质正在于不断面对新的现实问题而得出富有历史感和现实感的时代阐释,这集中体现了历史唯物主义的“实践本性”。针对德国思辨哲学脱离社会现实的状况,马克思鲜明地提出其历史观的现实针对性。“青年黑格尔派的意识形态家们尽管满口讲的都是所谓‘震撼世界的’词句,却是最大的保守派。如果说,他们之中最年轻的人宣称只为反对‘词句’而斗争,那就确切地表达了他们的活动。不过他们忘记了:他们只是用词句来反对这些词句;既然他们仅仅反对这个世界的词句,那么他们就绝对不是反对现实的现存世界。……这些哲学家没有一个想到要提出关于德国哲学和德国现实之间的联系问题,关于他们所作的批判和他们自身的物质环境之间的联系问题。”[①]历史唯物主义的实践本性还在于揭示出一切社会意识(法律、道德、宗教等)与社会历史现实的本质关联。不是意识决定生活,而是生活决定意识。“思想、观念、意识的生产最初是直接与人们的物质活动,与人们的物质交往,与现实生活的语言交织在一起的。人们的想象、思维、精神交往在这里还是人们物质行动的直接产物。表现在某一民族的政治、法律、道德、宗教、形而上学等的语言中的精神生产也是这样。”[②]恩格斯晚年把历史唯物主义的本质和功能界定为研究问题的指南和方法论,这无疑切中历史唯物主义的实践本性。“但是我们的历史观首先是进行研究工作的指南,并不是按照黑格尔学派的方式构造体系的杠杆。”[③]马克思晚年曾针对当时的法国年轻学者和学生对历史唯物主义学说的歪曲而称自己不是一个“马克思主义者”。恩格斯在晚年给拉法格的书信中,针对这一事情有过明确表述。“所有这些先生们都在搞马克思主义,然而是10年前你在法国就很熟悉的那一种马克思主义,关于这种马克思主义,马克思曾经说过:‘我只知道我自己不是马克思主义者。’马克思大概会把海涅对自己的模仿者说的话转送给这些先生们:‘我播下的是龙种,而收获的却是跳蚤’。”[④]如何避免当前对历史唯物主义的理论探讨出现马克思和恩格斯对他们的后来人发出的善意警告中的现象,这非常值得当前学界深入思考和研究。

个人被“物化”的社会关系统治的具体表现形式就是马克思的拜物教理论。“马克思对这种物象化秘密作了自为的把握。确实,当不知道这种物象化的秘密,陷入拜物教性的时候,也就产生客观主义的历史把握及决定论的历史

①《马克思恩格斯文集》第一卷,人民出版社2009年版,第516页。
②《马克思恩格斯文集》第一卷,人民出版社2009年版,第524页。
③《马克思恩格斯文集》第十卷,人民出版社2009年版,第587页。
④《马克思恩格斯文集》第十卷,人民出版社2009年版,第590页。

把握。”[①]从根本上说，历史唯物主义不是社会进化论式的实证社会科学，也不是思辨的历史哲学。抽象地谈论历史唯物主义是哲学还是实证科学，对于深入理解历史唯物主义的实质来说是不充分的，关键是要凸显历史唯物主义的“实践性”、“批判性”和“革命性”这些历史唯物主义的题中应有之义。“在思辨终止的地方，在现实生活面前，正是描述人们实践活动和实际发展过程的真正的实证科学开始的地方。”[②]马克思这里所指的“真正的实证科学”道出了历史唯物主义新世界观的理论本色。历史唯物主义不能仅仅被理解为纯粹客观主义的实证社会科学。历史就不再像那些本身还是抽象的经验主义者所认为的那样，是一些僵死的事实的汇集，也不再像唯心主义者所认为的那样，是想象的主体的想象活动。历史唯物主义的理论特质在于：“唯物史观是‘作为学问而出现的面向未来的一切社会学的普遍性’。但我们必须一并铭记的是，唯物史观不单是‘社会科学的认识论基础’，既然是以对象的知识体系为志向——即便实际上还停留于备忘录式的素描——就应该具有作为真正的综合社会学的性质，也不单是‘哲学的’史观。”[③]

（三）马克思、恩格斯政治经济学批判的革命性变革

政治经济学批判彻底瓦解了以往一切政治经济学的形而上学，奠定了真正的实证科学和历史科学。作为发现社会事实本质和真理路径的政治经济学批判，开启了一门综合的社会历史科学，理应成为普遍的社会科学世界观。马克思对古典政治经济学的批判并非意味着纠正这门学科某些不确切之处，也不是弥补空缺，而是提出一个同古典政治经济学相对立的新的总问题和新的对象，即以“劳动的政治经济学”对抗“资本的政治经济学”。政治经济学批判超越了古典政治经济学和思辨哲学对社会历史事件的经验主义和抽象思辨式把握，破除了以上两种思维方式在思考社会问题上的“非批判的实证主义”和“徒有其表的批判主义”，把纷繁复杂的社会整体作为反思和研究的对象。

马克思主义理论研究不应走向纯粹思辨性的形上思辨，而应秉持政治经济学批判和改造世界的社会历史批判精神。“政治经济学批判理应成为深入理解马克思社会历史理论资源和遗产的核心视域”[④]，这并不是说马克思全部学说都可以归结为政治经济学批判，关键的问题在于首先通过对马克思政治经

①广松涉：《唯物史观的原像》，邓习议译，南京大学出版社2009年版，第77页。

②《马克思恩格斯文集》第一卷，人民出版社2009年版，第526页。

③广松涉：《唯物史观的原像》，邓习议译，南京大学出版社2009年版，第50页。

④薛俊强：《全球化、资本与中国道路——马克思社会理想观的当代遭遇及其价值意蕴研究》，人民出版社2019年版，第74页。

济学批判理论实质的深刻理解，才能切中马克思主义学说整体性的理论内核，真正做到从马克思主义学说的整体性上来把握马克思主义的精神实质和现实意义。

1.破解政治经济学形而上学：劳动的政治经济学对抗资本的政治经济学

马克思政治经济学批判的真实意义不应被简单理解为对古典政治经济学劳动价值论的批判继承。马克思政治经济学批判通过对资本与劳动的真实历史关系的澄清，破解了“资本是被积累起来的劳动”这一古典政治经济学意识形态的神话。马克思对政治经济学的研究并不着眼于构建另一套政治经济学体系，而是在批判政治经济学经济范畴基础上洞悉资本主义社会关系的本质，为无产阶级自身解放提供科学的理论基础。政治经济学批判是作为劳动的政治经济学对抗资本的政治经济学。劳动的政治经济学体现了无产阶级的政治经济学。在马克思看来，“资本主义的生产或雇佣劳动制度，正是在资本和劳动之间的这种交换的基础上建立的，这种交换必然不断地造成这样的结果：工人作为工人再生产出来，资本家作为资本家再生产出来”[①]。通过政治经济学批判，马克思得以真正洞悉现代社会全部社会关系的实质。

以往的空想社会主义者们都力图解决资本主义社会的贫困问题，他们在资本主义制度的范畴下试图解决资本主义自身带来的社会问题，提出了一些极具启发性的有关未来社会发展趋势的思考。但从根本性上说，他们的理论没有超越资本意识形态的束缚，没有提出真正对抗资本主义政治经济学的理论方案。马克思彻底颠覆了以往空想社会主义者和蒲鲁东等人先验地构想的某种解决社会问题公式的所谓“科学”，而是从对历史运动的批判的认识中，即对本身就产生了解放的物质条件的运动的批判的认识中得出科学[②]。

圣西门把工业劳动视为解决工人贫困的最终社会根源，他把以改善人类命运为目的的社会组织体系的建立看作其全部学说的旨趣。傅立叶把分散的劳动作为私有财产有害性的根源，提出建立一个协作合作社以解放人的情欲。[③]欧文通过废除私有制度建立共产制度作为未来新社会制度的核心。他们有关未来社会的论断有着惊人的预见力，他们都把实现公共幸福和人类生活的美好作为学说的核心旨趣。圣西门提出了人人应当劳动的主张，傅立叶推进了对工业文明的反思和批判，提出了劳动本质上应该满足人类情欲的乐趣。但总体观之，他们都对资本主义政治经济学采取一种实证主义和非批判的态度，没有触动资本主义雇佣劳动制度本身的内在矛盾，这决定了他们对劳

①《马克思恩格斯文集》第三卷，人民出版社2009年版，第58页。

②《马克思恩格斯文集》第三卷，人民出版社2009年版，第20页。

③傅立叶：《傅立叶选集》第一卷，赵俊欣等译，商务印书馆2009年版，第163-228页。

动的理解必然带上了资本主义生产关系的意识形态色彩。马克思把他们的学说界定为是从私有财产的普遍性上来看待私有财产关系的，他们没有真正透视出资本主义生产关系下劳动异化的真正根源，没有把无产和有产的对立上升到劳动和资本的对立高度。

蒲鲁东批判了政治经济学现实表现的形而上学和虚伪性，但他不自觉地对资本主义经济范畴采取一种非批判的态度，陷入一种非历史的形而上学，“他不是把经济范畴看做历史的、与物质生产的一定发展阶段相适应的生产关系的理论表现”[①]。蒲鲁东看到了以研究劳动和交换规律为对象的政治经济学的形而上学，但没有解决这个问题，最终陷入以资本自身批判资本的理论悖论，把私有财产看作本身应该被消灭的资本。[②]在蒲鲁东看来，劳动的价值与资本生产一样，都是一种“虚构”。蒲鲁东认为，劳动是创造财富的一切元素，劳动仅仅是臆想的假设共同体，劳动仅仅为使事物之间的价值可以彼此衡量和交换的工具。马克思提出了与蒲鲁东根本不同的劳动观。马克思把劳动作为自然力，即人类劳动力的表现，“劳动本身无价值”是马克思对劳动问题的根本态度。究竟是什么使劳动从作为人本身的自然力变成外在于人自身的抽象的交换价值？对这一问题的思考关涉对古典政治经济学全部批判的核心。“古典政治经济学……从来没有意识到，各种劳动的纯粹量的差别是以它们的质的统一或等同为前提的，因而是以它们化为抽象人类劳动为前提的。”[③]古典政治经济学家之所以把劳动看成价值的唯一源泉，其根源在于资本主义生产关系下劳动的抽象性，即把一切具体劳动的规定性抽象为交换价值。“对任何种类劳动的同样看待，以各种现实劳动组成的一个十分发达的总体为前提，在这些劳动中，任何一种劳动都不再是支配一切的劳动。”[④]“劳动不仅在范畴上，而且在现实中都成了创造财富一般的手段，它不再是同具有某种特殊性的个人结合在一起的规定了。”[⑤]“在这里，‘劳动’、‘劳动一般’、直截了当的劳动这个范畴的抽象，这个现代经济学的起点，才成为实际上真实的东西。”[⑥]古典政治经济学家在对劳动问题的理解上是一种形而上学的思维方式，马克思把古典政治经济学和蒲鲁东的政治经济学称为政治经济学的形而上学。破除政治经济学的形而上学成为马克思政治经济学批判的理论切入点。政治经济学的形而上学指以亚当·斯密为代表的古典政治经济学和蒲鲁东

①《马克思恩格斯文集》第三卷，人民出版社2009年版，第19页。

②蒲鲁东：《贫困的哲学》上卷，余叔通、王雪华译，商务印书馆2017年版，第73-124页。

③《马克思恩格斯文集》第五卷，人民出版社2009年版，第98页。

④《马克思恩格斯文集》第八卷，人民出版社2009年版，第28页。

⑤《马克思恩格斯文集》第八卷，人民出版社2009年版，第28-29页。

⑥《马克思恩格斯文集》第八卷，人民出版社2009年版，第29页。

等法国经济学家对资本主义社会生产关系(资本和劳动的关系)的非历史性理解,具体就是把资本主义社会关系永恒化的理论态度。这种理论态度折射出古典经济学家没有洞悉资本主义社会关系的真正历史起源,体现了古典政治经济学家对劳动、工资和资本等经济范畴的非历史性态度。马克思的政治经济学批判就是通过对造成资本主义社会关系非历史性态度的社会历史根源给予解释和澄清,提出他的社会历史理论及其对未来社会的思考。

从根本上说,无产阶级的理论来自对政治经济学的批判性研究。古典政治经济学集中体现了对资本主义生产关系的研究。政治经济学批判构成马克思批判古典政治经济学的理论内核。马克思秉承了古典政治经济学研究资本主义生产关系的传统,批判超越了古典政治经济学。具体来说,马克思通过对古典政治经济学经济范畴的历史批判,通过批判政治经济学研究方法的形而上学,破解了政治经济学的形而上学,构建了自己的一套社会历史理论与方法(历史的唯物主义)。马克思的历史理论学说和关于未来社会的思考形成于马克思的政治经济学批判运思之中。无论是马克思对黑格尔哲学和费尔巴哈哲学的批判,还是对英法以往社会主义学说空想性的批判,都是针对资本主义经济关系的批判。马克思对以往哲学的形而上学批判从根本上说是针对资本与劳动这一现代社会体系的核心经济关系的批判。只有从这个意义上才能真正理解马克思哲学的革命性。马克思通过对古典政治经济学的批判,深化了他对黑格尔哲学、费尔巴哈哲学及空想社会主义思想家的理解。正如阿尔都塞等把马克思理论革命的科学性表述为:“引起总理论革命是这样一种科学的建立,这种科学的建立的任务是在实际上改变存在于总理论中的总问题”①。马克思对政治经济学批判的总理论问题和核心要旨是:通过研究资本主义生产方式以及和它相适应的生产关系和交换关系,破解资产阶级经济学家对资本社会关系形而上学的非历史性理解的根源,探求资本主义社会工人贫困的根源和解放的现实道路。在马克思看来,政治经济学是对经济现象及其所承载社会关系的形而上学思考。“旧的形而上学及其固定不变的范畴似乎在科学中又重新开始了它的统治。”②破解以往旧的形而上学只有通过政治经济学批判才能真正得到实现,即到资本主义的市民社会中和资本主义生产关系中去寻求。卢卡奇的见解一语中的,以黑格尔哲学为代表的“近代批判哲学是从意识的物化结构中产生出来的”③。

①阿尔都塞、巴里巴尔:《读〈资本论〉》,李其庆、冯文光译,中央编译出版社2008年版,第170页。

②《马克思恩格斯文集》第二卷,人民出版社2009年版,第600页。

③卢卡奇:《历史与阶级意识》,杜章智等译,商务印书馆2004年版,第180页。

黑格尔哲学的抽象性在现实性上体现为对资本主义生产关系和资本的形而上学理解,具体来说就是对劳动的形而上学理解。黑格尔仅仅把劳动设定为证明自我意识发展的一个理论环节,肯定了劳动对自我意识的自我确证性。黑格尔同时又把劳动理解为主观需要获得满足(主观需要变为客观性)的中介和手段。他没有把资本主义生产关系看作全部现代社会秘密的发源地,而是把神圣形象的自我异化(精神现象学)看成社会发展的秘密,把人的现实异化看作自我异化的表现。①黑格尔对人的肯定是抽象的自我确证,这与古典经济学家表面承认人,其实是把人仅仅看作维持自身生存发展和资本增殖的工具并无根本不同。所以,马克思才认为黑格尔仍然是站在国民经济学家的立场上。黑格尔把政治经济学看成伦理共同体发展的一个历史阶段,他看到了资本主义发展造成了现实社会人的贫困和异化,他把解决现实人的贫困和异化归结为精神自我认识和发展,最终依赖于国家共同体这一最高伦理实体(个人与共同体的真正统一)。在解决社会贫困和解释人的现实异化的道路上,马克思与黑格尔最终决裂。黑格尔把实体(人、国家和社会)设定为神秘的主体(绝对精神和自我意识),即绝对人格。相反,马克思把实体还原为某一社会发展阶段的生产方式,这种生产方式本身是现实的人及其活动的结果和既定前提,是一个社会全部政治生活和精神生活的发源地。

不论是以往的空想社会主义者,还是黑格尔和蒲鲁东,他们都陷入了对资本主义社会关系理解的抽象性和非批判性的实证主义,根本原因在于他们没有深入到政治经济学的内在枢纽,即劳动的自然形式和价值形式的区分上,没有形成价值概念。从而他们仍然用资本主义的语言来批判和思考资本主义的问题,没有从根本上超越政治经济学,没有对现代社会本质形成深刻洞见。虽然黑格尔也偶尔看到了资本主义社会劳动交往所形成的抽象性对个人的统治现象,但不过只是零星的对资本主义生产关系的直觉判断而已,这一直觉判断被其唯心主义体系的外表所遮蔽。对于现代社会理论本质,只有马克思具有深刻洞见,真正达到对现代社会的本质理解。

2.作为"真正的实证科学"和社会历史科学的政治经济学批判

政治经济学批判不应仅仅理解为是在经济学领域中实现了理论变革,马克思在批判政治经济学的过程中开启了一门"科学"综合的社会历史科学。社会历史科学研究不应仅仅是历史实证性描述的历史编纂学,而应是政治经济学批判的社会历史批判。当代社会科学理应秉持政治经济学批判的精神和实质。社会科学从其方法论功能来看,应具有政治经济学批判的理论功能。

①黑格尔:《法哲学原理》,范扬、张企泰译,商务印书馆1961年版,第204-211页。

政治经济学用经济范畴把握经济事实,经济范畴只是生产的社会关系的理论表现。政治经济学是用被经济范畴中介过的经济事实看待社会现实本身。对于这样得来的对社会现实的认识,本身就应当给予理论的反思与批判。政治经济学批判是面向社会历史关系和社会事实本身的历史科学。马克思的政治经济学批判如何能成为一门历史"科学"? 政治经济学批判本身也是一场自我革命的历史科学。政治经济学批判就是马克思的社会历史理论,即实践、批判和革命的社会历史理论。政治经济学批判不是自我意识的主观批判,也不是直接面向社会历史本身的现象学还原,而是通过对经济范畴的历史批判,呈现社会历史现实本身,从而开创了一门真正的历史科学和政治科学传统。政治经济学批判通过其特有的理论范式给予现实社会历史本身以真正认识,这个理论范式就体现了马克思社会历史理论的经典范畴:社会关系和生产方式。马克思运用了生产方式、生产力和生产关系的社会历史理论核心范畴剖析了资本主义社会结构,认清了资本主义社会关系和社会现实的真正实质,进而彻底告别了政治经济学对社会关系认识的形而上学假设。马克思语境中经济的概念是"作为一种生产方式的结构的层次、要素或领域严格地规定下来"[①]。马克思把他自己的政治经济学批判称为"无产阶级的政治经济学"的世界观和理论指南。"马克思对经济学的批判,从原则上讲,就是对'观念实证主义'的批判。"[②]

这种观念实证主义体现了当前人们对经济生活和经济范畴的理论无意识。政治经济学批判的目的和现实意义就在于揭示隐藏在资本逻辑神秘面纱背后的真实面目,通过对资本主义生产方式的研究,构建一个真正符合人类本性的社会状态。马克思解释了政治经济学家用经济范畴规定经济生活,用经济生活取代社会生活的真正根源和秘密。"政治经济学曾经分析了价值和价值量(虽然不充分),揭示了这些形式所掩盖的内容。但它甚至从来也没有提出过这样的问题:为什么这一内容采取这种形式呢? 为什么劳动表现为价值,用劳动时间计算的劳动量表现为劳动产品的价值量呢?"[③]马克思的政治经济学批判不仅仅体现在其理论革命上,政治经济学批判的现实意义集中体现为对现代社会资本逻辑的有原则高度的批判。对资本逻辑的批判和超越具体体现为对现代人生活方式的批判性超越。现代人的生活方式被资本建构起来的市场意识和货币观念所统治。资本具有个性,而人被异化为资本的附属物。"资本逻辑"体现为资本主义生产关系和雇佣劳动关系,资本主义生产关系把人与人、人与自然之间本来极其明白和合理的社会关系抽象化为商品交换关系。在这种商品交换关系中,"生产者把他们的产品当做商品,从而当做价值来对

①阿尔都塞、巴里巴尔:《读〈资本论〉》,李其庆、冯文光译,中央编译出版社2008年版,第163页。
②王德峰:《马克思的历史批判方法》,《哲学研究》2013年第9期。
③《马克思恩格斯文集》第五卷,人民出版社2009年版,第98页。

待，而且通过这种物的形式，把他们的私人劳动当做等同的人类劳动来互相发生关系"[①]。资本逻辑在当代人们的生活和观念中，被当作一个既定和永恒的事实而承认和认可，资本本身成为当代人类透视社会生活现象的理论棱镜。现实社会生活被人们抽象为资本本身的生活，一种物的生活。这样的人越来越远离生活，越来越抽象。经济生活成为人们追求的唯一生活，人们变成他们自己的资本家，现实的人被想象为经济生活规定的人。经济范畴是对经济生活的抽象，经济生活只是社会生活的一部分，经济生活本质上要归属于人的生活，一种自由自觉的生活，真正凸显个性的生活。人类社会的理想形态应该是自由人的联合体。在这个联合体中，劳动产品的社会关系和分配关系极为简单，人们的生活反映了人作为人真正的价值所在。这种自由人的联合体的形成要以发达的资本主义社会生产为前提，从而完全超越了资本主义生产关系。在自由人的联合体中，"只有当社会生活过程即物质生产过程的形态，作为自由联合的人的产物，处于人的有意识有计划的控制之下的时候，它才会把自己的神秘的纱幕揭掉。但是，这需要有一定的社会物质基础或一系列物质生存条件，而这些条件本身又是长期的、痛苦的发展史的自然产物"[②]。

图1–3 《资本论》第一卷，1867年汉堡第1版

来源：《马克思画传》（华东师范大学出版社2005年版，第116页）

马克思政治经济学批判的科学性体现了他对资本主义生产关系研究方法的历史性批判和科学抽象。那么如何理解这种抽象的科学性呢？"政治经济学所研究的材料的特殊性质，把人们心中最激烈、最卑鄙、最恶劣的感情，把代表私人利益的复仇女神召唤到战场上来反对自由的科学研究。"[③]马克思用"自由

①《马克思恩格斯文集》第五卷，人民出版社2009年版，第97页。

②《马克思恩格斯文集》第五卷，人民出版社2009年版，第97页。

③《马克思恩格斯文集》第五卷，人民出版社2009年版，第10页。

的科学研究"取代政治经济学,以此来指示他自己的政治经济学批判的精神实质。究竟如何理解"自由的科学研究"这一精神实质呢?学界一般从《〈政治经济学批判〉导言》中提炼马克思研究政治经济学的方法,即从抽象到具体的方法。从方法论上看待马克思政治经济学批判的意义,往往弱化了马克思政治经济学批判的真正意义。马克思通过对古典政治经济学的批判实现了社会科学史上的伟大变革。政治经济学批判的意义不应仅仅从认识论和方法论上来界定,而应当从历史观和世界观的变革上来把握。这种历史观和世界观破除了在社会问题研究上的非批判的实证主义和徒有其表的批判主义两种社会研究路径。

政治经济学批判应当成为一种普遍的社会科学世界观。政治经济学批判是一门真正的实证科学。它的产生离不开对时代根本问题的现实思考与把握。"经济生产时代完全不是一个可以直接在某一过程中直接阅读出来的时代。这是一个在本质上不可见的、不可阅读的时代,它同资本主义生产整个过程的现实本身一样是不可见的和不透明的。……这个概念同一切概念一样,必须被生产出来,被建立起来。"[①]马克思政治经济学批判是一个具有历史意义的革命性事件。政治经济学批判超越了古典政治经济学和思辨哲学对社会历史事件的经验主义(经验主义意识形态)和抽象思辨式把握(唯心主义意识形态)。马克思的政治经济学批判反映了他那个时代"劳动被资本统治"的真正历史根源。这个重新被生产出来的理论范式就体现了其历史唯物主义的创立。阿尔都塞等人把马克思政治经济学批判建构为一种科学认识论(马克思哲学)。政治经济学和政治经济学批判(真正的实证科学和历史科学)的差别在于,政治经济学只考察社会整体的相对独立的部分,而作为历史理论的政治经济学批判主要是把复杂的整体本身作为考察对象。[②]把认识的对象等于现实存在本身和把历史科学的对象归结为现实历史都是一种经验主义的意识形态。同样,把社会现实等同于主体的想象活动是思辨和唯心主义的意识形态。马克思批判了这两种看待历史现实的理论态度。"历史就不再像那些本身还是抽象的经验主义者所认为的那样,是一些僵死的事实的汇集,也不再像唯心主义者所认为的那样,是想象的主体的想象活动。"[③]政治经济学批判引起整个政治经济学发生变革,并使"全部资本主义生产"变成可以理解的事实。马克思对政治经济学的批判并非意味着纠正这门学科某些不确切之处,也不是弥补空缺,而是提出一个同政治经济学相对立的新的总问题和新的对象,也就是把

①阿尔都塞、巴里巴尔:《读〈资本论〉》,李其庆、冯文光译,中央编译出版社2008年版,第89页。
②阿尔都塞、巴里巴尔:《读〈资本论〉》,李其庆、冯文光译,中央编译出版社2008年版,第97页。
③《马克思恩格斯文集》第一卷,人民出版社2009年版,第525-526页。

政治经济学的对象本身作为一个问题提出来，对政治经济学本身进行批判。政治经济学对于马克思来说，没有任何存在的理论空间。马克思对政治经济学要求的否定就是对这种明明白白的“既定存在”的否定。马克思政治经济学批判的真正革命性在于：新的对象的真正概念的确立，这个对象概念是古典政治经济学在其虚幻的要求中所追求的目的。经济事实和现象，一切存在领域的同质性，一切经济事实都可以量化。

政治经济学批判的意义还在于打破了市场经济社会下人们认识社会现象的固有经济意识形态观念，打破了经济意识形态的幻象。马克思所研究的经济学不是别的，只是通过各个不同发展阶段“总是处在过程中的资本”所依次呈现和抛弃的历史形式。[①]这是阿尔都塞等人所理解的马克思的理论革命。不过，这一理论革命与其说是一场哲学革命，还不如说是一场社会科学世界观的综合革命。马克思的理论不再是一种一般意义上的哲学世界观，而是一门实践、批判和革命的综合社会历史理论。哲学本身应当现实化，现实化的哲学形态就是社会历史理论。对社会历史现实本身的认识不能出自眼前东西的感性直观，也不能出自洞悉事物真正本质的高级的哲学直观，政治经济学批判超越了以上两种直观，它为当代社会科学认识社会历史本身提供了真正的具有批判性和启发性的理论资源。

马克思的政治经济学批判实现了社会科学研究方法的革命性变革。马克思并没有把政治经济学作为科学的形而上学加以拯救，并没有重新创立一个新的政治经济学体系，政治经济学只能从否定的意义上去理解。通过对政治经济学的批判，马克思开启了一条认识现代社会的根本理论指南。马克思政治经济学批判的直接理论后果就是形成了实践、批判和革命的社会历史理论。马克思在研究对象、研究方法和问题视域方面与古典政治经济学家根本区别开来。古典政治经济学家研究经济现象的意识形态体现为他们对作为古典经济学抽象人的理论假设和经济范畴的非历史性理解。马克思政治经济学批判不是对社会经济现象的简单实证描述，不是对社会经济现象单纯的意识形态批判。政治经济学批判是对一定经济社会形态的认识，这种认识本身只有在辩证法意识上去理解，即从批判和否定的意义上去理解，这正是马克思把自己的理论称为政治经济学批判，而不是政治经济学的原因所在。马克思的政治经济学批判体现了马克思主义世界观的真正孕育与形成，马克思的社会历史理论与未来社会观在此基础上真正形成并统一起来。政治经济学批判是从思想史上和整体性上理解马克思主义实质的根本路径。

①阿尔都塞、巴里巴尔：《读〈资本论〉》，李其庆、冯文光译，中央编译出版社2008年版，第163页。

3. 结语

彰显政治经济学批判的价值意蕴，创建符合时代精神和主题的新政治经济学批判，直面当代资本主义的新变化和社会主义发展过程中出现的新问题，秉持政治经济学批判的精神实质，探索人类社会从资本主义向共产主义过渡的新形式。新政治经济学批判不是背离马克思关于政治经济学思考的根本原则，而是为中国特色社会主义市场经济良性发展和破解当前社会主义主要矛盾提供理论分析框架和解决思路。

（四）马克思、恩格斯晚年思想研究

1. 马克思晚年探索的主题①

马克思、恩格斯晚年的思想探索主要围绕深化《资本论》、史前社会发展规律、社会主义过渡问题以及资本主义新变化问题。从研究内容来看，19世纪70年代以来，马克思、恩格斯立足全球化和世界历史视野，坚持从马克思主义整体性入手，分析资本主义生产关系的新变化，不断完善唯物史观和《资本论》创作，真正把社会主义的实现奠定在唯物史观和剩余价值学说的基础之上，为无产阶级解放指明了科学道路，使社会主义从空想变成指导无产阶级和全人类解放的科学。

马克思的伟大，可以从他的科学发现、从他对无产阶级和全人类解放的贡献、从他的历史影响等客观方面加以说明；也可以从他的人格、从他的无私和无畏、从他的探索精神等主观方面进行论证。作为科学家，马克思一生都从未停止过探索；作为战士、革命家，他一生的探索，都是围绕着一个主题：为了无产阶级和全人类的解放。

马克思的晚年，一般指的是他生命的最后十年。1872年海牙代表大会以后，马克思又返回书斋，在继续完成《资本论》第二、第三卷写作的同时，开始进行新的历史研究。这时，历史条件已经发生重大的变化。巴黎公社被镇压以后，西方无产阶级革命转入低潮，西方资本主义开始了所谓和平发展时期；而东方则出现新的革命形势。马克思新的历史研究，同这种历史条件的变化密切相关。这次研究的对象主要是史前社会和东方社会。他阅读了大量的历史学著作，特别是人类学方面的著作，写下了数十万字的笔记。这就是他生前不为人知、死后才被发现和出版的《人类学笔记》以及《历史学笔记》，还有其他一些笔记和书信。关于人类学方面的笔记主要包括：《马·柯瓦列夫斯基〈公社土

①本部分选自叶汝贤教授关于马克思晚年历史观研究的论文，具体参见《叶汝贤自选集》（第二卷）的相关内容。

地占有制,其解体的原因、进程和结果〉一书摘要》《亨利·萨姆纳·梅恩〈古代法制史讲演录〉一书摘要》《约·拉伯克〈文明的起源和人的原始状态〉一书摘要》《约·布·菲尔〈印度和锡兰的雅利安人村社〉一书摘要》等。还有一些尚未发表的笔记,如关于莫尼的《爪哇,或怎样管理殖民地》、乌提舍诺维奇的《南方斯拉夫人的家庭公社》等笔记。另外,属于同一类研究对象的还包括一些书信、文章和草稿,如《给〈祖国纪事〉杂志编辑部的信》《给维·伊·查苏利奇的复信》等。

马克思既是革命家,又是一位严谨的学者。他把科学研究比喻为"下地狱"。他的每一个科学发现,都付出了常人难以想象的体力和精力上的代价。晚年马克思体弱多病,还有完成《资本论》写作的艰巨任务,为什么他还要去开辟一个新的研究领域,并且写下数十万字的笔记?应该怎样理解马克思晚年探索的主题?有的学者认为,这表明马克思中止《资本论》的研究和写作,转向研究哲学人类学,是向"青年马克思"的回归,回到"人道主义的马克思"。在西方学者中,这是一个颇为流行的见解。但是,这种见解是没有事实根据和理论根据的。

关于马克思的晚年探索同他写作《资本论》的关系,恩格斯有一个很好的说明。他说,1872年海牙大会以后,马克思"重新回到自己的科学研究工作上来,同时研究的范围也已经大大扩大了。马克思研究任何事物时都考查它的历史起源和它的前提,因此,在他那里,每一单个问题都自然要产生一系列的新问题。他研究原始时代的历史,研究农学、俄国的和美国的土地关系、地质学等等,主要是为了在'资本论'第三卷中最完善地写出关于地租的章节,而在他以前没有人试图这样做过。……但是很可惜,日益严重的疾病妨碍了他去利用这样收集起来的材料。"①

恩格斯的说明是很有说服力的。马克思晚年的探索,最初可能主要是为了完善《资本论》有关章节的写作,为了研究私有制、阶级和国家的起源,以验证和支持《资本论》关于资本主义发展历史必然性的结论。但是,随着研究范围的扩大和深入,马克思作出了研究主题的扩展与提升。他对西方资本主义发展规律的研究,已基本上完成;但对东方社会的研究,却还处在相当朦胧的状态。在当时的历史条件下,革命实践的需要已经把对后者的研究提到议事日程上来了。1881年2月底3月初,马克思在给查苏利奇的回信中指出,他关于资本主义发展规律的理论明确地"限于西欧各国"②,言下之意,东方社会的问题还是没有解决的。显然,这是一个具有世界历史意义的重大课题。在这

①《马克思恩格斯全集》第二十二卷,人民出版社1965年版,第399-400页。

②《马克思恩格斯选集》第三卷,人民出版社1995年版,第761页。

种情况下，马克思把研究重点转向东方社会是完全合乎逻辑的。由此，可以作出这样的推断：马克思不仅要完成《资本论》的写作，而且要写出《资本论》的姊妹篇，撰写关于东方社会性质及其发展规律和发展道路的巨著；同时进一步验证、补充、完善和深化他所发现的唯物史观。可以说，马克思晚年探索的主题是他一生探索的主题的延续：为了无产阶级和全人类的解放。差别只是重点的不同，这次要解决东方社会的解放之路。不幸的是，他过早逝世而无法完成这一任务。但是，他的研究成果已经为解决这一任务指明方向，打下基础，在实践上、理论上都具有重大价值。

2. 对东方社会性质及其发展道路的探索

巴黎公社失败以后，随着历史条件的变化，革命重心开始向东方转移。这时，马克思的学说，不仅在西方传播，也在东方国家传播开来。东方民族向何处去？这些国家（如俄国）内部展开了激烈的争论。一些先进分子开始在马克思的学说中寻求答案，甚至直接请教马克思本人。历史条件的变化、革命实践提出的新课题，是马克思进行新的东方社会研究的主要动力。

东方国家的发展，是沿袭西方国家走过的资本主义道路，还是与此相反，“俄国可以在发展它所特有的历史条件的同时取得资本主义制度的全部成果，而又可以不经受资本主义制度的苦难”[①]。这个如何认识东方社会性质及其发展道路的问题，既困扰着当时的俄国革命家、思想家们，同样也困扰着马克思。19世纪70年代在俄国发生的争论就是围绕着这一问题展开的。

早在19世纪50年代初，马克思的研究已经涉及东方国家社会性质及其发展道路问题，他在他发表的有关印度等东方国家的社会性质与革命的论文以及其他论著中，初步表述了他的观点。马克思以他所发现的唯物史观为方法论原则，把东方社会放在整个世界历史发展进程中加以考察。他认为，资产阶级由于开拓了世界市场，使一切国家的生产和消费都成为世界性的了，历史在愈来愈大的程度上成为全世界的历史。资本主义是这一历史时代的主导性力量。马克思指出，资产阶级，由于一切生产工具的迅速改进，由于交通的极其便利，由于它的商品的低廉价格，它摧毁一切万里长城，征服野蛮人的仇外、排外心理，把一切民族甚至最野蛮的民族都卷到文明中来了。“它迫使一切民族——如果它们不想灭亡的话——采用资产阶级的生产方式；它迫使它们在自己那里推行所谓的文明，即变成资产者。一句话，它按照自己的面貌为自己创造出一个世界。”“正像它使农村从属于城市一样，它使未开化和半开化的国家从属于文明的国家，使农民的民族从属于资产阶级的民族，使东方从属于西

①《马克思恩格斯选集》第三卷，人民出版社1995年版，第340页。

方。”[①]马克思认为，在当时的历史条件下，资本主义是一切民族无法抗拒的前途，包括东方民族在内。

马克思当时对印度和俄国的发展前途的分析就反映了上述观点。印度很早就形成一种独特的社会制度——村社制度。在这种村社制度基础上建立起来的印度社会，具有与西方社会完全不同的特征。经济上不存在土地私有制，政治上的专制统治、村社的自给自足和闭关自守，成为印度社会长期停滞、落后的原因。在这里，没有追求社会进步的意向和动力，就像一潭死水，没有外部力量，它是无法掀起波澜的。因此，马克思认为英国对印度和其他东方国家的侵略和统治，具有两重性。一方面，这种侵略和统治，给这些国家的人民带来了深重的灾难；另一方面，却破坏了那种旧的亚洲式的社会，打破了东方国家的闭关自守，为在这些国家建立西方式的社会，即资本主义社会奠定物质基础。当时马克思认为，东方国家走西方资本主义道路，具有历史必然性。但是，到了70年代，马克思经过研究得出新的结论。这个新的结论是在1877年10月至11月写的《给〈祖国纪事〉杂志编辑部的信》中首先表达的。他说：“为了能够对当代俄国的经济发展作出准确的判断，我学习了俄文，后来又在许多年内研究了和这个问题有关的官方发表的和其他方面发表的资料。我得到了这样一个结论：如果俄国继续走它在1861年所开始走的道路，那它将会失去当时历史所能提供给一个民族的最好的机会，而遭受资本主义制度所带来的一切灾难性的波折。”[②]马克思认为，当时的历史条件使俄国有可能不经过资本主义走向社会主义。后来，马克思在1881年2月底3月初给维·伊·查苏利奇的复信（包括复信初稿）中，对此作了精辟的论证。在《给〈祖国纪事〉杂志编辑部的信》中，马克思就明确指出，把他在《资本论》中关于西欧资本主义起源的历史概述变成一般发展道路的历史哲学理论，一切民族，不管它们所处的历史环境如何，都注定要走这条道路，“这样做，会给我过多的荣誉，同时也会给我过多的侮辱”。马克思举例说明，极为相似的事发生在不同的历史环境中会引起完全不同的结果，“如果把这些演变中的每一个都分别加以研究，然后再把它们加以比较，我们就会很容易地找到理解这种现象的钥匙；但是，使用一般历史哲学理论这一把万能钥匙，那是永远达不到这种目的的，这种历史哲学理论的最大长处就在于它是超历史的”[③]。历史规律的存在和作用，同一定的历史条件、历史环境相联系，超历史的并适用于任何国家、任何社会的一般发展道路是不存在的。马克思明确反对把他对西方资本主义的分析套用到东方社会。他认

①《马克思恩格斯选集》第一卷，人民出版社1995年版，第276-277页。

②《马克思恩格斯选集》第三卷，人民出版社1995年版，第340页。

③《马克思恩格斯选集》第三卷，人民出版社1995年版，第342页。

为,对它们分别加以研究,并加以对比,才是认清东方社会发展道路的正确的方法。马克思在给维·伊·查苏利奇的复信中,对东方社会性质和发展道路特殊性的分析,就是这种研究的结果。

马克思指出,不能把他对西欧资本主义的分析套用到俄国头上,这是因为建立在农村公社基础上的俄国社会,具有不同于西方的特殊性质。在西欧,资本主义生产起源于“生产者和生产资料彻底分离”,起源于对农民的剥夺,是把一种私有制形式变为另一种私有制形式。但在俄国农村公社中,农民手中的土地从来没有成为他们的私有财产。在这里实行的是某种土地公有制。在西欧,在遥远的过去曾经不同程度上存在过古代类型的公有制,随着社会的进步,它在各地消失了。但在俄国则可以免于这种结局。马克思指出:“在俄国,由于各种情况的独特结合,至今还在全国范围内存在着的农村公社能够逐渐摆脱其原始特征,并直接作为集体生产的因素在全国范围内发展起来。正因为它和资本主义生产是同时存在的东西,所以它能够不经受资本主义生产的可怕的波折而占有它的一切积极的成果。俄国不是脱离现代世界孤立生存的;同时,它也不像东印度那样,是外国征服者的猎获物。”①

马克思认为,俄国农村公社和西方古代类型的公有制遭遇完全不同的命运,是由于历史条件的变化,由于俄国各种情况的“独特结合”。这一独特的历史环境、历史条件,决定了俄国有可能走一条独特的发展道路。

马克思具体分析了农村公社所具有的二重性。在公社内部,耕地是公有财产,房屋及其附属物——园地以及产品则为农民所拥有。因而在经济结构上,既有公有制因素,也有私有制因素。公社所固有的这种二重性因素,能够赋予它强大的生命力,也可能成为公社逐渐解体的根源。一方面,公有制以及公有制环境下所形成的各种社会联系,使公社基础稳固;同时,房屋的私有、耕地的小块耕种和产品的私人占有又使那种与较原始的公社条件不相容的个性获得发展。然而,仅仅从积累性牲畜开始的动产的逐步积累,就会起着破坏经济平等和社会平等的作用,并且在公社内部产生利益冲突。马克思指出,在这种情况下,“‘农业公社’的构成形式只可以有两种选择:或者是它所包含的私有制因素战胜集体因素,或者是后者战胜前者。先验地说,两种结局都是可能的,但是,对于其中任何一种,显然都必须有完全不同的历史环境。一切都取决于它所处的历史环境”②。

“一切都取决于它所处的历史环境”,这一论断反映了社会历史规律存在和

①《马克思恩格斯选集》第三卷,人民出版社1995年版,第762页。

②《马克思恩格斯选集》第三卷,人民出版社1995年版,第765页。

作用的特点。在这里，一定的历史条件、历史环境具有决定意义，因此，任何历史分析都应从一定的历史条件、历史环境出发。马克思认为，俄国农村公社的历史环境是独一无二的。在欧洲，只有俄国农村公社在全国范围内作为人民生活的统治形式保存下来。它不像东印度那样，是外国征服者的猎获物。同时，它也不是脱离现代世界孤立生存的。它同资本主义生产同时存在，并且同资本主义国家进行种种交往。这使它可以不必接受资本主义的活动方式，而占有它的一切积极成果。在俄国公社面前，资本主义正经历着种种危机。俄国公社本身由于特殊的条件而显示出发展的生命力。这种特殊条件是：(1)土地公有制使它有可能直接地、逐步地把小地块个体耕作转化为集体耕作，实际上俄国农民已经在没有进行分配的草地上实行着集体耕作；(2)俄国土地天然适合于大规模的机器使用；(3)农民习惯于劳动组织关系，这有助于从小地块劳动向合同劳动过渡；(4)长期以来靠农民维护生存的俄国社会也有义务给予农民必要的垫款，来实现这一过渡。由于这一切条件的综合，“就使俄国可以不通过资本主义制度的卡夫丁峡谷，而把资本主义制度所创造的一切积极的成果用到公社中来”①。这样，俄国就有可能实现一条独特的走向社会主义的道路。

历史环境、历史条件是决定性的；但它只是提供一种跨越资本主义“卡夫丁峡谷”的条件，只是一种可能性。马克思认为，要使这种可能性变为现实性，关键是要有革命的发生，“如果革命在适当的时刻发生，如果它能把自己的一切力量集中起来以保证农村公社的自由发展，那么，农村公社就会很快地变为俄国社会新生的因素，变为优于其他还处在资本主义制度奴役下的国家的因素”②。

马克思对东方社会及其发展规律的分析，对东方民族跨越资本主义“卡夫丁峡谷”走向社会主义道路的设想，是卓越的和光辉的。但他的设想未能在俄国实现，他不愿看到的历史——俄国继续走它在1861年所开始走的道路——却发生了。马克思说：“假如俄国想要遵照西欧各国的先例成为一个资本主义国家，——它最近几年已经在这方面费了很大的精力，——它不先把很大一部分农民变成无产者就达不到这个目的；而它一旦倒进资本主义怀抱以后，它就会和尘世间的其他民族一样地受那些铁面无情的规律的支配。”③事情恰好为马克思所言中，最好的历史机遇终于从旁擦肩而过。但是，俄国没有抓住的历史机遇，东方的另一个大国——中国却抓住了。中国革命的成功、中国社会主义革命和建设的胜利，就是马克思晚年设想的光辉实践。

①《马克思恩格斯选集》第三卷，人民出版社1995年版，第765页。
②《马克思恩格斯选集》第三卷，人民出版社1995年版，第773页。
③《马克思恩格斯选集》第三卷，人民出版社1995年版，第341页。

3. 对唯物史观的重要补充

马克思晚年对东方社会和古代史的研究,实践上,主要是探讨解决东方民族的发展道路问题;理论上,主要是对唯物史观从下列几方面进行补充、扩展和深化。

(1)关于社会历史规律的特质

马克思创立唯物史观时,明确表述了历史发展的普遍规律。后来,在《〈政治经济学批判〉序言》中,马克思又对唯物史观作了一个经典性的概括,指出社会历史的发展是一个"自然史的过程";这个演进过程大体上表现为亚细亚的、古代的、封建的和现代资产阶级的生产方式等五个社会经济形态的依次更替。

对于如何理解马克思在这里表述的唯物史观,一直都存在着争论。有的人简单地把它解释为机械决定论。这是极大的误解。造成这一误解,理论上的原因主要是不理解马克思所揭示的社会历史规律的特质以及它的普遍性和特殊性。

马克思从来反对把他的历史观等同于那种超历史的一般"历史哲学"。早在《德意志意识形态》中,他就指出:"在思辨终止的地方,在现实生活面前,正是描述人们实践活动和实际发展过程的真正的实证科学开始的地方……对现实的描述会使独立的哲学失去生存环境,能够取而代之的充其量不过是从对人类历史发展的考察中抽象出来的最一般的结果的概括。这些抽象本身离开了现实的历史就没有任何价值。它们只能对整理历史资料提供某些方便,指出历史资料的各个层次的顺序。但是这些抽象与哲学不同,它们绝不提供可以适用于各个历史时代的药方或公式。"①在《资本论》1872年第二版的跋中,马克思在讲到他的研究方法时,借一位评论家之口,再次重申他的观点。下面是那位批评马克思的评论家的几段话,仔细读一读是很有意思的:

"在马克思看来,只有一件事情是重要的,那就是发现他所研究的那些现象的规律。而且他认为重要的,不仅是在这些现象具有完成形式和处于一定时期内可见到的联系中的时候支配着它们的那个规律。在他看来,除此而外,最重要的是这些现象变化的规律,这些现象发展的规律,即它们由一种形式过渡到另一种形式,由一种联系秩序过渡到另一种联系秩序的规律。"

"有人会说,经济生活的一般规律,不管是应用于现在或过去,都是一样的。马克思否认的正是这一点。在他看来,这样的抽象规律是不存在的……根据他的意见,恰恰相反,每个历史时期都有它自己的规律。一旦生活经过了一定的发展时期,由一定阶段进入另一阶段时,它就开始受另外的规律支配。"

①《马克思恩格斯选集》第一卷,人民出版社1995年版,第73—74页。

“旧经济学家不懂得经济规律的性质，他们把经济规律同物理学定律和化学定律相比拟……对现象所作的更深刻的分析证明，各种社会有机体像动植物有机体一样，彼此根本不同……由于这些有机体的整个结构不同，它们的各个器官有差别，以及器官借以发生作用的条件不一样等等，同一个现象就受完全不同的规律支配。”①

马克思指出，这位评论家的评论，很好地表述了他的观点，说明他所揭示、概括的历史规律，具有辩证性质。这些规律不是抽象的、僵死的存在，而是存在于现实的历史中，处在不断发展变化过程中。这些规律只能作为指导原则，方便人们去研究现实的历史，而不能作为包医百病的药方，去代替对现实问题的研究。

但是，在《德意志意识形态》和《资本论》等青年、中年时代的著作中，对历史规律的性质主要还是强调了它的普遍性，强调了历史发展的必然性和共同性，强调了历史发展是一个自然史的过程。马克思晚年探索的新贡献在于，他通过对古代史和东方社会的研究，深入分析了社会历史规律存在和作用的特殊性，揭示历史发展连续性和跳跃性的统一，补充和深化了唯物史观。

马克思在《〈政治经济学批判〉序言》中表述的人类历史发展的普遍规律，主要是生产力和生产关系、经济基础和上层建筑发展变化的规律。但是，当马克思对古代史作了深入研究之后，他发现古代社会存在特殊的社会结构和特殊的起决定作用的因素。物质生产仍是起决定作用的因素，但不是唯一的起决定作用的因素。起决定作用的，除了物质生产，还有人类自身的生产。由于这一发现，马克思形成了两种生产的原理。

在《德意志意识形态》中，马克思已讲到人类自身生产的作用，已开始涉及两种生产的原理。在这里他提出了一些非常深刻的思想，如认为人口的增长是社会生存和发展的“物质生活条件”的因素之一、人类社会历史并非始于有文字记载的历史等。然而，由于当时能够掌握的关于古代人类史的资料非常贫乏，马克思还无法得出科学的结论和作出具体的论证，在个别问题上甚至得出错误的论断，如认为父权制个体家庭是人类历史最早的社会组织，氏族以至整个社会结构只限于家庭的扩大；作为历史起点的父权制个体家庭已存在着奴隶制，等等。在这些问题上认识的模糊，造成了一些重要论断的不准确，如《共产党宣言》提出“至今一切社会的历史都是阶级斗争的历史”，就直接同马克思、恩格斯当时对古代社会缺乏研究有关。到了70年代，大量古代人类史著作的出版，特别是摩尔根的《古代社会》一书的出版，为马克思新的发现提供了理论前提和史料基础。

①《马克思恩格斯选集》第二卷，人民出版社1995年版，第110—111页。

马克思新的理论概括，主要是根据摩尔根提供的材料作出的。摩尔根在《古代社会》一书中，具体考察了原始社会家庭的演变史，考察了从血缘家庭→普那路亚家庭→对偶家庭→父权制家庭→一夫一妻制家庭的演变过程。摩尔根提供的材料说明，在这个过程中，物质生活资料的生产和人类自身的生产，都起决定作用。但是，摩尔根不能由此作出两种生产决定作用的哲学结论，相反，他在《古代社会》一书的结构中，对这种作用和其他社会因素的作用作了混乱的安排。《古代社会》一书的编章顺序是：①各种发明和发现所体现的智力发展；②政治观念的发展；③家族观念的发展；④财产观念的发展。这一结构安排，把政治观念的发展放在家庭形式的变化和私有制、国家的产生之前，把决定者和被决定者的关系弄颠倒了。马克思在做读书笔记时，不是按照原书结构照搬，而是改变它的顺序。他把③（"家族观念的发展"）放在②（"政治观念的发展"）的位置上；把②放在④（"财产观念的发展"）的位置上。这一改动形成了一个新的结构，这一结构反映了原始社会的社会结构及其运动规律。后来恩格斯撰写的《家庭、私有制和国家的起源》一书的结构，所根据的就是马克思在这里提出的结构顺序。

在上述马克思提出的结构中，带有根本性质的是人类自身生产、血缘关系的决定作用。马克思认为，由物质生活资料生产形成的经济关系和由人类自身生产形成的血缘亲属关系，是原始社会结构的基础。马克思认为，这两者的存在、作用和地位不是凝固不变的。物质生产是由人类自身所推动的，是由人类自身生产的需要所决定的。物质生产越是不发达，越是处于从属地位。在此基础上形成的经济关系和血缘关系的关系同样如此。马克思在研究血缘亲属关系和亲属制度的关系时，进一步说明了这一问题。摩尔根认为，家庭是一个能动的要素，它从来不是静止不动的，而是由较低级的形式进到较高级的形式。反之，亲属制度却是被动的；它把家庭经过一个长久时期发生的进步记录下来，只有当家庭已经根本变化了的时候，它才发生根本的变化。马克思摘录这句话，跟着指出："同样，政治的、宗教的、法律的以至一般哲学的体系，都是如此。"[①]在这里，马克思把亲属制度看作建立在血缘亲属关系基础上的上层建筑，它由血缘亲属关系决定，随着血缘亲属关系的根本变化而发生根本变化。这就说明，在原始社会的早期，血缘亲属关系是根本的关系。只是后来，随着物质生活资料生产的发展，经济关系的作用和血缘亲属关系的作用才发生变化，经济关系的作用越来越大，以致最终取代血缘亲属关系的地位，成为最终起决定作用的因素。但是，即使到这个阶段，人类自身的生产仍然是人类社会

①《马克思恩格斯全集》第四十五卷，人民出版社1985年版，第354页。

生产的一部分,仍对社会发展起决定作用。这样,就形成了马克思关于两种生产作用的原理。

前文阐述了马克思的一个新见解:俄国在当时的国际环境和国内的特殊条件下,可以跨越资本主义"卡夫丁峡谷",走一条不同于西方的实现社会主义的特殊道路。既然马克思承认可以有特殊的发展道路,那他关于社会历史的发展是自然史的过程、关于五种社会经济形态依次更替的规律还成不成立?有的学者认为,马克思晚年的探索,实际上已放弃了社会历史规律普遍性的观点,改为主张历史发展"多线论"。这是一个方便的解释,但却是错误的解释。马克思并没有放弃历史发展必然性的观点,他只是强调社会历史规律存在和作用的具体性和条件性。马克思在说明俄国社会发展的特殊性时,强调了历史环境、历史条件的决定性意义,这正好说明社会规律的制约性。马克思讲的五个社会经济形态依次更替,加了一个限定词,讲的是"大体上"的,就是说,从整个人类历史的发展过程来看,必然是从低级到高级的发展过程,必然是五个社会经济形态的依次更替,不可能是先出现资本主义社会,再出现封建主义社会。(某一国范围内发生历史性倒退,是另一回事。)在特殊条件下,某一个国家可以超越某一阶段,只是说明历史发展的跳跃性,并未否定生产力在历史发展中的决定作用和历史发展的连续性。这种历史现象可以从马克思揭示的历史规律存在与作用的普遍性和特殊性的关系中去理解。这说明,马克思晚年的探索,非但没有否定他的历史必然性思想,相反,恰恰深化了他所阐述的社会历史规律理论。

(2)深入研究古代社会,补充、深化唯物史观关于社会经济形态的理论

马克思关于社会经济形态的理论,是唯物史观的基石。这一理论应是历史上存在的所有社会经济形态的反映和概括,并对研究和认识所有的社会经济形态具有方法论意义。但是,马克思在研究和阐明这一理论时,并不是按照历史的顺序,从研究和阐述古代社会开始,而主要是根据研究资本主义的成果。这除了实践方面的原因,还有两方面原因:一方面,对古代社会能掌握的资料甚少;另一方面,还有一个重要的方法论方面的原因。马克思指出,"人体解剖对于猴体解剖是一把钥匙"[①],资产阶级社会是最发达的和最多样性的历史的生产组织。那些表现它的各种关系的范畴以及对于它的结构的理解,同时也能使我们透视一切已经覆灭的社会形式的结构和生产关系。因此,解剖资本主义社会有助于解剖前资本主义社会。然而,对人体的解剖又不能代替对猴体的解剖;而没有对后者的深入的解剖,主要根据资本主义社会阐述的关

①《马克思恩格斯选集》第二卷,人民出版社1995年版,第23页。

于社会经济形态的理论，严格说还不是被科学地证明了的具有普遍意义的理论。因此，马克思晚年对原始社会的研究对于完善他的社会经济形态理论，对于完善他所发现的唯物史观就具有特殊的意义。

马克思对原始社会的关注和研究，可以追溯到他的青年时代。在《1844年经济学哲学手稿》中，他认为，曾经存在一个作为历史起点的没有私有制、没有异化的社会。这一结论并不是以经验材料为基础研究得出来的，而是受费尔巴哈人道主义历史观的影响，从一个抽象的理论前提推论得出的结论，没有什么实际价值。马克思对古代社会最早的见解是在《德意志意识形态》一书中。在该书中，马克思认为人类历史的第一种所有制形式是"部落所有制"。他概括地叙述了这一所有制形式的特征："它与生产的不发达阶段相适应，当时人们靠狩猎、捕鱼、牧畜，或者最多靠耕作为生。在后一种情况下，它是以有大量未开垦的土地为前提的。在这个阶段，分工还很不发达，仅限于家庭中现有的自然形成的分工的进一步扩大。因此，社会结构只限于家庭的扩大：父权制的部落首领，他们管辖的部落成员，最后是奴隶。潜在于家庭中的奴隶制，是随着人口和需求的增长，随着战争和交易这种外部交往的扩大而逐渐发展起来的。"①

马克思认为，人类历史上第一种所有制形式具有如下基本特征：生产和分工都不发达；社会结构只限于家庭的扩大，社会成员中存在着部落首领到奴隶的阶级；奴隶制已存在于家庭之中。这种所有制的基本内容是"部落所有制"，即古代公有制；但已经存在"父权制""奴隶制"，已包含私有制和阶级社会的特征。后来马克思和恩格斯在《共产党宣言》中提出的论断"至今一切社会的历史都是阶级斗争的历史"②，显然是以这种认识为依据的。由此可见，这个"部落所有制"社会还不是后来马克思所说的原始社会，在这个阶段上马克思对原始社会还没有明晰观念。

到了19世纪50年代，欧洲大革命失败以后，马克思再次返回书斋研究经济学，解剖资本主义社会，开始了《资本论》的写作。但是，正如恩格斯所说的："要对资产阶级经济学全面地进行这样的批判，只知道资本主义的生产、交换和分配的形式是不够的。对于发生在这些形式之前的或者在比较不发达的国家内和这些形式同时并存的那些形式，同样必须加以研究和比较，至少是概括地加以研究和比较。"③马克思此时关注研究古代社会问题，体现了他深化理论研究的逻辑，随着资本主义研究的深入，研究前资本主义社会愈来愈显示出它

①《马克思恩格斯选集》第一卷，人民出版社1995年版，第68-69页。

②《马克思恩格斯选集》第一卷，人民出版社1995年版，第272页。

③《马克思恩格斯全集》第二十卷，人民出版社1971年版，第164页。

的重要性。因为要证明资本主义私有制的历史暂时性和社会主义公有制的历史必然性，光揭示资本主义社会经济形态本身的矛盾发展过程是不够的，还必须证明在人类历史上曾经出现过没有私有制的社会，必须研究和揭示人类历史上都有的社会经济形态演变的规律。但在此之前，这些问题还未解决。所以，19世纪50年代马克思的古代社会研究，是他研究资本主义总计划的一部分。这次研究的对象主要是印度、土耳其和波斯等国家。这次研究的结果是，马克思提出了著名的“亚细亚生产方式”的概念。在《〈政治经济学批判〉序言》中，马克思在揭示历史发展过程中各社会形态的依次更替时，把“亚细亚生产方式”作为历史上起始的社会经济形态。

对“亚细亚生产方式”，要放在更宽广的历史背景中去理解。在《1857—1858年经济学手稿》中，马克思提出了社会发展“三形态说”：“人的依赖关系（起初完全是自然发生的），是最初的社会形态，在这种形态下，人的生产能力只是在狭窄的范围内和孤立的地点上发展着。以物的依赖性为基础的人的独立性，是第二大形态，在这种形态下，才形成普遍的社会物质交换，全面的关系，多方面的需求以及全面的能力的体系。建立在个人全面发展和他们共同的社会生产能力成为他们的社会财富这一基础上的自由个性，是第三个阶段。”[①]马克思认为，“人的依赖关系”是人类社会最初的社会形态，它建立在“原始所有制”的基础之上，包括“亚细亚的所有制形式”“古代的所有制形式”“日耳曼的所有制形式”等形式。这些所有制形式发展程度不同，各有特点，但有一些共同的特征：都属于“劳动的个人对其劳动的自然条件的原始所有制”；生产能力都十分低下，劳动同劳动的物质前提是天然统一的；劳动不是为了创造价值，而是为了创造使用价值，为了保证各个所有者及其家庭以及整个共同体的生存；存在着直接强制性劳动；等等。马克思在上述手稿中，概括了这三种所有制形式的共同点，但更详细地分析了它们的区别，特别是对“亚细亚生产方式”的起源、性质和特征作了更为具体的阐述。马克思把“亚细亚生产方式”看作人类历史最初的生产方式，但是，这种生产方式并不是建立在纯粹的公有制基础之上的。在这里，真正的所有者是专制君主。所以，这一生产方式同样还不是后来理解的原始社会。这些分析表明，马克思深化了前一阶段对部落所有制形式的研究，但在根本点上仍未解决原始社会的认识问题。

对原始社会的正确认识，是马克思晚年探索的结果。这时有了达到这种正确认识的条件。这就是19世纪70年代以后出版了大量的人类学著作，特别是摩尔根的著作。利用这些著作，马克思阐明了原始社会的本质和基本特征。

①《马克思恩格斯全集》第四十六卷(上)，人民出版社1979年版，第104页。

根据摩尔根的发现,马克思纠正了自己过去关于古代社会的一些错误论断。在《德意志意识形态》中,马克思认为人类历史上最早的社会组织是父权制家庭,社会结构是这种家庭的扩大。这就把个体家庭放在氏族组织之前。在研究摩尔根的发现以前,马克思一直停留在这一错误认识上,这妨碍了他对原始社会本质的认识。后来,他认识到,家庭是由氏族发展而来的,远在个体家庭出现以前,氏族已经存在,氏族才是原始社会的基本单位,原始社会是氏族社会。在人类社会这一阶段,人类并不是生活在家庭中,而是生活在氏族社会中。只是到后来,由于氏族纽带的解体,各种家庭形式才逐渐发展起来。

弄清氏族与家庭的关系,使马克思有可能弄清原始社会这一人类历史最初的社会形态的社会结构及其演变规律。马克思认为,作为原始社会的基本单位的氏族和氏族制度,为血缘亲属关系所决定,各种血缘亲属集团,如胞族、部族、部落、部落联盟等都是靠血缘纽带来维系的。在氏族公社内部,实行土地公有制,公社成员共同生活,共同耕地,并用共同的(公共的)收益满足自己的需要。在这里,没有奴隶制,没有剥削,没有压迫,也没有凌驾于氏族社会之上的专制君主。这是一个真正的典型的公有制社会。

马克思揭示了氏族公社的起源、本质及其社会结构,也就有力地说明,氏族公社是人类历史的起点,是人类历史社会经济形态的"原生形态"。由此出发,马克思对氏族公社和农村公社作出区分。他说:"并不是所有的原始公社都是按着同一形式建立起来的。相反,它们有好多种社会结构,这些结构的类型、存在时间的长短彼此都不相同,标志着依次进化的各个阶段。"[①]马克思把这些阶段称为原生的、次生的和再生的三个形态,农村公社则是原生的社会形态的最后阶段,所以它同时也是向次生的形态过渡的阶段,"即以公有制为基础的社会向以私有制为基础的社会的过渡"[②]。这样,马克思就完成了对古代社会经济形态的研究,为进一步补充和完善他发现的唯物史观找到了历史的基础。

1883年3月14日,马克思逝世了。3月17日,在伦敦海格特公墓安葬马克思的仪式上,恩格斯对马克思为无产阶级和全人类的解放事业、为科学的发展所建立的伟大历史功勋作了概括性的总结,他特别指出马克思发现唯物史观的伟大意义,他说:"正像达尔文发现有机界的发展规律一样,马克思发现了人类历史的发展规律,即历来为繁芜丛杂的意识形态所掩盖着的一个简单事实:人们首先必须吃、喝、住、穿,然后才能从事政治、科学、艺术、宗教等等;所以,直接的物质的生活资料的生产,从而一个民族或一个时代的一定的经济发展

①《马克思恩格斯全集》第十九卷,人民出版社1963年版,第448页。
②《马克思恩格斯全集》第十九卷,人民出版社1963年版,第450页。

阶段，便构成基础，人们的国家设施、法的观点、艺术以至宗教观念，就是从这个基础上发展起来的，因而，也必须由这个基础来解释，而不是像过去那样做得相反。”①

马克思一生有许多科学发现，其中两个伟大的发现就是唯物史观和剩余价值学说。由于这两个伟大发现，社会主义由空想变成科学。马克思对无产阶级和全人类解放事业、对历史科学的发展作出了不可估量的贡献。

4.论恩格斯晚年的政治观及其启示

近年来，对晚年恩格斯政治思想引发的争论依然存在，其晚年政治思想应有的时代价值意蕴依然有待深入研究。回顾马克思主义创立以来的国际政治风云变幻和社会主义面临的严峻现实挑战，重温恩格斯晚年关于政治的思考，不仅有助于深入理解恩格斯在马克思主义发展史中的独特思想贡献，而且对于反思东欧剧变以来世界社会主义运动的经验教训和探索新时代社会主义政治文明制度安排具有重要的现实启示。

(1)恩格斯晚年的政治思想及其争论

马克思去世后，恩格斯晚年独立承担起从理论上指导欧洲无产阶级政党发展的重任。面对19世纪末期欧洲和世界资本主义的新变化，恩格斯晚年对无产阶级政党斗争策略和政治问题的相关思考引发了第二国际时代社会主义者之间的激烈辩论，这场争辩不仅仅关系到对恩格斯晚年政治思想及其无产阶级斗争策略的不同看法，而且关系到对无产阶级未来历史命运和马克思主义世界观的理解。

作为马克思、恩格斯嫡传弟子的伯恩施坦在恩格斯去世后，围绕恩格斯晚年的政治论著，引发了所谓恩格斯晚年是否走上了与早年不同的社会主义“改良”道路的论争，并进而引发德国社会民主党内不同的政治纷争。这一纷争的影响尤为深远，乃至影响了作为对第二国际官方马克思主义理论反驳的西方马克思主义思潮。西方马克思主义有关马克思、恩格斯学术思想关系的理论争鸣也一定程度上受到伯恩施坦晚年对恩格斯思想评价的影响。美国学者保罗·托马斯认为，恩格斯在对科学社会主义本质精神的理解问题上与马克思的理解背道而驰，甚至断言恩格斯把本来就不为马克思所认同的科学社会主义学说强加于马克思，从而导致马克思与恩格斯在学术生涯的开始就走上了对科学社会主义不同理解的学术道路。“恩格斯的马克思主义存在不科学的方面，这从根本上来说显然与马克思的思路、方法甚至主题不相符。”②特瑞尔·卡

①《马克思恩格斯选集》第三卷，人民出版社1995年版，第776页。

②保罗·托马斯：《马克思主义与科学社会主义——从恩格斯到阿尔都塞》，王远河等译，江苏人民出版社2011年版，第69页。

弗直面东欧剧变和苏联解体的现实，把由恩格斯晚年政治思想引发的争论回溯到青年恩格斯的政治民主观，通过比较恩格斯早年和晚年的民主观的异同，以此澄清恩格斯民主观的意义。他认为，恩格斯把政治的哲学前提与社会科学整合起来，把对民主政治的理解评判与对国际贸易和具体经济政治事务的关注结合起来。民主只是治疗社会问题的手段而不是目的本身，社会主义民主的实质在于超越政治。[①]恩格斯的首先关切是帮助正在发展的工人运动了解革命传统。应该让理论的研究服务于工人运动。恩格斯从历史和理论问题转移到工人运动和实际政治领域。关于恩格斯是政治现实主义者还是政治理想主义者这个问题，安德鲁·科里尔认为，恩格斯是一个政治现实主义者，他关于革命路径的方法论原则，关于革命的条件性和可能性的思考是现实的，而非基于主观愿望和理想，也非基于经验主义的实证分析，恩格斯是基于现实社会结构的变化分析革命的前景的。[②]德国学者雷娜特·默克尔-梅利斯从文献学视角考察了恩格斯晚年政治著作的主题和编排逻辑，较为全面地分析了恩格斯晚年著作在恩格斯整个思想体系中的位置和写作主题背景。[③]英国著名马克思主义历史学家埃里克·霍布斯鲍姆全面考察了恩格斯的政治思想，指出尽管恩格斯晚年没有全面系统地提出发达资本主义世界资产阶级政治结构和政治功能问题，但他以惊人的预见力指出无产阶级群众政党的崛起为发达资本主义国家的过渡开创了新的角度，并指出了无产阶级政党融入现存经济政治体制的危险。[④]

与国外学者关注恩格斯晚年政治思想的出发点不同，国内学者前些年对恩格斯晚年思想的关注，一方面受到西方马克思主义学术话语影响，展开对马克思与恩格斯学术思想关系的研究，另一方面与对中国社会主义政治实践的探索有着现实关联，学者们带着中国如何构建社会主义政治文明的现实问题反思恩格斯晚年的政治思想。国内学界对晚年恩格斯思想的研究集中在以下几个主题：恩格斯晚年对工人阶级政党理论的发展与启示[⑤]、恩格斯晚年对当

①Arthur C J.Engels Today：A Centenary Appreciation，London：Macmillan Press Ltd，1996，p.10.

②Arthur C J.Engels Today：A Centenary Appreciation，London：Macmillan Press Ltd，1996，p.10.

③雷娜特·默克尔-梅利斯：《论MEGA^{2}中恩格斯晚期著作的编辑》，李莉娜译，《马克思主义与现实》2012年第3期。

④霍布斯鲍姆：《如何改变世界：马克思和马克思主义的传奇》，吕增奎译，中央编译出版社2014年版，第45-83页。

⑤李爱华：《恩格斯晚年指导欧美工人阶级政党建设的经验和启示》，《科学社会主义》2020年第5期。

代资本主义新变化的认识及时代意义[①]、恩格斯晚年对唯物史观的理论贡献[②]、恩格斯晚年对马克思主义政治经济学的理论贡献[③]以及恩格斯晚年的自然辩证法与生态思想等等。顾海良通过对恩格斯晚年撰写马克思论著序言的研究，阐明了序言是恩格斯对马克思主义思想精粹和真实历史思想理解的标格。张光明从马克思主义理论整体性出发，系统阐发了恩格斯晚年对马克思主义理论的重大贡献及其思想遗产。[④]国内关于恩格斯晚年思想引发的学术争鸣余波仍在，学界对恩格斯晚年思想的论争主要集中在对其晚年编辑出版的《1848年至1850年的法兰西阶级斗争》导言的不同理解与评价。恩格斯在该书导言中提到利用议会民主斗争塑造工人阶级政治素养和积蓄革命力量，并提出了对民主制的看法。恩格斯晚年面对资本主义的新变化，探索无产阶级在新历史时期的新革命策略。针对暴力革命与社会改良、民主与专政、阶级与政党、议会斗争与无产阶级革命策略等问题，国内学界围绕恩格斯晚年政治思想展开了激烈的学术争鸣。[⑤]争论背后反映了学者们对当代资本主义经济、政治和阶级关系变化的不同判断，并把对资本主义新变化的不同理解投射到对恩格斯晚年思想的研究评价中来。从恩格斯晚年关于无产阶级革命策略问题背后的思想主旨来看，其晚年的忧虑和关切在于如何正确处理政党、国家和人民的关系问题，关于暴力革命和议会民主斗争的分析只是革命策略问题。恩格斯晚年一直坚守“工人阶级的解放只能是工人阶级自己的事情”的原则，主张革命主体是无产阶级自身，反对无产阶级政党脱离群众的官僚作风，探索无产阶级政党、国家与人民有机统一的社会主义民主政治，探索真正代表人民利益的社会主义政党及组织形式的建设。但是，从目前研究情况来看，国内对恩格斯晚年关于国家、民主制和革命问题的看法依然没有形成系统化的研究，也较为缺少对恩格斯晚年政治观以及关于社会主义民主政治组织形式建设的专门研究。

从已有研究情况来看，国内学界对恩格斯晚年政治思想存在诸多争议，既有思想洞见，也存在诸多误读，这种情况仍需深入辨别和研究。恩格斯晚年的

①徐伟轩、吴海江：《恩格斯晚年对资本主义变化的认识及其时代意义》，《马克思主义研究》2020年第4期。

②侯衍社：《恩格斯晚年唯物史观方法论思想研究》，《哲学研究》2020年第10期。

③顾海良：《恩格斯晚年对马克思主义政治经济学的贡献》，《马克思主义与现实》2020年第6期。

④张光明：《恩格斯晚年：思想、时代及身后历史》，《中国浦东干部学院学报》2020年第4期。

⑤近年来国内关于恩格斯晚年思想引发的学术争鸣，可参见周新城：《戳穿歪曲恩格斯的谎言——兼析民主社会主义泛滥的危害》，《毛泽东邓小平理论研究》2019年第5期；靳辉明：《驳“恩格斯宣布放弃共产主义理论”谬说》，《光明日报》2011年8月29日；张全景：《恩格斯晚年放弃了无产阶级革命学说吗?》，《求是》2007年第11期。

政治形象依然扑朔迷离,其晚年对政治的思考所孕育的丰富学术史价值和政治遗产依然值得今天重新审视和评估。恩格斯晚年关于社会主义与政治的思考为后来者探索社会主义的政治实践提出了三个深刻的时代问题。第一,社会主义在获得高度经济发展的同时是否能够创造出与其经济成就相匹配的政治文明;社会主义、自由与民主的关系能否兼容;如何利用资本主义优秀文明成果,使其成为工人阶级反抗资本主义的理论武器,探索社会主义民主的实践战略,从而最终实现超越资本主义的新型社会主义政治文明。第二,社会主义是否具有处理市民社会与政治国家关系冲突的强大协调整合能力;如何分析探讨国家的本质、职能与人类文明发展史的内在关联,如何探索资本主义过渡到共产主义的经济政治制度安排。第三,马克思主义经典作家关于从资本主义过渡到共产主义的经济政治制度安排的思考是否依然具有指导后发国家社会主义建设的启示,如何探索工人阶级政党与大众在无产阶级解放和社会主义革命中的角色,如何讨论资产阶级革命和无产阶级革命之间的关系等问题。此外,研究恩格斯晚年的政治遗产有助于把握当代资本主义新变化,丰富对国际无产阶级运动史的了解和研究,坚守马克思主义服务于无产阶级自我解放的坚定政治立场与价值情怀。无论从马克思主义发展史的意义上,还是从无产阶级斗争和解放的现实策略上,恩格斯晚年关于政治的思考为人们思考当今世界社会主义运动及其发展趋势提供了诸多极富价值的思想启示,彰显了马克思主义与时俱进的理论品格和时代生命力。

(2)政治的双重意蕴:作为“经济”和“阶级”的政治

与职业政治学者不同,晚年恩格斯从来不脱离一定时期具体的经济政治事件抽象地谈论政治问题,从来不从抽象的原则和观念出发揭示政治现象。政治总是关联着具体事件的经济历史分析,政治从根本上说内嵌在社会经济发展之中,并且与既定社会的阶级结构和权力问题紧密相关。晚年恩格斯在从事经济史、人类史、社会史和资本主义发展史的研究过程中,把对无产阶级政党的革命策略、工人阶级解放和政治学术史研究有机统一起来,把政治现象与社会运动结合起来,通过分析资本主义社会经济结构,形成对政治生成的唯物史观分析框架,从纷繁复杂的经济、政治现象的关联中洞悉政治的本质。

①政治内嵌于社会经济结构

政治是一种社会性活动,政治通过政党体现其阶级本性。政治现象的出现深刻反映每个人生活于其中的社会经济现实的变化。晚年恩格斯从经济史、人类史和唯物史观视角探讨政治、经济和意识形态的辩证关系,坚持从一定社会经济生活的物质动因中去寻求政治事件的发生及其本质。“经济事实,至少在现代世界中是一个决定性的历史力量；这些经济事实形成了产生现代阶级对立的基础；这些阶级对立，在它们因大工业而得到充分发展的国家里，因而特别是在英国，又是政党形成的基础，党派斗争的基础，因而也是全部政治史的基础。”①恩格斯拒绝非历史的意志主义，把政治行动放到历史发展环境下。革命未来形势依赖于社会发展的实际境况，政治的发展进程嵌入社会历史变革逻辑之中，而历史变革不依赖政治的决定。②晚年恩格斯积极关注德国和欧美国家的无产阶级解放事业，把对政治的思考与特定民族国家的历史文化和斗争现实结合起来，把政治放到人类文明发展的历史长河中加以审视，以此凸显政治的社会起源和发展进程，从理论上武装欧美国家的无产阶级政党和工人阶级，从而为无产阶级政治行动提供指导。恩格斯晚年出版的纯学术著作③都紧密围绕无产阶级政党和工人阶级解放这个核心主题而展开，坚决反对从自然的平等和永恒的理性正义原则出发理解政治现实。作为现代社会主义思想起源的18世纪法国革命宣扬的永恒理性，“实际上不过是恰好那时正在发展成为资产者的中等市民的理想化的知性而已”④。在《〈1848年至1850年的法兰西阶级斗争〉导言》中，恩格斯总结了马克思研究现代法国政治事件的唯物史观分析方法，坚持从社会的经济现实出发分析政治斗争及其发展趋势，认为政治事件最终是经济原因作用的结果。“唯物主义的方法在这里就往往只限于把政治冲突归结为由经济发展所造成的现有各社会阶级以及各阶级集团的利益的斗争，而把各个政党看做是这些阶级以及阶级集团的大体相应的政治表现。”⑤政治的秘密根源于社会经济生活所造就的阶级态势，如果要深入了解社会的政治现实，必须专心从事经济史和政治经济学的研究，深入研究资本主义生产的过程和秘密。

无产阶级政党的全部政治理论离不开对资本主义政治经济学的批判研究，这也是恩格斯晚年始终如一坚持的原则。在分析政治国家的历史起源问题上，晚年恩格斯充分利用了人类学、考古学和经济史方面的知识，从三次社会分工导致私有制和阶级出现的视角，全面分析了现代国家史前的发展阶段，构建了其关于政治国家学说的学术基础。这种分析政治国家历史起源的思路

---

①《马克思恩格斯文集》第四卷，人民出版社2009年版，第232页。

②霍布斯鲍姆：《如何改变世界：马克思和马克思主义的传奇》，吕增奎译，中央编译出版社2014年版，第81页。

③其中包括《路德维希·费尔巴哈和德国古典哲学的终结》《自然辩证法》《家庭、私有制和国家的起源》等著作，同时包含对《资本论》的整理研究，等等。

④《马克思恩格斯文集》第三卷，人民出版社2009年版，第526页。

⑤《马克思恩格斯文集》第四卷，人民出版社2009年版，第535页。

是对马克思主义政治国家学说的发展，是晚年恩格斯运用人类学、社会学和经济史分析政治现象的光辉典范。在以血族关系为基础的这种社会结构中，劳动生产率日益发展起来；与此同时，私有制和交换、财产差别、使用他人劳动力的可能性，从而阶级对立的基础等新的社会成分，也日益发展起来；这些新的社会成分在几个世代中竭力使旧的社会制度适应新的条件，直到两者的不相容性最后导致一个彻底的变革为止。以血族团体为基础的旧社会，由于新形成的各社会阶级的冲突而被炸毁；代之而起的是组成为国家的新社会，而国家的基层单位已经不是血族团体，而是地区团体了。在这种社会中，家庭制度完全受所有制的支配，阶级对立和阶级斗争从此自由开展起来，这种阶级对立和阶级斗争构成了直到今日的全部成文史的内容。“马克思主义者有义务致力于彻底的政治民主化，或致力于所谓不使政治发生异化。”[①]问题的关键不仅仅在于确认政治起源于社会经济和分工，而且在于详细分析政治、法律和哲学等思想观念是由于什么样的方式和方法产生的，恰恰后者成为晚年恩格斯致力于解决和研究的关键，也是传统马克思主义政治学相对观照较少和薄弱的环节。

晚年恩格斯严厉驳斥德国青年把马克思主义当作经济决定论的错误，政治不等于经济现实，政治也不能简单从经济事实中推论出来，要充分考虑政治对社会经济现实的能动性和相对独立性。晚年恩格斯关于政治的分析绝不是一种经济决定论和历史宿命论，政治绝非消极被动适应经济发展。“经济在这里并不重新创造出任何东西，但是它决定着现有思想材料的改变和进一步发展的方式，而且多半也是间接决定的，因为对哲学发生最大的直接影响的，是政治的、法律的和道德的反映。……立法就是一种政治行动。……如果政治权力在经济上是无能为力的，那么我们何必要为无产阶级的政治专政而斗争呢？”[②]“经济运动会为自己开辟道路，但是它也必定要经受它自己所确立的并且具有相对独立性的政治运动的反作用，即国家权力的以及和它同时产生的反对派的运动的反作用。……在政府和反对派之间的斗争中也反映出先前已经存在着并且正在斗争着的各个阶级的斗争，但是这个斗争同样是头足倒置地、不再是直接地、而是间接地、不是作为阶级斗争、而是作为维护各种政治原则的斗争反映出来的，并且是这样头足倒置起来，以致需要经过上千年我们才终于把它的真相识破。”[③]上述这段话揭示了政治的双重规定，即作为“经济和阶级”的政治。经济利益和阶级关系共同作用于政治斗争并塑造了政治的发展态势及其表现，只有把现象放到既定的社会结构之中，综合考量经济、政治

①拉尔夫·密利本德：《马克思主义与政治学》，黄子都译，商务印书馆1984年版，第136页。
②《马克思恩格斯文集》第十卷，人民出版社2009年版，第600页。
③《马克思恩格斯文集》第十卷，人民出版社2009年版，第597页。

和意识形态的辩证关系，才能透过现象，把握政治现象背后的阶级本质。我们自己创造着我们的历史，其中经济的前提和条件归根到底是决定性的。但是政治等的前提和条件，甚至那些萦回于人们头脑中的传统，也起着一定的作用，虽然不是决定性的作用。[①]

②政治的“阶级性”与“公共性”

晚年恩格斯不断思考通过无产阶级政党指导工人阶级寻求自身解放的问题，坚持把政治的目的和本质概括为无产阶级政党领导大众实现自身解放的群众性事业。马克思逝世后，恩格斯帮助正在发展的工人运动了解革命传统，通过对资本主义政治意识形态虚伪性的揭露，从理论上指导无产阶级政治行动。晚年恩格斯深刻揭示出统治阶级与集权化的国家机器之间的关系以及阶级与国家、经济与权力精英之间趋同联姻。[②]上述内容恰恰是由恩格斯所开启，经由列宁、卢森堡、葛兰西以及阿尔都塞等西方马克思主义学者所致力于探讨的国家和政党意识形态自身形成机制的问题。无产阶级政党如何能够真正代表大多数工人阶级的根本利益，如何锻炼出代表工人阶级利益的“现代君主”，如何辨别资本主义意识形态对工人阶级革命斗志的消解，晚年恩格斯对上述问题有着深刻理解。资本主义“意识形态是由所谓的思想家通过意识、但是通过虚假的意识完成的过程。推动他的真正动力始终是他所不知道的，否则这就不是意识形态的过程了”[③]。资产阶级意识形态用理性、神圣、永恒真理和国家利益掩盖自己的局部利益，这个理性王国不过是资产阶级的理想化的王国，永恒的正义在资产阶级的司法中得到实现，平等归结为法律面前的资产阶级的平等，资产阶级的所有权被宣布为最主要的人权之一。[④]无产阶级政党要极力避免这一弊端，真正能够代表人民和国家的利益，构建符合无产阶级自身利益的社会主义意识形态理论，以此对抗资本主义意识形态对工人阶级意识的腐蚀。

晚年恩格斯非常关心作为工人阶级政党的德国社会民主党的前途和命运，积极关注欧美国家组建工人阶级政党事宜，在政党、阶级、国家和人民的关系问题上，他坚持认为工人阶级解放根本上是自己的事情，通过组成的无产阶级政党，深入政治生活和议会斗争之中，团结包括农民在内的一切同盟，从而实现工人阶级自身解放。工人阶级政党应该是代表最广大劳动人民利益的群众性政党，无产阶级政党和知识分子只能是工人阶级自身的代言人。政党只

①《马克思恩格斯文集》第十卷，人民出版社2009年版，第592页。

②霍布斯鲍姆：《如何改变世界：马克思和马克思主义的传奇》，吕增奎译，中央编译出版社2014年版，第66页。

③《马克思恩格斯文集》第十卷，人民出版社2009年版，第657页。

④《马克思恩格斯文集》第三卷，人民出版社2009年版，第524页。

是阶级的政治表现形式和工具，这集中体现在恩格斯晚年利用资本主义政治民主形式探索无产阶级专政的统治形式的尝试中。无产阶级政党和工人阶级只有在民主共和国这种形式下，才能取得统治。民主共和国甚至是无产阶级专政的特殊形式。“革命的第一个直接结果，按其形式来说，同样只能是而且必然是一个资产阶级共和国。但是，它在这里只是一个短暂的过渡阶段……这个也许是以进步党为首的资产阶级共和国，我们可以利用它首先来为革命的社会主义争取广大的工人群众。”[①]晚年恩格斯结合欧美资本主义社会新变化，探索实现无产阶级解放的新型社会主义民主的形式，把资本主义民主框架下的选举权从向来是欺骗无产阶级的工具变为解放其自身的工具，把选举权仅作为实现社会主义宣传的手段，把选举权作为争取广大工人群众支持的政治形式，探索超越资本主义政治的社会主义民主形式。这也成为后来列宁、卢森堡、葛兰西和阿尔都塞等马克思主义学者探索的政治主题。社会主义需要民主，当然这个民主不同于资本主义意义上的少数人的民主。“德国工人仅仅以自己作为最强有力、最守纪律并且增长最快的社会主义政党的存在，就已经对工人阶级事业作出了头一个重大贡献，而除此以外，他们还对这个事业作出了第二个重大贡献。他们给了世界各国的同志们一件新的武器——最锐利的武器中的一件武器，向他们表明了应该怎样使用普选权。”[②]争取普选权，争取民主，是战斗的无产阶级的首要任务之一。

晚年恩格斯强调，作为无产阶级的知识分子应该积极保持与工人群众的血肉联系，没有工人阶级为其政党注入新的活力，无产阶级政党就会停滞和走向官僚化。晚年恩格斯针对德国工人政党内知识分子脱离工人实际的学院教条主义给予了严厉批评。“他们那种本来还需要彻底的、批判性的自我修正的‘学院式教育’，并没有授予他们有资格在党内担任相应职位的军官证书；在我们党内，每个人都应该从普通一兵做起；要在党内担任负责的职务，仅仅有写作才能或理论知识，甚至二者全都具备，都是不够的，要担任领导职务还需要熟悉党的斗争条件，掌握这种斗争的方式，具备久经考验的耿耿忠心和坚强性格，最后还必须自愿地把自己列入战士的行列中——一句话，他们这些受过‘学院式教育’的人，总的说来，应该向工人学习的地方，比工人应该向他们学习的地方要多得多。”[③]只有合适的政党组织形式和工人阶级知识分子的参与，阶级和政党才真正能够在某个点上达到真正的和谐和有机一致，使无产阶级

①《马克思恩格斯文集》第十卷，人民出版社2009年版，第510页。
②《马克思恩格斯文集》第四卷，人民出版社2009年版，第544页。
③《马克思恩格斯文集》第四卷，人民出版社2009年版，第397页。

政党成为有阶级觉悟的革命工人阶级的真正表现。[1]从列宁到葛兰西,一直到后来的毛泽东,都极为强调作为代表人民利益的无产阶级政党的合法性和群众性基础,这一点与马克思和恩格斯对无产阶级政党合法性和群众性的强调是一致的,尤其是与晚年恩格斯的看法一脉相承。"在实践方面,共产党人是各国工人政党中最坚决的、始终起推动作用的部分;在理论方面,他们胜过其余无产阶级群众的地方在于他们了解无产阶级运动的条件、进程和一般结果"[2],"共产党人为工人阶级的最近的目的和利益而斗争,但是他们在当前的运动中同时代表运动的未来"[3]。无产阶级政党的合法性来自人民,在对抗资产阶级意识形态的过程中,无产阶级政党具备使广大无产阶级认识到自身所处地位和团结在一起的能力。单靠那种认识到阶级地位的共同性为基础的团结感,就足以使一切国家和操各种语言的工人建立同样的伟大无产阶级政党并使它保持团结。[4]在《1848年至1850年的法兰西阶级斗争》一书导言中,恩格斯不仅强调社会主义事业要代表广大工人群众利益,而且要广泛联系广大农民。"社会主义者也日益认识到,除非预先把人口中的主体——在这里就是农民——争取过来,否则就不可能取得持久的胜利。耐心的宣传工作和议会活动,在这里也被认为是党的当前任务。"[5]晚年恩格斯认为,政治是无产阶级争取自身解放的社会行动,这种政治行动体现为无产阶级支配资本权力、占有生产资料,使生产资料受联合起来的工人阶级支配,并最终消灭雇佣劳动。此外,晚年恩格斯关心工人阶级自身的解放,关注无产阶级政党组织方式与工人阶级自我解放相结合。

(3)政治的两个起点:作为"起源"和"终结"的政治

①人类文明与政治的起源

晚年恩格斯从经济人类学和文明史思想高度探讨了作为政治源头的家庭、私有制和国家的历史起源,深刻论证了政治在人类发展史中的阶段性特征、历史必然性和未来前景。政治是伴随着私有制和阶级社会产生而形成的社会现象,是人类社会从蒙昧、野蛮步入到文明时代的标志。"文明时代是社会发展的这样一个阶段,在这个阶段上,分工、由分工而产生的个人之间的交换,以及把这两者结合起来的商品生产,得到了充分的发展,完全改变了先前的整

①拉尔夫·密利本德:《马克思主义与政治学》,黄子都译,商务印书馆1984年版,第136页。

②《马克思恩格斯文集》第二卷,人民出版社2009年版,第44页。

③《马克思恩格斯文集》第二卷,人民出版社2009年版,第65页。

④《马克思恩格斯文集》第四卷,人民出版社2009年版,第246页。

⑤《马克思恩格斯文集》第四卷,人民出版社2009年版,第550页。

个社会。”[1]文明时代在经济关系上意味着以财产多寡作为划分不同社会阶级的标准，在政治关系上意味着基于不平等的强制性奴隶劳动构成了整个社会的上层建筑所赖以建立的基础，这为政治这一作为人类社会发展到一定阶段的产物的出现提供了可能和前提。相比奴隶制和封建专制时代，资本主义所构建起来的政治国家制度是人类文明进步的一个重要表现，提升了人们的政治意识和自由民主观念。尽管如此，资本主义代议制国家依然没有改变政治的阶级本性，依然是资本剥夺雇佣劳动的工具，依然是有产者阶级压迫无产阶级的工具，依然是少数人对多数人的统治，基于人们之间非阶级关系的原始自然民主让位于可憎的贵族制和资本主义代议制。“文明时代以这种基本制度……激起人们的最卑劣的冲动和情欲，并且以损害人们的其他一切秉赋为代价而使之变本加厉的办法来完成这些事情的。鄙俗的贪欲是文明时代从它存在的第一日起直至今日的起推动作用的灵魂；财富，财富，第三还是财富——不是社会的财富，而是这个微不足道的单个的个人的财富，这就是文明时代唯一的、具有决定意义的目的。”[2]上述晚年恩格斯对文明时代特征的概括与其早年所写的《国民经济学批判大纲》和《英国工人阶级状况》中关于资本主义的批判在精神旨趣上是一致的。只要人类社会依然存在私有制和基于财产划分阶级的现象，只要财富私人占有依然成为社会的通行法则，建立在这一经济制度上的整个国家政治制度就仍是少数有产阶级统治无产阶级的政治工具，这一本质事实是不可更改的，阶级社会的政治注定带有它脱胎出来的那个旧社会的剥削痕迹。“在文明时代获得最充分发展的奴隶制的出现，就发生了社会分成剥削阶级和被剥削阶级的第一次大分裂。这种分裂继续存在于整个文明期。奴隶制是古希腊罗马时代世界所固有的第一个剥削形式；继之而来的是中世纪的农奴制和近代的雇佣劳动制。这就是文明时代的三大时期所特有的三大奴役形式；公开的而近来是隐蔽的奴隶制始终伴随着文明时代。”[3]

文明时代的政治现象伴随着以公共性面貌出现的国家而形成，政治通过国家实现统治和管理职能，维系着人与人之间的社会关系，调和着各阶级之间的冲突。“由于分工而产生的手工业集团的利益，城市的对立于乡村的特殊需要，都要求有新的机构”[4]，“它由于自己的全部经济生活条件而必然分裂为自由民和奴隶，进行剥削的富人和被剥削的穷人，而这个社会不仅再也不能调和这种对立，反而必然使这些对立日益尖锐化。……它被分工及其后果即社会

①《马克思恩格斯文集》第四卷，人民出版社2009年版，第193页。

②《马克思恩格斯文集》第四卷，人民出版社2009年版，第196页。

③《马克思恩格斯文集》第四卷，人民出版社2009年版，第195页。

④《马克思恩格斯文集》第四卷，人民出版社2009年版，第187页。

之分裂为阶级所炸毁。它被国家代替了"[1],"这种从社会中产生但又自居于社会之上并且日益同社会相异化的力量,就是国家"[2]。国家在本质上是作为阶级统治的工具,是阶级社会的必然产物。国家表面上作为整个社会的代表,是社会在一定组织中的表现,通过一定的组织形式(政党)实施管理。只要存在阶级现象,国家必定代表着在那个社会中占主导地位的阶级的利益,国家作为统治个体的异化的社会力量,这种力量不以每个人的意志为转移。晚年恩格斯以资本主义社会化生产的不可抗拒性为依据,提出了阶级将会随着生产的发展而消亡,国家由于失去了统治的必要性而自行消亡。"国家并不是从来就有的。曾经有过不需要国家,而且根本不知国家和国家权力为何物的社会。在经济发展到一定阶段而必然使社会分裂为阶级时,国家就由于这种分裂而成为必要了。现在我们正在以迅速的步伐走向这样的生产发展阶段,在这个阶段上,这些阶级的存在不仅不再必要,而且成了生产的真正障碍。阶级不可避免地要消失,正如它们从前不可避免地产生一样。随着阶级的消失,国家也不可避免地要消失。"[3]晚年恩格斯依据对资本主义基本矛盾的分析,提出国家自行消亡的设想,国家的消亡意味着政治的终结,意味着国家真正代表整个社会的使命的完成。政治真正回归人类自然的民主形式,这将使人类社会摆脱文明时代丑恶的灵魂,人类社会终将摆脱少数人统治多数人的异化形式,对人的统治将由对物的管理和对生产过程的领导所代替。

②"政治的终结"与社会主义政治文明的开启

政治的终结意味着政治的功能和实质将回归符合人类直觉与本性的真正共同体生活,这种共同体生活将符合人们的日常认知和道德观念,人们将自由自觉参与共同体生活并从中感到荣耀,每个人以共同体和公共性的生活为乐事,个人生活和公共性的生活方式融为一体,从而真正实现政治的公共性和人民性。

在政治终结的时代,取代国家的社会公共组织形式将是这样一个联合体,国家的职能将由生产者自由平等联合体来组织生产的社会来实施,生产者自由平等的联合体将抛弃统治阶级以全社会名义对劳动人民实施统治的伪善行径,丢掉统治阶级身上的爱的外衣。在政治终结的时代,政治国家将经历一个漫长的过程,将依次经历古代奴隶制、中世纪封建制和资本主义民主共和制。民主共和国是国家的最高统治形式、资本主义的最后统治形式和"无产阶级专

①《马克思恩格斯文集》第四卷,人民出版社2009年版,第188页。

②《马克思恩格斯文集》第四卷,人民出版社2009年版,第189页。

③《马克思恩格斯文集》第四卷,人民出版社2009年版,第193页。

政的特殊形式"[1]。社会主义民主的实现和政治组织将采取无产阶级专政，这是从资本主义向共产主义过渡的政治安排和中间环节，无产阶级专政需要根本改变现存国家的机构、运转方式和人员，建立起一个人民参与的机构网，这种希望依托社会主义民主取代资本主义民主，通过利用资本主义的优秀文明成果而全面超越资本主义制度。恩格斯晚年期望在社会主义集体组织中实现每个人的真正自由和平等。而实现每个人的真正自由和平等将是整个现代社会主义事业的目标，实现的关键在于现代无产阶级争取自身的解放，同时使整个社会摆脱阶级划分，使无产阶级本身作为一个阶级而消亡。在政治终结的时代，国家本身已经不复存在，但这并不意味着未来超越"政治国家"的联合体是一个无政府的社会状态。国家的政治职能及其本身将会随着资本主义向共产主义的过渡而消亡，但是国家本身所内在具有的社会调节力量和组织能力在未来社会仍将保留下来，这种社会调节力量集中表现为真正的共同体和"自由人联合体"的功能。国家职能的转变和消亡并不是以废除社会管理职能为代价，未来社会下国家的社会管理职能将会得到保留，消除的只是国家的政治权力，这种少数人统治多数人的专制制度将不复存在，国家遗留下来的职能只有纯粹技术管理的方面和伦理的意义。未来社会下国家的职能将是真正"社会性"的权利，国家将是全体人民幸福生活的乐园，而不再是阶级统治的工具。整个国家制度及其作为虚假意识表征的意识形态将被消除，非神圣领域（市民社会和国家）的自我异化将真正被克服。

晚年恩格斯转引美国人类学家摩尔根的一段话，将其作为自己对政治终结时代的希望。这个时代将是经济、政治和文化全面变革的时代，将实现人类真正的自由与平等。"人类的理智一定会强健到能够支配财富，一定会规定国家对它所保护的财产的关系，以及所有者的权利的范围。社会的利益绝对地高于个人的利益，必须使这两者处于一种公正而和谐的关系之中。只要进步仍将是未来的规律，像它对于过去那样，那么单纯追求财富就不是人类的最终的命运了。……社会的瓦解，即将成为以财富为唯一的最终目的的那个历程的终结，因为这一历程包含着自我消灭的因素。管理上的民主，社会中的博爱，权利的平等，教育的普及，将揭开社会的下一个更高的阶段，经验、理智和科学正在不断向这个阶段努力。这将是古代氏族的自由、平等和博爱的复活，但却是在更高级形式上的复活。"[2]

①《马克思恩格斯选集》第四卷，人民出版社2012年版，第294页。

②《马克思恩格斯文集》第四卷，人民出版社2009年版，第198页。

(4)恩格斯晚年政治观的当代启示

恩格斯晚年关于政治本质的思考极大地丰富了马克思主义政治思想传统和理论构架，丰富了马克思主义政党和国家学说，为洞悉现代社会政治现象的本质提供了独具特色的世界观和方法论，并对推动社会主义政治文明建设具有诸多现实启示：

第一，恩格斯晚年的政治观内含一种广义的政治正义，他没有专门讨论政治正义的问题，而是深入思考政治正义的人类学起源，把对政治的思考放到了人类社会历史演变进程中，从而揭示政治现象形成的社会机制和最终回归属人世界的历史趋势。“我们所谓的政治组织和社会组织——亦即那些在不同程度上使人们牢固地联结成彼此关联的群体的习俗、惯例和常规——也许是人类适应外在环境和内在环境的最为重要的形式。”[①]政治是人类为了有意识地理解和解决其群体生活和组织中的各种问题而作出的种种努力。恩格斯认为，政治生活的德性基础在于实现无产阶级对抽象的异己力量[②]的自觉支配，每个人成为自己的社会关系的主人，每个人将在自由人的联合体中实现各自的真正自由、平等和博爱，实现人类从必然王国到自由王国的跃进。现代资本主义政治革命造成了政治的公共领域和经济的私人领域的分离，现代人的传统身份认同发生了彻底改变，每个人处于作为经济领域的单子化个人与政治领域的公共性人格共同存在的二元状态，形成了世俗生活的私人领域和政治生活的公共领域之分，如何解决上述问题是晚年恩格斯关于未来社会政治终结和国家消亡的根本现实关切。未来超越政治国家的“自由人联合体”旨在弥合私人生活和公民身份认同的分裂并把两者结合起来，从而为实现无产阶级和人类的真正解放铺平道路。过渡性的无产阶级专政国家的职能在于消除人民与国家之间的分离，以对物的管理取代对人的统治。在生产者自由联合的社会里，政治和经济的事务其外表和本质是统一的。自由生产者的联合体的社会“必须要等到资本主义积累了充足的生产资料记忆与之相伴的技术知识之后才能实现”[③]，经济活动是按照一种民主程序而由人们共同决定的经济计划来完成的，经济的运行是由被公众所知晓的民主而公开的计划所引导的，每个人能以自我实现的方式参与到社会活动之中，并承担起自己的那份责任。恩格斯关于公开而民主的、范围广泛的经济计划的理念，具有非常深刻的理论基础和非常深远的影响。

---

①乔治·萨拜因：《政治学说史：城邦与世界社会》，邓正来译，上海人民出版社2015年版，第16页。

②所谓异己力量，既包括作为经济生活中盲目起作用的市场经济规律，也包括政治生活中的意识形态幻象。

③约翰·罗尔斯：《政治哲学史讲义》，杨通进等译，中国社会科学出版社2011年版，第368页。

第二，恩格斯晚年探索无产阶级政党、国家与人民有机统一的社会主义民主政治，探索真正代表人民利益的社会主义政党及组织形式。晚年恩格斯基于日益壮大的社会主义政党未来发展问题，理性思考资本主义民主和社会主义民主的辩证关系，从超越资本主义政治文明的视角探索社会主义政治文明建设，总结出社会主义与自由民主是紧密相关、不可分割的。重建个人、共同体与社会的和谐共生关系，实现无产阶级自身解放和每个人的自由和全面发展构成了社会主义自由民主的核心关切。晚年恩格斯提出了人类未来社会发展的文明价值理念和制度设计，这些弥足珍贵的理论资源对人们审视东欧剧变以来社会主义的经验教训和国家党政机关退化变质的现象提供警醒，为审视当代社会主义政治经济制度的本质和发展趋势有着重要的理论意义及现实意义。社会主义制度下的自由民主关键是在共同体中实现每个人的自由个性和权利平等，避免政治国家以社会的名义对公共权利和个人自由的剥夺，实现社会主义条件下的真正民主自由。社会主义的自由民主力争让每个人分享社会发展的成果，避免资本主义社会条件下无产阶级成为市民社会的非市民社会阶级，把无产阶级从资本和国家的奴役中解放出来。通过打碎资本主义现成国家机器代之以完全不同类型的制度设计，形成在整个市民社会中起作用的人们可以参与的机构网，探索从资本主义向共产主义过渡的新社会形式，这将是一个值得深入思考的时代话题。

第三，恩格斯晚年坚持把无产阶级解放政治议程和政治学术史研究紧密结合的马克思主义学术品格，从经济、阶级、意识形态和政治的关联互动视角开展对政治现象和现实社会问题的分析，为构建当代中国马克思主义政治学学术话语体系提供学理支撑。分析资本主义的本质和穿透资本主义意识形态幻象，仅仅基于对正当和正义的考虑无法使工人阶级团结起来，单纯就政治现象或经济现象本身单一维度分析显然也不充分，必须从经济、政治和阶级的关联视角审视当下的政治情势。恩格斯从纷繁复杂的经济、政治和意识形态的关联中洞悉政治的社会本质，从人类文明生成的历史脉络中揭示政治的世俗源起和走向终结的历史进程。经济以一种结构性力量规定了政治的范围和基础，政治是经济最为集中的体现，政治通常通过阶级权力和意识形态而影响经济运作。“政治就是各阶级之间的斗争，政治就是无产阶级为争取解放而与世界资产阶级进行斗争的关系。”[①]政治实质上体现统治阶级内部或各个阶级之间的斗争。在无产阶级领导下的过渡性的国家机构体系中，政治依然显得很重要。

①《列宁选集》第四卷，人民出版社2012年版，第308页。

只有立足马克思主义政治经济学批判的思想高度，深入分析当代资本主义经济结构的变化和演化机制，分析包括中国在内的全球资本、国家和劳动的关联结构和新特点，才能够深入理解当代国家之间及其国内的政治变迁轨迹和实质。经济总是关联着政治，并在政治规定的国家和制度框架下运行，因此经济问题本身也是政治问题，其背后体现了国家权力的介入和干预。只有运用阶级的分析视角，分析政治现象背后的阶级结构因素和意识形态实质，才能从社会结构和整体上把握政治现象的本质。恩格斯晚年关于政治的思考，充分展现了经济、政治和意识形态之间的逻辑关联，经济、政治、阶级和意识形态共同塑造了当代资本主义的政治图谱，这为构建当代中国马克思主义政治学学术话语体系提供了理论分析框架。当代中国马克思主义政治学理应秉持晚年恩格斯所开启的政治分析理路，深入研究当代资本主义世界和中国的经济制度、阶级结构和意识形态运作机理，从整体上把握社会的结构特征，充分借鉴马克思主义经济学、马克思主义哲学和其他社会科学优秀研究成果，夯实自身的学科基础，扩展理论视域，把对政治的分析提升到更高的学术水准上。

五、课堂研讨

【研讨主题】讨论马克思主义产生的时代背景。

【教师解析】要深入了解马克思主义产生的时代背景，深入结合19世纪欧洲的经济、政治和社会发展状况，分析马克思主义产生的时代问题，在此基础上明晰马克思主义产生的时代背景，具体从19世纪欧洲的工业革命、欧洲革命、工人运动以及社会哲学思想传统等方面着手分析和阐发。

【研讨主题】讨论马克思主义产生的思想渊源。

【教师解析】明确马克思主义与欧洲启蒙运动、德国古典哲学、英国古典政治经济学和社会主义思想传统的关系，加深对马克思主义产生的思想渊源的理解。

【研讨主题】探讨唯物史观与唯心史观的联系及区别。

【教师解析】历史唯物主义和历史唯心主义是两种根本对立的历史观。历史唯心主义认为：社会意识为第一性，社会存在为第二性，社会意识决定社会存在。历史唯心主义把人们的思想动机、英雄人物的意志或某种超自然的神秘力量看作社会历史发展的根本原因。它否认社会发展的客观规律，否认人民群众在历史上的决定作用。而历史唯物主义认为：社会存在为第一性，社会意识为第二性，社会意识是社会存在的派生物。社会的基本矛盾是历史发展的根本动力，肯定了社会发展的客观规律，认为人民群众才是历史的创造者。

历史唯心主义有两种基本形态:主观唯心主义和客观唯心主义。主观唯心主义把人们的思想动机(主要是少数的英雄人物的意志)看作历史发展的根本动力,用主观精神解释社会的发展。客观唯心主义则从社会外部寻找某种神秘的精神力量,把诸如上帝、神等所谓的客观精神看作历史发展的决定力量。

社会历史观的基本问题是指社会存在和社会意识的关系问题。

【研讨主题】探讨历史唯物主义形成发展的历史脉络。

【教师解析】唯物史观是马克思一生中的两个伟大发现之一,它的发现、形成和确立经历了一个长期的、复杂的过程,是在继承前人的优秀理论成果、概括总结革命斗争的经验、批判唯心史观和从事长期的政治经济学和资本主义批判史的研究过程中形成的。唯物史观的形成过程就是马克思不断揭示生产力和生产关系辩证运动规律的过程,也是马克思不断肃清费尔巴哈人本主义的影响,走向历史唯物主义的过程。马克思的唯物史观是一种崭新的社会历史观,它根本不同于费尔巴哈人本主义的历史观。恩格斯对历史唯物主义形成发展具有重要的思想贡献,其晚年对经济史、社会史和资本主义最新发展变化的研究丰富了历史唯物主义的理论构架和方法论。

【研讨主题】试析马克思主义劳动价值论的意义。

【教师解析】分析劳动价值论的科学内涵和精神旨趣,劳动价值论所针对的研究对象和问题,在资本主义批判、剩余价值和无产阶级解放的思想语境中探讨马克思主义劳动价值论的意义。

马克思主义劳动价值论具有重要的理论意义和实践意义。第一,马克思主义劳动价值论扬弃了英国古典政治经济学的观点,为剩余价值论的创立奠定了基础。第二,马克思主义劳动价值论揭示了私有制条件下商品经济的基本矛盾,为从物与物的关系揭示人与人的关系提供了理论依据。第三,马克思主义劳动价值论揭示了商品经济的一般规律,对理解社会主义市场经济发展具有指导意义。

【研讨主题】为什么说"资本来到世间,从头到脚,每个毛孔都滴着血和肮脏的东西"?

【教师解析】要结合资本主义原始积累的历史背景和资本主义产生的历史过程来辩证看待资本的实质。

资本原始积累就是生产者与生产资料相分离,资本迅速集中于少数人手中,资本主义得以迅速发展的历史过程。资本主义的发展史就是资本剥削劳动,强国掠夺弱国的历史,这种剥夺的历史是用血和火的文字载入人类编年史的。在自由竞争时代,西方列强用坚船利炮在世界范围内开辟殖民地,贩卖鸦片，依靠殖民战争和殖民地贸易进行资本积累和扩张。发展到垄断阶段后，统一的、无所不包的世界市场和世界资本主义经济体系逐步形成，资本家垄断同盟为瓜分世界而引发了两次世界大战，为人类带来了巨大浩劫。二战后，由于社会主义的胜利和民族解放运动的兴起，西方列强被迫放弃了旧的殖民主义政策，转而利用赢得独立和解放的广大发展中国家大规模工业化的机会，扩大资本的世界市场，深化资本的国际大循环。通过不平等交换、资本输出、技术垄断及债务盘剥等，更加巧妙地剥削和掠夺发展中国家的资源和财富。在当今经济全球化的进程中，西方发达国家通过它们控制的国际经济金融组织、通过它们制定的国际"游戏规则"推行以所谓新自由主义为旗号的经济全球化战略，继续主导国际经济新秩序，保持和发展它们在经济结构和贸易、科技、金融等领域的全球优势地位，攫取经济全球化的最大好处。

【研讨主题】如何理解《资本论》中关于剩余价值学说的内容？

【教师解析】马克思在《资本论》中全面系统地阐述了科学的剩余价值理论，指出"作为劳动过程和价值形成过程的统一，生产过程是商品生产过程；作为劳动过程和价值增殖过程的统一，生产过程是资本主义生产过程，是商品生产的资本主义形式"①。在价值增殖过程中，雇佣工人的劳动分为必要劳动和剩余劳动。必要劳动再生产劳动力价值，剩余劳动生产剩余价值。所以，剩余价值是由雇佣工人创造的被资本家无偿占有的超过劳动力价值的那部分价值。马克思通过对劳动二重性、不变资本和可变资本、相对剩余价值和绝对剩余价值的分析，指出追求最大限度的剩余价值是资本主义生产的本质和根本目的。马克思揭示了资本主义经济运动的基本规律，并在此基础上深刻地揭示了资本主义生产方式的历史地位及其历史趋势，论证了资本主义必然灭亡的客观必然性，体现了马克思主义政治经济学的高度革命性和科学性的统一。首先，马克思在《资本论》中指出生产者和生产资料分离的历史过程是资本主义生产的基本前提和本质特征。劳动者与生产资料的完全分离虽然是社会生产力发展的必然结果，但是在资本原始积累过程中，"对直接生产者的剥夺，是用最残酷无情的野蛮手段，在最下流、最龌龊、最卑鄙和最可恶的贪欲的驱使下完成的"②。其次，马克思指出，资本主义生产的实质是剩余价值的生产，追求最大限度的剩余价值是资本主义生产的本质和根本目的。剩余价值规律制约着资本主义生产方式产生、发展和灭亡的全过程。最后，马克思不仅科学地分析了资本主义的历史使命及其作用，同时也论证了资本主义的内在矛盾及

①《马克思恩格斯文集》第五卷，人民出版社2009年版，第229—230页。

②《马克思恩格斯文集》第五卷，人民出版社2009年版，第873页。

其必然灭亡的历史命运。马克思指出，虽然资本主义生产方式在历史上起到过极为革命的作用，但是由于资本主义私有制的本质，它的革命作用和历史功绩无一不是在极端扭曲和异化的形式下实现的。因此当资本发展到一定阶段时，人们就会认识到资本本身就是生产力发展的最大限制，从而驱使人们利用资本本身来消灭资本。

【研讨主题】恩格斯晚年探索的时代问题对于当前深化发展马克思主义有何理论启示？

【教师解析】恩格斯晚年关于政治本质的思考极大地丰富了马克思主义政治思想传统和理论构架，丰富了马克思主义政党和国家学说，为洞悉现代社会政治现象的本质提供了独具特色的世界观和方法论，并对推动社会主义政治文明建设具有诸多现实启示。第一，恩格斯晚年的政治观内含一种广义的政治正义，他没有专门讨论政治正义的问题，而是深入思考政治正义的人类学起源，把对政治的思考放到了人类社会历史演变进程中，从而揭示政治现象形成的社会机制和最终回归属人世界的历史趋势。第二，恩格斯晚年探索无产阶级政党、国家与人民有机统一的社会主义民主政治，探索真正代表人民利益的社会主义政党及组织形式。晚年恩格斯提出了人类未来社会发展的文明价值理念和制度设计，这些弥足珍贵的理论资源对人们审视苏东剧变以来社会主义的经验教训和国家党政机关退化变质提供警醒，为审视当代社会主义政治经济制度的本质和发展趋势有着重要的理论意义及现实意义。第三，恩格斯晚年坚持把无产阶级解放政治议程和政治学术史研究紧密结合的马克思主义学术品格，从经济、阶级、意识形态和政治的关联互动视角开展对政治现象和现实社会问题的分析，为构建当代中国马克思主义政治学学术话语体系提供学理支撑。

【研讨主题】马克思晚年关于“跨越卡夫丁峡谷”的理论设想对于当前后发国家社会主义建设有何现实启示？

【教师解析】从整个人类历史的发展过程看，必然是从低级到高级的发展过程，必然是五个社会经济形态的依次更替，不可能是先出现资本主义社会，再出现封建主义社会。某一国范围内发生历史性倒退，是另一回事。在特殊条件下，某一个国家可以超越某一阶段，只是说明历史发展的跳跃性，并未否定生产力在历史发展中的决定作用和历史发展的连续性。这种历史现象可以从马克思揭示的历史规律存在与作用的普遍性和特殊性的关系中去理解。这说明，“跨越卡夫丁峡谷”的理论探索，非但没有否定马克思主义历史必然性思想，相反，恰恰深化了社会历史规律理论。

【研讨主题】马克思晚年关于人类学和古代史研究的成果在什么意义上推动了唯物史观的理论创新?

【教师解析】马克思晚年阅读了大量的历史学著作,特别是人类学方面的著作,写下数十万字的笔记。这就是他生前不为人知、死后才被发现和出版的《人类学笔记》以及《历史学笔记》,还有其他一些笔记和书信。马克思晚年的探索,最初可能主要是为了完善《资本论》有关章节的写作,为了研究私有制、阶级和国家的起源,以验证和支持《资本论》关于资本主义发展历史必然性的结论。但是,随着研究范围的扩大和深入,马克思作出了研究主题的扩展与提升。他对西方资本主义发展规律的研究,已基本上完成;但对东方社会的研究,却还处在相当朦胧的状态。在当时的历史条件下,革命实践的需要已经把对后者的研究提到议事日程上来。马克思把研究重点转向东方社会是完全合乎逻辑的。由此,可以作出这样的推断:马克思不仅要完成《资本论》的写作,而且要写出《资本论》的姊妹篇,撰写关于东方社会性质及其发展规律和发展道路的巨著;同时进一步验证、补充、完善和深化他所发现的唯物史观。可以说,马克思晚年探索的主题是他一生探索的主题的延续:为了无产阶级和全人类的解放。差别只是重点的不同,这次要解决的是东方社会的解放之路。不幸的是,他过早逝世而无法完成这一任务。但是,他的研究成果已经为解决这一任务指明方向,打下基础,在实践上、理论上都具有重大价值。

【研讨主题】恩格斯晚年对马克思主义有何原创性的理论贡献?如何看待恩格斯晚年的思想遗产。

【教师解析】恩格斯晚年对推动马克思主义完善、创新和发展作出了重大贡献。这种重大贡献主要包括对马克思主义整体理论形象的建构,对历史唯物主义、科学社会主义理论的完善和创新,以及根据资本主义新变化指导工人运动实践,丰富了关于社会主义过渡到资本主义的发展趋势的认识。深入总结恩格斯晚年的重大贡献,对全面深入理解马克思主义的整体性内涵以及进一步推进马克思主义的创新与发展有着重大的理论和实践意义。

六、资料运用

1.专著

(1)弗兰尼茨基:《马克思主义史(第一卷)》,胡文建等译,黑龙江大学出版社,2015。

这部著作从东欧新马克思主义的角度对马克思主义的产生和发展的历史进行了重新阐释和梳理。

(2)科拉科夫斯基:《马克思主义的主要流派(第一卷)》,唐少杰等译,黑龙江大学出版社,2015。

这部著作是目前国际范围内最有影响力的关于马克思主义发展史的研究著作之一,不仅文献翔实,理论分析系统,而且是各种版本的马克思主义发展史中记录流派和人物最多的著作。

(3)霍布斯鲍姆:《如何改变世界:马克思和马克思主义的传奇》,吕增奎译,中央编译出版社,2014。

埃里克·霍布斯鲍姆提供了一种迷人的、有洞见的马克思主义观点,并考察了马克思主义的多种影响。他对马克思主义思想家和核心文本进行了一一考察,并对过去30年来退却时期的马克思主义进行了分析。

(4)麦克莱伦:《马克思思想导论》,郑一明等译,中国人民大学出版社,2008。

本书的前半部分以编年的顺序平实地叙述了马克思的著作,并偶或提及某些传记方面的细节。后半部分划分为异化、历史唯物主义、辩证法、意识形态、劳动、阶级、政党、国家、革命以及未来共产主义社会等不同的主体,分别概述了马克思思想的核心观点,并摘录了相应的原著,每一章都列出了完整的参考书目,以供读者进行深入的阅读和研究。最后,作者对马克思的整体思想及其对后世的影响做了简短而全面的评价。

(5)麦克莱伦:《青年黑格尔派与马克思》,夏威仪等译,商务印书馆,1982。

本书概述了青年黑格尔派的形成、发展与终结的历史,介绍了这一学派的一般特征,并分章扼要介绍了布鲁诺·鲍威尔、路德维希·费尔巴哈、麦克斯·施蒂纳和莫泽斯·赫斯这四个代表人物的生平与学说,着重介绍和论述了这些学说与马克思早期思想的关系。

(6)奥古斯特·科尔纽:《马克思恩格斯传》,管士滨译,生活·读书·新知三联书店,1980。

在《马克思恩格斯传》中,科尔纽根据丰富的材料,通过对马克思主义诞生前马克思和恩格斯的哲学观点、经济观点和社会政治观点的分析,从历史上揭示了马克思主义同其理论来源的实际联系,阐明了马克思和恩格斯哲学观点和社会政治观点的产生和发展过程。

(7)郝立新:《马克思主义发展史(第一卷)》,人民出版社,2018。

《马克思主义发展史(第一卷)》全面阐述了19世纪40年代马克思主义的创立过程。全书考察了欧洲当时社会经济发展状况、革命风暴、自然科学和人文社会科学发展成就,在思想史的解读中再现了马克思主义形成的时代背景、思想渊源;展示了马克思和恩格斯早期思想发展轨迹以及他们向唯物史观迈进的路径与印记,呈现了新世界观的天才萌芽和马克思的第一个伟大发现;引导读者沿着马克思和恩格斯的脚步进一步阐发新世界观,感知马克思主义诞生的思想光芒。

(8)广松涉:《唯物史观的原像》,邓习议译,南京大学出版社,2009。

这部著作讲述了唯物史观的确立过程、唯物史观的根本构想、唯物史观与革命思想等内容。

(9)邹诗鹏:《从启蒙到唯物史观》,上海人民出版社,2016。

本书共分为七章,主要内容包括:启蒙与唯物史观的问题意识、唯物史观超越启蒙的基本进路、政治解放与政治批判、宗教批判与意识形态批判、自由主义批判、批判的社会观及经典社会理论论域、唯物史观与启蒙遗产。

(10)旷三平:《唯物史观前沿问题研究:现代哲学视域下的一种理论探索》,中国社会科学出版社,2004。

本书内容主要包括唯物史观的现代阐释、历史主体项论、交往关系论、知识生产力论、历史生成论、社会进步悖论等。

(11)阿尔弗雷多·萨德-费洛:《马克思的价值:当代资本主义政治经济学批判》,周丹、孔祥润译,社会科学文献出版社,2021。

《马克思的价值:当代资本主义政治经济学批判》阐述道:资本主义生产必然蕴含生产和分配的冲突。竞争是资本主义的本质特征,但它常常带来不稳定性、危机和失业。这表明资本主义虽具有很强的生产能力,但也是历史上最具系统性破坏能力的生产模式。资本主义经济并不稳定,因为在竞争的背景下,榨取、实现并积累剩余价值的各种力量相互冲突。本书作者对马克思价值分析的方法论原则以及学界对马克思价值论最为著名的阐释给出了批判性评论。他对马克思思想的解读主要聚焦于资本主义制度下调节社会再生产的经济过程以及各种关系。从这个角度分析,价值论是关于阶级和剥削的理论。除了其他方面的理由,价值概念无疑是有用的,因为它解释了自愿市场交换原则主导下的资本主义剥削。本书澄清了马克思政治经济学中最重要的争论,并创新性地向我们展示了马克思对资本主义的分析,揭示了当代资本主义批判的新的内涵和意义。

(12)保罗·斯威齐:《资本主义发展论——马克思主义政治经济学原理》,陈观烈、秦亚男译,商务印书馆,2009。

《资本主义发展论——马克思主义政治经济学原理》分为四篇,介绍了第二国际理论家在"实现危机"和"崩溃"问题上的争论,重申了罗莎·卢森堡对修正主义的阶级调和论与“议会道路”论的批评，以及吸收了希法亭关于帝国主义意识形态的观点。本书作者遵循了马克思对于经济的分析方法和基本思路。

（13）孟宪东：《晚年马克思“跨越”思想研究：兼论东方社会主义的历史发展》，当代中国出版社，2008。

本书对马克思晚年针对俄国革命问题提出的经济文化落后国家在其自身发展的历史进程中有可能“跨越资本主义卡夫丁峡谷”的理论构想，作了全面而深入的分析。

（14）洪韵珊：《恩格斯晚年思想研究》，华中师范大学出版社，1988。

本书介绍了恩格斯在马克思逝世后独自承担指导国际工人运动的重任，面对19世纪晚期世界经历第二次技术革命、资本主义世界发生的新变化所提出的新观点、新论断等。

（15）胡大平：《回到恩格斯：文本、理论和解读政治学》，江苏人民出版社，2010。

本书采取以创作为中心的思想史叙事和效果史理解的进路，重点阐明关于恩格斯解读的三个重大问题：恩格斯问题在全部马克思主义传播、接受和解释史中的原委及其所提出的理论问题，恩格斯在社会主义语境中的创作史，恩格斯对唯物主义历史观和无产阶级科学的基本规划。澄清了在马克思主义哲学研究中长期存在的关于恩格斯解读的一些重大理论和文本问题，如“马恩对立”或“恩格斯反对马克思”，并在马克思主义哲学的逻辑发展史中客观评估恩格斯作为“合作者”的独立贡献，从而促进对恩格斯和整个马克思主义哲学的正确理解。

（16）特雷尔·卡弗：《马克思与恩格斯：学术思想关系》，姜海波等译，中国人民大学出版社，2008。

本书系统地论述了马克思和恩格斯在学术思想上相互影响的过程。作者认为，19世纪50年代以前，马克思和恩格斯精诚合作，恩格斯的思想稍稍领先。1859年，恩格斯在为马克思《政治经济学批判·第一分册》所写的短评中“发明”了辩证法，也由此开始背离了马克思的思想。马克思逝世以后，恩格斯以马克思的名义建构了一个包括自然、社会和思维在内的形而上学体系，这不但与马克思的思想不符，而且没有得到马克思的明确认可。人们所熟悉的马克思的形象在很大程度上是恩格斯在晚年勾勒出来的。对于马克思主义的传统观点来说，也就是后人所理解的马克思主义来说，恩格斯才是“第一小提琴手”。

（17）诺曼·莱文：《马克思主义与恩格斯主义中的黑格尔》，臧峰宇译，北京师范大学出版社，2018。

本书是莱文阐释“马克思恩格斯差异论”的代表作。基于对青年马克思和青年恩格斯文献的深入解读，莱文试图在书中呈现马克思方法的黑格尔主义基础，为此他列举了卢卡奇、阿多诺（又译作“阿多尔诺”）、阿尔都塞、斯密特、伊波利特、马尔库塞、埃尔斯特、科亨等哲学家对马克思“去黑格尔化”或“重新黑格尔化”的思路与问题，在哲学史语境中通过多重比较得出自己的结论。莱文引证了黑格尔耶拿时期的名著、卢卡奇的《青年黑格尔》和大量西方马克思主义著述，为读者指出以黑格尔哲学为中介理解“马克思恩格斯问题”的文本线索，由此展开一种“不同的路径”。读者若能从唯物史观角度审慎理解书中关于马克思主义哲学形成与发展历程的独特看法，自会感到开卷有益。

（18）Norman Levine. *The Tragic Deception: Marx Contra Engels*. Santa Barbara: Clio Press, lnc. 1975.

诺曼·莱文从自然观、辩证法、历史观、共产主义理论等方面，对马克思主义和恩格斯主义对立论作了系统论证。他将二者的观点区分为两个不同的体系，分别命名为“马克思主义”和“恩格斯主义”，称恩格斯为“第一个修正主义者”。

2. 论文

（1）叶汝贤：《关于研究和学习马克思主义哲学史的若干问题》，载《叶汝贤自选集》（第一卷），社会科学文献出版社，2009。

文章重点讨论了研究马克思主义哲学发展史要坚持正确的指导思想，明确研究和学习马克思主义哲学发展史的对象、任务、分期、目的和方法，是国内早期研究马克思主义发展史的文献之一。

（2）叶汝贤：《恩格斯和马克思主义哲学》，载《叶汝贤自选集》（第一卷），社会科学文献出版社，2009。

文章深刻地阐发了恩格斯作为马克思主义哲学的创始人之一，对于马克思主义哲学的产生、丰富和发展所具有的特殊历史贡献。文章得出结论：马克思、恩格斯并不存在理论与实践斗争方面原则上的分歧，而是唇齿相依、患难与共的学术共同体和革命共同体。

（3）叶汝贤：《现实的人及其历史发展的科学——深入解读〈德意志意识形态〉所阐发的唯物史观》，《哲学研究》2008年第2期。

文章力图从文本的解读出发，根据《德意志意识形态》叙述的逻辑，再现其所阐发的唯物史观。

（4）叶汝贤：《唯物史观的发展趋势》，《马克思主义研究》2001年第3期。

文章说明20世纪是唯物史观在全世界，特别是在中国传播并在实践中获得伟大成功的世纪。论文从唯物史观的创新、哲学的创新问题展开阐述，具体探讨了唯物史观基础理论研究和应用研究，以及两者的关系问题。

(5)陈晓斌:《百年来中国唯物史观研究的问题意识及其范式转换》,《四川大学学报(哲学社会科学版)》2021年第3期。

文章说明了百年来中国唯物史观研究的问题意识和范式转换是对中国社会根本问题的理论反映。该文章指出救亡图存的革命意识让唯物史观研究历史性出场，而社会主义的改革意识促成唯物史观研究的现代性指向，中华民族复兴的文明意识是唯物史观研究的建构性叙事。

(6)张雄:《政治经济学批判:追求经济的"政治和哲学实现"》,《中国社会科学》2015年第1期。

文章旨在从经济哲学的角度，分析我们较为熟悉的叙事，由此在感性及表象的事实基础上，再次翻转为新的反思对象，通过对一种"在场形而上学"的文本解构，使马克思政治经济学批判在思想的预设中得到呈现，为当下中国改革实践的创新提供必要的思想证明和价值导向，为当下中国哲学社会科学进一步获得全面深化改革提供话语支撑及学科交叉的重要思路。

(7)薛俊强:《〈资本论〉的政治经济学批判精神与时代价值——对当代中国马克思主义政治经济学创新的几点思考》,《厦门大学学报(哲学社会科学版)》2020年第3期。

文章指出《资本论》的政治经济学批判精神在于把既定社会关系下的经济、政治和文化现象纳入资本劳动的历史视域中给予辩证审视，把政治经济学从作为财富生产与分配的古典形态转化为探索经济生成规律的社会前提的新政治经济学判断，把经济、政治和人的发展之间的关系作为思考的核心，深度追问经济问题背后的政治架构和价值前提。

(8)顾海良:《恩格斯晚年对马克思主义政治经济学的贡献》,《理论视野》2020年第12期。

文章认为恩格斯对马克思主义政治经济学发展作出了杰出贡献。在马克思逝世后，恩格斯精心编辑出版了《资本论》第二卷和第三卷、修订并出版《资本论》第一卷德文第三版和第四版，以及指导翻译并出版《资本论》第一卷英文版。恩格斯晚年还在积极探索资本主义经济关系新发展、批判资产阶级政治经济学，不断丰富和发展马克思主义政治经济学理论，其思想成为马克思主义的重要理论内涵。

(9)赵家祥:《对"跨越资本主义卡夫丁峡谷"问题的商榷意见》,《北京大学学报(哲学社会科学版)》1998年第1期。

近十多年来，我国理论界对马克思、恩格斯晚年关于俄国公社有可能"跨越资本主义卡夫丁峡谷”的思想，存在不少误解。本文从三个方面对这种误解做了分析，并谈了作者自己的看法。第一，如何理解马克思、恩格斯所说的“要挽救俄国公社，就必须有俄国革命”？第二，马克思晚年关于俄国公社有可能“跨越资本主义卡夫丁峡谷”的思想是否与他早年的思想相矛盾？第三，能否说俄国社会主义革命和中国革命的胜利是“跨越资本主义卡夫丁峡谷”？作者认为，正确理解马克思、恩格斯这一思想的关键，在于要用他们自己的逻辑去理解他们的思想，而不要把后来列宁的思想加在他们头上，也不要用苏联和中国的社会主义实践去注解他们的思想。

(10)张奎良：《马克思东方社会理论的再反思》，《求是学刊》2014年第5期。

马克思基于俄罗斯社会土地共有、农村公社和专制国家三位一体的事实，认为俄罗斯可以不经过资本主义阶段，直接进入社会主义，从而避免资本主义带来的灾难。马克思的这一东方社会理论既是中国特色社会主义道路的理论依据，也为中国的社会主义实践所证实。

(11)俞吾金：《论马克思的社会人类学思想》，《复旦学报(社会科学版)》1987年第1期。

文章探索了马克思主义学说的思想来源绝不能撇开人类学对马克思的影响。马克思晚年的人类学思想是青年马克思和成熟马克思思想的会合点，体现了人本主义精神与科学精神的高度统一。在晚年的人类学笔记中，马克思倡导了一种更博大、更深远的历史方法。

七、案例推荐

案例1：探讨马克思与欧洲启蒙运动的关系

在讲解马克思主义与近代欧洲启蒙运动这一部分内容时可以探讨马克思与欧洲启蒙运动的关系。黄学胜在《青年马克思与启蒙》一书中，阐明了近代欧洲启蒙思想传统在实践上对现代性社会的形成和维护，在理论上对德国古典哲学、空想社会主义、青年黑格尔派以及青年马克思的哲学努力的基本影响，在思想史上为唯物史观的提出奠定了一个发生学的语境，进一步拓展了对马克思主义思想来源的基本认识。同时，该书还阐明了青年马克思对近代欧洲启蒙思想传统的批判、出离和超越，揭示了青年马克思的理论研究和实践探索与德国古典哲学、青年黑格尔派、空想社会主义和政治经济学等的联系和区别。

案例2：探讨历史唯物主义的内涵

在讲历史唯物主义的理论视域和内在逻辑这一部分内容时可以探讨历史

唯物主义的内涵,即什么是“历史唯物主义”,是“历史”的唯物主义还是历史的“唯物主义”。孙正聿在《历史的唯物主义与马克思主义的新世界观》一文中指出,在“历史唯物主义”的理论和阐释中,隐含着两种不同的解释路径和两种不同的解释原则:一种是把“历史”作为解释原则所构成的“历史”唯物主义的解释路径,另一种是把“唯物主义”作为解释原则所构成的历史“唯物主义”的解释路径。第一种是从唯心主义历史观与唯物主义历史观的对立出发,说明历史唯物主义所实现的历史观变革;第二种是从旧唯物主义历史观与新唯物主义历史观的对立出发,说明旧唯物主义历史观的唯心主义性质。而这两种解释原则、两种解释路径的根本分歧在于“历史唯物主义”的创立是变革了全部“哲学”,从而实现了从“解释世界”到“改变世界”的哲学革命,还是变革了的“历史观”从而实现了“历史观”的革命。

案例3:马克思、恩格斯思想的当代价值意蕴

列宁曾就马克思和恩格斯思想学说的历史功绩做了如下总结:“马克思和恩格斯的具有世界历史意义的伟大功绩,在于他们用科学的分析证明了资本主义必然崩溃,必然过渡到不再有人剥削人现象的共产主义。马克思和恩格斯的具有世界历史意义的伟大功绩,在于他们向各国无产者指出了无产者的作用、任务和使命就是首先起来同资本进行革命斗争,并在这个斗争中把一切被剥削的劳动者团结在自己的周围。我们处在一个幸福的时代,处在伟大的社会主义者的这个预言已开始实现的时代。我们大家看到,在许多国家里已经显露出国际无产阶级社会主义革命的曙光。帝国主义对各国人民的大屠杀的不堪言状的惨祸,到处激起被压迫群众的英勇精神的高涨,百倍增强他们为解放而斗争的力量。让马克思恩格斯纪念碑再三提醒千百万工人和农民:我们在斗争中不是孤立的。较先进的国家的工人在同我们并肩奋斗。在我们和他们的面前还有艰苦的战斗。在共同的斗争中,资本的枷锁一定会被打得粉碎,社会主义一定会取得最后胜利!”

请就列宁的这段话,谈谈你对马克思、恩格斯思想的当代价值的理解。

八、归纳小结

马克思主义是在回应19世纪资本主义时代之问和吸取欧洲丰富的哲学文化思想基础上形成的一门综合性思想理论体系。马克思主义的出发点和落脚点是实现每个人的自由个性与全面发展。马克思主义的思想体系关涉人类解放事业,探索实现人类解放的现实可能性。马克思主义关于人类解放的理论学说作为一个相互依赖的整体,包括了人类所面临的全部主要问题。马克思主义学说有力综合了历史、哲学、社会学和经济学，影响了当代人文社会科学的研究范式和方法，为我们理解当代世界提供了崭新的维度和视角，在人类社会科学知识宝库中留下了丰富的理论思想遗产。要深入理解马克思主义的本质和精神实质，必须首先了解马克思主义产生的思想基础和时代背景，这也是本章研究的目的和意义所在。马克思主义在人类思想史上所实现的革命性变革，马克思提出的哲学的世界化和世界的哲学化，哲学的现实化和时代化，开启的分析现代社会的科学世界观和方法论，寻求创立的思想工具或知识范畴，对于形成关于人类社会的知识有着重要意义。马克思主义是最具批判性、实践性和革命性的社会历史理论，提出了人类解放与社会解放的志向。

本章首先围绕马克思与恩格斯创立唯物史观的思想过程和理论内容展开讲解，注重对唯物史观形成、创立过程的思想史的梳理和阐释，重点阐明马克思与恩格斯是在何种思想境况下创立唯物史观这一新世界观的，并且重点阐明唯物史观作为一门关于现实的人及其历史的科学的性质。唯物史观的提出和创立为马克思、恩格斯后来的政治经济学批判奠定了思想理论基础，并且为当代人文社会科学的学术研究提供了方法论支撑。深入了解唯物史观的创立过程是马克思主义发展史研究的核心内容，只有了解唯物史观的创立过程，才能从根本上理解马克思主义的理论特质和独创性思想贡献。

本章对马克思、恩格斯政治经济学批判的革命性变革进行了探讨。从整体上说，马克思唯物史观与政治经济学批判是一个有机整体，两者互为依存。没有唯物史观，政治经济学批判就会误入庸俗经济学的窠臼。唯物史观只有在鲜活的政治经济学批判的理论与实践中，才能破解资本的意识形态幻象，才能在批判资本主义生产方式的基础上丰富自身的感性内容，从而夯实唯物史观的现实基础。马克思主义政治经济学批判是全部马克思主义理论的思想内核和原动力，只有全面深入了解政治经济学批判的思想实质与创立过程，才能深刻体认马克思对资本主义批判的科学性，才能真正找到无产阶级解放的现实道路。

本章通过讲解和介绍马克思、恩格斯晚年的心路历程与探索的新时代主题，阐明马克思、恩格斯晚年的思想探索对马克思主义的理论贡献及启示。马克思、恩格斯晚年思想是值得继续挖掘的思想理论宝库，其蕴含着极为丰富的思想资源，这些思想资源对于当今深化与创新发展马克思主义研究有着重要的理论意义。马克思、恩格斯晚年对古代社会、东方社会以及自然辩证法思想的探索研究为后来者从事马克思主义研究提供了丰富的思想资源，尤其对于后发达国家社会主义的实现形式具有重要的现实启示。

第二章　列宁主义对马克思主义的新发展

一、篇目概述

西欧资本主义的发展经历了两个阶段：自由竞争阶段和垄断阶段。19世纪70年代以前，资本主义处于自由竞争阶段，自19世纪70年代开始，西欧资本主义进入了一个新的历史时期：垄断阶段。这一时期的资本主义的发展给马克思主义带来了新的课题。

一方面，信用制度和垄断的产生使得资本主义的生产制度能够在更大的程度上适合生产力的发展，而资本扩张的逻辑使得西欧资本主义国家在世界范围内展开争夺殖民地的斗争，这就促使资本主义过渡到帝国主义阶段。这些新的历史现象对马克思、恩格斯所提出的有关资本主义危机和无产阶级革命的理论提出了挑战，新一代的马克思主义者必须直面资本主义的新变化，重新思考资本主义的当代发展和无产阶级革命的新策略等相关问题，并对帝国主义现象作出新时代的阐释。

另一方面，随着第二次科技革命的发展，西欧各国的工人阶级出现了很多新变化，他们在反抗资产阶级剥削和压迫的过程中逐渐形成了新的特点，这就在客观上要求马克思主义理论为新时代的无产阶级革命提供理论指导。实际上，马克思和恩格斯在世的时候就积极投身工人运动，一边指导工人运动，一边为各国培养马克思主义理论家。在资本主义进入所谓的相对"和平"的发展时期后，西欧社会并没有爆发大规模的无产阶级革命，反而工人阶级政党学会了利用资产阶级的议会制度进行合法斗争。随着恩格斯的去世，解读资本主义的新发展和无产阶级革命的新情况成为这一时期的马克思主义者们的主要任务。

围绕时代提出的新课题，第二国际出现了"正统派马克思主义"和"修正主义的马克思主义"之间的斗争。1895年恩格斯逝世以后，伯恩施坦开始全面篡改和"修正"马克思主义。伯恩施坦认为资本主义的新变化使得马克思主义的资本危机理论、资本积累理论以及无产阶级革命政党理论都过时了，资本主义将不再发生危机，无产阶级可以通过工会和社会改良的方式进入社会主义。为了论证这个观点，他从当时西方流行的资产阶级的哲学学说、伦理学学说和经济学学说中汲取营养。他的观点一时间在第二国际产生重大影响。

伯恩施坦的理论受到了资产阶级的欢迎，同时也激起了马克思主义者的强烈不满。罗莎·卢森堡、倍倍尔、考茨基、拉法格、普列汉诺夫等马克思主义者都对伯恩施坦的修正主义进行了理论批判,这也在某种程度上发展了马克思主义。列宁也把批判伯恩施坦修正主义及其变种、捍卫马克思主义作为自己的理论任务。为了研究在落后的俄国能不能进行社会主义革命和如何进行社会主义革命等问题,列宁阐述了他对马克思主义的根本看法,分析了帝国主义的实质、探讨了无产阶级革命的战略和策略问题。在十月革命胜利后,列宁进一步展开了对俄国社会主义道路的实践和理论探索。通过这些探索,列宁推动了马克思主义的发展,创立了列宁主义。

二、教学目标

1.使学生了解马克思主义在第二国际时期面临的现实问题和理论挑战,清楚第二国际的理论家们是如何对马克思主义进行阐释的以及马克思主义者们对修正主义进行了怎样的理论批判,重点了解列宁是怎样把马克思主义基本原理与俄国的国情结合起来的以及他对马克思主义作出了怎样的创新和发展。

2.使学生完整地掌握第二国际时期的马克思主义理论。在此基础上,培养学生在实践中推动马克思主义发展的能力,坚定学生的理想信念,使其敢于旗帜鲜明地与各种反马克思主义思潮作斗争。培养学生的理性思维,引导学生用辩证的眼光研究马克思主义,使学生把握发展创新马克思主义与背离马克思主义的界限,坚定马克思主义的科学信仰。

3.使学生能够结合马克思主义基本原理分析社会现实问题。

三、讲授导入

(一)修正主义及马克思主义者的批判

[问题导入]

通过前面的章节学习,我们了解到马克思、恩格斯生活在资本主义快速发展的19世纪,然而他们没有像其他资产阶级知识分子那样去崇拜和赞美资本主义,而是对资本主义展开了批判。马克思主义正是在对资本主义的批判性分析中诞生的。《共产党宣言》指出了资本主义社会相对于封建社会而言具有历史进步性,然而资本主义的生产方式蕴含着资本主义必然灭亡的历史趋势。无产阶级革命是解决资本主义社会基本矛盾,实现人类解放的根本手段。马克思主义诞生后,马克思、恩格斯就积极地参与到工人运动当中,并站在马克思主义的立场上同各种机会主义错误进行坚决彻底的斗争，指出无产阶级政党应当根据经常变化的条件、因地制宜地制定斗争策略，但无产阶级及其政党绝不能放弃自己的领导权。

西欧资本主义的发展从19世纪70年代开始进入到一个新的时期，即从自由竞争阶段到垄断阶段。资本主义社会的经济、政治、文化等方面发生的变化对马克思主义提出了理论挑战。伯恩施坦根据时代的发展变化提出马克思主义过时了，对马克思主义进行了全面修正。以伯恩施坦为代表的修正主义在第二国际内逐渐占据上风。面对资本主义新变化所带来的现实问题和理论挑战，马克思主义者是怎样捍卫马克思主义的呢？列宁对马克思主义的历史命运作出了怎样的回答呢？马克思主义的发展就是在回应这些时代问题和理论挑战的过程中实现的。

（二）列宁主义对于马克思主义的贡献

[问题导入]

19世纪末20世纪初，以电气技术为标志的第二次科技革命推动了资本主义生产方式的改变，资本主义世界经济体系得以最终形成。资本的生产和集中最终导致了垄断组织的产生，资本主义从自由竞争阶段发展到帝国主义阶段（即垄断阶段）。进入帝国主义阶段以后，资本主义暴露出明显的寄生性和腐朽性，为了争夺殖民地和世界霸权，垄断资本主义国家相互斗争，最终爆发了第一次世界大战，世界进入帝国主义和无产阶级革命时代。无产阶级在新的时代条件下如何进行革命呢？

在新的时代背景下，列宁主义回答了两个重大问题，即在落后的俄国能不能进行社会主义革命和如何进行社会主义革命，并在对问题的回答中推动了马克思主义的发展。

四、内容阐述

本章将围绕修正主义及马克思主义者的批判和列宁主义对于马克思主义的贡献两部分进行讲授。

（一）修正主义及马克思主义者的批判

1.修正主义产生的历史条件

19世纪最后的三十年是资本主义时代发生重大转折的时期：资本主义从自由竞争阶段向垄断阶段过渡。以电力的广泛应用为特征的第二次产业革命使得主要资本主义国家的社会生产发生了重大变化，汽车制造业等新兴工业部门涌现，交通通信技术迅速发展，信用制度和垄断企业出现，使得整个社会生产力得到迅速发展。在这个时期，有几个方面的因素为修正主义的出现提供了条件。

第一，垄断资产阶级采用新的策略来分化工人，通过提高工资的做法来收买工人运动队伍中的一部分人，使得这些人对无产阶级来说是异己分子，是资产阶级的奴仆、代理人和资产阶级影响的传播者。此外，1871年法国巴黎公社失败之后，资产阶级学会了交叉使用暴力镇压和政治欺骗两种手段来对付工人阶级，这种政治上的欺骗使得一部分人以为无产阶级同资产阶级可以进行"阶级合作"了。这种思潮的理论化就是主张放弃革命的伯恩施坦修正主义。

第二，随着资本主义的进一步发展，自由竞争规律的作用使得越来越多的小资产阶级破产而成为无产者的一员，而在这些资产阶级者的世界观还没有得到改变之前，他们往往成了资产阶级思想的接收者和传播者。

第三，随着资本主义的发展，欧美各国的产业工人的队伍逐渐壮大，其组织性、纪律性和觉悟程度也随着马克思主义的传播和实际斗争的展开而大大增强。除了波兰外，欧洲各国都实现了民族的统一，各国的工人斗争主要转向国内舞台。但由于资本主义处于相对"和平"的发展时期，无产阶级革命没有爆发，相反工人阶级政党学会了利用资产阶级的议会制度进行合法斗争，建立了工会、合作社和教育机关，以便聚集和团结无产阶级力量，准备投入未来的战斗。1875年，德国社会民主党人在选举中获得胜利。在此以后，法国、美国和英国的男工相继争得了普选权。1891年，拉法格成为法国议会中第一名工人议员，1893年盖得、瓦扬等十二名在工人运动中有影响的人物也被选入议会。在这种情况下开始产生一种右的情绪，迷恋议会和普选制，着重眼前利益而忽视无产阶级历史使命。伯恩施坦修正主义就是这种机会主义思潮的继续和发展。

2.伯恩施坦的修正主义对马克思主义提出的挑战

爱德华·伯恩施坦是德国社会民主党的宣传家和理论家，因其最早提出修正马克思的原则而成为第二国际修正主义的主要代表，政治立场是属于德国社会民主党的右派，即反对革命。他出生在柏林一个犹太家庭，父亲是火车司机。十六岁时他到柏林一家银行当学徒，辗转柏林银行界整整十二年。青年时期的伯恩施坦受到资产阶级反普鲁士君主专制运动的影响，具有民主和自由主义思想。1872年加入德国社会民主工党(爱森纳赫派)。但他对杜林的学说十分欣赏，赞颂拉萨尔是"导师"，是"闪烁着真正的金光的明星"。他曾鼓吹合并就是一切，要党放弃原则向拉萨尔派妥协。1875年参与公布了机会主义的《哥达纲领》。当德国“铁血宰相”俾斯麦颁布实施《反社会主义者非常法令》后，伯恩施坦逃离德国到瑞士。在那里，他和赫希伯格、施拉姆组成所谓“苏黎世三人集团”，鼓吹改良主义。在马克思和恩格斯的批评帮助下，伯恩施坦于1880年底，表示认错和拥护马克思的学说。从1881年起，担任德国社会民主党机关报纸《社会民主党人报》的主编，直到1890年该报停办为止。他还担任过德国社会民主党的《前进报》驻伦敦记者和《新时代》理论杂志的常任撰稿人。他通过报刊宣传马克思主义做过的工作，赢得了“马克思主义理论家”的称号。但是，他并没有彻底抛弃他的右倾观点。

1895年恩格斯逝世以后，伯恩施坦开始全面篡改和“修正”马克思主义。1896—1898年间，他在《新时代》上以“社会主义问题”为总题目发表的系列论文，成为他对马克思主义“传统解释进行批判”的代表作，文章中指出马克思主义所设想的那种消灭资本主义私有制之后才可能出现的经济现象实际上已经在资本主义社会内部出现了。因此，资本主义可以长入社会主义，资本主义已经克服了绝大部分危机，中小企业的存在和资本集中只是微不足道的现象，资本主义的殖民政策有好的方面和坏的方面。帝国主义对殖民地的暴行和欺骗性的掠夺是应该反对的，但是国际市场和国际贸易的扩张能把殖民地国家纳入文明化制度范围，因而不能反对所有的殖民政策。他还指出马克思主义思想具有空想色彩，建议用康德主义改造马克思主义。文章的中心论点就是主张“修正”乃至抛弃马克思主义基本原理，放弃马克思主义作为无产阶级政党、作为社会主义运动的指导思想。

1899年1月，他完成了《社会主义的前提和社会民主党的任务》一书，简称《前提和任务》。在该书中，伯恩施坦对他的机会主义理论与政策作出了最为系统的论述。同时，该书也是他对马克思主义基本原理作出的最为全面的“修正”，成为他与马克思主义公开决裂的宣言书，成为第二国际修正主义的纲领。列宁指出，这部“最平凡的作品，却具有显著的政治意义，它成了马克思主义内部的一个完全脱离马克思主义的流派的宣言”。

伯恩施坦认为资本主义的新变化使得马克思有关资本危机理论、资本积累理论以及无产阶级革命政党理论都过时了，资本主义将不再发生危机，无产阶级可以通过工会和社会改良的方式进入社会主义。为了论证这个观点，他从哲学、政治经济学、社会主义学说等诸方面向马克思主义全面进攻。

在哲学方面，伯恩施坦力图消除马克思主义哲学中的唯物史观和辩证法因素，主张用新康德主义批判辩证唯物主义，用庸俗进化论来代替革命的辩证法，用折中主义的因素论来代替历史决定论。

伯恩施坦认为，马克思、恩格斯关于资本主义必然灭亡、无产阶级必须通过暴力革命来获得自己的生存条件的观点主要是源于他们哲学中的革命性因素，而哲学中的革命性因素主要是来自唯物史观所强调的历史发展的必然性以及马克思、恩格斯辩证法中的“黑格尔的矛盾辩证法残余”。为了消除马克思、恩格斯唯物史观中的革命因素，否定黑格尔辩证法对于马克思主义哲学的积极影响，伯恩施坦用当时流行的新康德主义、庸俗进化论和以英国资产阶级学者斯宾塞为代表的实证主义来阐释马克思主义，以试图在哲学上论证自己理论观点的合法性。

新康德主义是19世纪后半期在德国产生和流行的一种主观唯心主义哲学派别，以反对马克思主义哲学为其主要任务。马克思和恩格斯在世时，都曾严厉批判过新康德主义。可是，正是这种哲学却成了修正主义的哲学依据。与新康德主义者一样，伯恩施坦认为唯物主义的理论是根本错误的，物质决定意识是不可能的，他指责唯物主义事实上就是和无条件物质崇拜的观念连在一起的，主张思维决定存在，否定不以人的意志为转移的客观物质世界，否定物质运动的客观规律，认为因果规律是无法证明的。这实际上是康德思想的翻版。在认识论上，反对唯物主义的反映论原则，宣扬康德的不可知论。用庸俗的进化论来替代革命的辩证法，认为黑格尔的辩证法是马克思学说中的“叛卖性因素”和最致命之点。

其实伯恩施坦关于唯物主义的看法是对应于18世纪的机械唯物论的观点，与马克思毫无关系（麦克莱伦语）。依据这种对于唯物主义的错误理解，他指出用唯物主义解释社会历史就在于指出社会历史发展中的必然性及影响发展的决定性因素，而马克思、恩格斯都过于强调物质等因素的决定作用而忽视了意识等的作用，从而使得唯物史观同唯物主义一样具有宿命论或决定论的色彩，而到了晚期，马克思、恩格斯才对非物质性因素的作用有了补充说明。伯恩施坦强调马克思、恩格斯在后期对非物质性因素作了补充说明，才使得历史唯物主义成为科学的历史考察理论。因此沿着这条思路，进一步扩大这种历史观就意味着不能用唯物史观来指称马克思、恩格斯的历史观，把唯物主义和历史观两个概念连在一起就会引起误解，为了避免误解，伯恩施坦主张用“经济史观”来代替“唯物主义历史观”。对此，他解释道：“所谓经济史观并不一定是说，只承认经济力量和经济动机，而只是说，经济形成了不断起决定作用的力量，形成了历史上伟大运动的支点。”①他还指出必须继续强调道德等观

①爱德华·伯恩施坦：《社会主义的前提和社会民主党的任务》，殷叙彝译，生活·读书·新知三联书店1965年版，第59页。

念因素的作用，比如利益的观念力量，指出无产阶级首先必须有一个关于自己利益的观念才能决定采取符合这个利益的行动，才能认识到自己的历史使命。由此伯恩施坦在继续“发展”历史唯物主义的过程中极为重视伦理因素，主张伦理因素是社会主义运动中的基础性力量和能起创造作用的力量。进而，伯恩施坦主张将追求社会主义的伦理目标放到无产阶级革命的首位，实现社会主义的途径首先在于道德宣传，只有通过道德的途径才能实现，无产阶级革命和无产阶级专政是完全多余的东西。由此可见，伯恩施坦关于社会主义的理论完全是社会主义式的新康德主义伦理学。

在伯恩施坦看来，马克思主义哲学的科学性和党性是不可调和的：哲学如果具有党性，就不能称其为科学；哲学如果受一定阶级的“意志”和“愿望”支配，如果从一定的阶级立场看问题，就会“主观”“片面”。因此，哲学应当是“超阶级的”，绝不能把“阶级的主观主义”渗透进去，以保持“严格的客观性”。如果坚持哲学的党性，就会排斥资产阶级学者的有价值的东西。他宣扬，马克思主义与资产阶级学说之间不是互相排斥的，而是互相补充的。

在政治经济学方面，伯恩施坦彻底否定马克思的劳动价值论，进而否定了马克思的剩余价值理论。他认为，马克思所说的价值不过是一种纯粹思想的产物，马克思所说的剩余价值也不过是一个以假设为根据的公式，马克思的剩余价值学说夸大了道德因素、意识形态在商品生产中的地位和作用，并不能从根本上来说明资本主义的剥削。他指出马克思以剥削、掠夺等词句来定义剩余价值的生产，把资本家与工人的关系归为剥削关系，就把经济的事实变为了一个伦理的问题。这样一来，资本主义企业家即使是一个公道的雇主，他所得到的是不应该分给工人的剩余价值，他的行为也是掠夺和侵占，而工人会因为自己没有得到自己所付出的工作量的全部价值而激起正义感并为之斗争，这就把工人阶级的斗争建立在正义、平等等伦理的观念之上。

伯恩施坦还批判了马克思的资本积累理论。他认为马克思的所说的剩余价值的劳动仅仅限于工业资本，而把商业资本和地租只是看作分割商业创造的剩余价值或剩余产品，它们自身不创造剩余价值和剩余产品，这就把非工业资本的因素和广大的中间阶层排除在剩余价值的生产和消费之外。然而现代经济却表明，随着工业的积累，股份资本的扩大，越来越多的非生产人员以股东的方式参与到剩余价值的生产中，这些人只是靠股息来生存，并不从事实际的生产活动和管理，却对社会的经济生活产生了强烈的影响。同时，剩余价值的消费也绝不限于工人和资本家之间，而是越来越多的中间阶层参与社会总生产的消费，调节供需平衡，起到了防御作用。也就是说，现代经济的变化表明资本主义的生产已经摆脱了传统经济状态，这就使得马克思关于资本主义危机的预言过时了，而作为对这一理论的修正，马克思主义不应该从生产方面，而应该从消费不足方面来抵抗现代危机的因素。

在科学社会主义方面，伯恩施坦否定社会主义的最终目的，反对以暴力革命的方法实现社会主义。他认为社会主义的最终目的是微不足道的，运动就是一切。[①]也就是说，社会主义革命是多余的，他所说的运动即政治、经济的改良运动。工人运动的目的不是夺取政权，剥夺资本家，而是扩大政治权利和职业权利，那种强调社会主义为最终目的、社会主义的实现必须夺取政权和剥夺资本家的革命的观点是以肯定社会主义和资本主义的本质对立为前提的。然而，现代信用制度的建立，交通的扩展和便利，邮政、电报、客运货运的完善，商业统计和情报机构的改进等方面的新情况使得市场不断扩大，减少了同行业的竞争。所有这些都是资本主义的新机能，使得资本主义能够克服自身的危机，使得资本主义内部生长出社会主义的因素。伯恩施坦提出的通过改良就能实现社会主义的观点也构成了德国社会民主党争论的焦点。

总之，伯恩施坦的结论是：资本主义将不再发生危机，马克思有关资本主义崩溃的预言和无产阶级革命的原则都不再适用了，无产阶级可以通过工会和社会改良的方式实现社会主义。这个思想挑战了马克思有关资本主义内部矛盾和社会主义历史必然性的思想，要求人们重新思考资本主义生产关系和生产力发展的问题。

3. 马克思主义者对伯恩施坦修正主义进行的批判

(1)卢森堡对伯恩施坦的批判

卢森堡也觉察到了当时资本主义的新变化，但是她作出了完全不同性质的判断。在伯恩施坦那里，资本主义社会的变化使得整个社会的生活具有了另一种性质，它是社会主义的一部分的实现，基于这个判断，他在无产阶级革命策略上完全放弃社会革命，主张走和平改良的道路；在理论上主张用新康德主义来补充马克思主义。而在卢森堡看来，资本主义社会现实的变化并不能改变资本主义社会的本质，卡特尔、托拉斯等垄断组织形式同信用制度一样，也不过是资本主义社会发展到一定阶段的产物，虽然在短时期内能解决资本主义的经济问题，但是不能消除资本主义自身的矛盾，社会主义社会的实现只能通过社会革命，而不能完全依赖社会改良。伯恩施坦所说的工会、社会改良以及国家的政治民主化等实现社会主义的和平手段都是资本主义性质的，只

①爱德华·伯恩施坦：《社会主义的前提和社会民主党的任务》，殷叙彝译，生活·读书·新知三联书店1965年版，第245页。

能暂时缓和资本主义社会的经济矛盾，而不可能消除其将要面临的经济危机。工会、社会改良都不可能无限制地发展，当时的国家代表的是资本的利益，工会斗争并不能去掉这个资本主义性质而赋予它社会主义性质，但是工会斗争也是有意义的，其意义在于使得无产阶级的认识和意识社会主义化，把无产阶级组织起来。同时，卢森堡强调要根据社会的发展而深化马克思的学说。

伯恩施坦认为修正马克思的观点就要消除黑格尔的辩证法。为了反驳伯恩施坦的观点，强调马克思主义哲学中的革命观点，卢森堡特别强调马克思主义哲学中的黑格尔因素。她在《我们的导师的遗著》中说："马克思的思想作品之所以具有这种不寻常的作用，不仅是他本人的天才，而且也因为他始终按他所论述的一切问题之间的最重要的辩证关系，从最全面的历史观点去阐明它们。"①

那么如何解释资本主义的新变化呢？卢森堡认为马克思的考察只局限在资本主义的内部体系，根本不能说明资本主义世界是发展的，因为资本主义的世界发展在现代阶段上必须面对非资本主义的问题。资本主义的世界格局总是在资本主义与非资本主义的关系里发展起来的。她指出："帝国主义是总体的资本主义。所谓总体的资本主义，就是全球资本主义，亦即包括一切非资本主义形态在内的资本主义。因此，帝国主义时代的出现，标志着资本主义进入了一个建构世界体系的阶段。"②卢森堡把帝国主义看作延长了的资本主义，延长了资本主义的寿命，非资本主义国家给资本主义国家提供了发展资源。

在《资本积累论》里，卢森堡提出："帝国主义是一个政治名词，用来表达在争夺尚未被侵占的非资本主义的环境的竞争中所进行的资本积累。以地理而言，这些未被侵占的非资本主义环境，仍然占地最广大的部分，可是，作为资本扩张的领域，在与资本的生产力所已经达高度发展水平相形之下，这些地区还是微不足道的；请看老国家所积累的巨大资本，这些资本正为它的剩余生产物找寻出路，并力图把它们的剩余价值转化为资本；并请看前资本主义的文化如何迅速地转变为资本主义，就可得出的印象。随着资本主义国家的高度发展，以及它们在争夺非资本主义地日益剧烈的竞争，帝国主义在其对非资本主义世界的侵略中，以及在相互的资本主义国家间所发生的日益严重的冲突中，变得愈来愈无法无天，愈来愈粗暴了。但是，帝国主义愈是横暴地，愈是残忍地，愈是彻底地摧毁非资本主义文化，它也就愈加迅速地挖掉资本积累自己的立足之地。帝国主义虽是延长资本主义寿命的历史方法，它也是带领资本主义

①《卢森堡文选》上卷，人民出版社1984年版，第403页。

②何萍：《马克思主义哲学史教程》，人民出版社2009年版，第245页。

走向迅速结束的一个可靠手段。”①

卢森堡强调：“资本积累世界扩张的结果，必然消灭一切前资本主义的社会形态，从而也消灭了资本主义赖以存在的历史基础，到了这一阶段，资本主义就陷入了不可自拔的矛盾，代之而起的是世界范围内社会主义革命的爆发和社会主义经济、政治和文化的发展。这就是社会形态由资本主义向社会主义的转变。”②

伯恩斯坦以资本主义的新变化为依据，认为无产阶级可以通过合法改良的方式过渡到社会主义。为了反驳伯恩斯坦的这个观点，卢森堡在《社会改良还是革命?》一文中阐发了社会革命和合法改良的实质及其相互关系。她指出，社会革命是一个阶级以经济形态变革为目的而发动的政治行动，发生在社会形态更替，社会制度变革的阶段，是推动社会发生质变的力量；而合法改良是为了解决人们的权利关系而进行的立法活动，只在一定社会形态、社会制度的范围内起作用，是社会变化的量的积累过程。二者“在哪一个时期起主导作用以及起作用的方式，都是由社会历史进程决定的”③。伯恩斯坦的错误在于脱离社会历史进程抽象地看问题，用合法改良取消社会革命。

(2)梅林对伯恩斯坦修正主义的批判

伯恩斯坦修正主义的哲学依据是新康德主义。对此，梅林认为康德提出的“自在之物”的不可知性为信仰留下了地盘。康德是普鲁士专制制度下的资产阶级启蒙者。他的哲学是18世纪末德国资产阶级利益的思想表现。它与马克思主义哲学是两种性质根本不同的哲学，因此，新康德主义的资产阶级代表人物提出“回到康德去”的口号，以及新康德主义化了的修正主义者们要以康德伦理学来“补充”历史唯物主义的观点，在客观上和实质上只是一种想摧毁历史唯物主义的企图。梅林进一步考察了康德的这样一个论点：“无论在你自己身上或在任何别人身上，你应该始终把人类看作为目的，而不只是手段。”④梅林指出，新康德主义者把这论点看成为社会主义的伦理基础是不正确的。康德伦理学的这个主要论点，正在以替资本主义生产方式辩护的意义被解释着。

梅林认为社会主义是资本主义经济发展合乎规律的必然产物，新康德主义者企图由康德的这句话从历史上或逻辑上推论出社会主义，那是明显错误的。

---

①孙玉健:《列宁与第二国际:马克思主义社会发展理论及其当代价值》,人民出版社2019年版,第83页。

②何萍:《20世纪马克思主义哲学:东方与西方》,人民出版社2012年版,第147页。

③何萍:《马克思主义哲学史教程》,人民出版社2009年版,第253页。

④梅林:《保卫马克思主义》,吉洪译,人民出版社1982年版,第152页。

(3)奥古斯特·倍倍尔对于伯恩施坦修正主义的理论批判

当伯恩施坦修正主义理论观点产生后,奥古斯特·倍倍尔就公开表明自己对伯恩施坦修正主义理论观点的态度,他说:“我不赞成伯恩施坦的观点,在一些重要的问题上我同他有分歧。”[①]就伯恩施坦修正主义理论问题,他在1899年德国社会民主党汉诺威代表大会上作了长达6个小时的报告,在1903年德国社会民主党德累斯顿代表大会上作了长篇发言,以大量的统计数字和详细的分析,驳斥了伯恩施坦修正主义理论观点。列宁赞誉他是“捍卫马克思主义观点和为工人政党的真正社会主义性质而斗争的典范”[②]。

(4)拉法格对伯恩施坦修正主义理论基础的批判——对唯心主义的批判

拉法格清楚地看到,唯心主义是形形色色机会主义的理论基础。他在1900年写了《马克思的唯物主义和康德的唯心主义》一书,专门批判当时最为流行的新康德主义。拉法格揭露和批判了康德的先验论和不可知论,坚持“自在之物”可以被人认识的唯物主义可知论立场。他认为认识过程本身就是逐步揭示事物本质的过程。拉法格指出,无产阶级的革命世界观,不可能与康德主义有任何共同之点。新康德主义完全抛弃了康德哲学中的唯物主义因素,否认客观事物的可知性。拉法格认为新康德主义不可知论产生的根源在于资产阶级的怀疑本性。他说工业商业的成就是很难预料的,繁荣的继续得不到保证的情况下,资产阶级是无法掌握自己的命运的,所以,怀疑就成为他们的精神特点。

拉法格认为,割裂感性认识和理性认识、贬低理性在认识过程中的作用和力量是不可知论的认识论原因之一。新康德主义不可知论的错误就在于把人认识客观事物的能力仅仅局限于通过感官。为此,拉法格指出,在感性认识和理性认识之间存在着复杂的辩证的相互关系。人们不能否认感性认识,但它只是认识的初级阶段,它不是科学,而是科学的前奏。感觉是我们同外部世界发生关系的第一种手段,在感觉的基础上,必须将认识发展为理性思维,方能认识事物的本质。拉法格写道:“当康德和新康德派认为我们只是通过感官来认识事物时,他们就犯了一个大错误。”[③]不仅如此,感觉即使不发生错误,它们所能认识的事物也是十分有限的,它们只能显示事物的有限的性质。拉法格还认为,由于人类的感官以及代替它的工具是不完全的,并且人们为了研究事物所采取的手段也是不完善的,因此人类对事物的认识总是不全面的。随着科学仪器的不断改进,人类的认识也将越来越深入。

---

①贾淑品:《列宁、卢森堡、考茨基与伯恩施坦主义》,人民出版社2013年版,第103页。

②贾淑品:《列宁、卢森堡、考茨基与伯恩施坦主义》,人民出版社2013年版,第98页。

③李兴耕:《拉法格传》,人民出版社1987年版,第230页。

(5)普列汉诺夫对伯恩施坦修正主义的批判

普列汉诺夫是俄国马克思主义的先驱。当伯恩施坦修正主义理论泛滥的时候,普列汉诺夫对伯恩施坦修正主义思想进行了较为全面的批判。

对马克思主义哲学的辩护。伯恩施坦把辩证法看作一种陷阱,主张“回到康德去”,普列汉诺夫则批判了康德哲学,指出马克思主义理论中最重要的要素就是辩证法,辩证法使得马克思、恩格斯的社会主义成为科学的社会主义。伯恩施坦混淆马克思的辩证法与黑格尔辩证法的做法证明了他对哲学的无知。他还指出,哲学在马克思主义理论体系中具有重要地位,他还对物质下了定义,这个定义后来被列宁接受。

对政治经济学的辩护。普列汉诺夫用了大量的事实来论证马克思主义政治经济学的正确性和科学性,他指出股份公司的大量出现并不是财富分散的体现,相反它是财富集中的体现,是贫富分化的新因素。资本主义经济发展的不平衡和无产阶级生活状况的恶化必然会导致资本主义经济危机的出现,失业和贫困也会引起阶级斗争的尖锐化。

对科学社会主义理论的思考。普列汉诺夫认为,恩格斯晚年对于利用合法手段获取社会主义革命的胜利的论断,是针对德国社会民主党当时的情况而言的,只具有局部的独特的意义,恩格斯并没有否定暴力革命。

(6)列宁对“马克思主义过时论”观点的驳斥

要反驳伯恩施坦的观点,就必须结合资本主义的新发展说明社会发展的客观必然性问题、资本主义生存的历史环境问题。

面对伯恩施坦修正主义及其在俄国的变种,列宁写了大量的著作来捍卫马克思主义。他在《非批判的批判》(1900年)、《怎么办?》(1901—1902年)、《马克思主义和修正主义》(1908年)、《论马克思主义历史发展中的几个特点》(1910年)、《马克思学说的历史命运》(1913年)、《马克思主义的三个来源和三个组成部分》(1913年)、《卡尔·马克思》(1914年)等著作中集中阐释了他对马克思主义的根本观点和根本看法,科学回答了马克思主义的历史命运等重大理论问题。

实际上,伯恩施坦似乎早就觉察到了19世纪末资本主义经济的和平发展和相对繁荣景象对马克思主义的挑战,并试图在变化了的条件下重构马克思主义。在他看来,资本主义的新变化说明资本主义社会生活已经具有了新质,而马克思的整个学说依据的是旧的社会,因此马克思主义学说在很多方面过时了。要批判伯恩施坦的修正主义,首先必须回答什么是马克思主义。列宁关于这个问题的观点主要包括以下几个方面:

第一，马克思主义是马克思、恩格斯的观点和学说的体系。

第二，马克思主义是彻底的、严整的科学体系，包括马克思主义哲学、马克思主义政治经济学、科学社会主义三个组成部分，其中，马克思主义哲学揭示了自然、社会和人类思维运动的普遍规律，是整个理论体系的理论基础。

第三，马克思主义是无产阶级的世界观。

第四，马克思主义不是教条，而是行动的指南和科学的方法。

第五，具体问题具体分析是马克思主义的精髓和灵魂。

第六，无产阶级斗争学说是马克思主义的基石。马克思的阶级斗争理论同资产阶级思想家阶级斗争学说有着根本的区别。①

列宁认为，伯恩施坦修正主义的内容表现在：从哲学上跟随新康德主义和实证主义；在政治经济学上，修正了马克思的价值论、危机论和崩溃论；在政治上，修正了马克思主义的基础——无产阶级斗争学说。他指出修正主义的产生是不可避免的，因为资本主义的发展必然会产生很多"中间阶层"，使得新的小生产者被抛入无产阶级革命队伍中去，这样小资产阶级的世界观就会不断深入到广大工人政党的队伍中。

列宁深刻批判了修正主义的观点，认为他们对马克思主义的阐释方向是根本错误的，坚持马克思主义基本原理才是发展马克思主义的根本前提。同时他还指出，马克思主义的学说具有无限的力量，它是科学性的、革命性的理论，是具有开放性和实践性的理论。当然马克思主义的发展并不是一帆风顺的，它同工人运动的结合是一个非常艰难的过程，它还要同各种攻击马克思主义的资产阶级思想以及各种曲解马克思主义的思想做斗争。马克思主义正是在这种斗争中不断地前进。

(二)列宁主义对于马克思主义的贡献

1.列宁对于马克思主义哲学的捍卫和发展

表2-1　列宁在马克思主义传播中的主要批判对象一览表

批判对象	批判的主要问题
民粹主义	人类天性论
"合法马克思主义"	新康德主义，资产阶级"客观主义"立场，歪曲马克思主义
马赫主义	唯心主义哲学路线，不可知论，割裂实践与认识
折中主义、庸俗进化论	形而上学发展观
经济派	伯恩斯坦修正主义变种否定马克思主义

①顾海良：《马克思主义发展史》，中国人民大学出版社2009年版，第212-215页。

(1)列宁通过批判俄国民粹派、"合法马克思主义"、"经验批判主义"捍卫和发展了历史唯物主义

19世纪80年代末到20世纪初,俄国思想界围绕俄国革命的性质和发展道路展开了讨论。当时对于这个问题,俄国思想界存在不同的见解。

民粹派认为,俄国可以避免资本主义的发展道路,俄国是宗法式经济,农民村社,没有资本主义的萌芽和温床,而马克思主义是对资本主义的批判,所以俄国不需要马克思主义。如果要在俄国发展资本主义,只能是人为的,所以俄国是可以避免资本主义直接过渡到社会主义。他们认为,将来在革命中起作用的是农民而不是工人阶级。

"合法马克思主义"披着马克思主义的外衣,反对民粹派的观点,强调俄国资本主义发展的必然性和现实性,但是其对资本主义采取了非批判的态度,拒不承认资本主义灭亡的历史必然性,为资本主义制度辩护,反对马克思关于无产阶级革命和专政的学说。经济派是俄国社会民主党内部出现的一个信奉经济主义的机会主义思想派别,该派主张马克思主义已经过时,没有必要进行政治斗争,只需进行经济斗争即可。

为了批判这些观点,列宁运用马克思主义的观点分析俄国的经济、政治状况的特殊性,阐明了资本主义在俄国发展的必然性、现实性及其未来前景,指出了俄国现代化道路的特殊性以及无产阶级在俄国现代化进程中的能动作用。1899年,列宁发表《俄国资本主义的发展》,通过论证俄国自1861年资产阶级改革以来资本主义发展的历史事实,说明了资本主义发展的必然性,批判了民粹派关于俄国社会发展道路的错误观点。通过对民粹派的批判,列宁深刻地阐述了历史唯物主义的基本原理。

首先,列宁批判了民粹派的"人类天性"论,论证人类社会发展是一个自然历史过程。[①]民粹派的代表人物米海洛夫斯基从批判《资本论》入手,指出"社会学的根本任务是阐明那些使人的本性的这种或那种需要得到满足的社会条件"[②],因而马克思的历史唯物主义把社会发展规律作为研究对象和任务是完全错误的。列宁对此进行批判,指出马克思的历史唯物主义不是从人类天性出发研究抽象的一般社会,而是要研究具体的人类社会(即资本主义社会)。社会是有意识的人的活动的产物,但是社会的发展也是一个"自然历史过程"。

其次,列宁批判了民粹派"个人创造历史"的英雄史观,阐释历史必然性与个人意志作用的关系,个人历史作用与人民群众历史作用之间的关系。[③]米海

①顾海良:《马克思主义发展史》,中国人民大学出版社2009年版,第224页。

②《列宁全集》第一卷,人民出版社2013年版,第107页。

③顾海良:《马克思主义发展史》,中国人民大学出版社2009年版,第225页。

洛夫斯基把唯物史观歪曲为经济决定论，攻击马克思主义只是承认历史必然性，否定个人在历史中的能动作用。米海洛夫斯基强调历史是具有思想和感情的活的个人创造的，根本不涉及个人活动的社会历史条件。列宁一方面认为社会历史发展有其自身的规律，另一方面又充分肯定了人的主观能动性作用，同时还指出个人的活动总是在一定的社会历史条件下进行的。

最后，列宁批判了米海洛夫斯基对《资本论》的歪曲，深入地阐述了《资本论》的哲学意义。米海洛夫斯基认为《资本论》中只有经济学理论，列宁则认为《资本论》科学地证明了历史唯物主义的观点。[①]

（2）对辩证唯物主义认识论的阐述

列宁主义作为一种在落后国家宣传和实践科学社会主义的理论，对历史发展的客观必然性予以高度重视，这除了表现在他与民粹派的斗争中强调唯物史观的意义以外，还表现在他与马赫主义者的斗争中对世界的物质性、辩证唯物主义世界观以及反映论的突出强调。

1908年，为了批判取消派和召回派，特别是为了从理论上驳斥召回派的主要代表人物波格丹诺夫的观点，捍卫马克思主义哲学，列宁研究了物理学革命以及其中提出的认识论问题，撰写了《唯物主义和经验批判主义》一书，较为系统地阐发了马克思主义的认识论。

- 目的——写书的目的（序言）
- 渊源——马赫主义的理论来源（代绪论）
- 认识论（马赫主义与马克思主义）
  - 理论基础
    - 哲学基本问题第一方面（第一章）
    - 哲学基本问题第二方面（第二章）
    - 哲学基本问题二方面的统一
    - 哲学基本范畴（第三章）
  - 理论发展与联系
    - 在哲学中的地位（第四章）（马赫主义）
    - 与自然科学的关系（第五章）（马赫主义）
- 历史观——马赫主义的唯心史观与马克思主义的唯物史观的对立（第六章）
- 原则——考察、批判、评价马赫主义的基本原则（结论）

图2-1 《唯物主义和经验批判主义》结构图

来源：《〈唯物主义和经验批判主义〉简明教程》（中山大学出版社1992版，第10页）

①顾海良：《马克思主义发展史》，中国人民大学出版社2009年版，第226页。

表2–2 《唯物主义和经验批判主义》章目录①

第一章	经验批判主义的认识论和辩证唯物主义的认识论(一)
第二章	经验批判主义的认识论和辩证唯物主义的认识论(二)
第三章	辩证唯物主义的认识论和经验批判主义的认识论(三)
第四章	作为经验批判主义的战友和继承者的哲学唯心主义者
第五章	最近的自然科学革命和哲学唯心主义
第六章	经验批判主义和历史唯物主义

在《唯物主义和经验批判主义》中,列宁提出了认识论的三个结论:

第一,物是不依赖于我们的意识、不依赖于我们的感觉而在我们之外存在着的。

第二,在现象和自在之物之间绝没有而且也不可能有任何原则的差别。差别仅仅存在于已经认识的东西和尚未认识的东西之间。

第三,在认识论上和在科学的其他一切领域中一样,我们应该辩证地思考,也就是说,不要以为我们的认识是一成不变的,而要去分析怎样从不知到知,怎样从不完全的不确切的知到比较完全和比较确切的知。

这三个结论,第一个是讲认识的唯物主义前提,第二个是讲世界是可知的,第三个是讲人对世界的认识是一个不断完善、不断扩展的辩证发展过程。②

认识论的唯物主义前提。列宁的认识论研究是和唯物主义与唯心主义的斗争联系在一起的,和本体论问题联系在一起。他区分了两条对立的认识路线:从物到感觉、思想的唯物主义路线和从感觉、思想到物的唯心主义路线。列宁指出,马赫提出物体是感觉的集合,坚持的是唯心主义路线。唯物主义路线的前提是承认物质第一性,承认了这一点,那么认识就必然是对客观世界的反映,实践也是检验认识的真理性的唯一标准。

列宁重视从认识论的角度思考本体论问题,认识论必须以唯物主义为前提,但是世界的物质性又必须从认识论的角度加以说明。他不仅从认识论出发考察唯物论,而且从认识论的角度考察了唯心主义的根源,他认为把认识看作直线就会陷入唯心主义。

反映论。列宁强调认识是对客观存在的反映,这说的是认识的内容和本质,而不是认识的方式和途径。如果承认外部世界是客观的物质存在,那么人

①《列宁选集》第二卷,人民出版社2012年版,第12–240页。

②顾海良:《马克思主义发展史》,中国人民大学出版社2009年版,第228页。

的认识在内容上就必然带有这种物质存在的信息,必然是对它的反映。因而,反映论是唯物论的合乎逻辑的结论。至于认识的具体途径、方式或形式,列宁认为它是主客观的相互作用。

在列宁的哲学思想中,反映论备受攻击,许多人指责它抹杀了认识过程中人的主观因素的作用,是机械唯物主义的照镜子式的认识理论。复写、摄影、反映等说法的确表现不出认识过程中主客观的相互作用,但是列宁充分注意到了客观世界的主观映像和客观世界本身的区别。提出反映论是列宁对马克思主义哲学的重要贡献,马克思、恩格斯都承认世界的客观物质性,恩格斯还对主观唯心主义的不可知论一再批判,由此合乎逻辑的结论就是,经过实践检验后的真理性认识必然带有与客观存在一致的内容,是对客观存在的反映。

迄今为止对反映论的批判主要强调认识是主客观的相互作用,是人的思维的创造和建构,完全不是什么反映。这种说法的根本错误在于,它混淆了认识的形式和认识的实质,没有看到列宁所说的反映不是认识的形式,而是指认识的实质。列宁想要说明的是,凡是被实践所证实的真理性认识必定包含与客观对象一致的地方。至于认识的形式,列宁并没有给予说明。

认识的辩证法。列宁非常重视从辩证法的角度考察认识论。列宁提到,从生动的直观到抽象的思维,并从抽象的思维到实践,这就是认识客观实在的辩证途径。他还谈到了真理的相对性和绝对性的区分。

(3)创立以唯物辩证法为核心的哲学思想体系

马克思、恩格斯逝世之后,第二国际的领导人要么用新康德主义和马赫主义来取代和纠正辩证唯物主义,要么抛弃辩证法。针对这些做法,列宁指出:“他们都自称马克思主义者,但是对马克思主义的理解却迂腐到无以复加的程度。马克思主义中有决定意义的东西,即马克思主义的革命辩证法,他们一点也不理解。”[①]为了弄懂马克思的辩证法思想并能够在革命实践中正确地应用辩证法,列宁对马克思的辩证法思想展开了研究。列宁在《哲学笔记》中继承、捍卫和发展了马克思主义唯物辩证法。《哲学笔记》的内容非常丰富,列宁在里面介绍了唯物辩证法的对象、核心、基本规律和主要范畴,对比分析了两种发展观,提出辩证法、认识论和逻辑学三者相一致的思想,还论述了辩证唯物主义认识论[②]。

列宁建立辩证法体系的基本原则是:辩证法、逻辑学、认识论三者同一。他强调把辩证法、逻辑学和认识论结合在一起,强调主观、客观的统一,强调辩

①《列宁选集》第四卷,人民出版社2012年版,第775页。

②列宁在《谈谈辩证法问题》中明确提出“辩证法也就是(黑格尔和)马克思主义的认识论”。这是为了强调马克思主义和黑格尔辩证法之间具有一致性,以反对普列汉诺夫等人站在旧唯物主义的立场上否定辩证法的做法。

证法和人类认识史的联系，认为逻辑的东西是从思想史中概括出来的，应该是对人类认识规律的揭示。所以要了解辩证法就要到人类认识史中去说明。这是列宁辩证法的特点。他还强调辩证法和哲学史的联系。在考察这个问题的时候，他强调哲学的历史和各门科学的关系，强调要把心理学、感觉器官的心理学、儿童智力发展的历史都作为认识论研究的基础；他还强调哲学史方法的叙述问题。

马克思曾经提出建立唯物辩证法体系的任务，但是始终没有完成这个任务。而列宁提出了唯物辩证法体系的基本要素（即辩证法的十六要素）①的重要思想。辩证法的十六要素包括对辩证法的客观基础以及辩证法的规律、范畴和方法的规定。

他最重要的思想是提出了观察的客观性，即辩证法的客观实在性，这是唯物主义辩证法和唯心主义辩证法的区别。

抽象与具体的关系是建立理论辩证法的重要环节。列宁强调抽象是对客观事物的反映，而不是空洞的。对辩证法的叙述，从抽象到具体，包含了从个别到一般的辩证法。列宁认为，个别与一般是相互依赖、相互联系的，个别与一般是对立的，个别和一般是可以相互转化的。列宁对抽象和具体的说明，尤其是对个别和一般的关系的说明，实质上是对辩证法的范畴和方法（比如偶然和必然、现象和本质、分析和综合等）的本质和内在矛盾关系的揭示。

对立统一规律是辩证法的核心。在《谈谈辩证法问题》中，列宁提到了这个观点，并论述了对立统一规律的基本内容：对立面的统一是客观的、普遍的规律；对立面的统一揭示了事物"自己运动"的源泉和动力。他认为形而上学和辩证法是两种对立的发展观，辩证发展观就是用对立统一的观点看问题。重视对立统一，特别是对立面的斗争，是列宁辩证法思想的鲜明特点，是他对马克思、恩格斯思想的发展。这是俄国革命重视阶级斗争这一特点在哲学上的反映，对日后的苏联哲学以及毛泽东的哲学思想都产生了重大的影响。

主观辩证法和客观辩证法及其相互关系是列宁辩证法体系中的主要问题。主观辩证法是概念的辩证法。而客观辩证法是自然界、人类社会中运动的辩证法。列宁认为这两个领域的辩证法只有在认识和实践的统一中才能得到说明。

2.列宁的帝国主义理论

列宁认为，"垄断正是'资本主义发展的最新阶段'的最新成就"②。垄断是

①《列宁选集》第二卷，人民出版社2012年版，第411-412页。

②《列宁选集》第二卷，人民出版社2012年版，第597页。

从发展到很高阶段的生产集中生长起来的，并且资本家形成了各种垄断同盟；垄断导致加紧抢占最重要的原料产地；垄断从银行成长起来，银行变成了金融资本的垄断者；垄断从殖民政策成长起来，当全世界已分割完毕时，瓜分世界和重新瓜分世界的斗争就会到来。①

列宁指出："帝国主义是发展到垄断组织和金融资本的统治已经确立、资本输出具有突出意义、国际托拉斯开始瓜分世界、一些最大的资本主义国家已把世界全部领土瓜分完毕这一阶段的资本主义。"②因此，垄断是帝国主义的基本特征，帝国主义实质上就是垄断的资本主义。

列宁指出，帝国主义是寄生的、腐朽的、垂死的资本主义。帝国主义的寄生性表现在货币资本大量积聚，使得以"剪息票"为生的食利阶层大大增长，资本大量输出，使得依靠剥削海外国家和殖民地的劳动者为生的国家呈现出寄生性特点。帝国主义的腐朽性表现在垄断资本主义的生产关系严重阻碍了生产力的发展，资本主义的生产和技术出现停滞趋势。帝国主义的垂死性表现在垄断机制和垄断价格的存在，使少数垄断者对其余居民的压迫更加沉重，这使得被压迫者难以忍受；同时，垄断造成殖民地原料资源的掠夺和对殖民地领土分割的加剧，引起帝国主义与殖民地人民的矛盾的尖锐化。垄断资本不仅对国内和世界范围内的生产要素进行瓜分掠夺，而且也造成了各垄断资本集团和各帝国主义国家之间的不平衡，使它们彼此间的矛盾加深，最终导致战争的爆发。帝国主义是寄生的、腐朽的、垂死的资本主义，是指垄断资本主义发展的历史趋势，并不等于帝国主义很快就会灭亡。国家垄断资本主义是社会主义的最充分的物质准备，是社会主义的前夜，帝国主义的垄断是它向社会主义过渡的开始。但帝国主义不会自行消亡，无产阶级必须经过斗争才能以社会主义制度代替资本主义制度。

列宁还指出，帝国主义的根本特点是争夺世界霸权，把它们的政治扩展到全世界，尤其是殖民地国家，资本输出是垄断资本攫取殖民地国家高额利润的重要手段，帝国主义时期资本输出的实质就是垄断和控制资源，巩固自己的垄断地位。

在帝国主义时代，被压迫民族的解放运动是反对帝国主义列强的积极力量。"反对帝国主义大国的民族战争不仅是可能的和可能性很大，而且是不可避免的、进步的、革命的"③，"殖民地反对帝国主义的民族战争必然是它们的民

①《列宁选集》第二卷，人民出版社2012年版，第683—684页。

②《列宁选集》第二卷，人民出版社2012年版，第651页。

③《列宁选集》第二卷，人民出版社2012年版，第696页。

族解放政治的继续”[①]。被压迫民族的解放运动必定会发展成反对帝国主义列强的民族战争。帝国主义国家的无产阶级只有与被压迫民族联合起来,才能取得无产阶级革命的胜利。列宁指出,被压迫民族的解放运动是世界社会主义革命运动的一部分,强调取得革命胜利的社会主义国家和殖民地、半殖民地人民互相支援的必要性。

3.列宁的国家与革命理论

(1)暴力革命不可避免

列宁的国家与革命理论是在资本主义从自由竞争发展到垄断阶段、世界历史进入到帝国主义与无产阶级革命时代的产物,主要回答帝国主义时代的俄国社会状况,探寻俄国革命的发展方向。革命的根本问题就是国家政权问题。而在第一次世界大战前后,马克思主义理论家们对这个问题的认识存在思想的混乱。

伯恩施坦在“社会主义问题”系列文章中提出,资本主义制度创造了现代信用制度、发展了交通通信工具,这些新的机能意味着资本主义生长出了社会主义因素,克服了自身的危机,因此无产阶级不必通过暴力革命来推翻资产阶级的统治,而是应该采取议会选举等合法改良的方式来实现社会主义。

伯恩施坦的观点受到了第二国际时期的“正统马克思主义”者们的批判。考茨基认为,资本主义发展到垄断阶段的事实并没有改变资本主义的性质,反而加深了自身的危机和矛盾,因此资本主义的这种发展恰恰酝酿着无产阶级革命。考茨基认为,马克思主义与修正主义的对立在于,马克思主义强调暴力革命手段,修正主义主张民主的手段。

在俄国二月革命之后,孟什维克和部分社会革命党人与资产阶级临时政府妥协,对外继续支持帝国主义战争,对内则镇压工人运动。俄国的现实提出了建立无产阶级专政政权的任务。列宁通过研究在理论上给予回应。他指出,伯恩施坦虽然看到了资本主义社会的变化,但是并没有厘清资本主义的实质,不懂得革命与改良之间的辩证关系,改良只是在资本主义制度范围内的活动,而革命则涉及国家政权问题,工人阶级只有通过暴力革命才能夺取政权而进入社会主义。列宁也批判了考茨基的观点,认为考茨基只是简单地把民主与革命对立起来,并没有谈及无产阶级打碎资本主义国家机器后将建立一个怎样的国家政权的问题。

列宁认为,为了反击对马克思主义的种种歪曲,首要的任务就是恢复马克思的国家学说。为此,他大量地引用了马克思、恩格斯的文本。他指出,“国家

①《列宁选集》第二卷,人民出版社2012年版,第694页。

是阶级矛盾不可调和的产物"[1],其作用就是通过阶级统治把阶级冲突控制在一定的范围内,它不会自动地退出历史舞台,而是要通过无产阶级革命和无产阶级专政而走向灭亡。

针对第二国际时期的理论家们强调国家的调和功能、否定阶级斗争这一现象,列宁明确地指出帝国主义是资本主义的垄断阶段,在这一阶段,垄断组织加强了对国家政治经济的干预,资产阶级同国家政权紧密结合,金融寡头们为了维护自己的利益,强化了对国家机器和社会的控制,发动对内镇压和对外扩张。

为了反驳第二国际对暴力革命的否定,就必须说明帝国主义时代暴力革命的不可避免性。列宁认为,资本主义的国家机器必须通过暴力打碎,无产阶级革命的目标在于夺取国家政权,建立无产阶级专政,最终实现国家消亡,阶级消亡。

表2-3　列宁国家学说

提出背景	欧洲机会主义的社会民主党人歪曲马克思主义国家学说,支持本国政府进行帝国主义战争;二月革命后,俄国孟什维克和部分社会革命党人与资产阶级临时政府妥协,对外支持帝国主义战争,对内镇压工人运动
主要内容	国家的起源:国家是阶级矛盾不可调和的产物 国家的本质:阶级统治的机关 国家的特征:国家按地区划分国民,靠税收和国债来维持运行,靠武装力量支撑公共权力(根本标志)。 国家的职能:政治职能——阶级压迫和剥削的工具(最重要的职能);经济职能——维护阶级的统治并实现权力稳固与扩展。 国家消亡的两个阶段: 一是国家正在消亡的社会主义阶段:保卫生产资料公有和劳动产品平等分配的功能还要存在。 二是国家完全消亡的共产主义阶段:各尽所能、按需分配以及社会基本规则的习惯性等,使得国家存在的必要性丧失了。 结论:资产阶级国家不会自动消亡,只有通过暴力革命才能通向新社会
意义	标志着马克思主义国家学说的逐渐成熟,有助于无产阶级认清资本主义国家统治的实质,有助于认识社会主义国家存在的必要性和历史趋势,从而为无产阶级革命和建立无产阶级专政政权奠定理论基础

(2)一国胜利论

1915年8月,列宁在《论欧洲联邦口号》一文中明确提出:"经济和政治发展的不平衡是资本主义的绝对规律。由此就应得出结论:社会主义可能首先在少数甚至在单独一个资本主义国家内获得胜利。"[2]在这段论述中,列宁认为社会主义在一国胜利是可能的。1916年8月,列宁在《无产阶级革命的军事纲领》

①《列宁选集》第三卷,人民出版社2012年版,第112页。

②《列宁选集》第二卷,人民出版社2012年版,第554页。

中提出："资本主义的发展在各个国家是极不平衡的。而且在商品生产下也只能是这样。由此得出一个必然的结论：社会主义不能在所有国家内同时获得胜利。它将首先在一个或者几个国家内获得胜利，而其余的国家在一段时间内将仍然是资产阶级的或资产阶级以前的国家。"[①]这就意味着，列宁明确提出了"一国胜利论"。列宁的这个观点并没有否定马克思、恩格斯的"共同胜利论"，而是强调具体问题具体分析，这无疑是对马克思、恩格斯无产阶级革命理论的丰富和发展。十月革命的胜利则证明了"一国胜利论"的正确性，也鼓舞了全世界的革命者。"一国胜利论"的提出和成熟，为俄国社会主义革命奠定了直接的理论基础。并且，十月革命的伟大胜利，第一次使得科学社会主义的政治目标从理论变为现实，有力推进了俄国革命进程。

表2-4　列宁"一国胜利论"

提出过程	马克思、恩格斯在早期根据他们对欧洲和世界资本主义的研究，认为社会主义革命只有在主要资本主义国家同时发生时才能取得胜利。恩格斯晚年曾有过"革命可以在一国或少数国家首先取得胜利"的想法，但还只是一种假设性的想法，这里的"首先取得胜利"的国家仍然是指西方发达国家。 1915年，列宁在《论欧洲联邦口号》中首次提出"社会主义可能首先在少数甚至在单独一个资本主义国家内获得胜利"的思想。 1916年，在《无产阶级革命的军事纲领》中，列宁明确表述了两个主张：一是社会主义将首先在一个或者几个国家内获得胜利；二是社会主义革命的彻底胜利有待于世界革命的完成。 1917年，在俄国首先取得社会主义革命的胜利，证明了"一国胜利论"的正确性。
理论依据	1.资本主义政治经济发展不平衡：垄断导致政治经济发展不平衡更加突出，帝国主义要求重新瓜分世界市场，矛盾集中表现为军事冲突和战争方式。 2.帝国主义面临的内外矛盾：帝国主义内部资产阶级与无产阶级之间的矛盾，帝国主义内部资产阶级之间的矛盾，帝国主义与殖民地、半殖民地人民的矛盾。 3.对帝国主义战争的结果预测：揭露一战不是"民族战争"，而是帝国主义战争；不发达国家资产阶级的软弱性使之无力将国家引向资本主义发展道路；社会党人应利用一战的革命形势加速资本主义的崩溃，变"帝国主义战争为国内战争"，引导国内社会主义革命。
意义	"一国胜利论"的提出和成熟，为俄国社会主义革命奠定了直接的理论基础。

①《列宁全集》第二十八卷，人民出版社2017年版，第88页。

五、课堂研讨

【研讨主题】伯恩施坦修正主义的实质是什么？

【教师解析】伯恩施坦在《社会主义的前提和社会民主党的任务》一书中主要对马克思、恩格斯的历史唯物主义理论作了补充和修正。他区分了纯粹的原理和理论的应用，把唯物史观修改为经济史观，从而摧毁了整个体系，并提出了“回到康德去”和“运动就是一切”的修正主义理论主张，实际上就是要否定暴力革命，倡导伦理社会主义、社会改良主义。

伯恩施坦对马克思主义采取了一种不科学的态度和方法，用个别论述指代马克思的全部观点。他在面对新的经验事实的时候并不是客观的。伯恩施坦的修正主义也从一个角度说明，研究和掌握马克思主义基本理论具有重要意义。

【研讨主题】马克思主义在第二国际时期为什么会被曲解？

【教师解析】这实际上是理论与实践相结合的难题。恩格斯去世后，马克思主义的传播和发展进入了暂时“无核心”的时代。19世纪末，欧洲各国无产阶级政党对马克思主义的理解存在难以取得一致的意见分歧。恩格斯逝世后，社会主义者们对于以下几个问题产生了困惑：马克思的唯物史观及其对资本主义的政治经济学批判如何能够为无产阶级政党提供指导？实现社会主义的方式除了暴力革命之外是否还有其他的选择？资本主义的新变化导致无产阶级政党的一些措施变化，虽然恩格斯也肯定了合法斗争是一种有效的斗争形式，但对于是采取合法斗争的方式还是暴力革命方式，各国无产阶级政党总体上倾向于前者。

【研讨主题】面对资本主义新变化给马克思主义带来的理论挑战，第二国际的理论家与列宁主义对马克思主义的理解有什么不同之处？

【教师解析】第二国际传统的思潮为当代资本辩护，主张对资本主义实施改良的态度。列宁主义对资本主义展开批判，坚持对当代资本主义实施革命的态度。

【研讨主题】列宁提出社会主义“一国胜利论”的依据是什么？

【教师解析】列宁“一国胜利论”建立在以下三个条件的基础上：

第一，对帝国主义阵营矛盾的分析：垄断导致政治经济发展不平衡更加突出，帝国主义要求重新瓜分世界市场，矛盾集中表现为军事冲突和战争方式。

第二，对帝国主义三大尖锐矛盾的分析：帝国主义内部两大对立阶级的矛盾，帝国主义内部资产阶级之间的矛盾，帝国主义与殖民地、半殖民地人民的矛盾。

第三，对帝国主义战争的结果预测：揭露一战不是“民族战争”，而是帝国主义战争；不发达国家资产阶级的软弱性使之无力将国家引向资本主义发展道路；社会党人应利用一战的革命形势加速资本主义的崩溃，变“帝国主义战争为国内战争”，引导国内社会主义革命。

【研讨主题】修正马克思主义与发展马克思主义的界限是什么?

【教师解析】弄清楚这个问题的要点就在于科学对待马克思主义，了解什么是我们需要坚持的基本原理，什么是要随着时代的发展变化而加以发展的部分。

六、资料运用

1. 专著

(1)刘佩弦、马健行：《第二国际若干人物的思想研究》，中国人民大学出版社，1994。

这部著作对第二国际各派观点进行了历史概述，在此基础上分别阐述了伯恩施坦修正主义理论批判，普列汉诺夫的思想发展，卢森堡的理论与实践，奥地利马克思主义的哲学思想、经济理论与政治主张，等等。

(2)贾淑品：《列宁、卢森堡、考茨基与伯恩施坦主义》，人民出版社，2013。

这部著作对伯恩施坦修正主义观点进行了概述，在此基础上分别阐述了列宁、卢森堡、考茨基对伯恩施坦修正主义的认识与批评。

(3)马·莫·罗森塔尔：《列宁帝国主义理论中的辩证法》，河南人民出版社，1992。

本书介绍了垄断资本主义发展的辩证法、客体与主体在革命过程中的相互作用的辩证法、两个世界社会体系相互作用和斗争的辩证法等内容。

(4)中共中央党校经典著作选编组：《列宁论马克思主义哲学》，中共中央党校出版社，1990。

全书按无产阶级的科学世界观、马克思主义唯物论、马克思主义辩证法、马克思主义认识论、马克思主义历史观五部分选编。

(5)张一兵：《回到列宁——关于“哲学笔记”的一种后文本学解读》，江苏人民出版社，2008。

该书是一部关于马克思主义哲学经典文本的研究专著，分为导言和上下两篇，作者以列宁哲学思想晚期发展中最重要的“伯尔尼笔记”为核心解读对象，以思想构境法重新拟现了列宁哲学思想的历史原像。

2.论文

(1)孙来斌:《列宁对马克思主义的伟大历史贡献——纪念列宁诞辰150周年》,《思想理论教育导刊》2020年第5期。

19世纪末至20世纪初,世界资本主义进入帝国主义阶段,世界无产阶级革命面临新情况、新问题。列宁继承马克思、恩格斯的伟大事业,科学回答时代之问,坚决捍卫马克思主义,创造性运用和发展了马克思主义。他在推进马克思主义发展的阶段性、维护马克思主义理论体系的严整性、彰显马克思主义社会理想的实践性、扩大马克思主义历史影响的世界性等方面,对马克思主义作出了多方面的伟大历史贡献,揭开了20世纪马克思主义发展的精彩序幕。

(2)里光年:《唯物主义世界观的认识论基础——列宁〈唯物主义和经验批判主义〉的哲学贡献》,《浙江学刊》2021年第3期。

文章认为列宁在《唯物主义和经验批判主义》中集中批判了经验批判主义对唯物主义认识论的四点指责:①唯物主义承认在感觉之外还有一个"自在之物";②"自在之物"是"超越的",因此唯物主义是"形而上学";③唯物主义把认识对象区分为"感觉"和"自在之物"两个方面,因而唯物主义属于"二元论";④因为"自在之物"不可知,所以唯物主义是"不可知论"。列宁针对上述四个认识论问题对经验批判主义逐一给予了批判,捍卫了马克思主义的唯物主义认识论原理,为唯物主义世界观奠定了认识论基础。

(3)吴宏政、高丹:《马克思主义"哲学基本问题"的认识论基础——重读〈唯物主义和经验批判主义〉》,《马克思主义理论学科研究》2020年第3期。

文章认为认识论是为本体论和世界观服务的,马克思主义的世界观把观念看作世界的产物或结果,以改变世界为目的。列宁在此意义上指出经验批判主义在认识论上陷入了主观唯心主义,通过批判经验批判主义的认识论,列宁捍卫了马克思主义的认识论,进而捍卫了马克思主义的世界观。《唯物主义和经验批判主义》在深层次上是一部世界观著作。

七、案例推荐

案例1:马克思主义发展史上的争论

伯恩施坦:欧洲的社会经济发生了根本的变化,马克思主义已经不适于指导世界变革,必须重新认识资本主义和社会主义问题。资本主义自身具有自我更新的能力,社会民主党人可以通过积极的组织和行动来发展它,从而逐步实现社会主义。社会主义的最终目的是微不足道的,运动就是一切。

卢森堡:必须区分资本主义的根本性质和资本主义发展的具体问题,马克思的基本判断是绝对正确的,即资本主义制度将由于自身的矛盾而最终走向崩溃。靠社会的改良和民主的发展是不可能走向社会主义的。

应当如何看待卢森堡和伯恩施坦之间的论战?

要点:二者的论战有助于我们认清修正主义的理论本质,准确地评价西方左翼政党的政治活动,并有助于我们坚定马克思主义的理想信念,认清无产阶级革命的意义以及无产阶级政党的作用。

案例2:国内外学者对《唯物主义和经验批判主义》(以下简称《唯批》)的不同解读

(一)国外学者对《唯批》的解读可分为四种模式

第一种是肯定唯物主义反映论思想,从唯物主义本体论角度解读《唯批》,褒扬列宁捍卫唯物主义思想的历史意义。苏东学者是此解读模式的代表,他们强调马克思主义哲学的唯物主义基础而忽视或避谈辩证法思想是其解读的特征。他们认为《唯批》是唯物主义思想的著作,避谈辩证法,并认为列宁的哲学思想是对第二国际的继承。

形成此解读方式的原因:一方面是受第二国际和苏联早期的唯物主义哲学家的影响;另一方面是受斯大林的官方解读模式的影响。第二国际不重视或忽视对辩证法思想的研究,黑格尔被当成资产阶级的代言人、辩护者被遗忘。捍卫马克思主义哲学的唯物主义前提成为重要任务。斯大林在《联共(布)党史简明教程》第四章第二节《论辩证唯物主义和历史唯物主义》中,以官方标准形式确定了对《唯批》的解读。"下半身"的唯物主义得到保护,而"上半身"的辩证法却失去光彩。辩证法成为自然界客观规律的总结和概括,主体性辩证法思想被遮蔽。此种理解《唯批》的方式促使其走向教条化。

第二种是批判唯物主义反映论思想,人本主义解读模式下的《唯批》。人本主义学者认为在《唯批》中,列宁是机械唯物论者,缺少主体性思想。他们认为,在文本中,唯物主义思想是列宁从马克思辩证法思想向物质本体论层面的倒退。他们认为反映论是建立在庸俗唯物主义基础上的,是机械反映形式,列宁仍停留在旧理论框架内。列宁此时与后期的黑格尔化的马克思主义思想完全不同。

第三种是阿尔都塞的结构主义解读,将哲学与政治相统一。他肯定唯物主义思想,反对黑格尔化的马克思主义解读模式。

第四种是鲁本的唯物主义认识论式解读。英国学者D.H.鲁本认为,列宁前后期思想并无重大差别。《唯批》中是唯物主义认识论,直到后期列宁也没抛弃这一思想，强调唯物主义确保其认识论的正确性。

(二)国内学者对《唯批》的研究可以分为几个阶段

第一阶段是20世纪50年代初到60年代末，国内学界主要对《唯批》进行重新翻译和再出版工作，附加出版一些《唯批》的参考资料。苏联哲学教科书体系下的《唯批》解读模式在国内占据主要地位，视《唯批》中的思想是绝对正确的。学界一方面褒扬文本中的唯物主义思想，另一方面继续批判马赫主义等。较有代表性的著作是陈元晖的《马赫主义批判(论文集)》，该书详细解释了马赫主义以及马赫主义与其他唯心主义哲学派别的关系。

第二阶段是20世纪70年代初至80年代末，学界对前期的研究成果进行反思。跳出旧式解释框架，转向对辩证法、认识论问题的研究。实践观、真理观等问题成为讨论的主流。书中一些思想遭到质疑，学者有了自己的理论创建。

改革开放后，国家在思想、政治、组织上全面恢复，确立马克思主义的正确路线，冲破教条主义的束缚。《唯批》中的辩证法思想、实践观、真理观等成为研究重点，实践和主体性的重要性得以凸显。20世纪90年代，苏联解体进一步促使国内学界对哲学教科书僵化模式的批判，重新研究《唯批》的哲学价值。

总之，在此阶段，学界对列宁的哲学思想多了理论争论，对唯物主义的强调转向对主体性的探讨。

第三阶段是从20世纪90年代初至今，学界对《唯批》的态度褒贬不一。重新考察思维与存在的关系问题、物质概念及辩证法思想等，还对列宁批判的对象进行考察与甄别，力图展现出客观真实的思想图谱。

——柴林丽、刘怀玉：《〈唯物主义和经验批判主义〉的百年解释历程的回顾与反思》，《教学与研究》2019年第8期，有改动。

要点：研究列宁的思想必须要研究《唯物主义和经验批判主义》。从案例2中可以看出，国内外学者对《唯物主义和经验批判主义》的解释呈现多元化的特征。我们要通过对列宁思想的不断解读，学习列宁面对时代危机时发展马克思主义的做法。

案例3：哲学的党性原则问题

哲学党性原则问题是研究列宁《唯批》思想的一个重要问题。列宁指出唯物主义与唯心主义是不可调和的两方，批判马赫等人的折中主义思想，批判哲学上的无党派原则。列宁提出，哲学党性原则问题是为了揭示俄国革命阶段理论和路线混乱局面的本质。只要社会实践存在，唯物主义与唯心主义的斗争就不会消逝。哲学党性原则问题正说明哲学基本问题的不可消逝性，这是唯物主义与唯心主义不可跨越的界限，也是识别不同唯心主义变种的利器。

后来的片面式解读将哲学党性原则视为党派斗争的划分标志。

——柴林丽、刘怀玉:《〈唯物主义和经验批判主义〉的百年解释历程的回顾与反思》,《教学与研究》2019年第8期,有改动。

要点:中国特色社会主义进入了新时代,新的阶段,我们的发展面临更多的困难与挑战,意识形态安全问题也越来越重要。我们要重视列宁对哲学党性原则的研究,坚定马克思主义信仰。

八、归纳小结

在马克思、恩格斯逝世后,资本主义的发展出现了新的变化。这种新的变化对马克思主义提出了挑战,马克思主义正是在回应这种挑战中实现发展的。

本章围绕以下几个问题展开:修正主义是怎样产生的?它对马克思主义提出了怎样的挑战?德国社会民主党内对伯恩施坦修正主义进行了怎样的批判?列宁是如何驳斥"马克思主义过时论"的?在帝国主义和无产阶级革命的新时代,列宁在发展马克思主义理论上作出了哪些贡献?通过本章的教学,使学生了解马克思主义的发展在第二国际阶段面临的理论问题和现实问题分别是什么,了解第二国际的理论家们是怎样围绕这些问题展开争论的,从而了解修正马克思主义和发展马克思主义的界限。

本章阐述了面对以伯恩施坦为代表的修正主义对马克思主义的刁难,以列宁为代表的马克思主义理论家在批判伯恩施坦修正主义的过程中捍卫和坚持了马克思主义,在新的历史条件下促进了马克思主义的新发展。主要内容包括列宁在马克思主义哲学方面的贡献、列宁的帝国主义理论以及国家与革命理论。通过本章的教学,使学生了解列宁是如何科学分析资本主义时代的新变化,把马克思主义基本原理同新时代和俄国的具体实际结合起来,把马克思主义推进到一个新的历史阶段,即列宁主义阶段。

第三章　苏联社会主义建设的理论与实践

一、篇目概述

十月革命的胜利开辟了人类历史的新纪元，社会主义作为一种崭新的社会形态和社会制度登上历史舞台。更重要的是，十月社会主义革命是在一个经济文化相对落后、资本主义发展滞后的东方国家取得胜利的，这是科学社会主义关于无产阶级革命、武装夺取政权从而建立无产阶级专政学说的一次伟大的实践，它使俄国摆脱了封建农奴制残余的束缚，建立起社会主义的制度。但是如何在资本主义和封建残余的包围和封锁下捍卫革命的成果，巩固新生的社会制度，这是十月革命胜利后俄国马克思主义者们需要思考的问题。列宁把马克思主义与俄国的实际相结合，对社会主义的发展问题展开了多方面的思考。实际上，自1924年1月列宁去世后，苏联国内出现了关于什么是列宁主义、社会主义道路如何走、一国能否建成社会主义、是否应该继续坚持新经济政策等困惑。当时俄共(布)最高领导层对于什么是列宁主义就产生了激烈的争论。在争论中，斯大林的观点成为权威的解释。

在关于列宁主义的阐述中，斯大林指出列宁主义是帝国主义和无产阶级革命时代的马克思主义，是无产阶级革命的理论和策略，是无产阶级专政的理论和策略。他指出，列宁复活了马克思主义中的革命内容，在新的历史条件下发展了马克思主义。

在一国是否能够建成社会主义这个问题上，斯大林持肯定的态度，他认为苏联一国建成社会主义有两个方面的条件：

一是共产党人可以充分调动农民的积极性，推动社会主义建设。他指出：托洛茨基的“敌对冲突论”低估了农民的作用，农民与工人阶级在政治上的并肩战斗史、经济上的相互依赖以及根本利益的一致使得工农具有联合的可能性；把农业与工业结合为一个整体，最终将造就阶级消灭的生产条件和分配条件，也就是说苏联可以靠自己的力量建成社会主义。

二是共产党人可以努力争取国际革命力量的支持。他批评托洛茨基等人不了解帝国主义的经济实质，帝国主义发展不平等的规律恰恰使得社会主义可以在个别国家获得胜利；苏联经济与世界经济是相互依赖的，但是苏联经济也有自己的独立性；国际无产阶级对于苏联的支援可以是多样的，比如殖民地和附属国的解放运动、资本主义国家中革命运动的发展、全世界无产者对苏联的同情等。

在如何建设社会主义这个问题上，斯大林与布哈林等人展开争论。托洛茨基的方案是："等待"世界革命，促成世界革命，只有世界革命完成之后才能探讨建设社会主义道路的问题。所以，他强调限制和消灭私有经济，从根本上否定新经济政策所确定的社会发展道路，提出一切以工业为中心，实行所谓的"工业专政"，后来又提出"超工业化"的要求。布哈林则提出了"落后型社会主义理论"，认为必须集中解决农民问题，不能急于求成，可以通过合作制的形式引导农民经济和小商品经济过渡到社会主义，社会主义工业化的资金大部分要取自农业。工农业是相互依赖的关系。而斯大林则认为落后就要挨打，苏联必须尽快在短时间内摆脱落后状态，因此必须改变新经济政策的思路，加速工业化。他指出，苏联实现工业化的唯一道路是"靠本国节约来发展工业的道路，即社会主义积累的道路"。这样，农民将不得不为国家的工业化付出牺牲。他发起了全盘农业集体化的运动。争论的结果是斯大林的方案成了苏联社会发展的唯一选择，形成了苏联模式。二战后，苏联模式扩展到欧亚多个国家，对世界社会主义运动产生了重大影响。

本章主要讲解列宁对俄国社会主义道路的理论思考与实践探索以及苏联社会主义制度的确立和发展。

二、教学目标

1. 通过本章的教学，使学生了解列宁探索俄国社会主义建设道路的时代背景、历史过程和主要成果；使学生了解列宁去世后俄国人对于社会主义道路的探索以及苏联模式的相关内容。

2. 通过讲解列宁社会主义建设的理论与实践的相关知识，使学生了解列宁关于俄国社会主义道路的相关思想的历史地位，培养学生归纳、概括问题的能力；使学生理解社会主义发展的艰难性与曲折性，提升学生运用马克思主义基本原理分析社会现实问题的能力。

3. 通过对列宁时期社会主义探索过程的教学，使学生能够从列宁的相关思想中汲取对我国社会主义建设的有益成分，更好地坚持和发展新时代中国特色社会主义；通过对于苏联模式的形成及其历史意义的教学，结合中国社会主义道路的历史发展，使学生理解社会主义发展的多样性与独特性，增强学生对中国特色社会主义道路的自信。

三、讲授导入

(一)列宁对俄国社会主义道路的理论和实践探索

[问题导入]

科学社会主义的理想之花如何结出现实的果实呢?“现在一切都在于实践,现在已经到了这样一个历史关头:理论在变为实践,理论由实践赋予活力,由实践来修正,由实践来检验”[①]。从理论发展为实践是社会发展的必然趋势。

马克思、恩格斯去世以后,资本主义发展进入新的阶段,列宁根据资本主义经济政治发展不平衡的规律得出结论:“社会主义可能首先在少数甚至在单独一个资本主义国家内获得胜利”[②]。列宁的“一国胜利论”是对马克思、恩格斯“共同胜利论”的创新与发展,为十月革命提供了重要的理论依据。1917年爆发的十月革命开辟了人类历史的新纪元,人类历史上出现了第一个社会主义国家,马克思、恩格斯关于社会主义的理论设想变为现实。

从十月革命胜利后,列宁开始在俄国探索建设社会主义的道路,直到因病去世。在短短六年的时间里,列宁从理论上和实践上探索了如何建设社会主义。这种具有开创性和奠基性的探索在整个社会主义发展史上具有重大意义,为后来的社会主义建设提供重要的启发。

(二)苏联社会主义模式

[视频导入]

观看视频《正道沧桑——社会主义500年》第19集《路的博弈》前五分钟。该视频介绍了列宁去世后,苏联国内出现了关于社会主义道路如何走、一国能否建成社会主义、是否应该继续坚持新经济政策等困惑。在《给代表大会的信》中,列宁提到了党内存在着分裂的危险,他对斯大林、托洛茨基等人都给出了自己的评价:斯大林太粗暴,未必能够谨慎地运用权力;托洛茨基具有杰出的才能,但是又过于自信;季诺维也夫和加米涅夫在十月革命中犯的错误并不是偶然的;布哈林是党的最为宝贵的、最大的理论家,但是他的观点很难说完全是马克思主义的;皮达可夫具有坚强的意志和杰出的才能,但是在重大的政治问题上并不可靠。因此,列宁建议把斯大林从总书记的职位上调开,同时还要注意采取措施防止斯大林和托洛茨基两位杰出领袖之间的分歧。列宁还提出了从制度上改变党内分裂现象的提议。那么,究竟谁会扛起带领苏联建设社会主义的大旗,苏联的社会主义将会走向何方呢?

①《列宁选集》第三卷,人民出版社2012年版,第381页。

②《列宁选集》第二卷,人民出版社2012年版,第554页。

四、内容阐述

(一)列宁对俄国社会主义道路的理论和实践探索

1. 直接过渡:从十月革命胜利之初到"战时共产主义"政策

十月革命胜利后,俄国仍然处于战争的状态。为了给新生的政权赢得喘息的机会,苏维埃政府与同盟国的德国进行和平谈判,要求退出战争。在经过内部激烈的争论之后,苏维埃政府与德国签订布列斯特合约,摆脱了帝国主义战争。此时,如何建设社会主义,巩固新生的社会政权并最终向共产主义过渡这个问题摆在了列宁的面前。实际上,马克思早就在《哥达纲领批判》中指出从资本主义转向共产主义不是一蹴而就的,他认为"在资本主义社会和共产主义社会之间,有一个从前者变为后者的革命转变时期。同这个时期相适应的也有一个政治上的过渡时期,这个时期的国家只能是无产阶级的革命专政"①。而恩格斯也在《共产主义信条草案》中提到从私有制到财产公有制是有条件的。列宁继承并发展了马克思、恩格斯的过渡思想,他认为"现在,问题的提法已有些不同了:从向着共产主义发展的资本主义社会过渡到共产主义社会,非经过一个'政治上的过渡时期'不可,而这个时期的国家只能是无产阶级的革命专政"②。

那么如何向共产主义过渡呢?在帮助俄国摆脱了帝国主义战争之后,列宁认为,此时的工作重心应该是以经济建设为中心,发展大工业,为社会主义奠定物质基础,并提出了直接向社会主义过渡的设想。针对左派共产主义者把国家资本主义看作对社会主义的威胁的错误观点,列宁指出"在苏维埃政权下,国家资本主义就是社会主义的前阶,是社会主义取得可靠的胜利的条件"③。他强调,这并不是说要"暂停"向资本进攻,相反"在反资本的战争中,却不能停止前进,也谈不上我们不再继续剥夺资本……在此以前,居首要地位的是直接剥夺剥夺者的措施。现在居首要地位的是在资本家已被剥夺的那些企业和其余一切企业中组织计算和监督"④。在列宁看来,虽然要暂时停止向资本的进攻,但是必须"对产品的生产和分配组织最严格的全民计算和监督。……而不做到这一点,便谈不到实施社会主义的另一个同样非常重要的物质条件,即在全国范围内提高劳动生产率"⑤。这里的"计算和监督"就是要限制市场的作用,也就是说,这个时期的列宁对于向社会主义过渡抱着一种直接过渡的思想。

①《马克思恩格斯选集》第三卷,人民出版社1995年版,第314页。

②《列宁选集》第三卷,人民出版社1995年版,第188页。

③《列宁选集》第三卷,人民出版社2012年版,第536页。

④《列宁选集》第三卷,人民出版社2012年版,第480页。

⑤《列宁选集》第三卷,人民出版社2012年版,第479-480页。

列宁曾经希望其他国家发生社会主义革命,形成对苏维埃政权的支持。然而1918年夏,这种支持不仅没有到来,反而苏维埃政权面临着国内外反动势力的双重围剿:国内的地主阶级和资产阶级不甘心丧失统治权,很快就组织了反动的暴乱;而国外的帝国主义垄断资本家集团也由于利益而企图把苏维埃政权扼杀在摇篮中。面对这种复杂多变的国际和国内形势,列宁以马克思主义为指导,从俄国的实际情况出发,停止了1918年春提出的向社会主义过渡的计划,采取了"战时共产主义"的一系列政策。这些政策主要包括:实行余粮收集制,根据国家需要强制征收余粮;将一定规模企业收归国有,加速企业国有化,加大工业集中管理力度,国家统一领导和管理一切大中小企业;取消市场和自由贸易,由国营和合作社的商业网点有计划、有组织地分配产品来代替贸易;实行劳动义务制和军事化管理;实行实物配给制;要求无产阶级依靠贫农,同中农保持巩固联盟,同富农进行坚决的斗争等。

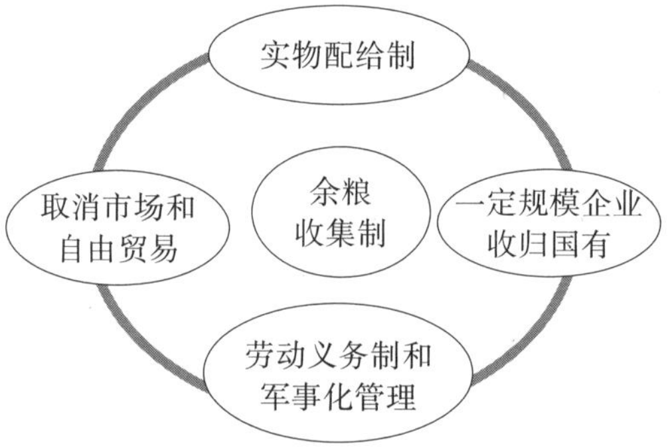

图3-1 "战时共产主义"政策

"战时共产主义"政策是苏维埃政府在战争状态下的应急措施,它的实施使得苏维埃政府赢得了战争,保卫和巩固十月革命的成果。这种政策的实施同列宁的直接过渡思想有关。然而,历史表明"战时共产主义"政策有其局限性,在战争胜利后无法继续推行。受到战争的影响,苏维埃俄国的国民经济处于崩溃的边缘。1920年的工业产值比战前几乎减少了6/7,谷物总产量减少了45%。1921年初的工业总产值只有1913年的14%,绝大部分铁路不能运行,交通陷入瘫痪;农业播种面积减少,总产量减少一半,人们的生存必需品奇缺,此外还发生了全国性的饥荒。由于对余粮收集制和取消自由贸易的政策极为不满,1921年爆发了多起大规模的农民起义。与此同时,由于"战时共产主义"政策、经济危机和农民暴动的影响,工业生产也无法顺利进行,工人们也举行了罢工。所以,列宁说:"当我们度过了,而且是胜利地度过了国内战争的最重要阶段以后,我们就遇到了苏维埃俄国内部很大的——我认为是最大的——政治危机。这个内部危机不仅暴露了相当大的一部分农民的不满，而且也暴露了工人的不满。”[①]这些都使得列宁和苏维埃政府决定终止“战时共产主义”政策。

2.新的探索：从新经济政策到晚年思考

(1)列宁新经济政策的理论和实践

①新经济政策的提出

在“战时共产主义”政策的支持下，经过三年的奋战，年轻的苏维埃政权不仅击退了国外势力的武装干涉，也取得了国内战争的胜利。然而，此时苏维埃的国民经济濒临崩溃。面对国民经济崩溃以及工人和农民对苏维埃政权不满的现实冲击，列宁及布尔什维克党总结了经验教训，认识到在小农人口占多数的俄国，直接过渡到社会主义的策略是行不通的，必须从俄国的实际情况出发，把马克思、恩格斯的思想理论与国家的实际情况结合起来，从而论证了由“战时共产主义”经济政策向新经济政策过渡的必要性。列宁认为：“‘战时共产主义’是战争和经济破坏迫使我们实行的。它不是而且也不能是一项适应无产阶级经济任务的政策。它是一种临时的办法。”[②]“战时共产主义”政策取得了政治、军事方面的胜利，但在经济方面偏离实际，“在某种程度上脱离了广大农民群众中所发生的情况，我们把很重的负担加在他们身上，理由是战争不容许我们在这方面有丝毫犹豫。从整体上说，这个理由农民是接受了的……但当时在国有化、社会化的工厂和国营农场中建立起来的经济没有同农民经济结合起来”[③]。列宁指出：“在经济战线上，由于我们企图过渡到共产主义，到1921年春天我们就遭到了严重的失败，这次失败比高尔察克、邓尼金或皮尔苏茨基使我们遭到的任何一次失败都严重得多，重大得多，危险得多。这次失败表现在：我们上层制定的经济政策同下层脱节，它没有促成生产力的提高，而提高生产力本是我们党纲规定的紧迫的基本任务。”[④]“在农村实行余粮收集制，这种解决城市建设任务的直接的共产主义办法阻碍了生产力的提高，它是我们在1921年春天遭到严重的经济危机和政治危机的主要原因。”[⑤]

俄国的社会主义实践表明，不可能直接从小农经济状态直接过渡到大生产，必须另寻他法。要想把俄国宗法的、小商品生产的经济直接过渡到社会主义，还需要社会生产力的发展提供物质基础，因此，必须要有“过渡阶梯和中间

①《列宁选集》第四卷，人民出版社2012年版，第719-720页。

②《列宁选集》第四卷，人民出版社2012年版，第502页。

③《列宁全集》第四十三卷，人民出版社1987年版，第73-74页。

④《列宁选集》第四卷，人民出版社2012年版，第575-576页。

⑤《列宁选集》第四卷，人民出版社2012年版，第576页。

环节”。正是通过这种反思，形成了从俄国国情出发、实现经济文化落后国家过渡到社会主义的科学理论和实践转变。1921年2月8日，列宁在中央政治局会议上提出了著名的《农民问题提纲初稿》[1]，内容如下：

第一，满足非党农民关于用粮食税代替余粮收集制（即收走余粮）的愿望。

第二，减低粮食税额，使其低于去年征粮数。

第三，同意根据农民积极性的高低来调整粮食税的原则，即农民积极性愈高，税率愈低。

第四，如果农民能迅速交足粮食税，应扩大他们将纳税后的余粮投入地方经济流转的自由。

1921年3月俄共（布）召开第十次代表大会，内容围绕粮食税展开，大会通过了以实物税代替余粮收集制的报告决议，标志着新经济政策的提出。

表3-1　“战时共产主义”向新经济政策转变

转变的原因	“战时共产主义”政策实施后期，逐渐把建成社会主义与广大农民的利益对立起来。
导火索	1921年2月，喀琅施塔得水兵暴动，提出“政权归苏维埃，不要布尔什维克”，引发了全国范围内的抵抗暴动和政治危机。
转变的方式	1921年3—10月：主要任务是从战时共产主义退到国家资本主义。

②新经济政策的基本内容

列宁从工业、农业、商业、财政等方面探讨了新经济政策的主要理论内容，写下了《论粮食税》《俄共（布）第十次代表大会关于以实物税代替余粮收集制的报告》《论黄金在目前和在社会主义完全胜利后的作用》等重要论述，较为全面而系统地阐述了新经济政策理论的重要内容。

第一，实施粮食税，代替余粮收集制。余粮收集制带有一定的强制性，是一种临时性的政策，而粮食税规定农民在纳税后的一切粮食可以由自己支配，粮食税的实行既满足了农民的基本需求，又调动了农民生产的积极性，促进了农业的恢复和发展。

第二，《土地劳动使用法》和《土地法典》规定全部土地属国家所有，禁止私人买卖土地，允许有条件地出租土地和使用雇佣劳动力。

第三，允许本国和外国私人资本有一定程度的发展，并把它们引导到有利于社会主义的国家资本主义轨道上去。

第四，由国家调节商品和货币流通，成立国内商业委员会（1922年5月9日），重建国内市场。

①《列宁全集》第四十卷，人民出版社2017年版，341页。

第五，重视银行的作用，进行财政改革和货币改革，在金本位基础上，恢复正常的货币流通。

俄共（布）第十次代表大会以后，新经济政策开始正式实施，并在实施中不断发展和完善。

③新经济政策的实施

新经济政策的实施经历了两个阶段。

第一阶段，1921年3月至1921年10月，是国家资本主义和商品交换阶段。列宁指出，要把商品交换提到新经济政策的首位，通过这种商品交换方式用工业品去换取农产品，建立工农业之间的经济联系，恢复和发展社会主义大工业。列宁认为，对于实行新经济政策后资本主义一定程度的恢复和发展可以有两种不同的态度和政策："或者是试图完全禁止、堵塞一切私人的非国营的交换的发展，即商业的发展，即资本主义的发展，而这种发展在有千百万小生产者存在的条件下是不可避免的"[①]；"或者是（这是最后一种可行的和唯一合理的政策）不去试图禁止或堵塞资本主义的发展，而努力把这一发展纳入国家资本主义的轨道"[②]。"我们不怕退回到国家资本主义，我们还说过我们的任务就是把商品交换这一形式固定下来"[③]，即通过国家资本主义的形式有组织地同农民交换商品。

第二阶段，从1921年秋至1929年底，从国家资本主义退到由国家调节商业和货币流通的阶段。列宁指出，从1921年春天我们以为通过商品交换就能比较直接地过渡到社会主义建设，"现在我们清楚地看到，在这方面还需要通过商业，走一条迂回的道路"[④]。"我们应当认识到，我们还退得不够，必须再退，再后退，从国家资本主义转到由国家调节买卖和货币流通。商品交换没有得到丝毫结果，私人市场比我们强大，通常的买卖、贸易代替了商品交换。"[⑤]在这里，列宁指出了发展商品经济的必然性问题，他还进一步指出："调节商业和货币流通的问题已提上日程。不管我们怎样觉得商业领域距离共产主义很遥远，但正是在这个领域我们面临着一项特殊任务"[⑥]，即利用市场和发展商业的任务。这些论述表明，列宁新经济政策的思想有了更加深刻的发展。

---

①《列宁选集》第四卷，人民出版社2012年版，第504页。

②《列宁选集》第四卷，人民出版社2012年版，第504页。

③《列宁选集》第四卷，人民出版社2012年版，第604页。

④《列宁全集》第四十二卷，人民出版社1987年版，第234页。

⑤《列宁选集》第四卷，人民出版社2012年版，第605页。

⑥《列宁选集》第四卷，人民出版社2012年版，第609页。

④新经济政策的实质和意义

新经济政策实行以后，党内外对其的认识一度非常混乱。为此，列宁从多方面对新经济政策的实质和意义进行了说明，他反复指出，新经济政策的实质就是利用资本主义来建设社会主义。正如列宁所说："既然我们还不能实现从小生产到社会主义的直接过渡，所以作为小生产和交换的自发产物的资本主义，在一定程度上是不可避免的，所以我们应该利用资本主义（特别是要把它纳入国家资本主义的轨道）作为小生产和社会主义之间的中间环节，作为提高生产力的手段、途径、方法和方式。"[①]"同社会主义比较，资本主义是祸害。但同中世纪制度、同小生产、同小生产者涣散性引起的官僚主义比较，资本主义则是幸福。"[②]列宁指出，利用资本主义来建设社会主义的关键在于要把资本主义纳入国家资本主义的轨道，即纳入无产阶级国家的监督和调节之下。所以，"全部问题，无论是理论上的还是实践上的问题，在于找出正确的方法，即应当怎样把不可避免的（在一定程度上和一定期限内不可避免的）资本主义的发展纳入国家资本主义的轨道"[③]，使得国家资本主义在无产阶级规定的范围内发展。

实际上，列宁在1921年春提出的商品交换从严格意义上来说还是产品交换，工农业产品之间的直接交换，交换的组织是消费合作社，而没有以货币和市场为中介。1921年秋天，列宁发现商品交换失败了，被商品买卖和现金交易所取代。失败的原因是多方面的。首先，这种方式违背了小农经济发展的客观要求；其次，用行政命令来规定工农业产品的价格违背了价值规律，扩大了剪刀差，使农民感到不满；再次，国家的工业品准备不足；最后，商业机关力量薄弱。

新经济政策的实施有效地促进了俄国经济的发展，具有重大的历史意义。首先，列宁在过渡时期利用商品、市场来建设社会主义的思想对于俄国建设社会主义具有重要的指导意义。但可惜的是，直到逝世前，列宁也没有从理论上提出商品经济可以作为社会主义经济的内在要素。列宁去世后，苏联社会主义建设在理论上把社会主义和市场经济对立起来，一味强调计划才是社会主义经济的基本特征。这种片面的理解，几乎给所有的社会主义国家的经济建设都带来了不良的后果。

其次，新经济政策提供了社会主义国家如何正确对待资本主义的范例。按照马克思、恩格斯最初的设想，社会主义革命将在几个西方发达资本主义国家同时发生并取得胜利。但实践表明，经济文化落后的俄国率先取得了社会

①《列宁全集》第四十一卷，人民出版社2017年版，第217页。

②《列宁全集》第四十一卷，人民出版社2017年版，第217页。

③《列宁全集》第四十一卷，人民出版社2017年版，第211页。

主义革命的胜利。俄国并没有经历资本主义的充分发展，在经济、文化、科技等方面远远落后于西方发达资本主义国家。这就提出了一个问题，即经济文化落后的社会主义国家如何对待资本主义的问题。列宁的新经济政策的方案是，利用资本主义的积极成果来为社会主义服务。

新经济政策的成功实施给经济文化落后的国家的社会主义建设提供了借鉴。新经济政策关系到小农经济占上风的苏维埃俄国能够建成社会主义的问题，列宁认为“新经济政策在经济上和政治上都充分保证我们有可能建立社会主义经济的基础”①。“新经济政策的俄国将变成社会主义的俄国。”②邓小平在总结20世纪社会主义运动的历史经验时高度评价列宁的思路。总之，新经济政策是列宁对社会主义建设理论的重要贡献。

(2)列宁晚年对社会主义发展问题的多方面思考

新经济政策提出之前的俄国国内外形势表现为两个方面：

其一，欧洲的无产阶级革命运动被各国资产阶级所镇压，革命高潮正在减退，国际形势由战争和革命时期进入了相对和平发展的时期，形成了以苏联和国际帝国主义之间的暂时“均势”为基本特征的国际新格局；

其二，苏俄击退了帝国主义的武装干涉，平定了国内反革命叛乱，巩固了新生的无产阶级政权，为建设社会主义社会赢得了决定性条件，并成功地实现了由“战时共产主义政策”向新经济政策的转变。这个时候列宁面临的问题是如何在西方无产阶级革命没有取得胜利的情况下、在帝国主义的包围和封锁下，在一个经济文化落后的国家单独建设社会主义的问题。

然而，正当新经济政策初见成效时，列宁的健康状况急剧恶化，从1922年开始，列宁连续两次中风，身体每况愈下。列宁意识到自己时日无多，于是采用口授的方式记录了他的重要想法和考虑。从1922年12月23日到1923年3月2日，列宁忍着巨大的病痛口授了被称为“政治遗嘱”的三封书信和五篇论文，即《给代表大会的信》《关于赋予国家计划委员会以立法职能》《关于民族或“自治化”问题》《日记摘录》《论合作社》《论我国革命》《我们怎样改组工农检查院》《宁肯少些，但要好些》。1924年1月21日，列宁逝世。带病口授的八篇著作成为列宁最后的政治和理论遗产。它们构成一个有机的整体，涉及社会主义建设的政治、经济、文化各方面。列宁在这些文献中阐述了社会主义在苏维埃俄国的命运问题，总结了俄国建设社会主义的经验，发展了在以前论著中提出的关于社会主义建设的一些观点和原理，指明并论证了进行改革的道路。这些

①《列宁全集》第四十三卷，人民出版社2017年版，第67页。

②《列宁全集》第四十三卷，人民出版社2017年版，第306页。

思想是他最后关于社会主义建设的完整的、全新的构想和设计。

①建立社会主义物质基础。

发展现代大工业，夯实社会主义物质基础。列宁认为，社会主义必须建立强大的物质基础，这样社会主义国家的政权才能稳固，才能在经济方面逐步赶上并超过西方发达国家，从而最终战胜资本主义。列宁早就指出，无产阶级夺取政权并初步完成政治改造的任务之后，就必须坚决、及时地把工作重心转移到经济建设上来，大力发展生产力，建设社会主义物质基础。但是由于战争阻碍了工作重心的转移。1920年12月，当国内战争即将结束时，列宁再次强调"经济任务、经济战线现在又作为最主要的、基本的任务和战线提到我们面前来了"①。而1923年1月，列宁在病中口授《论合作社》一文时再次强调："从前我们是把重心放在而且也应该放在政治斗争、革命、夺取政权等等方面，而现在重心改变了，转到和平的'文化'组织工作上去了。"②列宁关于工作重心转移的思想对后来的社会主义国家现代化建设提供了重要的指导。

"战时共产主义"政策之后，列宁认识到了那种企图跳过商品经济的发展直接过渡到社会主义的方法是行不通的，如果没有大工业的基础，就谈不上向社会主义的过渡。列宁提出和实施新经济政策的同时，也十分强调建立大工业的问题。没有现代大工业，就没有社会主义。"大工业是向社会主义过渡的基础，而从生产力状况来看，即按整个社会发展的主要标准来看，又是社会主义经济组织的基础。"③只有发展大工业才能改造农业，解决小农问题，从而从根本上改变农民的认识和看法，为巩固工农联盟提供物质基础。新经济政策实行之前，大工业与小农经济的关系被认为是对立的；而新经济政策从俄国的小农经济占优势的国情出发，最大限度地支持小农生产力的发展，并在此基础上恢复和发展大工业。1923年3月，列宁在《宁肯少些，但要好些》一文中，指出"我们应当努力建成这样一个国家，在这个国家里工人能够保持他们对农民的领导，保持农民对他们的信任"④。也就是说，列宁强调可以通过支持小农生产的发展来实现工业化。列宁还把发展大工业与电气化联系起来，1920年2月，列宁倡议并主持成立了"俄罗斯国家电气化委员会"。该委员会集中全国200多名科学技术专家，于1920年底制定了一个为期10—15年的全国电气化计划，并在全俄苏维埃第八次代表大会上获得通过。"列宁高度评价这个计划，称之为'第二个党纲'，并提出了'共产主义就是苏维埃政权加全国电气化'的著

①《列宁全集》第四十卷，人民出版社2017年版，第140页。

②《列宁全集》第四十三卷，人民出版社2017年版，第371页。

③《列宁全集》第四十一卷，人民出版社2017年版，第72页。

④《列宁全集》第四十三卷，人民出版社2017年版，第395页。

名公式。"[1]他强调恢复经济必须以电气化计划为基础,这样才能从根本上改变旧经济制度和旧生产关系,才可能避免倒退到资本主义去。列宁指出"劳动生产率,归根到底是使新社会制度取得胜利的最重要最主要的东西"[2]。

②建设社会主义民主政治。

在三年国内战争时期,为了应对严酷的战争环境,苏维埃俄国在捍卫新生革命政权和革命胜利果实的斗争中,逐步形成了一种权力高度集中的政治体制。1921年,俄国取得了战争的胜利,为社会主义建设赢得了和平的环境。在这种新的历史条件下,列宁提出了政治体制改革的任务,丰富和发展了马克思主义国家学说和社会主义民主理论。

实际上,早在十月革命之前,列宁就了解到了马克思关于巴黎公社经验总结的思想,认为无产阶级夺取政权后,应当建立一种人民自治、直接民主的国家形式,使所有人都参加国家管理,"一切官吏应由选举产生,并且可以随时撤换,他们的薪金不得超过熟练工人的平均工资"[3]。任何人都不能变成官僚。十月革命后的初期,由于俄国劳动群众的文化水平较低,列宁所设想的民主管理面临重重障碍。国内战争爆发后,高度集中的政治体制取代了人民自治的直接民主制。这种高度集中的政治体制有以下几个方面的特点[4]:

一是用政党代表制取代人民直接管理制;

二是用一党制取代多党合作制;

三是用工会充当党和国家联系群众的纽带;

四是把最高工人监督机关——工人监督委员会变为隶属于国家监察机关的工农监督机关;

五是权力向党的领导机关集中;

六是实行自上而下的干部委任制;

七是赋予国家安全机构以特殊权力。

从1921年开始,俄国面临的国内外形势发生了重大变化,新经济政策取代了"战时共产主义"政策,原有的高度集中的政治体制已经不再适应新形势的需要,而且也暴露出许多弊端。在这样的情况下,列宁提出了改革政治体制的任务。一是实行党内"工人民主制",放弃"极端集中制";二是建立党的监察委员会;三是实行党政分工,划清权力与职责的界限;四是整顿和改组反肃机关;五是精简国家机构,建立高效的国家机构,整治官僚主义。

①王伟光:《社会主义通史》第四卷,人民出版社2011年版,第146页。

②《列宁全集》第三十七卷,人民出版社2017年版,第18页。

③《列宁选集》第三卷,人民出版社2012年版,第15页。

④王伟光:《社会主义通史》第四卷,人民出版社2011年版,第149-152页。

以上这些措施初步实施不久，列宁就因病住院。在住院期间，列宁总结了俄国政治建设的实践经验，提出了许多建立新型民主制的设想，比如：逐步实现党内生活的民主化；强化人民监督，避免权力高度集中带来的危险；依靠工农群众改造国家机关。

③建设社会主义文化。

十月革命之前，俄国是一个文化落后的大国，城市居民中大多数是文盲，农村人口中80%是文盲。列宁认为，必须改变这种文化落后的状况才能建成社会主义，这就需要一场文化革命，即发展文化教育事业，发展生产力的物质文化，吸收资本主义文化的优秀文明成果。列宁还谈到了文化革命与政治革命之间的内在联系。他认为，政治革命是文化革命的先导，文化革命是政治革命的继续和保障。文化革命关系到新经济政策的成败，能够促进农业合作化。

列宁还强调，社会主义需要学习和利用资本主义的文明成果。1922年9月，他指出："无论如何要继续前进并学会欧美科学中一切真正有价值的东西——这就是我们头等的最主要的任务。"[①]在1918年3月撰写的《论"左派"幼稚性和小资产阶级性》一文中，列宁既肯定了资本主义文明的历史意义，又分析了它的历史局限性。"对那些过多地、过于轻率地侈谈什么'无产阶级'文化的人，我们就不禁要抱这种态度，因为在开始的时候，我们能够有真正的资产阶级文化也就够了，在开始的时候，我们能够抛掉资产阶级制度以前的糟糕之极的文化，即官僚或农奴制等等的文化也就不错了。"[②]

④引导农民走向社会主义。

十月革命胜利后，如何在俄国建设社会主义是列宁等人面临的重大理论和现实问题。俄国是一个经济文化相对落后的国家，农民占人口的大多数。因此，无产阶级夺取政权后必须把农民引向社会主义。如何引导呢？马克思、恩格斯曾经指出，工人阶级夺取政权后要依靠合作社引导农民走上社会主义道路。苏维埃政权刚刚稳固下来，列宁便主张开始对农业和农民进行社会主义改造，通过剥夺富农、建立贫农委员会而展开农村改造。不久后，俄国深受帝国主义和国内反革命势力的干涉而爆发了国内战争，苏维埃政府开始实行"战时共产主义"政策。列宁指出，农村的奋斗目标是"逐步地但是坚定不移地向共耕制和社会主义大农业过渡"[③]。这种以集体农庄为主的共耕制包括三种形式，即农业公社、劳动组合、共耕社，统称为集体农庄。它的基本特征是土地公有、共同耕作、集中经营、统一分配。但实践证明这种模式不适合俄国国情，

①《列宁全集》第四十三卷，人民出版社2017年版，第213页。

②《列宁全集》第四十三卷，人民出版社2017年版，第382页。

③《列宁全集》第三十四卷，人民出版社2017年版，第66页。

没有达到预期的目标。此后，列宁的思路有所改变，他从新经济政策中总结了经验，提出突破大农业框架。在病中口授的《论合作社》一文中，列宁明确提出了用合作社的形式对农业和农民进行社会主义改造的思想。合作社是在充分尊重农民的自主性和独立性基础上的集中劳动形式，容易让农民接受。合作社的性质取决于基本生产资料掌握在哪个阶级手里。“在生产资料公有制的条件下，在无产阶级对资产阶级取得了阶级胜利的条件下，文明的合作社工作者的制度就是社会主义的制度。”①合作社具有联合性、灵活性、可行性的特点，能够把农民的个人利益和国家利益有机结合起来。列宁还制定了实现合作化的政策措施，并充分肯定了实现合作化的意义。

⑤关于民族关系的思考。

俄国是一个多民族国家。长期的沙皇专制统治使得俄国民族矛盾十分严重。十月革命之前，列宁认为，承认民族自决权是无产阶级政党处理民族问题的一个基本原则；十月革命之后，列宁指出：“取得胜利的社会主义必将实现充分的民主，因而，不但要使各民族完全平等，而且要实现被压迫民族的自决权，即政治上的自由分离权。”②在列宁发表的关于民族问题的文章和讲话中，他提出了阶级民族问题的几个基本原则：

一是实现各民族完全平等。“决不容许对任何民族实行任何哪怕是极轻微的压迫，决不容许任何一个民族享有任何特权。……我们要求国内各民族绝对平等，并且要求无条件地保护一切少数民族的权利。”③

二是促进民族团结。社会主义既要反对民族压迫、实现民族平等，又要实现民族团结、促进民族联合。“无产阶级不能支持任何巩固民族主义的做法，相反，它支持一切有助于消灭民族差别、消除民族隔阂的措施，支持一切促进各民族间日益紧密的联系和促进各民族打成一片的措施。”④

三是反对民族主义。列宁认为：“马克思主义同民族主义是不能调和的，即使它是最‘公正的’、‘纯洁的’、精致的和文明的民族主义。”⑤

四是促进各民族共同繁荣。苏维埃政府“对待民族利益的唯一正确的态度就是予以最大限度的满足，创造条件来排除由此引起冲突的一切可能。……只有对各个民族的利益极其关心，才能消除冲突的根源，才能消除互不信任，才能消除对某种阴谋的担心，才能建立语言不同的人们，特别是工人

①《列宁选集》第四卷，人民出版社2012年版，第771页。
②《列宁全集》第二十七卷，人民出版社2017年版，第254页。
③《列宁全集》第二十三卷，人民出版社2017年版，第214–215页。
④《列宁全集》第二十四卷，人民出版社1990年版，第138页。
⑤《列宁全集》第二十四卷，人民出版社1990年版，第136页。

农民的互相信任，没有这种信任，无论各族人民之间的和平关系，或者现代文明中一切珍贵事物的比较顺利的发展，都是绝对不可能的"①。

五是建立民族共和国联盟。1922年12月30日，苏维埃社会主义共和国联盟第一次代表大会在莫斯科开幕。大会通过了根据列宁的建议所修改的苏维埃社会主义共和国联盟成立宣言和条约，从而正式宣告了苏联的诞生。宣言和条约从法律上巩固了列宁关于联盟国家的组织原则，规定了各共和国加入联盟的手续、自由退出联盟的权利，以及国家政权和行政最高机关的组成方式和权限。

(二)苏联社会主义模式

1.列宁逝世后苏联党内的争论

(1)关于列宁主义的争论

从1924年1月列宁逝世一直到1929年，围绕落后的苏联如何建设社会主义、怎样建设社会主义等一系列问题，苏联共产党领导人之间展开了理论争论。这场争论始于对列宁主义的认识。当时的苏共领导人都试图从自己的角度去解读列宁的理论遗产。在这些争论中，斯大林的观点胜出，成为解释列宁主义的权威。

什么是列宁主义呢？20世纪20年代的苏共领导集团中的主要人物斯大林、托洛茨基、季诺维也夫和加米涅夫、布哈林对这个问题的看法存在严重的分歧。在1924年到1929年间的争论过程中，苏共党内形成了以斯大林为首的"中央多数派"与托洛茨基反对派、季诺维也夫—加米涅夫新反对派、托洛茨基—季诺维也夫联合反对派、布哈林反对派之间对立的局面。

一种观点认为列宁主义是帝国主义战争以后才产生的，列宁主义只适用于俄国，以及列宁主义并没有发展马克思主义。而斯大林强调列宁主义的时代性，他指出："列宁主义是帝国主义和无产阶级革命时代的马克思主义。确切些说，列宁主义是无产阶级革命的理论和策略，特别是无产阶级专政的理论和策略。"②他的定义揭示了列宁主义产生的历史根源、国际性质以及与马克思学说的关系，指出列宁看到了时代的变化，这个变化是马克思的时代还没有出现的。因此"列宁主义是帝国主义时代的马克思主义"③。斯大林还反对托洛茨基的不断革命论，认为托洛茨基的目的是要用托洛茨基主义代替列宁主义。斗争以斯大林的理论和政策主张取得了胜利而告终。

"斯大林对列宁主义的捍卫和阐释，不仅对于广大人民群众了解和掌握列宁

---

①《列宁全集》第四十三卷，人民出版社2017年版，第243页。

②《斯大林选集》(上卷)，人民出版社1979年版，第185页。

③顾海良：《马克思主义发展史》，中国人民大学出版社2009年版，第313页。

主义这一伟大的思想体系起了不可磨灭的作用，而且对苏联社会主义建设道路的选择，进而对苏联社会主义模式的形成产生了重要的影响。”[①]从他对列宁主义的定义中可以看出他认为社会主义的重点在于无产阶级革命和无产阶级专政的理论。当然，这个定义中并没有体现斯大林对于社会主义经济建设的思考。这也说明，斯大林对于在落后贫困的苏联如何进行社会主义建设的思考是相当有限的。

(2)关于“一国建成社会主义”的争论

十月革命胜利后，社会主义苏联并没有等到欧洲革命胜利的援助，而是像一座孤岛一样处于资本主义国家的包围之中。新经济政策实施之后出现了一些有待解决的理论问题，比如社会主义经济关系的本质问题，社会主义与商品货币等的关系问题。苏共党内对这些问题的认识发生了分歧：是继续执行新经济政策还是停止这种所谓的“倒退”？这个问题在理论上表现为苏联一国能否建成社会主义以及怎样建设社会主义的问题。关于这个问题，列宁1923年1月在《论合作社》中指出俄国拥有“建成社会主义社会所必需而且足够的一切”[②]。1923年3月，列宁在《宁肯少些，但要好些》一文提出了小农和极小农生产条件的俄国能否支持到西欧资本主义国家发展到社会主义那一天的疑问[③]，但没有明确作出一国可以最终建成社会主义的论断。

列宁逝世后，斯大林首先提出了“一国建成社会主义”的问题，以批判托洛茨基的“不断革命论”。托洛茨基基于“工农敌对冲突论”“世界经济分工论”而否定当时苏联一国能建成社会主义的观点，认为“俄国社会主义经济的真正高涨只有无产阶级在欧洲几个最重要的国家内获得胜利以后，才会是可能的”[④]。他虽然否定苏联一国能建成社会主义，但认为苏联要坚持社会主义建设。斯大林认为，托洛茨基的观点实际上就是让党放弃政权。季诺维也夫、加米涅夫与托洛茨基在理论上也有分歧，但他们都认为：苏联可以建设社会主义，但不能建成社会主义，要建成社会主义，必须依靠世界无产阶级革命的支持；社会主义要消灭阶级和阶级剥削，而且也消灭了工人和农民之间的差别。在1925年12月的联共(布)第十四次会议上，季诺维也夫指出新经济政策只是一种临时性的措施，是向资本主义的倒退。苏联需要西方社会主义革命的支持，如果没有西方社会主义革命的支持，那么单靠苏联一国的新经济政策，是不可能在苏联建成社会主义的。于是托洛茨基和季诺维也夫结成联盟，1926年的联共(布)第十五次会议上，内部经济落后、外有资本主义封锁的苏联一国能否建成社会主义的问题又成为会议争论的焦点。

---

①顾海良：《马克思主义发展史》，中国人民大学出版社2009年版，第314页。

②《列宁选集》第四卷，人民出版社2012年版，第768页。

③《列宁选集》第四卷，人民出版社2012年版，第795页。

④托洛茨基：《托洛茨基文选》，人民出版社2010年版，第223页。

关于苏联一国能否建成社会主义的问题，斯大林在1924年4—5月《论列宁主义基础》一书中写道："在一个国家内推翻资产阶级政权，建立无产阶级政权，还不等于保证社会主义的完全胜利。社会主义的主要任务即组织社会主义生产的任务尚待解决。没有几个先进国家中无产者的共同努力，能不能解决这个任务，能不能在一个国家内获得社会主义的最后胜利呢？不，不能。为了推翻资产阶级，一个国家的努力就够了，这是我国革命的历史给我们说明了的。为了获得社会主义的最后胜利，为了组织社会主义生产，单靠一个国家的努力，特别是像俄国这样一个农民国家的努力就不够了——为了达到这个目的，就必须有几个先进国家中无产者的共同努力。"[①]随着争论的展开，斯大林的观点发生了变化。他在1924年12月所写《走向十月革命的道路》的序言中，把列宁在《论合作社》一文中关于苏联有"建成社会主义社会所必需而且足够的一切"的表述理解成苏联一国能够"建设"社会主义。在此基础上，他论证了一国建成社会主义的可能性。他指出俄国有两种矛盾，"一种矛盾是内部的矛盾，即无产阶级和农民之间的矛盾。另一种矛盾是外部的矛盾，即我们这个社会主义国家和其他一切资本主义国家之间的矛盾"[②]。斯大林批判了"工农敌对冲突论"，指出"我们面前有两个主要阶级：无产阶级和私有者阶级即农民阶级。他们之间必然产生矛盾。全部问题在于：我们能不能用自身的力量克服无产阶级和农民之间所存在的这些矛盾。人们说：能不能用自身的力量建成社会主义？那就是想说：我国无产阶级和农民之间的矛盾是否可以克服？列宁主义对这个问题的回答是肯定的：是的，我们能够建成社会主义，而且我们将在工人阶级领导下和农民一起去建设"[③]。他还提到了苏联建成社会主义的外部条件，指出"能不能认为这种矛盾是一个国家完全可以克服的呢？不，不能。因为靠一个国家的努力，即使这个国家是无产阶级专政的国家，也不能完全保障自己免除武装干涉的危险。因此，只有在国际范围内，只有通过若干国家的无产者的共同努力，或者更好是在几个国家的无产者取得胜利以后，才能够有免除武装干涉的完全保障，也就是说，才能够取得社会主义的最后胜利"[④]。从他的论断中，我们可以看出，斯大林把建成社会主义的问题看成战胜本国资产阶级的问题，而社会主义的最后胜利则是战胜世界资产阶级，需要国际范围内的许多国家的无产者的共同努力才能实现。

---

①王伟光：《社会主义通史》第四卷，人民出版社2011年版，第254页。

②《斯大林全集》第七卷，人民出版社1958年版，第91页。

③《斯大林全集》第七卷，人民出版社1958年版，第92页。

④《斯大林全集》第七卷，人民出版社1958年版，第99-100页。

在这个问题上，“布哈林是斯大林的坚定同盟者”[①]。他说：“斯大林同志关于在我国胜利建设社会主义问题的论述是完全正确的。所有这些都是同一个问题的不同的表述：在我国建成社会主义的可能性。或者说，用自己本身的力量战胜我国资产阶级的可能性。或者说，在我国胜利进行社会主义革命的可能性，也就是关于我国革命的性质问题。我再说一遍，所有这些都是同一个问题的不同的表述。总之，斯大林同志在这里是完全正确的。”[②]

托洛茨基认为，“真正建成社会主义就是消灭阶级，然后就是国家消亡。”一国建成社会主义的问题是“战胜本‘民族的’资产阶级的问题，而社会主义的最终胜利问题是战胜世界资产阶级的问题。……为了使社会主义在一个国家内获得最终胜利，就必须战胜世界资产阶级或至少使之中立。……这样的任务只有靠几个国家的无产阶级才能完成。因此，社会主义在某一个国家内的最终胜利就意味着无产阶级革命至少在几个国家内的胜利”[③]。

表3-2　托洛茨基、斯大林关于一国建成社会主义的理论争论

	托洛茨基	斯大林
关于一国建成社会主义的理论争论	不具备内部条件 理由：农民占人口大多数；社会主义革命的不断性要求打碎整个私有制关系，这会导致无产阶级和农民发生冲突。	具备内部条件 理由：托洛茨基的“敌对冲突论”低估了农民的作用，农民与工人阶级在政治上的并肩战斗史、经济上的相互依赖以及根本利益的一致使得工农具有联合的可能性；把农业与工业结合为一个整体经济最终将导致阶级消灭的生产条件和分配条件，也就是说苏联可以靠自己的力量建成社会主义。
	外部条件：否认帝国主义不平衡发展的规律，进而否定一国胜利论；苏联经济处于世界经济的控制之下；苏联必须得到先进国家无产阶级的直接国家援助才能建成社会主义。	外部条件：托洛茨基等人不了解帝国主义的经济实质，帝国主义发展不平等的规律恰恰使得社会主义可以在个别国家获得胜利；苏联经济与世界经济是相互依赖的，但是苏联经济也有自己的独立性；国际无产阶级对于苏联的支援可以是多样的，比如殖民地和附属国的解放运动、资本主义国家中革命运动的发展、全世界无产者对苏联的同情等。
	在一国建成社会主义意味着最终胜利的到来。	区分一国建成与最终胜利。

①王伟光：《社会主义通史》第四卷，人民出版社2011年版，第261页。

②《布哈林文选》(中册)，东方出版社1988年版，第178-179页。

③何宝骥：《世界社会主义思想通鉴》，人民出版社1996年版，第293页。

(3)关于如何建设社会主义的争论

苏共领导人在如何建设社会主义这个问题上也存在较大的分歧。以托洛茨基等人为代表的“左”倾反对派的建设方案主张“工业专政”,认为新经济政策只是缓解“战时共产主义”政策造成的危机的权宜之计,如果继续实行新经济政策,国家将会走到资本主义道路上去,真正的社会主义建设必须一切以工业为中心,回到“战时共产主义”时期实施的计划经济上去,通过阶级斗争消灭私人资本。“因此,托洛茨基主张从经济、政治、文化一切阵地上不断进行阶级斗争来解决防止资本主义复辟的问题,由此形成了‘工业专政’的社会主义建设思想。”[①]后来,托洛茨基等人又提出“超工业化”理论,也就是说“国家财政投资大力支持工业,提高工业品的价格,对农民课以高额赋税”[②]。而以布哈林等人为代表的,后来被斯大林宣布为右倾反对派驳斥了托洛茨基的“工业专政”论和“超工业化”的建设方案,提出了“落后型社会主义理论”。“这一理论认为,在苏联这样一个落后的国家里实现向社会主义过渡,将会面临许多复杂、新颖、独特和困难的任务,企图沿袭过去战争的经验、阶级斗争的经验,企图‘仅仅通过法令、通过纯粹的暴力措施不可能完成自己的任务’……应当把工作重心从阶级斗争转向经济文化建设;应当大力发展农村经济,以经济利益吸引农民自愿参加合作社,从而走上社会主义道路;应当首先加速农民经济的发展,迅速扩大国内农民市场的容量,为工业的持续、高速和健康发展创造前提条件;应当保持国民经济的均衡发展,发挥多种经济成分的互相支持、互相促进作用,运用价值规律、市场机制实行经济管理。”[③]

苏联最初的社会主义建设是在布哈林的影响下展开的,斯大林也站在赞同布哈林的立场上指责托洛茨基的方案实质上是瓦解工农同盟,摧毁真正的工业化。然而,随着苏联社会主义建设过程中出现了各种各样的社会矛盾,在如何看待和解决这些社会矛盾的问题上,斯大林和布哈林又有了分歧。斯大林提出了农业“贡税论”和全盘集体化运动的方案。这个方案和托洛茨基的方案有相似之处但是二者形成的根源是不同的。首先,托洛茨基不信任国内的农民阶级,因而主张高速发展工业,而斯大林出于战胜国外资本主义列强的原因而提出高速发展工业,他的方案是建立在工农联盟的基础上的;其次,托洛茨基提出“超工业化”主张时,资本主义世界正处于凡尔赛—华盛顿体系的“暂时稳定”时期,而斯大林实施工业化“大跃进”时西方国家正处于严重的经济危机中[④]。

①顾海良:《马克思主义发展史》,中国人民大学出版社2009年版,第315-316页。

②顾海良:《马克思主义发展史》,中国人民大学出版社2009年版,第316页。

③顾海良:《马克思主义发展史》,中国人民大学出版社2009年版,第316页。

④顾海良:《马克思主义发展史》,中国人民大学出版社2009年版,第318页。

2. 苏联社会主义模式[①]的形成及其影响

(1)苏联社会主义模式形成的背景

关于"一国建成社会主义"的理论争论,于1929年年底以斯大林的观点的胜利而告终。这为苏联模式的社会主义的形成奠定了基础。苏联社会主义模式是特定历史条件的产物。

实践背景:十月革命前的俄国是一个落后的封建专制国家,革命胜利后的主要任务就是制定政策、发展经济和摆脱贫穷落后的局面,为社会主义奠定物质基础。斯大林选择了优先发展重工业尤其是国防工业,这种策略对苏联的经济社会发展和内政外交产生了巨大的影响。由于苏联是人类历史上第一个社会主义国家,处在世界资本主义的包围中,所以苏联的社会主义建设面临着险恶的国际形势。正如斯大林所说:"我们不能知道帝国主义者究竟会在哪一天进攻苏联,打断我国的建设。他们随时都可以利用我国技术上经济上的弱点来进攻我们,这一点却是不容置疑的。所以,党不得不鞭策国家前进,以免错过时机,而能尽量利用喘息时机,赶快在苏联建立工业化的基础,即苏联富强的基础。党不可能等待和应付,它应当实行最高速度的政策。"[②]为了巩固社会主义政权,苏联必须以最快的速度建成独立的工业体系和国防力量。因此,发展重工业及其发展速度问题成为关系国家生死存亡的问题。这种国际环境对斯大林模式的形成具有深刻的影响。

历史传统:在俄国历史传统中,存在着皇权至上以及封建宗法文化的统治性影响。"在俄国数百年的封建历史发展中,既没有形成任何独立从事有效活动的社会自治力量,又没有形成任何足以对国家政权予以监督和参与的政治组织或社会集团,所以,国家是社会生活和社会发展的唯一力量……"[③]广大农民处于以沙皇为代表的皇权统治之下,他们认同社会政治中的官僚主义。随着大量农民涌入工人队伍,这种宗法心态和价值观念也仍然在产生影响。

理论认识:与马克思、恩格斯所预想的不同,苏联模式不是在资本主义充分发展的国家建立的,而是在一个没有经过资本主义充分发展、经济文化落后的小农国家建立的。马克思、恩格斯早就指出,各国的社会主义建设应该依据客观事实得出新的结论。这就意味着,对于怎样建设社会主义,他们没有给出

①苏联社会主义模式是指斯大林领导苏联人民建设社会主义的方式、道路,简称苏联模式。斯大林是苏联社会主义模式的主要创立者。1928年10月,苏联开始第一个五年计划;1936年12月苏联以宪法的形式规定了社会主义的基本原则,标志着苏联社会主义模式的形成。苏联社会主义模式一直沿袭到20世纪80年代中期。

②斯大林:《列宁主义问题》,人民出版社1972年版,第454页。

③顾海良:《马克思主义发展史》,中国人民大学出版社2009年版,第324页。

具体的答案。"列宁晚年提出,应当从俄国经济文化落后的现实出发,在无产阶级政权和工农联盟的前提下,通过新经济政策迂回过渡到社会主义,在高度的物质文明和精神文明的基础上追上西方先进国家,实现社会主义。但是在列宁病重和逝世后,联共(布)中央在思想上远未统一到列宁晚年关于建设社会主义的新思路上。"[①]1936年,斯大林宣布苏联"基本上实现社会主义",标志着苏联模式的确立。

党内斗争:斯大林时期,党内斗争十分激烈。"在'社会主义工业化'运动和农业全盘集体化运动的急风暴雨中,斯大林掀起一场政治大清洗运动。"[②]整个大清洗运动延续了近20年,压制了党内外对苏联国家工业化运动和农业全盘集体化运动的不满情绪。通过大清洗运动,斯大林维护了自己的权威,加速推进工业化运动和农业全盘集体化运动,促进了苏联模式的形成。

制度因素:斯大林时期的苏共历史表明,列宁"遗嘱"中关于加强中央委员会集体领导,改变权力过分集中,建设社会主义民主政治的建议大多没有被采纳。1924年至1929年间,围绕"一国建成社会主义"的争论的结果是,斯大林的观点获得了胜利。在获得胜利的斗争中,斯大林逐渐成为党内的"唯一领袖"。随着个人集权制的形成,民主集中制原则完全流于形式,自上而下的任命制取代了自下而上的选举制,高级领导职务实际上采取了终身制。党的代表大会没有起到党的最高权力机关的作用。

个人因素:"列宁逝世后,斯大林在复杂的党内斗争中战胜各种反对派,成为苏联党和国家的最高领导人。"[③]随着斯大林的权力和威望的增长,他越来越独断专行,多次违反民主集中制原则和党规党章,形成了个人集权制。这种制度通过30年代个人崇拜的宣扬和"大清洗"运动而进一步强化。此外,斯大林把党内的矛盾和意见分歧看作阶级斗争的反映,强调要对党内的腐化分子进行无情的斗争,导致了党内斗争的严重扩大化。

(2)苏联模式的特征

苏联社会主义模式是一个完整的体系,其特征主要体现在经济、政治、思想文化三个方面,三个方面又是相辅相成、相互渗透的,其各自的特点共同构成了苏联社会主义模式的特征。

经济上实行过度集中的指令性计划经济。这种经济模式以全民所有制为主,以集体所有制为辅,实行单一的公有制,集中的供给制分配制度,优先发展重工业。在经济管理体制上,苏联主要依靠行政手段实行自上而下的指令性

①王伟光:《社会主义通史》第四卷,人民出版社2011年版,第363页。

②王伟光:《社会主义通史》第四卷,人民出版社2011年版,第366页。

③王伟光:《社会主义通史》第四卷,人民出版社2011年版,第380页。

计划经济,排斥市场的调节作用。国家的计划无所不包并具有法律效力。经济发展战略则是以赶超为目标,优先发展重工业。

政治上高度集权。与高度集中的经济管理体制相适应,苏联模式下的政治体制存在很多问题,党政不分,以党代政,领袖专权,党的权力集中于党的最高领导人,从而形成了个人专权独断的政治格局。此外,苏共党内缺乏有效的监督制约机制,党内民主得不到落实,"国家安全机关不受党和国家的监督,不受法律的制约,成为最高领导人控制的工具"①。

思想文化上实行严格的中央集中控制。斯大林十分重视马克思列宁主义理论的教育,但是对于马克思、恩格斯、列宁的某些论断的理解存在教条主义的倾向;斯大林重视文化教育事业,提出"在改造时期,技术决定一切"的口号;在文化事业方面采取了行政手段来管理,甚至以阶级斗争的方式来干预思想文化建设,把学术问题政治化,实行严格的"学术批判",导致了个人崇拜。

(3)苏联模式的影响

苏联模式是俄国十月革命胜利后建立的第一个成体系的社会主义制度,是人类历史上的一次重大的社会实践,曾经起到过积极的历史作用。它通过国家计划、集中调配有效资源、优先发展重工业,高积累、低消费,使得苏联在十几年的时间里实现了资本主义国家曾经花费了几十年甚至上百年的时间完成的工业化,把一个经济文化落后的农业国建设成为一个具有完整的、独立的工业体系的社会主义工业强国,使苏联的经济水平从原来的欧洲第四、世界第五一跃成为欧洲第一、世界第二,仅次于美国,为社会主义制度奠定了物质基础。从某种程度上来讲,苏联模式是基本符合二战前苏联社会发展要求的,这种模式为苏联在二战中赢得反法西斯战争的胜利奠定了雄厚的物质基础,显示了社会主义制度的优越性。这种模式一度"被认为是落后国家赶超西方发达国家的一种普遍有效的'后发先进'的现代化模式"②。二战后,许多欧亚国家在苏联模式的影响下走上了社会主义道路。

苏联模式虽然适应了苏联在特殊时期的发展需要,但是也有很大弊端,主要表现在以下几个方面:

经济制度上,盲目追求"一大二公三纯"的公有制,阻碍了生产力的发展。

工业化道路上,基本是依靠投资、资源和劳动力的粗放式经济发展方式,忽视生产效率。优先发展重工业的战略使得整个经济结构失衡,影响农业的发展。

①王伟光:《社会主义通史》第四卷,人民出版社2011年版,第407页。

②王伟光:《社会主义通史》第四卷,人民出版社2011年版,第419页。

在政治和文化建设上，高度集权的政治体制导致党内民主生活受到破坏，党内矛盾的阶级斗争化导致大规模的清洗运动，制造了大量的冤假错案，导致教条主义和个人崇拜盛行，不利于社会主义文化事业的健康发展。

从斯大林逝世到苏联解体，有三四十年时间，其间历经多位继任者，他们也有过尝试改革的努力，但是最终没有走出苏联模式。二战后，苏联模式的弊端日益明显，戈尔巴乔夫企图以人道的民主社会主义来改造苏联模式，结果使苏联解体。

苏联模式本是苏联特定历史时期的产物，但是在二战后，苏联把这种模式强行推广到其他社会主义国家，并对这些社会主义国家的非斯大林模式进行打压，给东欧各国的社会经济发展带来了严重的消极影响。

“对于苏联模式，必须作具体的历史的评价。在苏联模式中，既有反映社会主义共性的方面，也有体现社会主义在不同国家的特殊性的方面。对于社会主义共性的方面，要认识到它们反映了人类社会发展长途中一个特定阶段内关于革命和建设工作的普遍规律，是任何社会主义国家都应坚持的。对于苏联模式中反映社会主义特殊性的方面，一定要看到它们是特定历史条件下的产物。在苏联模式中存在着一些弊端，有的在模式形成时错误就是明显的，有的是随着时代的发展、社会生产力的进步而凸现出来的。二战以后，苏联的国内外形势发生了很大变化，特别是新科技革命的迅猛发展，要求经济从粗放经营发展为集约经营，苏联的政治、经济、思想文化体制的弊端越来越明显地暴露出来，苏联没有适时有效地进行改革，严重地影响了苏联经济、政治和文化的发展。所有这些弊端只能通过社会主义改革加以克服。”①

五、课堂研讨

【研讨主题】如何科学地评价“战时共产主义”政策？

【教师解析】“战时共产主义”政策是特殊历史条件下的产物，是苏俄面对当时的国内外环境而被迫采取的一种应急政策，是俄国社会主义制度最初的模式。但是它脱离了落后国家的客观现实，在战争结束后，列宁就转向了新经济政策，探索在落后的情况下如何向社会主义逐步过渡，它是列宁将马克思主义与俄国实际相结合的一个典范，体现了列宁对于社会主义的再认识。

【研讨主题】列宁为什么重视利用商品货币关系进行社会主义建设？

【教师解析】“战时共产主义”政策的失败表明社会主义的发展不能超越历史阶段，在落后的俄国直接过渡到共产主义是不可能的，它违背了经济发展的客

①顾海良：《马克思主义发展史》，中国人民大学出版社2009年版，第356页。

观要求。相反,在落后的俄国重视商品货币关系有着现实的基础:1920年底开始,经济建设已经成为当时社会的主要任务。利用商品货币关系开展经济建设有利于恢复经济,提高俄国的国力,巩固新生的社会主义政权,抵御外来威胁。

【研讨主题】1923年至1929年苏共党内路线争论的焦点是什么?

【教师解析】在落后的俄国是否能够建成社会主义以及如何建设社会主义的问题。

【研讨主题】如何评价苏联模式?

【教师解析】必须采取严肃、谨慎的态度对苏联模式作出具体的历史的评价。在苏联模式中,既有反映社会主义共性的方面,也有体现社会主义在不同国家的特殊性的方面。

六、资料运用

(1)闫志民、王炳林、贺亚兰:《社会主义500年编年史》,北京人民出版社,2018。

该书分为两卷,介绍了社会主义发展历程中的重要事件、重要人物和重要思想,全面再现了社会主义从空想到科学、从理论到实践、从一国到多国的历史画卷。

(2)《列宁选集》(第三卷),人民出版社,2012。

本书收录了列宁关于社会主义道路探索的一系列思考。

(3)顾海良:《马克思主义发展史》,中国人民大学出版社,2009。

该书介绍了马克思主义产生、发展的过程及其规律,全书脉络清晰,文献资料翔实。在讲授本章时可以结合该书进行讲授。

(4)王伟光:《社会主义通史》,人民出版社,2011。

《社会主义通史》(八卷本)详细介绍了社会主义发展史上的重大事件、代表人物、主要流派和重要观点。本章的讲授涉及很多历史资料,可以参考该书。

(5)俞敏、李小珊:《列宁后期重要著作与理论创新》,人民出版社,2012。

该书有上下两篇,介绍了不同时间段列宁对于俄国社会主义问题的思考,呈现了列宁的理论随着国际国内形式的变化而发生的变化。该书对列宁著作进行了分类,对其各个时期的思想进行了归纳和提炼,有助于我们学习本章的内容。

(6)何宝骥:《世界社会主义思想通鉴》,人民出版社,1996。

该书第四卷介绍了晚年列宁对于社会主义前途和命运的思考以及斯大林的"一国建成社会主义"理论。

七、案例推荐

案例1:社会主义应该如何对待商品货币关系

“要知道,货币是社会财富的结晶,是社会劳动的结晶,货币是向一切劳动者征收贡赋的凭证,货币是昨天的剥削的残余。这就是所谓货币。能不能想法一下子把货币消灭呢?不能。还在社会主义革命以前,社会主义者就说过,货币是不能一下子就废除的,而我们根据切身的经验也可以证实这一点。要消灭货币,需要很多技术上的成就,更困难得多和重要得多的是组织上的成就。而在货币消灭之前,平等始终只能是口头上的、宪法上的,每个有货币的人都有事实上的剥削权利。我们没有做到一下子废除货币。我们说,目前货币还保留着,而且在从资本主义旧社会向社会主义新社会过渡的时期,还要保留一个相当长的时间。”

——《列宁选集》第三卷,人民出版社2012年版,第816页。

“在从资本主义向共产主义过渡的初期,立即消灭货币是不可能的。……俄共将力求尽量迅速地实行最激进的措施,为消灭货币作好准备,首先是以存折、支票和短期领物证等等来代替货币,规定货币必须存入银行等等。”

——《列宁选集》第三卷,人民出版社2012年版,第729页。

“在资本主义国家里,所谓国家资本主义,就是资本主义得到国家的认可并受国家的监督,从而有利于资产阶级而不利于无产阶级。在无产阶级国家里,做法相同,但是这有利于工人阶级,目的是为了和依然很强大的资产阶级抗衡和斗争。”

——《列宁全集》第四十二卷,人民出版社1987年版,第50页。

要点:根据马克思的设想,共产主义社会的特征是:实行生产资料公有制;有计划地进行生产,不存在商品货币交换关系;阶级和国家都消失了,消除了剥削和压迫;实行按需分配的分配方式等。当然马克思、恩格斯并没有亲身经历社会主义建设的实践,但是恩格斯曾经提到,社会主义没有一成不变的模式,社会主义也是经常变化和改革的社会。他们的论述,为社会主义建设提供了理论渊源和方法论上的指导。十月革命后,俄国的社会主义建设面临一系列的问题:什么是社会主义,夺取政权后如何发展生产力巩固新生的社会主义制度,如何结合社会主要矛盾判断社会发展阶段,等等。对于这些问题的理解直接影响到国家的具体政策方针。列宁关于商品货币关系的相关论述表明了列宁对于这些问题的探索和思考。在实践的探索中,他认为商品货币关系可以为社会主义生产服务。

案例2:列宁论社会主义

“学习社会主义,在很大程度上要向托拉斯的领导者学习,学习社会主义,要向资本主义最大的组织者学习。正是大工厂,正是把对劳动者的剥削发展到空前规模的大机器工业,是唯一能够消灭资本统治并开始向社会主义过渡的那个阶级集中的中心;凡是考虑到这一点的人都不难相信,上面的说法并不是奇谈怪论。因此,当社会主义的组织工作提到日程上时,为了解决社会主义的实际任务,我们就必须吸收大批的资产阶级知识分子,特别是那些曾经从事过资本主义的最大生产的实际组织工作,首先是组织过辛迪加、卡特尔和托拉斯的人来协助苏维埃政权,这是毫不奇怪的。”

——《列宁专题文集:论社会主义》,人民出版社2009年版,第391页。

“十月革命后,他又提出利用国家资本主义作为向社会主义过渡的中间站,指出:‘不经过国家资本主义和社会主义所共有的东西(全民的计算和监督),就不能从俄国现时的经济情况前进。’新经济政策实施后,列宁更加明确提出利用租让制、合作制等各种形式的国家资本主义作为向社会主义过渡的步骤,他说:‘我们应该利用资本主义(特别是要把它纳入国家资本主义的轨道)作为小生产和社会主义之间的中间环节,作为提高生产力的手段、途径、方法和方式。’列宁乐于吸收外国,尤其是发达资本主义国家一切好的东西为社会主义服务,他曾提出:‘苏维埃政权+普鲁士的铁路秩序+美国的技术和托拉斯组织+美国的国民教育等等等等++=总和=社会主义。’”

——宋士昌:《科学社会主义通论》(第二卷),人民出版社2004年版,第256—257页。

要点:列宁关于俄国社会主义发展道路特殊性和多样性的思考,是对马克思主义的重要发展,为中国和其他社会主义政党探索社会主义革命和建设的道路提供了重要借鉴。

案例3:关于“一国建成社会主义”的争论与选择

所谓“一国建成社会主义”,是指其他国家在相当长的时期内处于资本主义的发展中,在没有其他国家无产阶级革命的胜利、没有经济发达国家援助的情况下,苏联这个经济落后的国家单靠自身的力量就能够建成社会主义。“一国建成社会主义”的理论是斯大林在同反对派的斗争中提出并完善的。

以托洛茨基为首的反对派反对“一国建成社会主义”理论,认为在世界无产阶级革命形势走向低潮的大背景下,处于资本主义包围中的经济落后的、农民占人口绝大多数的苏联,是不可能依靠自己的力量单独建成社会主义的。只有“世界革命”爆发,发达国家一个一个地胜利才能拯救苏联。他们还主张限制和消灭私有经济、强调实行所谓“工业专政”、对外开放。

斯大林提出的“一国建成社会主义”理论，认为不能无限期等待西方革命的胜利和援助，也不能把自己的阵地拱手让给国内的资产阶级，在没有西方革命的胜利和援助的情况下，工人阶级和劳动农民结盟也能彻底打败国内的资本家，建成社会主义。在苏联建成社会主义的问题是战胜本“民族的”资产阶级的问题，社会主义的最终胜利是战胜世界资产阶级的问题。

新反对派的观点是：不用建设自己的工业体系，可以靠进口大机器实现苏联工业化，但是这会把国家变成西方发达国家的农业附属国。

在1925—1927年的论战中，布哈林是站在斯大林一边的，成为斯大林的理论发言人，他根据列宁晚年的文章论证了一国建成社会主义的可能性，并认为否定它就是否定十月革命的合理性。他认为，建立和巩固工农联盟是一国建成社会主义的关键。在资本主义的包围和封锁下，社会主义建设不可能达到最终的胜利。

1925年4月27日至29日，俄共（布）第十四次会议把“一国建成社会主义”的可能性问题写在了代表会议的决议中，“一国建成社会主义”理论第一次以文件形式体现出来。

请思考：苏联关于一国如何建成社会主义的争论对于苏联社会主义发展产生了何种影响？社会主义国家应该如何选择发展道路？

要点：党内斗争的结果是斯大林战胜了托洛茨基反对派、新反对派和布哈林反对派，形成了苏联模式，并把苏联模式当作社会主义建设的唯一模式，给苏联社会主义建设乃至国际共产主义运动都带来了不良后果，破坏了党内正常的民主政治生活，形成了斯大林的个人集权制。苏联走上了高速工业化、农业全盘集体化和大清洗运动的道路，完全改变了列宁开创的新经济政策的道路。苏联模式在某些方面适应了当时国际环境的变化和苏联社会发展的需要，取得了客观的历史成就，但是也留下了严重的后患。

通过对苏联社会主义建设的回顾和总结，我们可以得出一些结论：社会主义必须发展经济生产，为社会制度提供物质基础，同时要注意经济建设有很多方式，我们要根据所处的国际环境和国情选择最有利的社会主义经济发展模式。

八、归纳小结

上一章讲的是列宁主义对于马克思主义的发展，主要是探讨列宁怎样根据时代的变化批判各种错误的思潮，从理论上捍卫和发展马克思主义，以及在这个过程中产生了怎样的新见解。

本章主要是结合列宁主义的形成过程，厘清十月革命胜利以后苏联社会主义建设的理论争论与实践演进过程。通过本章的讲授，使学生从唯物史观的角度认识苏联向社会主义过渡的曲折性和渐进性，进一步认识到，人们对社会主义的认识需要一个不断探索和反复实践的过程，社会主义制度优越性的体现需要时间，并结合苏联社会主义建设的经验和教训的讲授，使学生进一步认识走中国特色社会主义道路的意义。

第四章　国外马克思主义理论研究概况

一、篇目概述

第一次世界大战结束之后，苏维埃俄国的崛起和西方一些国家无产阶级革命的失败，特别是接下来的"大萧条"时期引起了西方国家左翼知识分子和马克思主义者的反思。20世纪20年代至30年代，马克思主义在西方出现了"复兴"。这一章主要介绍和讨论西方马克思主义开创者卢卡奇、柯尔施和葛兰西的相关理论，让学生对西方马克思主义诞生的背景、问题意识和理论特征有一个总体的了解。

佩里·安德森指出，西方马克思主义是与第二国际和苏联的马克思主义不同的一种新的马克思主义传统。一战以后，马克思主义在理论和实践上出现了分裂：列宁主义和社会民主党从不同角度解读和践行马克思主义。两次世界大战使得资本主义的发展处于深刻的危机之中，马克思主义所预言的无产阶级解放不仅没有在发达的资本主义国家实现，反而出现了新的问题：工人阶级被资本主义制度所同化而丧失革命的意愿。正是在这种背景下，出现了一种新的理论动向，即西方马克思主义。西方马克思主义试图继承马克思的政治解放旨趣及其政治经济学批判逻辑，进一步对资本主义社会的物化现象及其意识形态进行批判，从而找到一种新的解放道路。

卢卡奇《历史与阶级意识》和柯尔施的《马克思主义和哲学》的发表标志着马克思主义出现了一种新的方向。他们试图通过重新解释马克思主义以纠正第二国际理论的错误，并重新激活欧洲主要资本主义国家的无产阶级革命。卢卡奇、柯尔施、葛兰西等早期西方马克思主义者反对第二国际的"经济决定论"的错误，试图通过十月革命的胜利经验来强调主体意志的重要性。

然而，卢卡奇、柯尔施等人的努力并没有带来预期的革命结果，却在理论上引领了马克思主义人本化的动向，产生了人本主义的马克思主义。具体说来，人本主义的马克思主义的产生有以下几个方面的原因：

一是20世纪早期法西斯主义的兴起和第二次世界大战的爆发使得人们产生了普遍的幻灭感，资产阶级所宣扬的自由、平等、博爱等观念统统破灭了，人的生存意义成为人们所考虑的问题。

二是二战后西方资本主义国家普遍采取了国家干预的方式来维持资本主义的发展，使得资本主义进入一个新的"黄金时代"。然而，这种变化并没有在根本上克服资本主义的基本矛盾，而且随着福利国家和消费社会的产生，资本主义社会的人的异化进一步加深了。

三是20世纪30年代至60年代中期，相对论和量子力学引发了新的科学革命，自然科学革命引发的认识论危机导致了对人的问题的重新关注。

四是《1844年经济学哲学手稿》的公开问世为马克思主义的人本化提供了确实的文本依据。

在人本主义的马克思主义时期，特别重要的是法兰克福学派。它自觉地延续了卢卡奇所开创的批判传统，对资本主义的现实和意识形态进行了全方位的批判，形成了丰富的理论成果。

20世纪五六十年代，人本主义的马克思主义逐步发展到顶峰，法兰克福学派的主要代表人物成为西欧左派理论的中坚人物。1956年，苏共二十大对于斯大林个人崇拜进行公开批判，促成了东欧的"非斯大林化"运动，而且引起了西欧左派阵营的分裂。由于"非斯大林化"，在东欧的理论界出现了以人本主义来注解马克思主义从而否定官方的马克思主义哲学体系的倾向。这种倾向把马克思主义降为一种与资产阶级意识形态没有实质区别的道德诉求，使得马克思主义在理论上处于一种内在的危机之中。在这种背景下，阿尔都塞试图重振马克思主义的科学，他提出了保卫马克思的口号。

二、教学目标

1. 通过讲解西方马克思主义的早期理论、法兰克福学派的发展历程以及阿尔都塞的结构主义的马克思主义，使学生了解西方马克思主义早期理论，从宏观上把握法兰克福学派的发展历史，了解阿尔都塞的学术观点及其学术贡献，从而掌握科学主义兴起的时代背景与理论特征。

2. 使学生在了解基本原理的基础上，进一步区分西方马克思主义早期理论与马克思主义的关联与区别，正确看待法兰克福学派代表人物的理论主张和马克思主义理论主张的关系，理解以阿尔都塞为代表的科学主义的马克思主义是如何对人本主义的马克思主义思潮进行反思和批判的。

3. 通过讲解国外马克思主义理论，使学生坚定马克思主义的基本立场，不断拓展理论广度、夯实理论深度，反思社会现实，解决现存问题，为人的自由全面的发展和社会的持续进步添砖加瓦。

三、讲授导入

(一)西方马克思主义的早期理论

[问题导入]

“恩格斯逝世后,由于社会历史条件的变化,社会主义在理论和实践上都面临新的问题。围绕这些问题的争论,第二国际时代产生了正统派马克思主义和修正主义的斗争。

十月革命的胜利和第二国际的破产使得第一次世界大战之后马克思主义理论产生了一个新的动向,即在十月革命参照下全面反思第二国际的理论倾向之误,重新以主客体辩证法作为马克思主义的核心来探索以主体性为特征的欧洲解放道路。西方马克思主义哲学便是这种动向的结果。

以卢卡奇、柯尔施、葛兰西为代表的不同国家的共产党理论家共同提出了重新理解马克思主义哲学(即马克思主义的逻辑前提)的口号,主张从主客体相互作用的辩证法来解决理论与实践之间的冲突,把阶级意识、文化霸权等作为新道路的落脚点。”①

那么,早期的西方马克思主义者是怎样理解马克思主义的,又是怎样来探寻无产阶级的解放道路的呢?

(二)法兰克福学派

[复习导入]

通过对以卢卡奇、柯尔施、葛兰西为代表的早期西方马克思主义者的理论成果的深刻阐述,我们拉开了学习西方马克思主义的序幕。而作为西方马克思主义理论格局的另一重要组成部分——法兰克福学派,在研究马克思主义和对现实问题的反思等多个层面上都具有重要作用,占据重要地位,扮演重要角色。因此,学习法兰克福学派非常必要而且迫切。法兰克福学派体系庞大、内容丰富,我们对法兰克福学派的学习将从以下两个方面详细展开:一是从宏观上梳理法兰克福学派的发展历史;二是具体阐释法兰克福学派主要代表人物的理论,即霍克海默和阿多诺的社会批判理论、马尔库塞和弗洛姆的性格结构批判理论以及哈贝马斯的交往行为理论。

①胡大平:《西方马克思主义哲学概论》,北京师范大学出版社2010年版,第24页。

(三)阿尔都塞的结构主义的马克思主义

[问题导入]

马克思、恩格斯逝世后，时代给马克思主义者们提出了新的问题：如何解读马克思、恩格斯及其著作，如何看待资本主义的总体变化，如何理解历史发展的必然性和革命主体能动性之间的关系。列宁通过潜心研究，发展了马克思主义，领导了俄国十月革命的胜利。然而，在同样的时代背景下，西欧发达资本主义国家的无产阶级运动纷纷失败。为了找到无产阶级失败的原因，解决理论与实践的矛盾关系，西方马克思主义走出了一条不同于传统马克思主义和苏联马克思主义的道路。肇始于卢卡奇的人本主义的马克思主义认为，马克思主义就是人本主义。阿尔都塞则认为，马克思主义是理论上的反人道主义，历史是无主体的过程。他的观点引发了争论。阿尔都塞为什么会提出这样的观点呢？我们在后面的内容中就来了解一下阿尔都塞的基本思想。

四、内容阐述

本章将围绕西方马克思主义的早期理论、法兰克福学派和阿尔都塞的结构主义马克思主义三部分进行讲授。

在十月革命胜利而西欧革命处于低潮的背景下，早期西方马克思主义者们试图在批判当代资本主义的基础上探索一条新的革命道路，关于资本主义的批判和革命道路问题的探讨在卢卡奇这里就表现为物化理论和以总体性范畴为核心的辩证法思想。

(一)西方马克思主义的早期理论

1.卢卡奇的思想

(1)卢卡奇生平简介

卢卡奇(1885—1971)是匈牙利著名的哲学家和文学评论家，西方马克思主义的奠基人之一。他的人生经历如下表所示：

表4-1 卢卡奇的人生经历

时间段	主要经历
1918年之前 前马克思主义时期	早年成长以及求学时期。这一时期他主要接触了胡塞尔、文德尔班、席美尔、狄尔泰等著名的哲学家，并且与西方马克思主义早期代表人物布洛赫成为同学和朋友，布洛赫对他的思想形成产生直接影响。

续表

时间段	主要经历
1919—1929年 西方马克思主义的开创时期，亦称“维也纳时期”	俄国十月革命的胜利不仅鼓舞了中国，也引导着无产阶级革命在匈牙利爆发。卢卡奇于1918年参加匈牙利共产党，并投身革命实践当中。这一时期，卢卡奇出版了《历史与阶级意识》。在此书中，卢卡奇以物化、总体性、阶级意识、主客体的统一等范畴表述了对马克思主义理论的新的论述。他的这些论述在国际社会产生了重要作用，成为一系列理论的主要来源。在这一时期，卢卡奇的论述主要体现在《历史与阶级意识》当中。
1930—1945年 “苏联时期” 或“斯大林主义时期”	相对远离政治，潜心研究马克思、恩格斯的理论。这一时期，他的思想趋近于当时第三国际推崇的马克思主义，在研读马克思《1844年经济学哲学手稿》之后，他对《历史与阶级意识》中的许多观点作了自我批评，其理论立场影响了共产国际。这一时期卢卡奇的著作主要有《青年黑格尔》《存在主义还是马克思主义》《理性的毁灭》等。
1945—1971年	回到祖国，主要从事理论研究。二战之后，卢卡奇又投身政治活动当中，不断指导匈牙利的民主解放运动和社会改革运动。

(2)物化理论

图4-1 《历史与阶级意识》一书封面
(商务印书馆1999年版)

“物化”概念是贯穿《历史与阶级意识》全书的一个基础概念，它来源于黑格尔的“对象化”概念。所谓物化，指的是在资本主义商品经济条件下，商品拜物教所表现出来的物的关系取代和支配人的关系的一种现象，特指人的活动的结果反过来变成某种不属于人，支配人的异己的存在物。

在批判资本主义社会的时候，卢卡奇认为，资本主义社会最根本的规定性就是商品形式的普遍性，商品的形式成为主导人们社会生活方方面面的决定性的形式。马克思的商品拜物教思想告诉我们，人与人之间的社会关系被物的关系所掩盖，具有了物的性质。卢卡奇在《历史与阶级意识》中指出，物化现象“既有客观方面，也有主观方面。在客观方面，一个客观事物和事物之间诸关系的世界形成了(既商品和商品在市场上运动的世界)。……在主观方面——在市场经济已经相当发达的地方——一个人的活动变得跟他自身相疏离,变成为服从于社会的自然规律的非人的客观性的商品,变成为恰恰与任何消费商品一样的,必须按照独立于人的自己的活动方式进行活动的商品"①。

在资本主义社会条件下,物化现象不仅没有减缓的局面,相反,表现得更加强烈和普遍化。首先,在资本主义制度支配下,工人与社会连接成一个整体,卢卡奇指出,"正是随着资本主义制度持续不断地在越来越高的经济层次上生产和再生产自身,物化的结构越来越深入地、致命地、决定性地沉浸到人的意识中去"②。其次,物化现象不仅普遍地发生在工人看似合理化的生产过程和政治生活中,而且在行政管理中也实现了在程序上的合理化。

物化普遍化的最直接结果是物化的内化,即物化不仅作为一种统治人的力量而存在,而且同时也内化到人的生存结构和人的活动结果当中,转变为人的自在的物化意识。"所谓物化意识是指人自觉地或非批判地与外在的物化现象和物化结构认同的意识状态。"③在更为具体的意义上,物化是这样一种状态:物化结构成为人的内在沉淀,人在意识上缺乏超越物化结构的某种倾向,反过来这种物化结构被人当作一种新的客观规律和本来命运加以服从和遵守,由此,人就丧失了主体性。

为了扬弃异化,消除物化,摆脱物化结构的支配,卢卡奇提出将物化的扬弃作为自己理论的宗旨,并通过总体性辩证法建构以无产阶级的阶级意识为核心的革命思想。

(3)总体性原则和主客体统一的辩证法

①物化的扬弃与总体性原则的恢复

卢卡奇在《历史与阶级意识》中创立了总体性的范畴,用来论述他对社会历史发展过程中的主客体关系的普遍意义上的理解。在深层意义上,卢卡奇强调黑格尔"实体即主体"原则中包含的主客统一以及主体性创造思想。物化是对总体性原则的消解,是非总体化;总体化是对历史辩证法的高度认识。

总体性首先作为历史性和社会存在的概念,包含社会生活的方方面面。要生成总体性原则,其首要前提是要恢复哲学对总体性原则的认识,确立起对总体性的辩证法观念的认识。他指出,在马克思主义理论体系中,总体性原则居于核心地位,总体性原则高于经济原则。资产阶级不能确立总体性原则,因为在现实的资本主义社会当中,工人被分离出生产过程而往往被看作劳动过

①卢卡奇:《历史和阶级意识》,王伟光、张峰译,华夏出版社1989年版,第86页。

②周穗明等:《20世纪西方新马克思主义发展史》(上册),学习出版社2004年版,第31页。

③衣俊卿:《西方马克思主义概论》,北京大学出版社2008年版,第26页。

程的部分环节，工人作为人的普遍的个体性特征被忽略。而要想恢复主体性原则，就必须着手建立总体性与人的主体性之间的联系。

②人的主体性与总体性

卢卡奇在《历史与阶级意识》中揭示了总体性原则的两个基本规定性。首先，在最普遍的意义上，总体性原则是具体的，与社会历史的各个方面形成一个辩证统一体。其次，在卢卡奇那里，总体性原则有更深层次的含义，那就是人作为总体而存在于现实生活当中，即人作为总体性的存在，不是片面、孤立的存在，而是人既作为历史的主体，同时也作为历史的客体而存在。正如他指出的那样："总体范畴，不仅制约着认识的客体，而且也制约着主体。"[①]

③总体性与主客体运动

研究现实社会的主客体运动是揭示总体性概念的重要依据。"卢卡奇的主客体统一的辩证法强调辩证法同人的存在和人的活动的本质关联，强调人本身是历史辩证法的现实基础。"[②]他认为历史作为一种现实运动，是我们进行创造活动的结果，同时历史又作为人类创造活动本身而存在。在哲学理论研究中，必须清晰地指出总体性的指向性：首先，总体性产生于资本主义，但又要求批判资本主义制度中不合理的因素；其次，在方法上否定了教条主义和庸俗经济学，要求重构马克思主义哲学的本质规定性；最后，它要求重建马克思主义哲学中被忽视的理论部分，即用革命的辩证法代替经验的实证主义。

(4)阶级意识与意识革命

第一，无产阶级的阶级意识。

首先，我们通常所说的阶级意识指的是各个不同的阶级拥护者关于其阶级利益、阶级地位的自我认可。卢卡奇说："阶级意识总是由下述事实形成的，即生产过程中某一特殊的典型地位往往'被赋与'相应的理性反应。"[③]其次，阶级意识不仅仅表现在意识形态领域，同时又指相应的阶级拥护者在实践领域所采取的行动。

总体来说，前资本主义社会无法产生自觉的阶级意识；资产阶级虽然作为自觉的阶级，但其并未形成自觉的阶级意识，结果，"资本主义生产的客观限制就成为资产阶级意识的限制"[④]。无产阶级作为广大的劳工阶层的代表，有自觉的对其地位与利益的自我认识这种阶级意识，同时也包括其主体的社会活动，那就是实践。在无产阶级这里，阶级意识与阶级行动是一体的。

①卢卡奇：《历史和阶级意识》，王伟光、张峰译，华夏出版社1989年版，第28页。

②衣俊卿：《西方马克思主义概论》，北京大学出版社2008年版，第32页。

③戴维·麦克莱兰：《马克思以后的马克思主义》，林春、徐贤珍等译，东方出版社1986年版，第200页。

④卢卡奇：《历史和阶级意识》，王伟光、张峰译，华夏出版社1989年版，第64页。

第二,无产阶级的阶级意识与客观规律。

从上面的论述中我们得出,卢卡奇在《历史与阶级意识》当中所讲的阶级意识,其实强调的是无产阶级的阶级意识,其基本内涵主要包括四个方面的内容。一是其实质是对作为社会历史当中的主客体统一的地位的自觉意识,这一意识是在无产阶级的历史发展当中体现的;二是其核心是人对总体性原则的"渴望";三是无产阶级的理论实质上是一种实践的理论,无论是主体还是客体,必须将理论运用于实践,卢卡奇明确指出:"无产阶级思想首先纯粹是一种关于实践的理论,这种理论只是渐渐地(而且时常间歇地)转变成推翻现实世界的实践的理论"①;四是无产阶级的阶级意识作为一种实践的理论,其核心是对社会现实和个人自身的改造。

第三,阶级意识与意识革命。

不论是物化意识、总体性原则、主客体统一,还是无产阶级的阶级意识,卢卡奇论述的立脚点是当时的无产阶级革命。基于此,卢卡奇批判了当时的第二国际庸俗的经济决定论,这种理论被无产阶级所接受,并在实践中旨在诉诸自发斗争实现对现实的改造,在意识形态领域完全跟不上现实的社会历史条件的发展。卢卡奇指出,只有拒绝第二国际对工人阶级的影响,工人运动才能在正确的理论指导下进行正确的革命活动,最终夺取无产阶级革命的胜利。

在革命进程中,意识发挥了重要的指导作用。相应地,意识革命在无产阶级革命中处于核心地位。"卢卡奇指出,只有铲除物化意识的影响,工人运动才能克服自身的意识形态危机,以无产阶级的阶级意识和阶级行动实现对历史总体性的追求,取得无产阶级革命的胜利。"②相较于以暴力为特征的传统革命观,卢卡奇认为,无产阶级革命不可能简单地通过政治革命或经济革命就可实现,只有在资本主义社会的危机已经成熟,并且无产阶级意识到这种危机时,它才能完成对物化意识的扬弃。正因为如此,无产阶级还有"很长的路要走",任何抱有幻想性的革命都是"灾难性的"存在。

卢卡奇及其《历史与阶级意识》在马克思主义发展史上占有重要地位。

2.柯尔施的马克思主义观

(1)柯尔施生平简介

柯尔施(1886—1961)是卢卡奇的同时代人,德国著名的哲学家和政治活动家,西方马克思主义的奠基人之一。1923年,他在卢卡奇出版《历史与阶级意识》时,也出版了《马克思主义和哲学》。在这本著作当中,柯尔施提出一种

①卢卡奇:《历史和阶级意识》,王伟光、张峰译,华夏出版社1989年版,第222页。

②周穗明等:《20世纪西方新马克思主义发展史》(上册),学习出版社2004年版,第36页。

以总体性原则为核心的马克思主义观。这本著作也成为西方马克思主义的经典著作之一。

柯尔施在大学时代就对社会现实问题表现得极为敏感,成为当时思想进步、自由活跃的知识分子,在参加政治运动的过程中,柯尔施深切地感受到了把马克思主义作为一种实践哲学的必要性。一般而言,我们可以将柯尔施的人生经历大致分为三个时期,如下表:

表4-2　柯尔施的人生经历

时间段	主要经历
1911—1919年 前马克思主义时期	柯尔施获得博士学位之后,前往英国学习法律,在这一时期,他在费边主义的改良主义影响下成为民主社会主义者。第一次世界大战之后,柯尔施回国,参加德国"独立社会民主党",并且提出著名的实践社会主义理论和组建工人委员会。这时,他的思想已经非常接近马克思主义。
1919—1926年 在国际共产主义内部进行政治实践和理论实践的时期	柯尔施于1920年参加了德国共产党,不久后,成为党内的活跃分子。20世纪20年代初,柯尔施试图从理论上总结一战后国际无产阶级革命运动的经验教训。在理论探索与革命实践活动中,柯尔施的《马克思主义和哲学》出版,他在这本书中批判性地分析了第二国际理论家所谓的"正统"马克思主义,基于总体性原则重新探讨马克思主义与哲学的关系,并提出新马克思主义的观点。
1926—1961年 作为"独立的马克思主义者"进行学术研究的时期	基于当时国际上的修正主义思潮,柯尔施拒绝修正自我,拒绝承认错误,1926年被开除出德国共产党。但这并未撼动柯尔施的自我坚持,他始终坚持自己是一个"独立的马克思主义者"。

柯尔施一生著述丰富,有《工厂委员会的劳动法》、《马克思主义和哲学》和《卡尔·马克思》等。在这些著作中,柯尔施主要阐述马克思主义观,其中最重要的是他对"哲学转折"与总体性原则、实践社会主义思想以及马克思主义发展的三阶段论的阐述。

(2)柯尔施思想的主要内容

柯尔施对马克思主义的哲学反思,同卢卡奇一样,其重点在于讨论马克思主义理论和实践的关系。在西方马克思主义的发展史上,柯尔施的这些反思和讨论构成了新的马克思主义观。

①“哲学转折”与总体性原则

第一，理论的危机与哲学性的丧失。

柯尔施在《马克思主义和哲学》中认为，在第二国际发展的几十年中，马克思主义的正统地位正在遭受严峻挑战，“在20世纪初，资本主义长期的纯粹进化的发展时期结束了，一个新的革命斗争时代开始了。……追随者们的极其平庸的和残缺不全的庸俗马克思主义，甚至不能适当地意识到它自己的所有问题，更不用说对他们之外的一系列问题的任何明确的见解了”[①]。柯尔施指出，“马克思主义理论危机的根源在于哲学性的丧失”[②]。在当时的历史条件下，马克思主义理论家和实践者均未意识到关于理论与实践的重要问题。由此，柯尔施从三个方面分析第二国际对马克思主义的哲学性的忽略情况。

首先，第二国际的学者在理论研究中不关注马克思主义在哲学上的贡献和历史地位。这具体表现在部分学者不关注马克思的哲学观点，或者将马克思的哲学观点片面化，并且对马克思和恩格斯的哲学思想给予很低的评价。柯尔施认为，造成这一现象的原因在于资本主义的发展已经使资产阶级理论家丧失了对社会现实进行总体性把握的能力，只能退守在实证主义方法论之中，这种方法显然行不通。其次，第二国际“正统马克思主义者”把马克思主义看作一种社会理论，否定马克思主义与哲学之间的关联。显然，这一想法在现代西方社会仍然流行，把马克思主义看作一种社会学理论，而非实践意义上的行动指南。第二国际理论家在对待马克思主义的立场上，毅然决然地走到了马克思主义的对立面——资产阶级一方。“在那个时期，无论马克思主义理论和资产阶级理论在所有其它方面有着多大的矛盾，这两个极端在这一点上却有着明显的一致之处。……他们的马克思主义从其本性上来讲与哲学没有任何关系，并认为他们说的是很重要的有利于马克思主义的东西。”[③]最后，除了上述两种错误观点，还存在一种与之一样的倾向，即认为“马克思主义本身是缺乏内容的”，但与之不同之处在于，这种观点认为马克思主义需要哲学体系，并且用“文化哲学”和康德等人的哲学观点来“填补”“正统马克思主义”哲学体系。

柯尔施对于哲学体系的恢复的见解在于：将哲学的根本原则定义为理论和实践的统一的原则，也就是柯尔施所推崇的理论与实践的总体性统一的原则。因此，“哲学转折”就要先对总体性原则进行恢复。

---

①卡尔·柯尔施：《马克思主义和哲学》，王南湜、荣新海译，重庆出版社1989年版，第19页。

②衣俊卿：《西方马克思主义概论》，北京大学出版社2008年版，第48页

③衣俊卿：《西方马克思主义概论》，北京大学出版社2008年版，第50页。

第二，“哲学转折”与总体性原则的恢复。

“哲学转折”实质在于恢复马克思主义在哲学中的理论与实践的总体性范畴，在原有的基础上恢复马克思主义的哲学性质，将马克思主义从第二国际的阴霾中解救出来。基于这一主题，柯尔施首先从德国古典哲学入手，通过分析“消灭哲学”的表现形式，达到对总体性原则的恢复。

首先，以“消灭哲学”为表现形式的哲学革命。第二国际时期的资产阶级理论家主张否定马克思主义哲学。除这个理由之外，还有一个致命的原因，即第二国际理论家对于马克思、恩格斯关于“消灭哲学”的观点的理解还停留在表面，没有看到其深刻内涵。柯尔施在《马克思主义和哲学》中用了很大的篇幅来说明这个概念。恩格斯在自然科学领域表明对一切旧哲学的终结，断言“哲学在黑格尔那里完成了”①。并由此宣布，“在以往的全部哲学中仍然独立存在的，就只有关于思维及其规律的学说——形式逻辑和辩证法”②。与恩格斯相比，马克思在这方面论证得更为深入。马克思在《〈黑格尔法哲学批判〉导言》中指出，要将对天国的批判首先转移到对社会现实的批判。可见，马克思关注的是哲学与社会现实之间的内在关联。马克思认为，“德国人的解放就是人的解放。……哲学不消灭无产阶级，就不能成为现实；无产阶级不把哲学变成现实，就不可能消灭自身”③。由此可见，第二国际理论家和马克思、恩格斯对于哲学的态度完全不同，马克思、恩格斯并未否定哲学的价值，而是从社会现实出发，进行一场真正的哲学变革。马克思、恩格斯要求“消灭哲学”，目的在于关注现实，致力于实现无产阶级解放和人的解放。正如马克思在《关于费尔巴哈的提纲》中第十一条规定的那样：“哲学家们只是用不同的方式解释世界，问题在于改变世界。”④

其次，总体性原则的含义。马克思之于第二国际理论家最大的区别在于，马克思在现实领域中实现哲学解放，而第二国际理论家则脱离现实，空谈哲学。马克思哲学的核心是实现理论与实践相统一的总体性原则。那么我们可以从以下两个方面把握柯尔施关于总体性的认识。

一方面，柯尔施在《马克思主义和哲学》中强调，要把社会存在和社会发展这两个方面当作一个活的有机体看待，尤其要将理论和实践看成一个整体。柯尔施指出：“在理论上以辩证的方式，在实践上以革命的方式理解的唯物史观，与那些孤立的、自发的各个知识分支，与作为脱离革命实践的科学上的目

①《马克思恩格斯选集》第四卷，人民出版社2012版，第226页。

②《马克思恩格斯选集》第三卷，人民出版社1995版，第364页。

③《马克思恩格斯选集》第一卷，人民出版社1995版，第16页。

④《马克思恩格斯选集》第一卷，人民出版社1995版，第57页。

标的纯理论考察，都是不相容的。”[①]正是在这一现实的推动下，科尔施提出上述观点。

另一方面，柯尔施强调总体性原则最大的特征在于具有强烈的批判性和革命性。这种批判性和革命性以对现实的改造为基础。柯尔施对此具有明确的论述：“因此，对于马克思和恩格斯来说，在他们的唯物主义的发展过程中，哲学成为社会—历史过程的一个较之开始时不重要的组成部分，这是可能的，而且在事实上也的确是如此。但是，真正的辩证唯物主义的历史观（肯定地说，马克思和恩格斯的唯物主义）不可能不认为哲学意识形态，或者一般的意识形态是一般的社会—历史现实的一个实在的组成部分——即，一个必须在唯物主义理论中把握住并由唯物主义实践消灭的现实部分。”[②]

②实践社会主义思想

20世纪初，对马克思主义正统挑战最大的是以伯恩施坦为代表的修正主义。柯尔施在对修正主义的批判过程中，提出了“实践社会主义”的基本构想。

第一，实践社会主义。

柯尔施认为，社会主义有三种形式：教条主义的社会主义、修正主义的社会主义和实践的社会主义。前两种社会主义形式在国际社会主义运动中明显地显示出了自身的缺陷，因此，柯尔施以“实践社会主义”批判那些错误的社会主义思想。柯尔施指出，实现社会主义的唯一手段就是人的自由自觉的实践活动以及人对于实现社会主义的坚定信念。柯尔施批评教条主义仅仅把科学社会主义看作一种“科学的”社会主义而已，看不到科学社会主义的革命性因素。同时批判伯恩施坦的修正主义将资本主义社会的商品生产看作现实社会的基础的错误主张。资产阶级理论家摒弃了对社会主义真正深刻的认识。实践社会主义正是从资本主义社会的生产—分配关系入手，彻底研究了社会生产关系的方方面面。

第二，社会主义与社会化。

列宁在灌输理论中强调，工人不能自觉地产生共产主义思想，他们在资本主义社会中，只能产生工联主义思想，无产阶级要将无产阶级革命理论灌输到工人们的头脑当中去。柯尔施也指出，在资本主义主导的社会条件下，社会主义不可能自然而然地从中产生，因此，社会主义理论家要做好与资本主义理论家论辩的长期准备，通过社会化来实现社会主义。柯尔施在他1919年写的《什么是社会化?》一文中，对社会化的目的、任务和具体形式作了纲领性的说

①卡尔·柯尔施：《马克思主义和哲学》，王南湜、荣新海译，重庆出版社1989年版，第25页。

②卡尔·柯尔施：《马克思主义和哲学》，王南湜、荣新海译，重庆出版社1989年版，第38-39页。

明，提出了一个“工业自治”的社会主义经济体制的设想，其主旨在于由生产者直接管理生产和分配过程。[1]那么，什么是“工业自治”？柯尔施认为：“工业自治在于，在任何工业（这里‘工业’是英文‘Industry’的意思，所以是任何有计划的经济活动，包括农业在内）中，一切从事劳动的生产参加者的代表，取代迄今的私有主或由私有主指定的生产领导者，成为对生产过程进行统治的执行者，与此同时，由国家的‘社会政策’强迫生产资料私人资本主义所有制接受的对所有制的限制，则继续向着有效的全体人员的所有制发展。”[2]柯尔施设想，社会化应当分为两个阶段进行。第一个阶段主要的工作是改变生产资料的资本家独占形式。第二个阶段是实现劳动的社会化和劳动的解放。从第一阶段到第二阶段，通过“教育的社会化”来实现，即“有效地促进向社会主义的公有经济的过渡”[3]。于是，促进教育发展成为由第一阶段向第二阶段转化的必不可少的举措。

第三，社会主义与工人委员会。

柯尔施还指出，工人委员会是私有制过渡到公有制的组织力量。同时，他特别看重工人在工人委员会当中的活动，认为工人委员会的行动体现了工人的自主性。要实现对国家的指导，就需要一种以“自上而下的监督”为主和以“自下而上的监督”为辅的道路。资本主义社会的目的在于追求利润，但是工人委员会作为与资本主义性质不同的组织存在，决不能以利润、权利为目的，否则就会走向改良主义。工人委员会只有经过不懈的斗争，才能逐步实现社会主义，才能真正建立起服务于工人阶级的制度。

③马克思主义发展的三阶段论

柯尔施认为无产阶级夺取政权需要一定的心理前提，也就是说，阶级意识对于夺取政权至关重要。在《马克思主义和哲学》中，柯尔施对马克思主义理论的演进和发展趋势进行了分析研究，以证明阶级意识具有重要地位。他认为马克思主义的发展历史可以划分为三个阶段：

第一阶段是马克思主义理论作为一种总体性的理论而存在；

第二阶段是马克思主义在发展中，逐渐丧失了整体性的立场，转变为一种非批判的实证性理论；

第三阶段是20世纪初，随着第二国际的瓦解，一些马克思主义者从多角度出发，逐渐恢复马克思主义与哲学的本质关联，试图在整体上建构马克思主义理论。

---

①周穗明等：《20世纪西方新马克思主义发展史》（上册），学习出版社2004年版，第73页。

②《马列主义研究资料》1983年第3辑，第234页。

③《马列主义研究资料》1983年第3辑，第240页。

第一阶段:总体性的理论。

柯尔施认为,从1843年《黑格尔法哲学批判》的发表到1848年《共产党宣言》的发表,是马克思主义发展的早期阶段。柯尔施对于这一时期的马克思主义发展给予高度评价,认为早期的马克思主义是随着工人运动的成长而发展起来的,充分体现了无产阶级的阶级意识。在他看来,这一时期的马克思主义最大的特征在于与哲学联结,是一种理论与实践相结合的总体性理论。他指出,在早期,马克思主义是"一种把社会发展作为活的整体来理解和把握的理论;或者更确切地说,它是一种把社会革命作为活的整体来把握和实践的理论。在这一阶段,毫无疑问,任何把这一整体的经济的、政治的和思想的要素划分为知识的各个分支的作法,甚至在每一个分支的具体特征被把握时,都是以历史的忠实性去分析和批判的。……这一作为社会革命理论的马克思主义理论的早期和富有青春活力的形式的最好例子,显然就是《共产党宣言》"[①]。

从上面的论述中我们可以看出,柯尔施高度肯定马克思的早期思想,认为马克思主义的早期思想在于将理论运用于实践,并且在实践中得到了证实。具体地说,我们可以从以下三个方面认识和了解柯尔施对马克思主义早期发展的论述。首先,用柯尔施自己的话来说,马克思和恩格斯的理论就是"完完全全为哲学思想所渗透的",从另一方面来说,就是马克思和恩格斯的理论在本质上是一种在深层次意义上的哲学理论。其次,在柯尔施看来,马克思和恩格斯的理论在本质上是一种关于理论与实践相统一的总体性的理论,总体性原则贯穿于马克思和恩格斯早期哲学理论的方方面面。这种全方位的体现,主要是在政治领域、经济领域和文化领域有所折射,即将总体性原则运用于社会现实生活。最后,按照柯尔施的理论构想,总体性原则表现为社会革命必须以一种彻底的方式实现。

第二阶段:非批判的实证性理论。

第二个阶段是从1848年巴黎六月起义失败到19世纪末这一时期。柯尔施对马克思主义这一阶段的理论持否定观点。因为在柯尔施的视野中,这一时期国际工人运动跌入谷底,无产阶级解放运动失去了思想指南,于是马克思主义在这一阶段发生了转变,"经历了重大的变化"。在这一时期,马克思主义理论失去了理论与实践相统一的总体性特征,表现其理论整体的环节出现了分离,政治、经济、文化和意识形态脱离了现实生活,从而也就脱离了实践。尽管马克思和恩格斯在这一时期的理论实践脱离现实,从现实中分化出来,但是马克思和恩格斯的理论体系"从未消融在各个知识分支的总和之中",从反方

①卡尔·柯尔施:《马克思主义和哲学》,王南湜、荣新海译,重庆出版社1989年版,第22-23页。

向来说，“理论和实践不可割断的相互联系，作为马克思的唯物主义的第一个共产主义类型的最独特的标志，在他的体系的较后期形式中，无论如何也没有被废除。……潜在于每一决定性的章节中，尤其是在《资本论》第一卷中一再地喷发出来”①。

具体来说，马克思主义发展史上第二阶段的理论主要表现在以下两个方面。首先，在这一时期，第二国际资产阶级理论家割裂了马克思主义同哲学的联系，将马克思主义分化为几个互不相连的碎片。尽管理论家们支持马克思的历史唯物主义，但在脱离社会实践的基础上谈哲学，只能是一种纯理论的思考，缺乏实践性。他们越来越认为科学社会主义是一种纯粹的科学观察，与政治斗争、阶级斗争实践没有任何联系。这样，本质上辩证的唯物史观，就变成了某种非辩证的东西，或变成了一种纯粹的理论启发性原则。所以，第二国际的理论家大多把马克思主义理解为“经济决定论”。德国社会民主党内的“青年派”和修正主义代表人物伯恩施坦是“经济决定论”的鼓吹者。其次，第二国际理论家认为，马克思主义理论从总体性的理论转变为不同的分支，必然导致马克思主义理论失去革命性和批判性。他们认为，马克思主义理论变成了“一些关于不同的社会领域里的历史现象的因果联系的理论公式”。如柯尔施在《马克思主义和哲学》中所说的那样，“一个统一的关于社会革命的一般理论被变成了对于资产阶级的经济秩序、资产阶级的国家、资产阶级的教育体系、资产阶级的宗教、艺术、科学和文化的批判。……并且在实际的实践中，通常也确实如此”②。第二国际理论家以一种非辩证的实证主义理论代替马克思主义，破坏了马克思主义理论体系的整体性，由此也丧失了对马克思主义理论的总体认识。

第三阶段：总体性理论的重建。

第三阶段开始于20世纪初期。在这一阶段，第二国际开始瓦解，所谓的“正统的马克思主义”也开始破裂，新一代的马克思主义理论家们看到了第二国际中资产阶级理论家的非批判的实证主义的错误，开始重新思考马克思主义和哲学的关系，逐步恢复和发展马克思主义基本理论。柯尔施认为，20世纪的马克思主义理论家都坚信马克思主义理论与哲学之间存在着关联，但他们是从不同的角度思考这个问题的。在这一时期，存在两种哲学理论研究力量：第一种是以罗莎·卢森堡和列宁为代表的马克思主义理论家，他们代表共产国际的马克思主义；第二种是以卢卡奇、柯尔施为代表的马克思主义理论家，他

①卡尔·柯尔施：《马克思主义和哲学》，王南湜、荣新海译，重庆出版社1989年版，第25页。

②卡尔·柯尔施：《马克思主义和哲学》，王南湜、荣新海译，重庆出版社1989年版，第28页。

们是西方非正统的马克思主义的代表。在柯尔施看来,他们都肯定了马克思主义与哲学之间的内在关联,否定了庸俗的经济决定论。

柯尔施对列宁有这样的评价:"当列宁从理论上在一个决定性的时刻把这一问题提到议程上时,这便早早地预示着,在革命的马克思主义之中,理论和实践的内在联系已经被有意识地重建。"[①]然而,柯尔施认为列宁的这一发展同样存在问题:列宁并没有关注哲学问题,列宁等人也没有正确把握马克思主义理论发展的方向,更没有恢复总体性原则。他在1930年写的《关于"马克思主义和哲学"问题的现状》中尖锐地批判了共产国际理论家,并分别从三个方面批判列宁的哲学理论。

第一,列宁本人并"没有把这种哲学建立在基本的理论公式基础上",只是从实践和政治角度看待哲学是否"有利于"无产阶级斗争。第二,列宁的哲学存在内在矛盾,无法指导现实的无产阶级革命,即列宁的唯物主义回到了马克思和恩格斯的旧唯物主义时期。因此,柯尔施指出:"他看来并没有意识到,对黑格尔唯心主义哲学的这种'唯物主义的颠倒'至多只涉及到一种术语上的变化,用所谓'物质'的绝对存在取代所谓'精神'的绝对存在。……而且他把唯物主义和唯心主义的全部争论拖回到从康德到黑格尔的德国唯心主义已经超越了的历史阶段。"[②]第三,基于上述两种批评,柯尔施从哲学的功能角度出发,批评列宁将哲学变成一种政治统治的工具,最终破坏了哲学原初的价值。

基于以上分析,我们可以看出,柯尔施首先肯定列宁对马克思主义哲学的重视,但另一方面,他又批评列宁哲学的错误方向。既然如此,在柯尔施看来,真正能代表马克思主义理论的应当是一些西方的非正统的马克思主义者,如卢卡奇和柯尔施自己。《历史与阶级意识》和《马克思主义和哲学》的发表标志着这个哲学派别从马克思主义理论内部产生。

综上所述,柯尔施的思想是20世纪西方马克思主义的主要理论来源之一。其对20世纪西方马克思主义的发展提供了重要的理论思考。同卢卡奇一样,柯尔施在西方马克思主义发展史上具有重要的地位,我们应当高度重视。

3. 葛兰西的实践哲学构想和市民社会理论

(1)葛兰西生平简介

葛兰西(1891—1937),意大利共产党创始人之一,20世纪著名的马克思主义理论家,西方马克思主义的早期奠基人之一。葛兰西在其短暂的一生中对20世纪人类社会的发展作出了重要贡献。一般而言,我们可以将葛兰西的一生大致分为三个时期,见表4-3:

①卡尔·柯尔施:《马克思主义和哲学》,王南湜、荣新海译,重庆出版社1989年版,第31页。

②卡尔·柯尔施:《马克思主义和哲学》,王南湜、荣新海译,重庆出版社1989年版,第81页。

表4-3　葛兰西的人生经历

时间段	主要经历
1919年之前 葛兰西求学以及参加革命运动时期	1913年，葛兰西参加意大利社会党。大学期间，由于体弱多病，不得不中断大学生活。此后葛兰西一直从事理论宣传，1919年与陶里亚蒂、塔斯卡等人创办了《新秩序周刊》，标志着葛兰西理论生涯和实践生涯进入一个新的时期。
1919—1926年 革命实践时期	1919年，葛兰西等人参加工厂委员会运动，随后主张改造意大利社会党，1921年意大利共产党正式宣告成立。
1926—1937年 长达11年的狱中时期	葛兰西于1926年被捕，从此开始了长达11年的狱中时期，这也是他集中的理论创作时期。在此期间，葛兰西写下了著名的《狱中札记》，探讨了意大利的历史和革命道路等众多问题，总结和分析了国际共产主义经验，并论述了对实践哲学的构想和文化领导权理论，对20世纪西方马克思主义的发展产生了重要的影响。

图4-2　《狱中札记》一书封面
（河南大学出版社2014年版）

（2）葛兰西思想的主要内容

①实践哲学的构想

葛兰西在《狱中札记》中用了很大的篇幅来说明实践哲学的问题。对于实践哲学的问题，学术界存在争论：一种看法认为马克思主义就是实践哲学，葛兰西只是为了躲避狱中的书报检查制度而换了一种说法而已；另一种看法是葛兰西使用实践哲学这个术语来说明马克思主义仅仅是一种策略上的考虑，马克思主义和实践哲学之间是有差异的。

实际上，通过《狱中札记》的许多论述，葛兰西是在实质上把马克思主义理论理解为实践哲学的。对于这一论点，我们可以从两方面作出具体论述。首先，在理论上，葛兰西吸收意大利马克思主义者拉布里奥拉的观点，拉布里奥拉明确把马克思主义理论概括为实践哲学。因此，他使用“实践哲学”这一术语，就是将拉布里奥拉准确地称之为“历史唯物主义核心”的实践哲学还给了马克思主义。[①]其次，葛兰西认为实践哲学的发展需要教育、文化起作用，对于文化领导权具有重要意义。“实践哲学有两项工作要做：战胜最精致形式的现代意识形态，以便能够组成它自己的独立的知识分子集团；以及教育其文化还是中世纪的人民大众。”[②]由此可见，葛兰西对实践哲学的归纳是一种本质性的理解，因而，应当从以下几个方面来理解。

第一，客观主义和历史宿命论批判。

正如前面所说，葛兰西文化领导权理论的基础是实践哲学，其核心是人作为自由自觉的主体而存在，强调人的历史作用。葛兰西在《狱中札记》中反复批判过分强调客观必然性对人的决定作用的观点，批判那种“把历史视作一个完全由给定的必然性和铁的规律性支配的哲学观点”[③]。只有破除历史宿命论和机械决定论，才能充分发挥实践哲学的积极作用。我们可以从两个方面来理解葛兰西对机械决定论和历史宿命论的批判。

一方面，从理论层面上看，葛兰西批判将客观思想视作第一性的观念。人作为实践的存在，只有在历史活动中才能实现人的自我生成。首先，普通民众对客观性的理解不是基于理性思考，而只是一种常识经验，在社会历史背景下，这种常识经验更多地带有宗教色彩。正如他指出的那样：“在事实上，这个信仰具有宗教的根源，即使那个分享这个信仰的人对宗教并不感兴趣。”[④]其次，葛兰西又从哲学理论层面分析客观性问题，人只能以人的视角看待社会历史，人的视角之外一切客观物同样具有宗教色彩。他指出：“在形而上学唯物主义中，‘客观的’观念显然打算指一种甚至存在于人之外的客观性……我们只是在同人的关系中认识实在，而既然人是历史的生成，认识和实在也是一种生成，客观性也是如此，等等。”[⑤]实际上，对人而言，人的实践活动和认识活动总是客观的。

①W.F.豪克：《从马克思到葛兰西—从葛兰西到马克思——历史唯物主义和实践哲学》，转引自《当代国外马克思主义评论》（第二辑），复旦大学出版社2001年版，第250页。

②葛兰西：《实践哲学》，徐崇温译，重庆出版社1990年版，第80页。

③衣俊卿：《西方马克思主义概论》，北京大学出版社2008年版，第81页。

④葛兰西：《实践哲学》，徐崇温译，重庆出版社1990年版，第135页。

⑤葛兰西：《实践哲学》，徐崇温译，重庆出版社1990年版，第140页。

另一方面,从现实历史运动基础上看葛兰西批判机械决定论和历史宿命论的立场。他认为,第二国际理论家否定马克思主义理论和哲学之间的关联,错误地将马克思和恩格斯的理论看作一种"经济决定论"。这不仅造成了马克思主义理论的危机,也误导了马克思主义理论家对马克思主义理论的理解,为无产阶级革命提供了错误的指导。所以"为了根据一定计划去创造这些条件而有意识地采取的行动不仅是无益的,而且甚至是有害的"[①]。在揭示机械决定论与历史宿命论的错误之后,葛兰西基于实践哲学来理解人的历史活动。

第二,实践是哲学的基础和核心。

实践是哲学的基础和核心,这是实践哲学的基本出发点,葛兰西从不同的角度论述了这一点。在与不同思潮的比较中,葛兰西指出:"为了避免唯我论,同时又避免包含在认为思维是一种感受的和整理的活动的机械论概念,就必须用一种'历史主义的'方式提出问题,同时又把'意志'(归根到底它等于实践活动或政治活动)作为哲学的基础。"[②]葛兰西又指出:"统一是由人和物质(自然——物质的生产力)之间矛盾的辩证发展达成的。"[③]接着,葛兰西从经济学和哲学领域分别说明这一论点。

第三,"实践一元论"。

何谓"实践一元论"?在某种意义上,"实践一元论"综合了人类社会的一切成就,超越了旧唯物主义的一切局限性,代表着一种更高层次的唯物主义。旧唯物主义把意识看作对外部世界的"反映",看不到人自身的主动性和创造性,陷入了机械论和庸俗唯物论,就"历史"考察历史。葛兰西否认将混沌初开的自然界看成认识客体。他认为,离开历史和实践活动,盲目迷信宗教信仰,脱离思维,脱离物质,是实践哲学的大忌。葛兰西强调,不能将他的实践哲学看成唯物主义一元论或者唯心主义一元论,而应是在超越一切旧唯物主义和唯心主义的基础上,全面综合人类社会的思想成果。即"实践哲学则在其超越作为过去社会的表现的传统唯心主义和传统唯物主义,而又保持其重要要素的范围内作到这一点"[④]。

总而言之,葛兰西的"实践一元论"通过"本体论与认识论的统一排除了传统的实体理论,把人们的目光从物自身转向人的社会实践……从具体的社会实践以及社会历史发展的总体意义上了解对象"[⑤]。

①安东尼奥·葛兰西:《狱中札记》,葆煦译,人民出版社1983年版,第142页。
②葛兰西:《实践哲学》,徐崇温译,重庆出版社1990年版,第28页。
③葛兰西:《实践哲学》,徐崇温译,重庆出版社1990年版,第91页。
④葛兰西:《实践哲学》,徐崇温译,重庆出版社1990年版,第128页。
⑤周穗明等:《"新马克思主义"先驱者》,中央编译出版社1998年版,第201页。

第四，对“实践哲学”的评论。

葛兰西《狱中札记》的发表引起了学术界激烈的争论，既有批评，也有赞扬。佩里·安德森认为，葛兰西的实践哲学不同于传统的马克思主义哲学，是一种新的哲学路线。他高度赞扬葛兰西，将其与卢卡奇、柯尔施等人并列为“西方马克思主义”的创始人。一些学者认为，葛兰西的“实践一元论”主张将唯物主义和唯心主义综合起来考察，带有折中主义色彩；还有一些学者则认为葛兰西的“实践一元论”否定了自然界的基础地位。总之，葛兰西的某些概念存在表达上的不准确性，客观上混淆了唯物主义和唯心主义的界限，从而与他的唯物主义自相矛盾。

②文化领导权理论

基于上面的分析，我们接下来分析葛兰西的社会历史观。葛兰西在政治上的失败并不算什么，最重要的是他的《狱中札记》为后来的思想提供了理论来源：文化领导权[①]既是夺取政权的重要前提，又是守护政权不可或缺的手段。

第一，政治社会与市民社会。

葛兰西认为，“国家=政治社会+市民社会，即强制力量保障的霸权”[②]。他指出，国家是政治社会和市民社会的总称，政治社会往往是强制机关的代表，市民社会则是一个“教育”机关。早期社会中，市民社会这个概念与市民阶层有关，市民往往指的是早期的城关居民，后来逐步发展成为新兴的资产阶级；而在现代社会，市民社会往往也被称公民社会。[③]相比之下，葛兰西所说的市民社会跟早期的市民社会有很大的区别。葛兰西有时将市民社会理解为经济关系和经济结构，有时又将其归纳于上层建筑。所以说，葛兰西所描述的市民社会概念相当广泛，涉及经济和政治两个领域。

从社会历史发展的角度来看，市民社会起源于经济领域，随着社会结构的复杂化，其内容开始变得更加丰富。所以说，市民社会是人类社会发展到特定阶段的产物。[④]葛兰西认为，由于东西方所处的历史发展阶段和各国国情不同，市民社会也就表现为不同的发展模式：东方社会是还未开化的社会，落后的生产方式使之并未形成独立的市民社会；在西方发达的资本主义国家，经济社会迅速发展，形成了独立的市民社会。东西方国家不同的发展方式决定了东西方国家社会革命的前途和命运。葛兰西认为，在东方社会，工业文明的火焰还未点燃，传统的专制集权国家中只能产生暴力和强权。20世纪的印度、俄

---

①我国学者大多数将“领导权”译为“霸权”。

②安东尼奥·葛兰西：《狱中札记》，曹雷雨等译，中国社会科学出版社2000年版，第218页。

③现代市民社会的概念大多采用civil society，即公民社会。

④衣俊卿：《西方马克思主义概论》，北京大学出版社2008年版，第71页。

国等就是典型的例子。在西方社会,情况就变了,由于形成了市民社会,“资产阶级不但拥有政治上的领导权(political hegemony),而且取得了文化或意识形态的领导权(cultural hegemony)。在这种情况下,西方国家具有二重本质:强力+同意(领导权)”[①]。在西方资本主义社会,随着市民社会作用的加强,国家中潜在的暴力手段和强制手段得到了一定的压缩,而教育、文化的职能逐步加强。这样说来,“资产阶级给法律意识带来的革命、以及由此给国家职能带来的革命,特别表现为服从的意志(因此产生所谓的法律道德规范和国家道德规范)”[②]。在社会历史发展过程中,国家中的暴力因素逐渐减退,文化和理论规范逐步在国家中确立。我们认为,虽然葛兰西对东方国家的认识未必准确,但是,对西方国家的认识却是非常深刻的,在今天依然有启发意义。

第二,文化领导权。

通过上述分析,我们进入到在西方国家进行无产阶级革命的核心问题:文化领导权的问题。“领导权”概念是列宁首先提出来的。列宁将“领导权”理解为工人阶级及其代表为了争取大多数群众而采取的意识形态的权力,并把领导权的理论作为对国家武力理论的补充,作为马克思主义的当代形式。[③]

通过分析俄国十月革命和西方无产阶级革命,葛兰西得出了一个结论:革命的结果差异源于东西方社会结构的差别。为此,我们可以从两个方面来讨论这一点。首先,在东方国家,独立的市民社会尚未形成,因此,国家占据主导地位和统治地位,国家权力就是强权。在这种情况下,无产阶级只要使用暴力,以另一种暴力推翻国家是一件比较容易的事,于是东方国家的无产阶级革命很容易成功。在西方社会,情况就相反了。国家不仅体现在暴力和强权上,而且也体现在领导权(同意)上。于是,无产阶级在革命过程中必须通过政治权力取得政治上的成功,还必须通过合法化的文化领导权支撑起整个国家和社会。因此,在西方,无产阶级在取得文化领导权之前仅靠政治革命是不可能取得成功的。再者,在夺取文化领导权的过程中,将意识融合起来的知识分子阶层为革命提供理论和实践指导,也是至关重要的。“知识分子阶层中的非妥协主义者和批判分子提供创造性思维和组织能量。没有这些,革命变化将不可能。”[④]

第三,阵地战和运动战。

所谓“阵地战”和“运动战”,是指无产阶级革命发展过程中的两个不同阶

①衣俊卿:《西方马克思主义概论》,北京大学出版社2008年版,第72页。

②安东尼奥·葛兰西:《狱中札记》,曹雷雨等译,中国社会科学出版社2000年版,第216页。

③周穗明等:《20世纪西方新马克思主义发展史》(上册),学习出版社2004年版,第61-62页。

④卡尔·博格斯:《知识分子与现代性的危机》,李俊、蔡海榕译,江苏人民出版社2002年版,第69页。

段，也就是相对稳定期和急剧变革期，分别指代革命低潮时期和革命高潮时期。“阵地战”适用于革命低潮时期，在市民社会内部发起，无产阶级先进意识不断注入到每一个工人阶级和市民社会成员的头脑当中，一个一个地克服他们意识中的“常识”，逐步瓦解资产阶级在市民社会的“碉堡”；这样一来，资产阶级国家就会不攻自破。“运动战”适用于无产阶级与资产阶级斗争的决战时刻。

第四，官僚主义和民主集中制。

1924年斯大林掌权之后，苏联逐渐脱离工人和群众，官僚主义形成。葛兰西看到了苏共体制的变化，即脱离人民群众，压制民主形成的可能性，对此，葛兰西提出要进行民主建设。葛兰西批评了两种官僚主义：一种是宗派主义，另一种是专制集权主义。这两种官僚主义在本质上都是脱离群众，以小部分精英的意志来领导和代表绝大多数人的意志，精英成为主体，大多数人民群众成为被动的客体。相应地，葛兰西提出两种防止走向官僚主义的方法，即“民主集中制”和将脑力劳动与体力劳动相结合。关于这两种方法，我们在这里不再过多赘述。

（二）法兰克福学派

1.法兰克福学派的发展历史

法兰克福学派是以德国法兰克福社会研究所为中心构成的一个具有明显的代际传承、在同一代人中又有相对集中的主题的学术团体。该研究所于1923年创立，延续至今，是20世纪最大的西方马克思主义流派。这个“最大”既体现在代表人物的数量上，又体现在成员理论建树的广度和深度上，还体现在持续时间、流传范围、影响程度等各个方面。法兰克福学派以社会批判理论著称，涉及哲学、政治学、经济学、文化学、心理学、社会学等诸多领域。“可以断言，不研究和理解法兰克福学派的社会批判理论，不可能十分全面与深刻地理解20世纪人类文化精神的演进。”①

（1）主要代表人物

法兰克福学派的代表人物众多，在其发展过程中起着关键性作用的主要代表人物是霍克海默、阿多诺、马尔库塞、弗洛姆、哈贝马斯等。这些主要代表人物充分结合马克思主义的异化理论以及对现实问题的思考，形成了极具时代特色的批判理论，从而推动了法兰克福学派的发展。

霍克海默（1895—1973），法兰克福学派创始人之一，1930年担任法兰克福

①衣俊卿：《西方马克思主义概论》，北京大学出版社2008年版，第112页。

社会研究所所长，开启以社会批判理论而著称的法兰克福学派的历史。代表著作有《启蒙辩证法》《工具理性批判》《批判理论》等。阿多诺(1903—1969)，20世纪著名思想家，“阿多诺的否定的辩证法是异化理论和社会批判理论的最激进、最彻底甚至最极端的表现形式”[①]。阿多诺的代表著作有《新音乐的哲学》《否定的辩证法》等。马尔库塞(1898—1979)，“海德格尔主义的马克思主义”和“弗洛伊德主义的马克思主义”的主要代表人物，因积极参与社会活动，也被誉为“新左派之父”和“青年造反之父”，其代表著作有《历史唯物主义的基础》《理性和革命》《单向度的人》等。弗洛姆(1900—1980)，精神分析学家，“弗洛伊德主义的马克思主义”的重要代表人物之一，“毕生致力于对人的心理机制和性格结构的分析”[②]，其代表著作有《逃避自由》《自为的人》《占有还是生存》等。哈贝马斯(1929—)，他既是法兰克福学派社会批判理论的主要继承者，又与第一代的代表人物存在分歧和冲突。其代表著作有《作为“意识形态”的技术与科学》《交往与社会进化》《重建历史唯物主义》《现代性的哲学话语》等；技术理性批判、交往行为理论、生活世界理论、商谈伦理学等是其主要的理论建树。[③]

(2)发展分期

对法兰克福学派的发展分期进行梳理一直是研究法兰克福学派的一个重点任务，根据不同的标准，会划分出不同的发展分期，其中比较普遍和认可度较高的是划分为三个发展时期：一是法兰克福学派的创立时期和早期，二是法兰克福学派的中期，三是法兰克福学派的晚期。

①法兰克福学派的创立时期和早期

创立时期和早期是指1923—1949年之间的发展阶段。1923年—1930年属于创立时期。1933年以前，该学派的成员主要在德国活动，后因法西斯上台，成员于1933年迁往美国，活动地域便转向美国，故第一个发展时期也被称为“美国时期”。这个时期取得了一个关键性的发展：霍克海默超越了把社会研究所和《社会主义和工人运动史文库》仅仅看作不同的马克思主义思潮交汇或者对话的场所，创造性地为社会研究所的成员确定了明确的研究方向，即建立“社会批判理论”或“批判的社会理论”。这一时期，也建立了对发达资本主义社会的全方位的文化批判体系，集中表现在技术理性批判、大众文化批判、意识形态批判三个方面。“霍克海默于1937年发表的《传统理论和批判理论》明确把法兰克福学派的理论概括为批判理论。”[④]

---

①衣俊卿：《西方马克思主义概论》，北京大学出版社2008年版，第144页。

②衣俊卿：《西方马克思主义概论》，北京大学出版社2008年版，第186页。

③衣俊卿：《西方马克思主义概论》，北京大学出版社2008年版，第217页。

④衣俊卿：《西方马克思主义概论》，北京大学出版社2008年版，第113页。

②法兰克福学派的中期

中期是指1949年至20世纪60年代末的发展阶段，这个时期被称为法兰克福学派的鼎盛时期或黄金时代。一是成员的数量上，除了霍克海默、阿多诺、马尔库塞、弗洛姆等第一代代表人物继续建构和发展社会批判理论之外，一些年轻的理论家，如哈贝马斯、施密特、韦尔默等相继崛起，为法兰克福学派的进一步发展注入了新的生机与活力。二是理论不断拓展和深化，其激进的文化批判理论在欧洲的学生和青年造反运动中发挥了重要作用，得到了广泛的拥护。因此，在这个时期，从成员到理论都具有广泛而深远的影响，法兰克福学派进入鼎盛时期和黄金时代。

③法兰克福学派的晚期

从20世纪70年代起，法兰克福学派进入了发展的晚期，开始走向衰落和解体。原因有两方面：一是阿多诺、霍克海默、马尔库塞、弗洛姆相继去世，学派的中心力量被动摇；二是作为第二代主要代表人物的哈贝马斯和施密特在对待法兰克福学派的社会批判理论的态度上存在很大分歧，前者是批判和修正，后者是延续和继承。当然，这并不是说法兰克福学派的理论影响力已经退出了历史舞台。实际上，哈贝马斯等人作为单独的思想家依旧活跃于国际学术界，而且依旧在不同方向延续着法兰克福学派的理论影响力。[①]

图4–3　哈贝马斯

来源：《世界文化的由来》（中国档案出版社2006年版，第51页）

2.霍克海默和阿多诺的社会批判理论

（1）批判的社会理论

从马克思时代至今，"批判"一直是哲学的重要特征，其中比较有代表性的两种批判意识是：以人的存在为核心的人本主义或人道主义的哲学批判理论；以"客观规律"和"历史必然性"反思、批判现实的科学主义的哲学批判理论。

①衣俊卿：《西方马克思主义概论》，北京大学出版社2008年版，第115页。

法兰克福学派的社会批判理论属于前者，既极力强调人的存在的重要地位，突出人在实践活动中的创造本性，又着眼于对那些束缚人的自由和发展的物化、异化力量的批判。可以断言，“人本主义和异化理论成为法兰克福学派的基本出发点”①。

相比较法兰克福学派其他代表人物对社会批判理论的阐述而言，霍克海默在《传统理论与批判理论》和《论哲学的社会功能》两篇论文中对“批判理论”做了最完整和最经典的表述。在第一篇论文中，霍克海默深入分析了批判理论和传统理论的差别；在第二篇论文中，他深刻论述了哲学的社会功能是批判现存的社会。

①批判理论和传统理论的差别

二者的差别主要表现在两方面。一是从理论性质看，传统理论以旧式分工为基础，不具有超越性，更倾向于对现存社会的描述与解释，为现状做辩护，实质是对现实的非批判的认同，被称为一种肯定现存秩序的知识形态的顺世哲学；批判理论以超越旧式分工为前提，强调对现存社会的批判与超越，以人的自由和解放、社会的可持续发展为出发点和落脚点。“尽管它本身产生于社会结构，但它的目的却不是帮助这个结构的任一要素更好地运行；不管从它的主观意图还是从其客观意义来说，都是如此。相反，当较好的、有用的、恰当的、生产性的和有价值的范畴被人们在现存社会秩序中加以理解时，它怀疑它们”②。简而言之，二者是非批判和批判的差别。二是从理论的社会方位看，传统理论是一种独立于社会进程的纯粹理论，表现为“超然物外”；批判理论是社会发展的内在组成部分，内在于社会运动，突出主体和客体的不可分离和有机统一，它真实地作用于社会现实的发展。

②哲学的社会功能是批判现存

自哲学产生以来，许多哲学家都对哲学的功能进行过探讨，马克思在《关于费尔巴哈的提纲》中指出：“哲学家们只是用不同的方式解释世界，问题在于改变世界。”③在《论哲学的社会功能》中，霍克海默与马克思的观点一致，明确把对现存的批判视为哲学的社会功能。其一，从哲学与现实的关系来看，哲学立足于人类活动的超越本性，与现存社会的关系较为紧张，甚至是对立的，故而哲学不在于对现实的认同，而在于对现实的批判和超越。霍克海默指出：“哲学的真正社会功能在于它对流行的东西进行批判。”④其二，这里所指的“批

①衣俊卿：《西方马克思主义概论》，北京大学出版社2008年版，第117页。

②马克斯·霍克海默：《批判理论》，李小兵等译，重庆出版社1989年版，第198页。

③《马克思恩格斯选集》第一卷，人民出版社1995年版，第57页。

④马克斯·霍克海默：《批判理论》，李小兵等译，重庆出版社1989年版，第250页。

判”不是简单、完全地谴责或者否定，而是以形成人类发展的内在自我意识为目标，在人类的现存和未来之间建立一种超越的维度。“就批判而言，我们指的是一种理智的、最终注重实效的努力，即不满足于接受流行的观点、行为，不满足于不加思索地、只凭习惯而接受社会状况的那种努力”[①]。其三，现实矛盾呼唤着批判意识的到来，一方面，人的自由维度、创造本性和本质力量不断得到彰显，另一方面，由人所创造的文化力量逐渐成为统治人的物化力量和异化力量。

(2)启蒙的辩证法

霍克海默和阿多诺阐述了启蒙的概念。在他们看来，研究启蒙十分重要，谁如果不想“完全被出卖”，那就必须“考虑启蒙本身”。对“启蒙的辩证法”的理解需要明确两个核心概念。一是“启蒙”。这里的“启蒙”并非特指发生在17—18世纪的那场启蒙运动，“而是泛指人类社会在近现代的理性化进程中所发生的所有强调理性的至上性和人对自然的技术征服的启蒙运动或思想解放历程”[②]。二是“辩证法”。这里的“辩证法”与一般意义上所理解的内涵不同，它特指事物走向反面、走向自我毁灭。启蒙以技术和理性为基础，追求人的自由和对自然的统治，这种启蒙最终走向了反面，使得理性的启蒙自我毁灭，造成理性对人的统治的悲剧。

霍克海默和阿多诺揭示了启蒙辩证法。启蒙的辩证法思想集中体现在《启蒙辩证法》一书中，它由霍克海默和阿多诺合著，并于1947年出版。该著作既奠定了技术理性批判的基本范式，又涉及国家、权威、文化工业等文化批判主题，尤其是大众文化批判。深刻把握该著作的主体思想需要从技术理性批判和大众文化批判两个方面入手。

①技术理性批判

在探讨技术理性批判之前，需要明确什么是技术理性主义。事实上，它与古典理性主义紧密相关：古典理性主义的典范是古希腊哲学，突出强调实在是根据理性或者逻各斯而得以运行的存在结构，人是理性的存在，人通过理性可以把握自己的本质和世界的本质；技术理性主义与古典理性主义有着共同的价值取向和文化内涵，是在科学技术高速发展的背景下产生的一种新的理性主义思潮，核心是科学技术万能论，坚信理性是绝对力量的表现，而理性的主要代表者就是技术。技术理性批判便是对技术理性主义的极端化所产生的严重后果而做的深刻反思。

①马克斯·霍克海默：《批判理论》，李小兵等译，重庆出版社1989年版，第255页。

②衣俊卿：《西方马克思主义概论》，北京大学出版社2008年版，第127页。

②大众文化批判

霍克海默在《批判理论》中论证了本真的文化(艺术)以自由和超越为基本特征,突出强调人在艺术中的创造性以及艺术在变革社会现实上的作用,“反抗的要素内在地存在于最超然的艺术中”①。在此基础上,他分析了大众文化的欺骗性和操控性:大众文化是以大众传媒为中介,广泛流行于大众中的通俗文化,它通过操纵广大群众的心理与思想,使人的创造性消失,造成个性的虚假,最终消解人的超越维度;大众文化的操控性体现在各个方面,具有无所不在的特征,突出表现了人的更深层次的异化。

(3)否定的辩证法

“否定的辩证法”一词并不是由阿多诺创造的,早在1941年,马尔库塞就在《理性和革命》中提出了“否定的辩证法”这一说法,他指出,“对于马克思来说,如同对待黑格尔一样,辩证法注重于这一事实:内在的否定实际上就是‘运动和创造的原则’,辩证法就是‘否定的辩证法’”②。阿多诺继承了这种观点,认为辩证法本质上是否定的辩证法,并从核心概念、本质精神和现实维度三个方面加以分析和论证。

第一,核心概念:非同一性。在阿多诺看来,非同一性强调差异与异质性、个别性和特殊性以及非概念性,这是相较于同一性而言的,而要想实现从传统哲学向否定的辩证法的转变,就必须用非同一性取代同一性。他从拒斥同一、反对体系、反对综合、拒斥本体论、反对第一哲学和基础主义等方面对同一性进行了深刻的批判,突出强调非同一性在否定的辩证法中的重要地位。第二,本质精神:绝对否定。阿多诺通过对黑格尔辩证法以及柏拉图辩证法的理解、分析,认为它们最后都归于肯定,但实际上,“被否定的东西直到消失之时都是否定的。这是和黑格尔的彻底决裂”③。此外,阿多诺坚持认为否定的辩证法不承认否定和肯定可以共存,以此建立了与黑格尔的辩证法不同的思维道路:否定—否定—再否定。第三,现实维度:“奥斯维辛集中营之后”。阿多诺以对德国法西斯主义的批判为切入点,借用黑格尔“第二自然”的概念将“奥斯维辛集中营”这类罪行称为“第二自然”的灾难,从而批判统一性哲学的实践后果,把矛头对准形成“同一性”哲学核心的理性主义。

3.马尔库塞和弗洛姆的性格结构批判理论

随着异化的内化和深化,异化机制已经渗透到人生的方方面面,尤其是人的性格结构和心理机制的异化。马尔库塞和弗洛姆从哲学、心理学、社会学等

①马克斯·霍克海默:《批判理论》,李小兵等译,重庆出版社1989年版,第259页。

②马尔库塞:《理性和革命》,程志民等译,重庆出版社1993年版,第256页。

③特奥多·阿多尔诺:《否定的辩证法》,张峰译,重庆出版社1993年版,第157页。

多个角度出发，将马克思的异化理论和弗洛伊德的精神分析学相结合，形成了独具特色的性格结构和心理机制批判理论。

（1）技术统治与“单向度的人”①

按照一般的理解，科学技术具有中立性，而马尔库塞却认为必须打破技术中立的观点，强调科学技术发展的两重性，也即是技术理性的两重性，用一个公式概括就是：技术进步=社会财富的增长=奴役的扩展。技术理性的两重性在于：操纵和统治是通过技术与政治的结合实现的，并且以一种表面的“合法性”存在着，虽然它本质上是具有强权政治性质的“极权主义”统治。马尔库塞认为技术理性异化的主要原因是理性的主导性价值取向从否定转向了肯定，而要使技术理性异化得以扬弃，就必须促成新理性的形成，即“在技术理性之中纳入价值要素，并使之成为理性的灵魂”②。

单向度的人指的是失去超越维度和批判维度而被“整合”或“一体化”到现存的社会体制中的人，马尔库塞以工人为切入点，深刻分析了单向度的人的生成过程。首先，由于科学技术的发展，机械化和自动化减少了工人在劳动中所使用的体力的强度和时间的耗费，工人对劳动和生存境遇的态度发生了根本性变化，对现存社会体制的否定并不如原来那么强烈；其次，在劳动者的职业阶层中，“白领”增多，“蓝领”减少，出现了同化或一体化的趋势，从而导致了非生产性工人的增加；最后，工人在自动化体系中的地位得以提高，利益得以满足，于是自愿被整合到生产和技术体系中。基于以上原因，工人在技术理性中丧失了否定和批判的维度而成为单向度的人。马尔库塞对单向度的人的态度很鲜明：“发达工业文明的奴隶是受到抬举的奴隶，但他们毕竟还是奴隶。”③

（2）压抑性的心理机制

从思想渊源来看，马克思和弗洛伊德对马尔库塞的影响最大。一方面，马尔库塞对马克思的异化劳动理论评价很高，这体现在他的著作《历史唯物主义的基础》中；另一方面，马尔库塞对弗洛伊德的精神分析学也给予了高度重视，在《爱欲与文明》中，马尔库塞将马克思的异化劳动理论和弗洛伊德的文明观相结合，深刻阐释了现代人的压抑性生存方式和心理机制。

弗洛伊德认为性压抑是文明的起源，他主要从个体发生和群体发生两个角度分析压抑性心理机制的建构过程：“在个体发生的层面上，压抑性心理机制的形成表现为‘被压抑个体从孩提时期向有意识社会生存的发展’。”④“在属

①国内学界通常把“One-dimensional Man”译作“单向度的人”，也有译作“单面人”的。

②衣俊卿：《西方马克思主义概论》，北京大学出版社2008年版，第172页。

③赫伯特·马尔库塞：《单向度的人》，刘继译，上海译文出版社1989年版，第31页。

④衣俊卿：《西方马克思主义概论》，北京大学出版社2008年版，第176页。

系(群体)发生的层面上,压抑性心理机制表现为'压抑性文明从原始部落向完全有组织的文明国家的发展'。"[①]马尔库塞基于弗洛伊德的分析,进一步强调异化现象的普遍化以及异化力量的非人格化、普遍化,从而总结出压抑性心理机制所具有的两个突出特征,即劳动异化为苦役,爱欲降格为单纯的性欲。而要想使人的批判性和超越性得到更深层次的显现,就必须建立非压抑性的生存方式,即建立本能与理性的新联系,从而将工作转变为消遣,将性欲升华为爱欲。马尔库塞强调:"消遣和表演作为文明的原则,并不表示劳动的转变,而表示劳动完全服从于人和自然的自由发展的潜能。"[②]"爱欲具有的文化建设力量是非压抑性的升华,因为性欲的目标既没有被偏移,也没有受阻碍。"[③]

(3)"逃避自由"的心理机制

逃避自由的理论集中体现在弗洛姆的经典著作《逃避自由》一书中。在该书中,弗洛姆为我们提供了深层心理机制批判的典范。他从人与自然的关系出发,揭示出人的生存的基本矛盾:一方面,人与自然不可分割,人是自然的一部分;另一方面,人不断超越自然,表现为人的个体化进程。但是,人的个体化具有双重后果,形成了自由和孤独并存的局面。对此,弗洛姆以传统人和现代人的对比进行了说明:他认为传统人安全但不自由,现代人自由却又孤独。在此基础上,弗洛姆论证了逃避自由心理机制的生成过程,他认为认同某种权威或组织机构是逃避自由的基本途径,通过认同权威或者成为某种组织的一员之后,个体获得一种强大的心理感受,获得一种秩序和确定性,但是,代价就是失掉了自己自由选择的权利。逃避自由的心理机制有三种典型形式:"受虐狂和虐待狂共生的极权主义;攻击性和破坏性;顺世和随俗"[④]。最后,弗洛姆强调,摆脱"逃避自由"的心理机制必须超越异化,确立一种"积极自由的存在状态",这种状态应该有"爱心"的加持,以发展人的自我和个性为核心,把自己和他人融为一体,实现人与自然的和谐统一。

(4)非生产性(非创造性)的性格结构

在对性格和性格结构的理解上,弗洛姆接受了弗洛伊德的观点,认为性格可以分为个人性格和社会性格,但是对于什么是性格构成的基础,弗洛姆与弗洛伊德有不同的看法:弗洛伊德认为是性本能,弗洛姆认为是一个人与外界关系的特殊类型。在此基础上,弗洛姆进一步界定了性格,"性格可以解释为:在

---

①衣俊卿:《西方马克思主义概论》,北京大学出版社2008年版,第177页。

②赫伯特·马尔库塞:《爱欲与文明》,黄勇、薛民译,上海译文出版社1987年版,第143页。

③赫伯特·马尔库塞:《爱欲与文明》,黄勇、薛民译,上海译文出版社1987年版,第155页。

④衣俊卿:《西方马克思主义概论》,北京大学出版社2008年版,第192页。

同化和社会化过程中用以诱导人的能力的(较固定)方式"[①]。在分析性格结构时,弗洛姆更加注重社会性格,因为它对于人自身的发展以及社会的发展具有举足轻重的作用,主要表现在"造就和疏导人的社会能量,以便使社会能够生存下去"[②]。

"非生产性"与"生产性"相对立,指的是人不同于动物的创造性和超越性的消解。非生产性(非创造性)的性格结构主要有四种基本类型:一是接受型,其特征在于不愿也不敢承担责任和义务,缺乏一定的自主性和主体性;二是剥削型,认为一切好的东西都来自外部,善用各种手段强行骗取或索取他人的东西;三是囤积型(储积型),反对从外面接受或索取东西,认为安全是以储蓄和节省为基础;四是市场型(买卖型),把自己和他人物化,并看作商品进行交往和交换。四种类型的最后结果都是导致人丧失个性、主体性和创造性。在对以上非生产性的性格结构进行批判时,弗洛姆强调将爱和理性相结合,形成健全的人和健全的社会。"精神健康的人是创造的和没有异化的人;……在一个健全的社会中,人不是别人达到其目的的手段,而永远是他自己的目的。"[③]这与马克思对未来共产主义社会和身处其中的人的设想有异曲同工之妙。

(5)重占有的生存方式

为了揭示现代人的更深层次的异化,弗洛姆在《占有还是生存》中分析了两种截然不同的生存方式:一是重占有的生存方式,它强调对现存的存在物的占有和消费,"在重占有的生存方式中,与世界的关系是一种据为己有和占有的关系"[④];二是重生存的生存方式,它是人的本质力量的体现,发挥了人的内在的创造力,"在这种生存方式中人不占有什么,也不希求去占有什么,他心中充满欢乐和创造性地去发挥自己的能力以及与世界融为一体"[⑤]。弗洛姆对前者进行了批判,对后者进行了高度赞扬。现存社会其实就是以重占有的生存方式为主导的物化人格,其占有范围无限度扩大,包括物、人、自我和思想等各个方面。弗洛姆最后强调,未来的奋斗目标就是克服物化,倡导以重生存的生存方式为主导的"新人",这个"新人"必须积极主动地生存,同时具有独立、自主和批判的理性。但是,由于弗洛姆对"新人"的研究越来越具体,也越来越沉浸于构想和描述社会体制改革和社会进程中的具体环节,他的理论也带有一定的空想性。

①E.弗洛姆:《追寻自我》,苏娜、安定译,延边大学出版社1987年版,第71页。
②埃利希·弗洛姆:《健全的社会》,欧阳谦译,中国文联出版公司1988年版,第77—78页。
③埃利希·弗洛姆:《健全的社会》,欧阳谦译,中国文联出版公司1988年版,第278—279页。
④埃里希·弗罗姆:《占有还是生存》,关山译,生活·读书·新知三联书店1989年版,第29页。
⑤埃里希·弗罗姆:《占有还是生存》,关山译,生活·读书·新知三联书店1989年版,第23页。

通过以上对霍克海默、阿多诺、马尔库塞、弗洛姆的主要观点和理论的分析，我们可以发现，虽然他们之间各有特点甚至存在分歧，但是依然有其共性，主要表现在具有共同的理论框架，即以马克思的异化理论为立足点，由此对发达工业社会进行全方位的文化批判；同时，坚守人道主义信念和人本主义立场[①]。毫无疑问，他们的理论具有重大意义，但是不可否认，仍有其局限性，主要表现在一些文化批判具有偏激性，同时一些理论构想缺乏可操作性。

4.哈贝马斯的交往行为理论

(1)作为“意识形态”的技术与科学

技术理性批判一直是西方马克思主义文化批判理论的重要内涵，法兰克福学派除了霍克海默、阿多诺、马尔库塞等人之外，哈贝马斯也对技术理性批判提出了极具代表性的表述，即“作为‘意识形态’的技术与科学”。一方面，在总体理论定位上，哈贝马斯与上述几位思想家的理论都属于法兰克福学派的批判理论；另一方面，哈贝马斯也有自己的独特性，即他强调对法兰克福学派的社会批判理论本身进行合法性论证。

“意识形态”这个词汇在社会生活中出现的频率非常高，追根溯源，它最早由法国哲学家德斯图·德·特拉西所提出，随着社会的不断发展，其内涵和外延也在不断发生改变，其中，马克思和恩格斯对“意识形态”的理解非常具有代表性。马克思和恩格斯认为意识形态是特定历史阶段精神生产独立化的产物，是统治阶级的观念形态，本质特征是替现状辩护，“意识形态是由所谓的思想家通过意识、但是通过虚假的意识完成的过程”[②]，因此，马克思和恩格斯对“意识形态”总体上持批判和否定的态度。

①科学技术的两重性

哈贝马斯认为科学技术一方面推动社会发展，另一方面它正以一种新的意识形态形式统治人和社会。这里说的“作为‘意识形态’的技术与科学”不是指科学技术在一般意义上简单地转化为意识形态，而是指它在发达工业社会条件下具有了意识形态的性质和功能。此外，哈贝马斯从技术理性的统治和传统意识形态统治的对比层面对科学技术所具有的意识形态性质作了限制和限定：不能一般地把技术与科学等同于意识形态，“因为现在，第一位的生产力——国家掌管着的科技进步本身——已经成了〔统治的〕合法性的基础。〔而统治的〕这种新的合法性形式，显然已经丧失了意识形态的旧形态”[③]。

①衣俊卿：《西方马克思主义概论》，北京大学出版社2008年版，第214-215页。

②《马克思恩格斯选集》第四卷，人民出版社2012年版，第642页。

③尤尔根·哈贝马斯：《作为“意识形态”的技术与科学》，李黎、郭官义译，学林出版社1999年版，第68-69页。

②以兴趣为导向的认识论

在揭示技术走向异化，形成技术理性统治的原因上，哈贝马斯同霍克海默、阿多诺以及马尔库塞不同，他强调从理性的内在机制出发去揭示理性异化的原因以及寻找重建理性的途径，这集中体现在他所提出的"以兴趣为导向的认识论"上。在《认识与兴趣》这本书中，哈贝马斯认为认识论首先必须是一种社会理论，主张认识是建立在一定社会历史条件中的活动。他把兴趣分为三种类型，即技术的认识兴趣、实践的认识兴趣和解放的认识兴趣，这也对应了三种科学形式，即自然、精神、批判的社会科学。哈贝马斯更加注重解放的认识兴趣和建立在这一认识基础上的批判的社会理论，理性遵循的是解放性的认识兴趣，解放性的认识兴趣的目的是完成反思本身。[①]

③交往行为与技术异化的扬弃

哈贝马斯认为，技术异化的根源在于以科学技术为劳动的"合理化"导致了交往行为[②]的"不合理化"。他强调，区分劳动和交往范畴是非常必要的，劳动主要作为一种工具行为，更关注行为目的、手段和结果之间的一致性，交往是一种交互行为，其落脚点是主体间的理解和一致，以及社会的一体化和有序化。很显然，交往行为比劳动更具有优先性，对技术异化的扬弃要着眼于建立主体间的理解，实现交往行为的合理化。

（2）交往行为的合理化

①普遍语用学：关于交往的一般理论

普遍语用学在哈贝马斯的交往行为理论中占据重要地位，是关于交往的一般理论，旨在通过建立共识和理想的言语情景，为主体间的非强制性交往奠基。在《后形而上学思想》中，哈贝马斯对交往行为和策略行为作了区分，他强调，交往行为涉及主体间的交往关系，受到交往理性和价值理性的调节，而策略行为涉及主客体之间的关系，受到工具理性的支配。此外，哈贝马斯认为"语言理解"是交往行为中的关键环节，交往行为的实施就是依靠以理解为趋向的语言用法，归根结底，交往行为本质上是一种言语行为。而要使交往行为得到更有效的实行，就必须具备理想的言语情景，哈贝马斯认为交往行为理想的言语情景具备两个主要特征：一是交往参与者必须遵守的言语的普遍有效性规范；二是交往参与者必须具备的交往能力或交往资质[③]。最后，哈贝马斯

①尤尔根·哈贝马斯：《认识与兴趣》，郭官义、李黎译，学林出版社1999年版，第201页。

②关于"Communication action"，有"交往行动"和"交往行为"两种译法，除了一些中文版译著的引文外，一律采用"交往行为"的译法。

③衣俊卿：《西方马克思主义概论》，北京大学出版社2008年版，第233页。

论证了建立合理的交往模式的核心在于建立"主体间性"①结构,即"主体—主体"结构,它的内在要素是自主、平等,突出强调自主的、平等的主体间平等的、合理的相互作用和交互关系。

②走向历史唯物主义的重建

正是对"主体—主体"结构的设想,才使哈贝马斯立足于对历史唯物主义的重建,其关键在于"生产力和生产关系之间的联系,似乎应该由劳动和相互作用之间的更加抽象的联系来代替"②。具体说来,就是要对生产力在社会中的作用进行更加全面、合理的评价,对社会发展的动力机制进行更加系统的分析,把语言理解以及交往都纳入社会进化的动力机制之中,更为重要的是提升主体的认知与技术学习、道德和实践学习,从而建立主体的自我同一性。主体的自我同一性经历了自然同一性、角色同一性、自我同一性三个发展阶段,"在自我同一性中,表达了某种相互矛盾的关系:作为一个一般的人,自我与所有其他的人都一样;但作为一个个体,他却绝对不同于其他所有个体"③。事实上,马克思和恩格斯在《德意志意识形态》《共产党宣言》中也对交往问题作了一些探讨,不过其根基——历史唯物主义的演化在很大程度上是以生产力的运动为核心,体现的是一种"主体—客体"结构,忽视了"主体—主体"的交互作用。

(3)交往行为理论的社会哲学和政治哲学维度

哈贝马斯在前面已经探讨普遍语用学对交往行为实施的重要性,但是影响交往行为实施的因素还有很多,需要作进一步探讨,不断拓宽交往行为理论的视域和现实文化功能。因此,哈贝马斯在20世纪80—90年代开拓了交往行为理论的社会哲学维度和政治哲学维度。

①生活世界的"非殖民化"

在《交往行为理论》中,哈贝马斯提出了"生活世界"这个概念,他强调生活世界的概念构成了交往行为的一种补充的概念。生活世界理论是交往行为理论的社会哲学维度。在生活世界理论中,哈贝马斯实现了两个转变:一是把对交往行为的"不合理化"的批判转变为对生活世界的"殖民化"的批判;二是把交往行为的合理化诉求在实践上转变为生活世界的合理重建。哈贝马斯从生活世界的构成要素、功能、基本定位以及重要作用四个方面对生活世界理论进

①"intersubjectivity"通常译为"主体间性",是哈贝马斯交往行为理论的核心范畴之一,来自胡塞尔的生活世界理论。哈贝马斯使用这一概念,主要强调人与人,即主体与主体之间的关系应该是平等的交往关系,从根本上区别于人对自然对象的理性控制和征服而形成的"主体—客体"的关系。

②尤尔根·哈贝马斯:《作为"意识形态"的技术与科学》,李黎、郭官义译,学林出版社1999年版,第71页。

③哈贝马斯:《交往与社会进化》,张博树译,重庆出版社1989年版,第93-94页。

行了阐释:从构成要素来看,生活世界包括文化、社会和个人三个部分,文化是知识储存,社会是合法的秩序,个人是使一个主体在语言能力和行动能力方面具有的权限[①];从功能来看,主要包含理解功能、规范功能和社会化功能,实际上,这三个功能已经体现了生活世界合理化的内容,即"通过文化传统的反思实现文化再生产,通过对规范和法律的反思实现社会统一,通过个人同一性和自我实现来完成社会化"[②];从基本定位来看,生活世界是一种文化解释体系和规范体系;从重要作用来看,生活世界是主体间的交往能够顺利展开的现实基础。生活世界的"殖民化"是指生活世界被各种系统所"殖民化",系统不但与生活世界相分离,而且越来越复杂,独立性不断增强,反过来干预和破坏生活世界的文化机制。哈贝马斯强调,要想摆脱生活世界的"殖民化"而实现交往行为的合理化,就必须重视普遍语用学的功能,将反思的机制引入传统规范。

②以商谈伦理为特征的话语政治

哈贝马斯是一个"非书斋式"的学者,除了对理论本身进行不断的反思之外,他一直关注政治领域的发展状况。交往行为理论在政治领域中的宗旨就是建立以商谈伦理为特征的话语政治模式。他主张"一种程序主义政治,要求把交往理性的商谈原则贯彻到政治领域,以达到超越自由主义政治和共和主义政治的目的"[③]。现代批判的政治哲学维度是民族国家批判,哈贝马斯以民族国家为切入点,论述了民族国家取得的历史成就以及带来的一系列问题,以民族主义和共和主义、特殊主义和普遍主义的矛盾为代表。最后的落脚点在于将"道德"纳入交往体系,建立道德共同体,实现个人和共同体的有机统一,最终形成以商谈伦理为特征的话语政治。

(三)阿尔都塞的结构主义马克思主义

1.阿尔都塞生平简介

路易·皮埃尔·阿尔都塞(1918—1990)是一名马克思主义哲学家,1918年10月16日出生于阿尔及利亚。随着第二次世界大战的爆发,阿尔都塞成为德国的战俘。在战俘营中,他接触到共产主义学说,并对其作了深入了解。1945年后,他重回大学学习,在老师的指导下完成了博士论文《黑格尔哲学中内容的观念》,这是他对于哲学研究的成果。大学毕业后,他留校从事教育工作。在执教生涯早期,他的学生中有很多法国共产党员。这也影响了他,1948年,

①哈贝马斯:《交往行动理论》第二卷,洪佩郁、蔺青译,重庆出版社1994年版,第189页。

②衣俊卿:《西方马克思主义概论》,北京大学出版社2008年版,第243页。

③曹卫东:《曹卫东讲哈贝马斯》,北京大学出版社2005年版,第70–71页。

他参加了法国共产党。从20世纪60年代开始，阿尔都塞在先驱们的影响下开始用结构主义的方法解释马克思主义经典著作。1965年出版《保卫马克思》和《读〈资本论〉》两部著作，提出了结构主义的马克思主义。从此阿尔都塞一举成名。除了这两部著作之外，阿尔都塞还在1965年发表了《马克思主义和人道主义》，在1969年发表了《列宁和哲学》，在1974年发表了《自我批评材料》等著作。

图4-4 《保卫马克思》一书封面（商务印书馆2010年版）

2.阿尔都塞结构主义的主要内容

(1)结构主义马克思主义的方法论

①结构主义方法论的基本思想

法国一位社会学家说："结构主义不是一门哲学，而是一种方法论。"[1]结构主义起源于语言学，并逐步推广到人类学领域、历史学领域、心理学领域、社会学领域等人文社会科学领域。索绪尔的语言学结构主义和列维-斯特劳斯的结构主义社会理论在结构主义的形成和发展中起到了重要的作用。

第一，索绪尔的语言学结构主义思想。索绪尔(1857—1913)，瑞士语言学家，被认为是结构主义的先驱。20世纪初，索绪尔提出了基本的语言学结构主义原则。[2]他认为，常规的语言是由两个要素组成的，一个是形式，另一个是内容。在语言学理论阐述过程中，索绪尔提出两个专业术语，即"能指"和"所指"。"能指"是"音响—形象"的含义，"所指"是词反映出来的概念本身。索绪尔对内容本身不感兴趣，而是更加青睐于对意义的理解。

第二，列维-斯特劳斯的结构主义社会理论。列维-斯特劳斯(1908—2009)是结构主义人类学的创始人。第二次世界大战之后，列维-斯特劳斯将索绪尔的语言学推广到人类学领域，通过对人的思想形成过程的研究，考察人类的基础结构。首先，列维-斯特劳斯把语言学的结构主义方法应用到社会科学和人文科学中，赋予结构主义方法以普遍意义[3]；其次，列维-斯特劳斯强调结构的普遍性并对结构的特征作出了比较明确的概括。正是因为受到了索绪尔和列维-斯特劳斯的影响，阿尔都塞才借助于结构主义的方法对马克思主义经典著作进行解读。

①原载于《法国大百科全书》，见《哲学译丛》编辑部编译：《近现代西方主要哲学流派资料》，商务印书馆1981年版，第265页。

②这些思想主要体现在索绪尔的《普通语言学教程》当中。

③衣俊卿：《西方马克思主义概论》，北京大学出版社2008年版，第301页。

②症候阅读法的确立

为了对马克思主义进行解读，阿尔都塞提出一种不同于“直接阅读”的方法，即“症候阅读法”。阿尔都塞认为，读者在读文本时存在两种不同的层次，第一种是读“第一文本”，即对文本概念、句子、段落以及章节之间的把握；第二种是读“第二文本”，即更加深入文本的内容，这就是文本的“症候”，也就是对文本的深层次把握。于是，阅读经典著作时，要采用“症候阅读法”，由浅入深，通过文字表面了解文字背后的东西。阿尔都塞在《读〈资本论〉》中对文章内容的分析就是最好的例子。

阿尔都塞认为，“症候阅读法”是一种重要的科学研究方法，一门科学的发展就在于通过概念的空缺等“症候”去发现新的理论总问题，然后通过新的理论总问题去形成新的概念，从而促进科学自身的发展。

(2)结构主义马克思主义的主要内容

通过以上分析，我们得知，阿尔都塞对文本的分析采用结构主义的方法，通过对文本“症候”的分析，即对文本深层结构的分析，确定文本的“理论框架”。阿尔都塞从结构主义的基本方法出发去研究马克思的相关著作，为此提出了新的观点。

①马克思思想发展分期：“认识论断裂”

阿尔都塞通过“症候阅读法”来分析马克思的经典著作，他认识到，马克思在思想发展过程中，实现了理论框架的深刻转变，即从“意识形态”的理论框架转变到“科学”的理论框架，这是一种“认识论上的断裂”。“这种‘认识论断裂’把马克思的思想分成两个大阶段：1845年断裂前是‘意识形态’阶段，1845年断裂后是‘科学’阶段。”[①]人们对阿尔都塞的这一分期存在很大的争议。阿尔都塞之所以这样划分，是因为他认为前一时期马克思的思想“占主导地位的是离康德和费希特较近而离黑格尔较远的、理性加自由的人道主义”[②]。而在1845年之后，马克思逐步开始了向科学体系的转化。阿尔都塞认为转化不是一蹴而就的，而是一个过程，从《德意志意识形态》开始，到《资本论》著作的完成，才真正实现了理论总问题的转化。

②认识论：“理论实践”和“反经验主义”

“理论实践”是阿尔都塞提出的一个新概念。他将实践分为四个方面：一是生产实践，二是政治实践，三是意识形态实践，四是理论实践。前三种实践都很好理解。第四种实践是“运用特殊的生产资料（‘理论’概念及概念的使用法等）加工特殊的原料（表象、概念、事实等）产生特殊的产品（认识）的活动，这

①路易·阿尔都塞：《保卫马克思》，顾良译，商务印书馆1984年版，第14页。

②路易·阿尔都塞：《保卫马克思》，顾良译，商务印书馆1984年版，第193页。

一过程就是马克思所说的认识的'从抽象到具体的过程'。"[①]阿尔都塞非常看重理论实践,他认为理论实践也有广义和狭义之分,广义上的理论实践既包含科学理论实践,也包括先于科学的"意识形态"的理论实践。狭义的理论实践比较狭窄,他认为科学的认识来源于理论实践,马克思实现由意识形态向科学转化的过程就是理论实践的过程。

③社会历史理论:"理论上的反人道主义"和"反历史主义"

阿尔都塞从结构主义的基本观点出发,认为马克思主义是反人道主义的和反历史主义的。他认为,1845年以前的马克思在思想上还处于"理论上的人道主义"阶段,1845年以后,马克思逐渐建立了科学的社会历史理论。所谓的反人道主义,其实有两方面的含义:一是任何"建立在人性(或人的本质)这个总问题的基础上"的人道主义的理论要求,反对任何主张"普遍的人的本质"和"人的真正主体"的非科学的理论;二是马克思的历史唯物主义开始建立在与人道主义根本不同的科学的概念之上,它"制定出建立在崭新概念基础上的历史理论和政治理论,这些概念是:社会形态、生产力、生产关系、上层建筑、意识形态、经济起最后决定作用以及其他特殊的决定因素等等"[②]。阿尔都塞一直强调"理论上的反人道主义",不同于一般意义上的反人道主义,而是"反对把马克思的哲学理论全部建立在普遍的人性和人的主体性基础之上的作为全部理论前提的人道主义"[③]。与此同时,阿尔都塞又强调,马克思主义是反历史主义的。他认为,历史主义在本质上同人道主义一样,历史主义把人看作历史的主体,历史是人本质的转化结果,可以这样说,历史主义是基于人的本质的一种人道主义。对此,阿尔都塞在《读〈资本论〉》中作了详细的论述:"这样,历史就成了人的本质的转化形式,而人的本质则成为改变它的历史的真正主体。……则被归结为历史化的'人的关系'即人与人之间的,主体与主体之间的关系。"[④]在他看来,马克思主义在本质上是一种反历史主义的科学学说。

④辩证法:矛盾观、实践观和社会历史观

马克思在《资本论》第一卷第二版跋中指出:在他(黑格尔)那里辩证法是倒立着的,必须把它倒过来,以便发现神秘外壳中的合理内核。[⑤]从字面意思理解,要实现辩证法的变革就是要"剥离"黑格尔哲学中的"合理内核",即唯心

---

①周穗明等:《20世纪西方新马克思主义发展史》(上册),学习出版社2004年版,第249页。

②路易·阿尔都塞:《保卫马克思》,顾良译,商务印书馆1984年版,第196-197页。

③衣俊卿:《西方马克思主义概论》,北京大学出版社2008年版,第319页。

④路易·阿尔都塞,艾蒂安·巴里巴尔:《读〈资本论〉》,李其庆、冯文光译,中央编译出版社2001年版,第160页。

⑤《马克思恩格斯全集》第二十三卷,人民出版社1972年版,第24页。

主义观点。但是阿尔都塞反对以这样的态度认识辩证法，他认为，“神秘外壳”其实就是黑格尔辩证法本身，是隐藏在黑格尔辩证法内部的要素，所以要实现解放，就必须从根本上改造黑格尔的辩证法，用一种形式上的多元辩证结构来代替正反合的结构。

那么如何对黑格尔辩证法进行改造呢？阿尔都塞认为，马克思作为科学的理论，其科学性主要表现在其多元决定的辩证法之上。具体地说，这种多元性主要表现在其矛盾观、实践观以及社会历史观层面。

首先，马克思所实现的变革，体现在对矛盾结构的转化上。在黑格尔那里，矛盾具有单一性，而马克思认为矛盾是复杂的，多变的。“黑格尔模式的这个严格的逻辑推理势必把简单性、本质、同一……等等概念紧密地联系在一起。”[①]而马克思在考察事物矛盾运动时，常常着眼于事物的总体结构，强调各个要素之间的关联。同时，“如果说矛盾是动力，那也就是说：矛盾在复杂整体结构中的某些确定的地点引起了真实的斗争和冲突。”[②]所以说，多元决定的运动是马克思主义辩证法的核心。

其次，阿尔都塞认为，实践活动也是构成马克思主义多元决定论的核心。前面我们已经介绍了他将实践活动分为四种类型：生产实践、政治实践、意识形态实践和理论实践。阿尔都塞详细讨论了这四种实践的关系，尤其是凸显了理论实践在这四种实践活动中的中介作用。

最后，阿尔都塞直接强调，“多元决定的矛盾观不是一种抽象的理论，它直接体现在社会历史运动之中，因此，如果不在社会历史运动中揭示出这种多元决定的矛盾，马克思主义的多元决定的辩证法就是不完备的”[③]。于是，阿尔都塞在其著作《保卫马克思》和《读〈资本论〉》中对此作了详细的阐述。他认为，黑格尔把历史看作由自我意识支配的线性运动，马克思否认黑格尔，并且提出社会历史运动是一个螺旋式上升的过程。同时，阿尔都塞认为马克思的社会历史观对社会结构的运动作了具体的分析，那就是他关于经济基础和上层建筑关系的阐述。在阿尔都塞看来，马克思虽然强调经济的决定性因素，但是也要承认上层建筑在社会发展过程中的相对独立性。多元决定的历史观还认为，“历史的复杂结构整体的剧烈变化是由革命引起的，成功的革命则是由多种矛盾促成的”[④]。于是，革命的发生、发展以及成功都离不开对不同矛盾的解决，不同的矛盾汇集在一起形成破坏力量，在资本主义社会内部发挥作用。

---

①路易·阿尔都塞：《保卫马克思》，顾良译，商务印书馆1984年版，第169页。

②路易·阿尔都塞：《保卫马克思》，顾良译，商务印书馆1984年版，第186页。

③衣俊卿：《西方马克思主义概论》，北京大学出版社2008年版，第326页。

④衣俊卿：《西方马克思主义概论》，北京大学出版社2008年版，第329页。

可见，结构主义的马克思主义强有力地批判了人道主义和修正主义，力求以结构的方法全面重构马克思主义理论的正统地位。但是，阿尔都塞却忽略了历史活动的主体——人民群众的作用，将历史看成“无主体的过程”，这样的后果也是很严重的。纵观结构主义的马克思主义，我们承认它对打开西方马克思主义研究的新局面和保卫马克思的某些方面的学说作出了一定的贡献，但对其局限性和错误之处也要有清醒的认识。

五、课堂研讨

【研讨主题】谈谈卢卡奇物化意识和马克思异化劳动之间的关联？

【教师解析】我们将卢卡奇对物化概念的主客二分理解与马克思所揭示的“物的异化”和人的“自我异化”联系起来加以考察，就会发现，卢卡奇对物化理论具有深刻的理解。

卢卡奇指出，揭示物化问题是马克思进行商品拜物教批判的中心，由此，他展开了对更为普遍的资本主义中劳动异化的批判。马克思在《1844年经济学哲学手稿》中指出，异化是主体的活动结果反过来支配和压抑主体，并且指出异化劳动的四个规定性。这与卢卡奇提出的主客二分法分析物化现象十分相近。可以说，卢卡奇与马克思是以不同的方式阐释物化现象与异化现象。

【研讨主题】卢卡奇认为资本主义社会中人与人的关系获得物的属性的原因是什么？

【教师解析】卢卡奇在这一点上引入了韦伯的合理化原则。什么是合理化？就是根据可计算性来调节的过程。在商品生产过程所包含的内在结构中，根据可计算性来调节我们在生产过程中所涉及的人与人之间的关系，这意味着在劳动对象层次上，不能被计算的东西就不被承认，而被放在商品生产过程中的是去掉了这些所有不可被计算的内容的抽象的形式的规定性，这样一来，任何来自工人的创造性都被抹杀了。人与人的关系是由自律的合理化过程来主宰的，这就是物化现象。

【研讨主题】法兰克福学派的理论谱系是什么？

【教师解析】法兰克福学派是20世纪西方马克思主义的主要流派之一，其主要成员是一些有着犹太血统的德国哲学家和社会学家。这个学派的名称来源于法兰克福大学社会研究所。这个研究所创办于1923年。1930年，霍克海默担任所长。他在一篇名为“社会哲学的现状和社会研究所的任务”的就职演说中指出，社会研究所的任务是建立一种社会哲学，它不满足于对资本主义社会进行经济学和历史学的实证性分析，而是以“整个人类的全部物质文化和精神文化”为对象来揭示和阐释“作为社会成员的人的命运”。对整个资本主义社会进行总体性的哲学批判和社会学批判。这个学派的代表人物有阿多诺、马尔库塞、哈贝马斯等。法兰克福学派在媒介研究中主要的贡献是提出了“文化工业”、“单向度文化”的概念以及“机械复制”理论。

法兰克福学派思想的形成和发展过程大致可分为三个阶段:20世纪20年代至40年代,为创立和形成“批判理论”的阶段,其主要特征是批判的社会理论,此后对科技的“悲观主义”思想占了上风,成为这一时期其思想的主要特性;50年代到60年代,法兰克福学派发展到鼎盛时期,其影响扩散到社会各个领域,其中阿多诺的“否定的辩证法”受到学生的狂热崇拜和极度的推崇;1969年后,内部研究成员观点的分歧日益严重,研究所逐渐分化解体,法兰克福学派的组成和影响都逐渐衰落。

【研讨主题】什么是结构主义,结构主义方法有哪些特征?

【教师解析】结构主义并不是一个统一的哲学派别,而是一种由结构主义方法联结起来的不同于传统人文科学的哲学思潮。奥地利哲学家路德维希·维特根斯坦率先提出了“结构”的设想,他认为世界就是一切发生的事情,而发生的事情就是众多事物组成的结合,这些事物所处的各种各样的关系构成了事物状态的结构,也就是我们的研究对象。后来语言学家们把这种结构主义的方法应用到语言学的研究上。也就是说,结构主义所说的结构不是事物的结构,而是人认识现象的一种模式。结构主义之父索绪尔把语言看作一种符号系统,主张从整体上研究符号系统而不是孤立的词语。1929年,结构主义被正式命名。

从方法论的角度来讲,结构主义有如下特点:整体性、共时性、批判性。

阿尔都塞凭借结构主义的范式捍卫了马克思主义哲学的科学性,把人本主义归结为意识形态及其变种。

【研讨主题】什么是“症候阅读法”?

【教师解析】“症候阅读法”是阿尔都塞在其《读〈资本论〉》中提出的一种阅读方法,它源自symptomatic一词,其意为症候。阿尔都塞认为,由于问题式是一种隐性的理论构架,要把它从一个思想家的思想深处和文本中挖掘出来,一般的研究和阅读法是绝对无效的,唯一的通道只能是“症候阅读法”。在某种意义上,“症候阅读法”就是阿尔都塞的文本解释学。“症候”这个术语是阿尔都塞直接从拉康的语义学中借来的,而最终又是来自弗洛伊德。弗洛伊德在解析梦中的象征和各种无意识的语误过程中,提出要依据表层的“症候”来发现深层心理中隐匿的无意识结构。拉康则认为,“没有直接显现出来的东西”和看得见的东西一样重要，甚至比表层现象更重要。这样，指向深层结构的“症候”分析成为拉康哲学的一道独特理论风景。在拉康的影响下，阿尔都塞把“症候”分析延伸到文本阅读中，就形成了所谓“症候阅读法”，并以此作为审视马克思著作的独特解读方式。他提出，在读马克思的《资本论》时，不仅要看马克思写下的文字，还要注意依据各种症结（空白、无和沉默）来把握马克思的问题式（深层理论框架）。用后来的话来说，就是捕捉到文本中的隐性话语。

【研讨主题】什么是认识论断裂？

【教师解析】阿尔都塞的老师、法国科学哲学家加斯东·巴什拉用认识论断裂来说明科学的发展具有多样性、间断性和历史性，科学的进步就在于与先前的科学概念“断裂”，出现新的科学精神。阿尔都塞指出马克思的思想发展中存在认识论的断裂：青年时期的马克思深受黑格尔和费尔巴哈的影响，是一个人本主义者，而成熟时期的马克思是历史唯物主义者和辩证唯物主义者。阿尔都塞指出，虽然早期的一些术语在后期仍然被马克思所使用，但是术语的含义已经发生了结构性的改变。他以1845年为分界线，认为：1845年前的马克思哲学及其政治实践是以“人的本质”为基础的；1845年后，马克思与人本主义决裂并转向了科学。以1845年的《关于费尔巴哈的提纲》为标志，马克思的思想发生了“认识论的断裂”，也就是与非科学的意识形态、人本主义决裂。阿尔都塞强调马克思思想发展过程中的这种断裂和差异，认为这一断裂表现为三个方面的理论问题：人本主义的总问题是人性或人的本质；人本主义是一种意识形态；马克思用新的概念，比如生产力、生产关系等完成了认识论的断裂。因此，阿尔都塞断言，成熟后的马克思思想是“反人本主义”的。

六、资料运用

（1）卢卡奇：《历史和阶级意识》，王伟光、张峰译，华夏出版社，1989。

本书贯穿了必须恢复被第二国际的领袖们所遗忘和歪曲了的马克思主义的真正哲学意义的思想。在书中，作者首先提出马克思主义不过是一种方法，而后提出“马克思主义辩证法的本质是具体的总体的范畴”“历史的本质在于它是人类活动的产物”“物化”等一系列概念、表述。“阶级意识问题”在本书中占据相当重要的地位。

（2）周穗明等：《20世纪西方新马克思主义发展史》（上册），学习出版社，2004。

本书对20世纪国外新马克思主义主要流派及其最新发展趋势做了全面、系统的评价，反映了当代西方左翼思潮的发展状况和国外社会主义运动的最新形态，有助于总结20世纪马克思主义的理论得失和社会主义实践的经验教训。

(3)衣俊卿:《西方马克思主义概论》,北京大学出版社,2008。

本书包括卢卡奇的物化理论与辩证法思想、柯尔施的马克思主义观、葛兰西的市民社会理论和实践哲学构想、布洛赫的乌托邦精神论和希望哲学等内容。

(4)卡尔·柯尔施:《马克思主义和哲学》,王南湜、荣新海译,重庆出版社,1989。

本书的中心论题是马克思主义和哲学的关系。本书指出马克思主义不是一成不变的体系，它本身也有个历史过程，以此为前提，把马克思的理论发展分为三个阶段。

(5)葛兰西:《实践哲学》,徐崇温译,重庆出版社,1990。

在本书中，作者针对第二国际、共产国际和布哈林等人的机械唯物主义，展开了对马克思实践观的论述和分析。

(6)安东尼奥·葛兰西:《狱中札记》,葆煦译,人民出版社,1983。

作为伟大的、富于创建性的马克思主义理论家，葛兰西的理论和思想大部分都是在监狱中形成的，其《狱中札记》则是他全面思考的结晶。《狱中札记》记载了他对国际共产主义运动、意识形态理论、文化领导权理论、有机知识分子理论、美学和历史学等学科理论的思考和探索。这部著作体现了“人类意志的极限”，即一个人到底能在多大程度上超越他的历史和个人背景进行思考。这部监狱中完成的著作正是独立思考的伟大典范。葛兰西独树一帜的实践哲学和他所提出的“霸权”“有机知识分子”“市民社会”“阵地战”等理论观念，在当代仍具有重大的理论意义。

(7)卡尔·博格斯:《知识分子与现代性的危机》,李俊、蔡海榕译,江苏人民出版社,2002。

本书考察了知识分子生活在现代化过程中的变化，主要关注的是知识分子在意识形态的霸权下不断斗争的知识活动中所展现出来的政治层面。

(8)路易·阿尔都塞:《保卫马克思》,顾良译,商务印书馆,2011。

本书是法国著名哲学家阿尔都塞的一部重要哲学著作，收录了他关于马克思主义理论的数篇重要论文，包括《费尔巴哈的“哲学宣言”》《论青年马克思(理论问题)》《矛盾与多元决定(研究笔记)》《关于唯物辩证法(论起源的不平衡)》《马克思主义和人道主义》等，是20世纪后半叶西方马克思主义文本中最重要的经典之一。

(9)路易·阿尔都塞、艾蒂安·巴里巴尔:《读〈资本论〉》,李其庆、冯文光译,中央编译出版社,2001。

《读〈资本论〉》的主要部分是阿尔都塞于1965年初在巴黎高等师范学校举办的《资本论》研究会上所作的几篇哲学报告。这些哲学报告是阿尔都塞在特定的意识形态和理论斗争中构思、写作和发表的。

(10)马克斯·霍克海默、特奥多·阿多尔诺:《启蒙辩证法》,洪佩郁、蔺月峰译,重庆出版社,1990。

启蒙的最初目标是让人们高举理性的大旗,摆脱蒙昧与恐惧,树立自由与自主。然而在理性一路高奏凯歌,人类改造自然的能力登峰造极的时候,启蒙却走向了它的反面……本书通过探究启蒙概念的起源、批判文化工业、揭示反犹太主义的深刻思想根源,力图指出,如果启蒙失去批判的维度,就会成为单纯的工具理性,丧失了人道的维度,最终成为敌视人的怪物。为此,我们需要启蒙辩证法。

(11)赫伯特·马尔库塞:《爱欲与文明》,黄勇、薛民译,上海译文出版社,1987。

西方文明在今天已发展到极点,然而文明进步的加速也伴随着不自由的加剧。集中营、大屠杀、世界大战和核武器都是现代文明的产物,人对人最有效的统治和摧残恰恰发生在人类的物质和精神成就高度发达到仿佛能建立一个真正自由的世界的时刻。可见,高度文明的昂贵代价是人的不自由和对生命本能、对自我升华了的性欲与爱的压抑。所以,反抗现代西方文明首先必须消除对人的本性的压抑,解放爱欲。

(12)弗罗姆:《逃避自由》,刘林海译,国际文化出版公司,2007。

本书共分为七章,分别是:"自由——一个心理学问题?""个人的出现及自由的模棱两可""宗教改革时代的自由""现代人自由的两个方面""逃避机制""纳粹主义心理学""自由与民主"。

(13)张一兵、胡大平:《西方马克思主义哲学的历史逻辑》,南京大学出版社,2003。

本书是一本介绍西方马克思主义哲学的教材,它把西方马克思主义思潮的学理逻辑的历史变迁作为介绍的基本线索,把基础研究和前瞻性视角有机地结合起来了。

(14)金瑶梅:《阿尔都塞及其学派研究》,重庆出版社,2010。

《阿尔都塞及其学派研究》共分为上编、中编、下编三大板块。上编以"理论上的反人道主义"为核心,介绍阿尔都塞"结构主义的马克思主义"的主体思想。中编结合英文资料，介绍阿尔都塞思想体系的最新发展，即他晚年对自己学术思想的继承与反思。下编主要介绍整个阿尔都塞学派的最新发展状况。

七、案例推荐

案例1：西方马克思主义哲学的起源

恩格斯逝世之后，由于社会历史条件的变化，社会主义在理论和实践上都面临新的问题。围绕这些问题的争论，第二国际时代产生了正统马克思主义和修正主义的斗争。

十月革命的胜利和第二国际的破产使得第一次世界大战之后的马克思主义理论产生了一个新的动向，即在十月革命参照下全面反思第二国际的理论倾向之误，重新以主客体辩证法作为马克思主义的核心来探索以主体性为特征的欧洲解放道路。西方马克思主义哲学便是这种动向的结果。

以卢卡奇、柯尔施、葛兰西为代表的不同国家的共产党理论家共同提出了重新理解马克思主义哲学(即马克思主义的逻辑前提)的口号，主张从主客体相互作用的辩证法来解决理论与实践之间的冲突，把阶级意识、文化霸权等作为新道路的落脚点。

——胡大平：《西方马克思主义哲学概论》，北京师范大学出版社2010年版。

要点：十月革命的胜利开启了人类历史的新纪元，它向全世界表明列宁的判断是准确的，社会主义革命有可能在一个或者几个国家内首先获得胜利。然而，十月革命的胜利引发了一个新的问题，即十月革命的胜利是否是俄国的特殊社会环境所决定的，俄国无产阶级解放斗争的方法是否可以被其他的无产阶级国家所模仿。十月革命胜利之后，在德国、奥地利和匈牙利、波兰等国也爆发过工人起义，也曾建立政权，但是很快各地的革命运动就遭到了反动政府的镇压而宣告失败，对此，列宁在《共产主义运动中的“左派”幼稚病》中强调不能照搬俄国的革命战略，各国必须结合本国的具体形势采取适当的斗争形势。既然，在资产阶级强大的西欧照搬俄国革命的模式行不通，那么就必须探寻适合西方的无产阶级革命战略和西方马克思主义道路。西方马克思主义者们正是基于此而展开了自己的探讨。

本案例可以在导入部分使用。

案例2：奥斯卡最佳动画短片《商标的世界》

视频链接：https://v.youku.com/v_show/id_XNDA3MjI2MjI0.html

要点：本案例可以在讲卢卡奇的物化理论时使用。

案例3：

在《法兰克福学派内外》一书中，赵勇将马克思主义、黑格尔主义、弗洛伊德主义视为法兰克福学派的基本理论来源。尤其是马克思的异化理论，黑格尔的绝对精神、"否定"概念、"辩证法"，以及弗洛伊德的精神分析学对法兰克福学派的主要代表人物产生了重大影响，因此，在学习法兰克福学派的过程中，要特别注意霍克海默、阿多诺、马尔库塞、弗洛姆、哈贝马斯在哪些方面、何种意义上继承和发展了马克思、黑格尔、弗洛伊德的相关思想。

要点：通过对相关内容的了解，使学生更加深入全面地理解法兰克福学派的思想渊源和理论的多样性。

案例4：

随着科学技术的进一步发展，技术理性越来越成为人异化的重要原因，尤其是在人与自然的关系问题上，技术理性以人的利益为中心，对自然大肆改造，引发了一系列危害人类生存的问题，比如资源短缺、环境恶化等。以砍伐森林为例，在2020年《全球森林资源评估》中，联合国粮农组织（FAO）发布的最新报告指出，全球森林砍伐仍在继续，自2015年以来，每年约有1000万公顷森林被转换为其他用途。很显然，技术理性指导下的发展模式在一些国家仍然存在。那么，要克服技术理性带来的危害，重构人与自然的关系将是我们学习法兰克福学派技术理性批判的重点。

要点：我们在讲法兰克福学派对技术理性的批判性反思、技术理性本身有怎样的缺陷、在实践中会带来怎样的问题时，通过这个案例，可以让学生更加深入地领会这些思想。

案例5：保卫马克思主义科学的历史语境

对斯大林"教条主义"的批判，被共产党人知识分子普遍地当作"解放"来"体验"。这个"解放"招致了深刻的意识形态上的反动，它在趋向上是"自由主义的"和"伦理的"，它自发地重新发现了"自由""人""有人性的人""异化"这些古老的哲学论题。这种意识形态上的趋向到马克思的早期著作中去寻找理论依据，而这些著作中也确实包含有关于人、人的异化和解放的哲学的一切论证。这些情况令人啼笑皆非地改变了马克思主义哲学中的形势。从1930年代以来，马克思的早期著作一直是小资产阶级知识分子在其反马克思主义斗争中的一匹战马；但先是一点一点地，接着是大量地，它们开始被用于对马克思主义作出新"解释"，这种新解释今天在被许多由二十大从斯大林教条主义下"解放"出来的共产党人知识分子所公开发展。"马克思主义的人本主义"的论题和对马克思著作的"人本主义"解释，已经逐渐地和不可抗拒地影响到晚近的马克思主义哲学，甚至是苏联和西方共产党。

——阿尔都塞：《致我的英文读者》，载《马列主义研究资料》，1983年第5辑第153页，有改动。

要点：在第二次世界大战结束之后，整个世界形成了以苏联为核心的强大的社会主义阵营，这对于社会主义运动来说是一件好事。但是，苏联在社会主义运动内部实行了不平等的霸权政治，国内出现了政治上的个人崇拜和教条主义，给国际社会主义运动带来了负面影响。斯大林去世后，赫鲁晓夫在苏联共产党第二十次代表大会上"揭露"了斯大林的种种错误行为。这种对于斯大林的非科学态度引起了很多人对马克思主义哲学的怀疑，使得很多人认为人本主义就是马克思主义哲学的真正形态，社会主义是一种趋向人本主义的物质实践。这种人本主义的泛化使得马克思主义出现了理论危机，正是在这样的背景下，阿尔都塞试图重振马克思主义的科学。

案例6：阿尔都塞对教条主义和人本主义的批判

阿尔都塞认为西方马克思主义人本学的泛化是特定历史条件的产物。要保卫马克思主义的科学性就必须坚决反击人本主义的错误，找到马克思主义人本化的真正来源。为此，他批判了教条主义的意识形态和人本主义的马克思主义。他认为，斯大林教条主义使得哲学家们不能专心研究哲学，把一切哲学都当作政治，哲学家们只能人云亦云或者装聋作哑。必须走出教条主义的意识形态的迷雾才能开始真正的科学研究。在对教条主义进行批判的同时，阿尔都塞对其他的意识形态也保持高度警觉，他认为人本主义的马克思主义是资产阶级的意识形态和"伦理唯心主义"。他指出，卢卡奇、葛兰西、柯尔施等西方马克思主义者把马克思1845年创立的历史唯物主义科学倒退为人本主义。他们的哲学基础不过是一种抽象的具有伦理色彩的意识形态，他们的哲学方法不过是一种非实证的主观思辨话语，他们不能真正地为无产阶级革命服务。

要点：阿尔都塞认为人本主义的马克思主义是一种错误的意识形态，它是特殊历史条件的产物。重塑科学的马克思主义就必须解构教条主义的强制性，抛弃人本主义的马克思主义的意识形态，就必须回到历史，回到科学的马克思主义。

案例7：阿尔都塞对马克思的辩证法的新理解

辩证法在黑格尔手中神秘化了，但这决没有妨碍他第一个全面地有意识地叙述了辩证法的一般运动形式。在他那里，辩证法是倒立着的。为了发现神秘外壳中的合理内核，必须把它倒过来。

——《马克思恩格斯选集》第二卷，人民出版社1995年版，第112页。

不能想象黑格尔的意识形态在黑格尔自己身上竟没有传染给辩证法的本质，同样也不能想象黑格尔的辩证法一旦被“剥去了外壳”就可以奇迹般地不再是黑格尔的辩证法而变成马克思的辩证法(既然说到了“传染”，那就势必假定辩证法在被传染前是纯洁的)。

——阿尔都塞:《保卫马克思》，顾良译，商务印书馆2017年版，第79页。

因此，为了解放辩证法，只剥去第一层外壳(体系)是不够的，还必须把它从紧贴着它躯体的第二层外壳中解放出来;这第二层外壳，我大胆认为，就是同辩证法本身不可分割的一层皮，它在本质上就有黑格尔的性质。

——阿尔都塞:《保卫马克思》，顾良译，商务印书馆2017年版，第80页。

关于把辩证法颠倒过来这个不确切的比喻，它所提出的问题并不是要用相同的方法去研究不同对象的性质(黑格尔的对象是观念世界，马克思的对象是真实世界)，而是从辩证法本身去研究辩证法的性质，即辩证法的特殊结构，不是对辩证法“含义”的颠倒，而是对辩证法结构的改造。

——阿尔都塞:《保卫马克思》，顾良译，商务印书馆2006年版，第80页。

要点:马克思认为，黑格尔的辩证法包含着神秘的外壳和合理的内涵，必须抛弃辩证法的神秘外壳，使辩证法从观念的辩证法转向现实生活的辩证法。阿尔都塞指出，马克思的唯物辩证法并不是把黑格尔的辩证法运用和推广到了不同的领域。阿尔都塞认为，在黑格尔那里，神秘外壳和辩证法是紧密结合的，对黑格尔的辩证法的改造必须剥除体系的外壳和辩证法的黑格尔性质，实现黑格尔辩证法的结构改造。这种结构的改造不是一种简单的颠倒。

案例8:阿尔都塞的历史无主体论

普列汉诺夫进一步发展了“一元论”的观点，这大概与他的机械论倾向(这种倾向后来遭到了列宁的严厉斥责)不无关系。他比海克尔更加“彻底”，他承认现代的唯心主义也是“一元论”，因为现代唯心主义只用一个实体，即精神，来解释一切。他认为马克思主义是唯物主义的一元论。……这个意识形态概念是不确切的，恩格斯和列宁早已对它作了彻底的批驳。……这一概念在马克思主义中起不了积极的理论作用，它在理论上甚至是危险的。它至多具有一种实践的价值，即从反面提醒大家注意“多元论”! 它没有任何认识价值。

——阿尔都塞:《保卫马克思》，顾良译，商务印书馆2017年版，第197页。

马克思主义矛盾的特殊性在于它的“不平衡性”或“多元决定性”……建立在矛盾多元决定基础上的转移和压缩，由于它们在矛盾中所占的主导地位，规定着矛盾的阶段性(非对抗阶段、对抗阶段和爆炸阶段)，这些阶段构成了复杂过程的存在，即“事物的发展”。

——阿尔都塞:《保卫马克思》，顾良译，商务印书馆2017年版，第213页。

个人因其性格的某些特点能够影响社会的命运。有时他们的影响往往甚至是非常重大的，不过，无论这种影响的可能性本身，还是影响的规模，都是由社会的组织、社会力量的对比来决定的。个人的性格只有在社会关系容许他这样做的那个地方、那个时候和那种程度内，才是社会发展的“因素”。

——王荫庭：《普列汉诺夫读本》，中央编译出版社2008年版，第160页。

要点：普列汉诺夫在《论一元论历史观的发展问题》中提出经济是终极的、一元的决定力量，他将马克思的新唯物主义理解为“经济唯物主义”，取消了个人的历史主体性，但他试图将个人的能动性纳入他的一元决定论中。在阿尔都塞看来，历史发展中没有个人人身主体，但是他反对黑格尔把无人身的历史目的单一化的观点，认为历史目的是各种因素综合作用的结果。阿尔都塞认为，历史无主体，只有社会关系勉强可以称为历史的主体。

八、归纳小结

马克思、恩格斯逝世之后，资本主义国家的历史条件发生了重大变化，马克思主义内部也发生了分化。第二国际以来，对于马克思主义存在着复杂的争论，其主要集中在如何理解历史发展的客观必然性和主体选择性。西方马克思主义企图以自己的方式进行回答，它继承了马克思对资本主义的批判立场，力图通过与当代西方哲学文化的积极对话来汲取思想资源，探索一条不同于经典马克思主义的新道路。

本章介绍了早期西方马克思主义者是怎样从不同角度对资本主义社会的现状进行批判的。卢卡奇的物化理论和总体性辩证法直接促进了法兰克福学派的形成和发展。柯尔施通过分析马克思主义与哲学的关系，在理论和实践层面揭示了“革命的、批判的”马克思主义观。葛兰西提出“市民社会”理论和西方革命道路理论，对于我们深刻分析资本主义制度的本质和探讨无产阶级革命道路提供了指导。

本章梳理了法兰克福学派的发展历史以及主要代表人物的理论、思想，尤其是霍克海默和阿多诺的社会批判理论、马尔库塞和弗洛姆的性格结构批判理论、哈贝马斯的交往行为理论。须注意，学习法兰克福学派的相关知识不仅仅是理论知识的扩充，还能为解决现实问题提供指导，比如法兰克福学派所提出的技术理性批判问题，它在我们现实生活中依然存在，甚至具有了新的形式。所以，以现实问题为导向，结合马克思主义的根本立场，发展法兰克福学派的批判思维和逻辑才是学习的落脚点。当前，我们正处于全面建设社会主义现代化强国的新时期，面对复杂的国际环境，用正确的历史眼光去看待法兰克福学派在马克思主义发展史上的作用至关重要，应将理论学习与现实需要相结合，担当时代赋予我们的重任。

本章介绍了科学马克思主义的创始人阿尔都塞的思想。阿尔都塞在人本主义泛滥的背景下提出以实证科学的方法重新解释马克思主义哲学，认为马克思主义是科学，而人本主义不过是一种意识形态。卢卡奇的《历史与阶级意识》开启了人道主义马克思主义。20世纪初，随着《1844年经济学哲学手稿》等青年时期马克思著作的公开发表，人道主义的马克思主义思潮席卷了西方，影响了几乎所有的西方马克思主义流派。西方马克思主义者公开宣称，马克思主义是人本主义。斯大林逝世后，苏联出现了非斯大林化的运动，引起了西欧左派阵营的分裂。马克思主义理论再次遭受危机，阿尔都塞作为法国共产党理论家，发表了《保卫马克思》和《读〈资本论〉》等著作，提出保卫马克思的口号，宣称马克思主义是科学。

第五章　毛泽东思想对马克思列宁主义的丰富和发展

一、篇目概述

本章在教学目标上要引导学生全面把握青年毛泽东思想形成的主客观条件和毛泽东思想的主要内容等知识；帮助学生深切感受并认同毛泽东思想在引领中华民族站起来的历史进程中所发挥的重要思想引导作用，使红色基因代代相传，让毛泽东思想在新时代熠熠生辉；引导学生自觉运用辩证唯物主义和历史唯物主义的根本方法，科学评价毛泽东以及完整、准确理解毛泽东思想，并促进学生形成唯物辩证的思维和意识。

教学内容方面，通过问题导入法引入“毛泽东思想”这一主题，重点讲述毛泽东思想形成的主客观条件和毛泽东思想的主要内容。从青年毛泽东的思想转变及其马克思主义化讲述毛泽东思想形成的主观条件。青年毛泽东经历了由内而外、独立自主进行自我清算的思想转变，并始终都是在救国救民、改造中国的理想信念牵引下进行的，以寻找实现理想信念的行动指南；青年毛泽东的思想转变始终同他亲身参与的社会政治实践密切联系，经过对各种主义的实践验证才决定取舍，因而他向马克思主义的思想转变是曲折但毫不动摇的。从近代中国社会的演变和旧民主主义革命的教训、十月革命和马克思列宁主义在中国的传播、早期共产党人对中国革命道路的艰辛曲折探索讲述毛泽东思想形成的客观条件。重点讲述毛泽东思想关于中国革命基本问题的理论，以及革命成功后，如何过渡到社会主义制度，如何建设社会主义中国等基本问题的探索，即重点讲述新民主主义革命理论、社会主义革命和社会主义建设理论的基本内容，引导学生理解我国走社会主义发展道路的历史必然性，坚定中国特色社会主义道路自信。

讲授方法方面，本章使用理论讲授法、主题研讨法、案例教学法、实践体验法。通过理论讲授法，将毛泽东思想形成的主客观条件、毛泽东思想的主要内容等理论知识传授给学生；通过主题研讨法，引导学生自主思考青年毛泽东思想转变的特点、毛泽东思想的时代价值、社会主义改革与社会主义改造的关系等，深化学生对重点问题和难点问题的理解；通过案例教学法，引导同学们科学评价毛泽东及毛泽东思想，理解毛泽东思想的时代价值；通过诵读经典、观看影视作品等实践体验法，引导学生体会青年毛泽东的马克思主义化，学习毛泽东运用马克思主义理论分析现实问题的立场和方法。

本章提供了了解毛泽东思想转变历程以及理解毛泽东思想的主要内容等的相关阅读资料，以帮助学生拓展研究广度和深度。

二、教学目标

1. 引导学生全面把握青年毛泽东思想转变历程、毛泽东思想形成的历史背景，了解新民主主义革命理论、社会主义革命和社会主义建设理论的基本内容。

2. 帮助学生深切感受并认同毛泽东思想在引领中华民族站起来的历史进程中所发挥的重要思想引导作用，使红色基因代代相传，让毛泽东思想在新时代熠熠生辉。深刻理解新民主主义革命理论、社会主义革命和社会主义建设理论的实践指导意义，理解我国走社会主义发展道路的历史必然性，坚定中国特色社会主义道路自信。

3. 引导学生自觉运用辩证唯物主义和历史唯物主义的根本方法，科学评价毛泽东以及完整、准确理解毛泽东思想，并促进学生形成唯物辩证的思维和意识。基于对中国革命道路、中国建设道路探索的学习，把握马克思主义中国化的方法论，更好地将马克思主义基本原理与时代发展相结合，培养创新思维，提升创新能力。

三、讲授导入

（一）毛泽东思想的形成

[问题导入]

有人认为，毛泽东思想关于中国革命的论述已经过时，而晚年毛泽东又犯了严重错误，除了那些世界观、方法论外，毛泽东思想对今天已没有多少价值，学了也没用。请同学们谈谈对此观点的看法。

评析：这种观点是片面的。毛泽东思想对党和国家的各项事业与工作，对同学们正确选择人生道路，都具有重要的指导意义。倡导学习研究毛泽东思想，一个重要原因就是时代、实践和科学的发展要求我们根据新的情况，认识、继承和发展毛泽东思想。今天的学习不是对过去学习的简单重复，而是要以新的视角和眼光来重温毛泽东思想，从中挖掘这一精神财富的时代价值，真正做到常学常新、学以致用。

那么，要发现这一理论超越时空的恒久魅力，首先就要了解它是如何形成的。

（二）毛泽东思想的主要内容

［问题导入］

何谓“革命”？为何要“革命”？

对于前一个问题，毛泽东指出：“革命不是请客吃饭，不是做文章，不是绘画绣花，不能那样雅致，那样从容不迫，文质彬彬，那样温良恭俭让。革命是暴动，是一个阶级推翻一个阶级的暴烈的行动。”[①]中国自1840年以来的革命运动，无不伴随着暴力运动和阶级斗争，也必然会有流血牺牲。那么，为什么中国人要起来闹革命呢？

美国学界曾有一种观点，认为中国革命发生的原因有两个：第一，中国的人口太多，没有饭吃；第二，西方新思想的传入激起了“骚动和不安”。这样的观点是否科学？近代中国为什么会发生革命？谁能够领导中国革命取得胜利？中国革命应该走什么样的道路？革命的前途和方向又是什么？

本章重点讲述毛泽东思想关于中国革命基本问题的理论，以及对革命成功后，如何过渡到社会主义制度、如何建设社会主义中国等基本问题的探索。

四、内容阐述

本章将围绕毛泽东思想的形成过程和毛泽东思想的主要内容两部分进行讲授，重点讲述毛泽东思想关于中国革命基本问题的理论，以及对革命成功后，如何过渡到社会主义制度、如何建设社会主义中国等基本问题的探索。

（一）毛泽东思想的形成

1.青年毛泽东的思想转变及其马克思主义化[②]

毛泽东是马克思主义中国化最主要的开拓者，是中国第一批马克思主义者的杰出代表，是马克思主义中国化第一次历史性飞跃的主要代表，创造了马克思主义中国化的第一个重大理论成果。但是，毛泽东不是一个天生的马克思主义者，他经历了一个走向马克思主义道路的艰辛曲折过程。

（1）一波三折的求学之路形成独特的知识结构

毛泽东没有经历过完整的早期教育，1902—1910年，他接受了六年不连贯的私塾教育，其间有一段时间辍学在家劳动并坚持自学。毛泽东自己将之称为“六年孔夫子”生活。之后，毛泽东曲折地接受了新式教育，1910年秋考入湘

①《毛泽东选集》第一卷，人民出版社1991年版，第17页。

②本部分内容主要参考金民卿：《青年毛泽东的思想转变之路：毛泽东是怎样成为马克思主义者的？》，社会科学文献出版社2005年版，第6-19页。

乡县东山小学,半年后离开;1911年春到长沙考入湘乡驻省中学,10月底离开去当兵;1912年春考入湖南全省高等中学校,几个月后进入湖南省立图书馆自学。1913年春,考入湖南第四师范学校,该校于1914年2月并入第一师范学校,1918年6月毕业,接受了五年半系统的师范教育。这种曲折的受教育经历,让他形成了独特的知识结构,对毛泽东的思想结构产生了较大的影响。

毛泽东的求学经历使他对中国传统文化、新学知识和西方思想文化都有较多的接触,进而使他形成了以中国传统文化为主导、中西文化兼容并蓄的知识结构,其中传统文化在量的积累上有绝对的优势。这种知识结构构成了毛泽东思想结构的基础,深刻地影响了毛泽东的思想转变以及转变之后的思想发展。

图5-1　毛泽东故居

来源:《毛泽东情感实录》(红旗出版社2013年版,第9页)

(2)青年毛泽东的思想转变历程

第一,初步形成思想结构。从湖南第一师范学校毕业之际,青年毛泽东的思想结构初步形成,但方向不确定,救国救民和改造中国的理想信念已经确立并直接影响他日后的思想转变。此时期,在世界观上,毛泽东坚持"精神不灭、宇宙不灭"的二元论哲学世界观,其作为一种非独立的世界观,在后期的发展中,究竟走向唯物主义还是唯心主义,需要毛泽东个人随着思想认识的深化和社会实践的开展自觉作出选择。在历史观上,其思想带有鲜明的唯心主义和空想主义色彩,但是又包含着某些唯物主义因素和丰富的辩证法思想。在思想方法上,辩证法已经深入他的思想,成为他观察历史和现实问题的方法论依据,但仍然夹杂着一些相对主义的思想杂质。在政治思想上,坚决反对帝国主义和封建主义,深刻揭示了封建文化的腐朽没落及其对人性的压抑,大力倡导个性解放的"精神个人主义"。在理想信念方面,形成了救国救民、改造中国的社会理想,这种理想信念对其日后的思想转变方向起着决定性作用。

第二,马克思主义成为其思想结构的一个组成部分。五四运动前后,马克思主义进入青年毛泽东的思想结构,但尚未成为主导性因素。1918年8月到次年3月,毛泽东第一次离开湖南来到北京,开始接触到马克思主义。自此,马克思主义同其他非马克思主义理论一起构成毛泽东思想结构中的组成部分,其思想结构呈现一种多元并存的"大杂烩"状态。毛泽东曾说,自己早年的思想是自由主义、民主改良主义、空想社会主义等思想的大杂烩。他憧憬"十九世纪的民主"、乌托邦主义和旧式的自由主义。[①]此时期,毛泽东在哲学世界观上基本转向唯物主义,但仍然留有唯心主义因素;在政治思想上,倾向改良主义理论;在社会革命道路上,盛赞十月革命道路,但明确主张"呼声革命";在社会关系分析方面,初步掌握阶级分析法,但幻想阶级之间的和谐;在思想发展阶段上,初具共产主义思想,但仍处于激进民主主义阶段。

第三,思想结构的主导性因素发生变化。在救国救民的远大志向和改造中国的社会理想的驱动下,毛泽东思想结构中的主导性因素发生变化,他把自己接收的各种思想理论运用到实践中去,力求通过实践来检验和判断这些理论是否能够对社会发展作出正确的指导,是否符合中国实践的需要。为此,从五四运动开始,他对空想社会主义、民主改良主义、实验主义、工读主义等理论进行了社会实践,经过一段时间的实践检验之后,青年毛泽东的思想结构发生了很大的变化,在政治思想上基本摆脱了民主改良主义、空想社会主义思想的影响,思想结构中主导性因素发生重大变化。

第四,初步确立马克思主义信仰。1919年12月到次年7月,毛泽东在北京大量阅读了马克思列宁主义的相关著作,其思想结构中的马克思主义因素迅速增加,非马克思主义因素急速减少,马克思主义理论初步占据了青年毛泽东思想结构的主导地位,思想发展的马克思主义方向已经明确,马克思主义信仰初步确立。随后,毛泽东开展了一系列初步的马克思主义实践活动,比如创办文化书社、创办俄罗斯研究会、组建社会主义青年团、组建共产主义小组等,以此来检验马克思主义理论究竟能否成为救亡图存活动的指南。通过这些实践活动的检验,毛泽东开始在实践中运用马克思主义理论来分析中国的实际问题,进一步确认马克思主义理论的科学性;在理论上深化对马克思主义理论的学习,进一步把握其精髓;把马克思主义信仰转化为马克思主义实践,逐渐从不完全的马克思主义者转变为完全的马克思主义者,并不断成为坚定的马克思主义者。

---

①埃德加·斯诺:《西行漫记》,董乐山译,生活·读书·新知三联书店1979年版,第125页。

链接·经典名言

毛泽东曾同斯诺说:“我第二次到北京期间,读了许多关于俄国情况的书。我热心地搜寻那时候能找到的为数不多的用中文写的共产主义书籍。有三本书特别深地铭刻在我的心中,建立起我对马克思主义的信仰。我一旦接受了马克思主义是对历史的正确解释以后,我对马克思主义的信仰就没动摇过。”① 这三本书是:《共产党宣言》、《阶级斗争》(考茨基著)、《社会主义史》(柯卡普著)。

第五,彻底清算自己的思想结构。1920年9月到10月下旬,毛泽东组织了一场声势浩大的湖南人民自治运动,开始用马克思主义理论和俄国革命的经验来分析中国的现实问题并指导实践,但湖南人民自治运动的实践挫折进一步暴露了毛泽东的思想矛盾,这促使他下决心对自己的思想结构进行彻底清算。此时期,尽管马克思主义成为其思想结构的主导性因素,但其思想结构中还存在一些非马克思主义因素,尤其是空想社会主义、社会改良主义和无政府主义思想没有得到彻底清算,其对走俄国革命道路还有些犹豫不决,还在期望通过和平的、来自上层的改良来达到社会改造的目的。准备充分、组织系统的湖南人民自治运动的失败,促使毛泽东进行深刻的理论反思和彻底的思想清算。

第六,确立马克思主义的坚定信仰,实现自身的马克思主义化,完成思想转变。1920年11月底,毛泽东撰写了大量的书信和文稿,编辑了《新民学会会员通信集》,对自己多年来的实践和思想做了一次总体性的剖析和清算,清算了思想结构中的非马克思主义因素。在哲学世界观上,批判了唯心主义和形而上学的思想;在主导思想上,清算了空想主义、改良主义、无政府主义、实验主义等思想,坚决否定“头痛医头、脚痛医脚”的做法;在奋斗目标上,清算了局部改良的目标,明确提出要通过彻底改造世界的社会革命来解放全人类的伟大目标;在革命道路上,清算了“呼声革命”“教育革命”等温和革命主张,明确提出要另辟道路,另造环境;在组织领导上,明确提出要建立一个以主义为引领的政党组织;在斗争方式上,清算了理论批判、集会游行等合法斗争方式,坚定了彻底革命的思想。经过清算之后,毛泽东更加深刻地认识到马克思主义的科学真理性,更加坚定了马克思主义信仰,毫不犹豫地走上了马克思主义道路,实现了自身的马克思主义化,成为马克思主义中国化的主要开拓者。

1920年底到1921年初,毛泽东系统阐述了自己关于改造中国的根本目标、指导思想、道路选择、具体步骤等,标志着他已经完全站在马克思列宁主义的立场上观察和分析问题,坚持把马克思列宁主义作为根本指导思想,确立共产

①埃德加·斯诺:《西行漫记》,董乐山译,生活·读书·新知三联书店1979年版,第131页。

主义和科学社会主义的远大理想。随着思想转变的完成，青年毛泽东最终确立了以马克思主义为主导性因素的思想结构，马克思主义成为主观世界的统领，实现了自身的马克思主义化，即认真学习、真正弄懂、切实运用、坚定信仰、大力宣传、坚决捍卫马克思主义。[①]

通过自身的马克思主义化，毛泽东真正成为一个马克思主义者，成为第一代中国马克思主义者的杰出代表和马克思主义中国化的开路先锋，成功实现了马克思主义中国化的第一次历史性飞跃，创造性地把马克思主义普遍真理同中国的具体实际和时代特征相结合，创造并不断发展中国化马克思主义的第一个重大理论创新成果——毛泽东思想。

2. 毛泽东思想形成的历史背景

毛泽东思想是中国近代历史发展的必然产物，它适应了中国半殖民地半封建社会变革以及中国无产阶级登上历史舞台后领导中国革命的迫切需要。

(1)近代中国社会的演变和旧民主主义革命的教训

1840年鸦片战争以后，中国逐渐变为半殖民地半封建社会。争取民族独立、人民解放，实现国家富强、人民富裕，成为近代中国的两大历史任务。

①近代中国社会的演变

在近代，一方面，帝国主义列强通过政治的、经济的和文化的侵略，使中国半殖民地化。另一方面，帝国主义的侵略在一定程度上加速了封建社会自给自足的自然经济的解体，使中国半封建化。

1840年，英国发动鸦片战争，并于1842年迫使清政府订立了《南京条约》，这是中国近代史上第一个不平等条约，成为中国半殖民地半封建社会的起点。此后，西方侵略者发动了一次又一次对中国的侵略战争，迫使清政府签订了一系列不平等条约。1856年开始的第二次鸦片战争和《天津条约》《北京条约》等一批不平等条约的签订，加快了中国向半殖民地半封建社会的演变。1894年，日本发动甲午战争，并于1895年迫使清政府签订了《马关条约》，使中国半殖民地半封建化程度进一步加深。1900年，八国联军侵华，1901年9月，清政府被迫签订了《辛丑条约》，标志着中国从此沦为半殖民地半封建社会。

鸦片战争后，西方资本主义列强的入侵导致中国家庭手工业的衰落，加速了封建自然经济的解体，中国变为半封建社会。近代中国，民族资本主义产生并有所发展，但是在帝国主义、封建主义和官僚资本主义的束缚下，民族资本主义发展困难重重，增长也十分缓慢。从鸦片战争到新中国成立的109年里，

①金民卿：《青年毛泽东的思想转变之路：毛泽东是怎样成为马克思主义者的？》，社会科学文献出版社2015年版，第13页。

民族资本主义只积累起占国民经济总产值的17%的近代工业经济，其中外国资本、官僚资本又占很大比重，外国在华的资本处于垄断地位。历史证明，尽管帝国主义客观上为中国资本主义的发展创造了一定条件，但并不能使中国发展成为资本主义国家。半殖民地的中国在真正独立之前，不可能赶上先进的资本主义国家。

链接·资料："半殖民地半封建社会"的内涵解读

半殖民地，是相对于完全殖民地而言的。它是指形式上有自己政府的独立国家，实际上政治、经济等社会各方面都受到外国殖民主义的控制和奴役，在社会发展形态上是历史的沉沦。半封建是相对于完全的封建社会而言的。它是指形式上仍是封建统治和自然经济占主导，实际上社会已逐渐近代化，资本主义经济、政治、思想文化等因素在不断发展壮大，在社会发展形态上是历史的进步。半殖民地是从国家的政治地位上看的，半封建是从社会经济结构上看的。

②旧民主主义革命的教训

近代中国，各种矛盾错综复杂，而"帝国主义和中华民族的矛盾，封建主义和人民大众的矛盾，这些就是近代中国社会的主要的矛盾"[①]。上述矛盾决定了争取民族独立、人民解放，实现国家富强、人民富裕，是近代中国的两大历史任务。中国人民历尽千辛万苦摸索国家出路，开始了反帝反封建的资产阶级民主革命，从1840年到1919年，进行了近80年的艰辛探索。1851年到1865年，洪秀全发动太平天国运动，以失败告终。19世纪60年代，一些具有改革意识的上层官僚，发起了以自强求富、挽救清朝危机为宗旨的洋务运动，洋务运动在甲午战争中破产，自强求富目的没有达到。资产阶级维新派代表康有为、梁启超、谭嗣同、严复等发起了一场救亡图存的改革运动，戊戌变法把近代中国挽救民族危亡和国家独立与发展的两大目标提到新的高度，但是仍以悲剧性的失败而告终。20世纪，中国的第一次历史性变革是孙中山先生领导的辛亥革命，其结束了统治中国两千多年的封建君主专制制度，对推动中国社会进步具有重大意义，但革命果实被袁世凯窃取。1918年，孙中山先生领导的护法运动失败，标志着中国民族资产阶级领导的旧民主主义革命的终结。历史说明，旧民主主义革命的理论和道路并不适应中国革命的现实国情，无法为近代中国革命提供正确的理论指南和实践指导，无法指引近代中国革命取得胜利。不触动封建根基的自强运动和改良主义，旧式的农民战争，资产阶级革命派领导的民主革命，以及照搬西方资本主义的其他种种方案，都不能完成反帝反封建

①《毛泽东选集》第二卷，人民出版社1991年版，第631页。

的革命任务，都不能为中国找到真正的出路。要解决中国的发展进步问题，必须找到能够指导中国人民进行反帝反封建革命的先进理论，必须找到能够领导中国社会变革的先进社会力量。

链接·资料：从革命纲领看旧民主主义革命失败的原因

太平天国运动，反封建王朝，不反封建制度；义和团运动，反帝，不反封建；辛亥革命，反封建，不反帝。但是，近代中国所遭受的最大的压迫是来自帝国主义的民族压迫，帝国主义是阻碍中国社会进步和发展的最大障碍，是近代中国贫困落后和一切灾祸的总根源。同时，封建地主阶级是帝国主义统治中国和封建军阀实行专制统治的社会基础。地主阶级是用封建制度剥削和压迫农民的阶级，是在政治上、经济上、文化上阻碍中国社会前进而没有丝毫进步作用的阶级，是中国经济现代化和政治民主化的主要障碍。帝国主义和封建主义这两大革命对象不能割裂。中国共产党在吸取旧民主主义革命的教训的基础上，在中共二大时明确提出反帝反封建的民主革命纲领。

(2)十月革命和马克思列宁主义在中国的传播

“十月革命一声炮响，给我们送来了马克思列宁主义。”这一句话指明了马克思列宁主义传入中国的主要途径。1917年十月革命后，俄国建立了世界上第一个无产阶级专政的社会主义国家，中国的先进知识分子认识到世界历史潮流的变化，得出“走俄国人的路”的结论。

①十月革命推动了中国先进分子从资产阶级民主主义转向社会主义

鸦片战争后，中国的先进分子向西方国家寻求真理，希望效仿西方，建立资产阶级现代国家。然而1914年第一次世界大战爆发，使得西方资本主义制度的固有矛盾和弊端暴露无遗，世界范围内兴起了一股反资本主义浪潮，中国的知识分子也开始思考：西方资本主义制度是不是应该模仿的典范。正当中国人感到无所适从的时候，俄国十月革命的成功为中国指示了另一个方向。1918年7月，李大钊发表《法俄革命之比较观》，比较了以法国大革命为代表的资产阶级民主革命和以俄国革命为代表的无产阶级社会主义革命，指出俄国革命的世界意义，认为俄国革命预示着社会主义革命时代的到来，我们应当适应世界的新潮流。随着苏俄对华宣言的发表，中国的知识界、思想界，尤其是先进知识分子开始倾向于用社会主义的方式解决中国的问题。毛泽东指出：“十月革命帮助了全世界的也帮助了中国的先进分子，用无产阶级的宇宙观作为观察国家命运的工具，重新考虑自己的问题。走俄国人的路——这就是结论。”①

①毛泽东：《论人民民主专政》，人民出版社1960年版，第4页。

②五四运动和马克思主义在中国的广泛传播

十月革命后，以李大钊为代表的中国先进分子开始在中国传播马克思主义。1919年的五四运动极大地促进了马克思主义的传播。

如同青年毛泽东经历了思想转变一样，早期的先进分子也经历了从民主主义者到马克思主义者的转变。以李大钊为代表的早期马克思主义者，通过撰写报刊文章、成立马克思主义研究会、发动和领导马克思主义实践运动的方式，广泛传播和运用马克思主义理论。据统计，五四时期，报刊社接收的关于马克思主义的文章有200多篇，比如李大钊在《新青年》上发表的《我的马克思主义观》，介绍了马克思主义的唯物史观、政治经济学、科学社会主义的基本原理，充分肯定了马克思主义的历史地位，标志着马克思主义在中国的传播进入了比较系统深入的阶段。

链接·资料：围绕马克思主义的论战[①]（有改动）

马克思主义在中国的传播并非一帆风顺的，它除了要受到中国传统旧文化的顽强抵抗和反动政府的查禁以外，还要遭受形形色色的资产阶级和小资产阶级思想的抵制、阻扰和歪曲。五四时期及其后的一段时期，围绕要不要马克思主义、以什么主义改造中国社会等问题，中国思想界曾经展开三次意义重大的争论。

第一次争论：关于问题与主义的论战。

所谓问题与主义之争是由自称是实验主义信徒的胡适挑起的。1919年7月，胡适在《每周评论》上发表《多研究些问题，少谈些"主义"！》，明确表示反对空谈"主义"，指出空谈那些好听的、外来进口的、纸上的"主义"是极容易的、没有用处的、危险的，中国的当务之急是解决诸如从人力车夫的生计到大总统的权限……从女子解放到男子解放的具体问题，而不是寻求包医百病的"根本解决"。胡适的文章发表后，李大钊敏锐地发现了其反对马克思主义的实质，发表《再论问题与主义》，针锋相对地发表了自己的看法，指出"问题"与"主义"有不能分离的关系，中国的问题必须有一个根本解决，然后才能一个个具体解决，为此必须进行阶级斗争，进行社会革命，这当然需要主义的指导。接着，胡适又发表了《三论问题与主义》《四论问题与主义》《新思潮的意义》等文章阐述自己的观点。李大钊则在《物质变动与道德变动》《由经济上解释近代中国思想变动的原因》等文章中进一步反驳。同时，一些重要社团，如少年中国学会也展开了争论。

①参见中国人民大学马列主义发展史研究所：《马克思主义史》第三卷，人民出版社1996年版，第277–288页。

问题与主义的争论实质上是西方资产阶级实用主义思潮与马克思主义在中国的一次大较量。这场论争,促进了马克思主义的传播,使得李大钊等马克思主义者认识到不能停留在书斋里的主义这个层面,开始思考如何运用马克思主义来解决中国的出路问题。

第二次争论:关于社会主义的论战。

1920年11月,张东荪发表《由内地旅行而得之又一教训》,指出:"救中国只有一条路,一言以蔽之,就是增加富力。而增加富力就是开发实业。因为中国的唯一病症就是贫乏,中国真穷到极点了。"[①]张东荪所谓"开发实业",实质上是主张走资本主义道路,反对宣传社会主义和进行社会主义运动,反对无产阶级革命。此文发表后,立刻受到陈独秀、李大钊、陈望道等人的批评,演变成一场关于社会主义的争论。争论主要围绕中国要不要讲社会主义,中国的问题是产业落后还是制度腐败,中国有没有无产阶级,中国应该采取何种社会主义等问题展开,本质上是关于中国走什么道路的争论。

关于社会主义的论战是马克思主义与反马克思主义在中国的又一次大较量。马克思主义是与欧洲社会主义思潮一起传入中国的,在相当长一段时期内,人们把马克思主义和社会主义看成是一回事,有些人把宣传社会主义看成是在中国传播马克思主义。然而社会主义不能等同于马克思主义。当时世界上有各式各样的社会主义流派,究竟哪一种社会主义真正属于马克思主义呢?为此,李大钊、李达、陈独秀等人通过发表文章,把马克思主义与空想社会主义,与以德国社会民主党为代表的冒牌马克思主义区别开来,从而把中国人民的马克思主义理论水平提到一个新高度。

第三次争论:关于无政府主义的论战。

无政府主义是一种小资产阶级的社会政治思潮,反对包括政府在内的一切统治和权威,提倡个体之间的自助关系,关注个体的自由和平等,幻想不通过无产阶级革命和无产阶级专政而建立一个没有国家、完全平等和绝对自由的社会。当时的中国是一个小资产阶级的汪洋大海,这就为无政府主义在中国的传播提供了有利条件。五四运动和中国共产党建党时期,是无政府主义泛滥的时期,当时有70多种宣传无政府主义的刊物。随着十月革命影响的扩大和马克思主义在中国的广泛传播,人民逐步划清了马克思主义与无政府主义的界线。1929年,陈独秀在《新青年》上发表《谈政治》一文,明确地以马克思主义关于无产阶级专政的思想批评了无政府主义。后来,陈独秀在《新青年》

①张东荪:《由内地旅行而得之又一教训》,《中国现代思想史资料简编》第一卷,浙江人民出版社1982年版,第616页。

开辟了《讨论无政府主义》专栏，一些重要社团，比如新民学会，也开展了关于无政府主义的讨论。

通过讨论，越来越多的人认识到无产阶级专政的必要性，也认识到无政府主义所要求的个人或小团体的绝对自由在现实中是根本行不通的。关于无政府主义的论战是关于社会主义的论战在另一个层面上的展开，它进一步深化了人民对马克思主义的社会主义学说的理解，同时也使马克思主义的无产阶级专政理论深入人心。

评：上述三次论战扩大了马克思主义在中国的影响，马克思主义战胜了种种资产阶级和小资产阶级思潮，在中国大地扎根下来，帮助一批倾向于社会主义的进步分子划清了社会主义同资本主义，科学社会主义同资产阶级、小资产阶级社会主义流派的界线，推动他们走上了马克思主义道路。

③早期中国共产党人对中国革命道路的探索

1921年，中国共产党的成立是中华民族发展史上开天辟地的大事变，从此中国有了一个新型的以共产主义为奋斗目标、以马克思主义为行动指南的工人阶级政党。1922年，党的二大召开，二大分析了中国政治经济的现状，区分了中国革命的民主主义和社会主义两个阶段，提出了彻底反帝反封建的民主革命纲领，指出当前首要的任务是民族革命和民主革命，无产阶级帮助资产阶级，建立真正的民主共和国。这是马克思列宁主义与中国革命实际相结合的重要步骤和结果。在建党后和大革命时期，李大钊、毛泽东、瞿秋白、邓中夏、周恩来等早期中国共产党人对中国革命的性质、任务、对象、动力、领导者、前途等重大问题都进行了探索，提出了许多有创造性的思想观点，其中毛泽东发表的《中国社会各阶级的分析》和《湖南农民运动考察报告》，成为毛泽东思想萌芽的代表作，标志着中国共产党开始对中国社会实际的调查和革命规律的探索，初步提出了新民民主主义革命的基本思想，体现了马克思主义同中国革命实际的初步结合。[①]

链接·资料：党内关于革命同盟军问题存在的两种错误倾向[②]（有改动）

1925年12月，毛泽东发表了《中国社会各阶级的分析》，他指出："谁是我们的敌人？谁是我们的朋友？这个问题是革命的首要问题。中国过去一切革命斗争成效甚少，其基本原因就是因为不能团结真正的朋友，以攻击真正的敌人。"当时党内存在两种倾向：第一种倾向是陈独秀右倾机会主义，只注意同国

①《马克思主义发展史》编写组：《马克思主义发展史》，高等教育出版社、人民出版社2013年版，第302–309页。

②《马克思主义发展史》编写组：《马克思主义发展史》，高等教育出版社、人民出版社2013年版，第308页。

民党合作，忘记了农民；第二种倾向是张国焘“左”倾机会主义，只注意工人运动，同样忘记了农民。这两种机会主义都感觉自己力量不足，而不知道到何处去寻找力量，到何处去取得广大的同盟军。毛泽东指出，中国无产阶级的最广大和最忠实的同盟军是农民，这就解决了中国革命中最重要的问题之一的同盟军问题。《中国社会各阶级的分析》比较系统地阐明了中国革命的性质、对象、动力和前途等问题。

3.科学评价毛泽东和毛泽东思想

正确理解毛泽东和科学评价毛泽东思想的问题，不仅关系着如何看待党和国家过去几十年的奋斗历史，而且涉及党的团结与国家的长治久安。因此，这不是简单的个人感情问题或者纯粹的学术问题，而是事关我们党和国家举什么旗的重大政治问题。

（1）正确评价历史人物的客观标准和科学方法

对于毛泽东的评价，虽然主流是积极正向的，但也存在着“妖魔化”毛泽东或“神化”毛泽东的倾向，更有甚者，会受到“非毛化”思潮①这种历史虚无主义的侵蚀。这种思潮暗藏着否定中国革命的历史、党的领导、毛泽东思想、社会主义制度和人民民主专政的险恶政治用心。那么，正确评价历史人物究竟有没有客观的标准和科学的方法？马克思主义唯物史观用实践标准和历史分析与阶级分析的根本方法，对此给予了肯定回答。

链接·论述：习近平谈对历史人物的评价②

对历史人物的评价，应该放在其所处时代和社会的历史条件下去分析，不能离开对历史条件、历史过程的全面认识和对历史规律的科学把握，不能忽略历史必然性和历史偶然性的关系。不能把历史顺境中的成功简单归功于个人，也不能把历史逆境中的挫折简单归咎于个人。不能用今天的时代条件、发展水平、认识水平去衡量和要求前人，不能苛求前人干出只有后人才能干出的业绩来。

革命领袖是人不是神。尽管他们拥有很高的理论水平、丰富的斗争经验、

①改革开放以来，以否定、批判、丑化、诋毁毛泽东和毛泽东思想为基本取向的“非毛化”思潮时有泛起。“非毛化”的提法是从西方舆论界一度流行的“非斯大林化”脱胎而来。所谓“非毛化”，就是采用多种方式以淡化、清除毛泽东及毛泽东思想对中国的影响。社会上一些别有用心的人，主要利用某些人的猎奇心理，从个人道德品质、生活作风、工作能力等方面大肆展开对毛泽东的恶意人身攻击，在社会上掀起了一股以恶意丑化、诋毁和批判毛泽东为基本取向的思想运动，这就是“非毛化”思潮。参见杨萍、李包庚：《对当前“非毛化”思潮的若干思考》，《毛泽东思想研究》2016年第4期。

②习近平：《在纪念毛泽东同志诞辰120周年座谈会上的讲话》，人民出版社2013年版，第11-12页。

卓越的领导才能，但这并不意味着他们的认识和行动可以不受时代条件限制。不能因为他们伟大就把他们像神那样顶礼膜拜，不容许提出并纠正他们的失误和错误；也不能因为他们有失误和错误就全盘否定，抹杀他们的历史功绩，陷入虚无主义的泥潭。

马克思主义唯物史观所采用的实践标准，就是要客观、全面、综合地考察历史人物的实践活动对当时社会和整个人类社会的生产发展和历史进步所起的进步或阻碍作用，进而对历史人物的面貌、地位及作用作出恰如其分的判定；历史分析的根本方法，需要真实、具体而全面地考察历史人物与当时社会历史条件的关系，如实反映历史人物的功过是非；阶级分析的根本方法，要求评价除原始社会外的所有历史人物时，要把他所属的特定的阶级及阶级关系作为社会历史条件的重要组成部分加以考察。

习近平在纪念毛泽东同志诞辰120周年座谈会上指出："毛泽东同志毕生最突出最伟大的贡献，就是领导我们党和人民找到了新民主主义革命的正确道路，完成了反帝反封建的任务，建立了中华人民共和国，确立了社会主义基本制度，取得了社会主义建设的基础性成就，并为我们探索建设中国特色社会主义的道路积累了经验和提供了条件，为我们党和人民事业胜利发展、为中华民族阔步赶上时代发展潮流创造了根本前提，奠定了坚实的理论和实践基础。"[①]习近平在纪念毛泽东同志诞辰120周年座谈会上的讲话中，对毛泽东及其历史地位和作用进行了实事求是的评价。

（2）实事求是地评价毛泽东的功

第一，毛泽东是实现中华民族伟大复兴中国梦的伟大领航者。新民主主义革命时期，毛泽东带领中国人民结束了半殖民地半封建社会，实现了中国独立、中华民族解放、中国人民翻身的历史使命。在此时期，毛泽东为完成"民族独立和人民解放"之梦所作出的伟大贡献主要包括了五个创造性的方面，即创造性地解决了中国革命道路、建设马克思主义政党、建设新型人民军队、建立革命统一战线、提出并实施正确战略策略的问题。新中国成立到社会主义革命和建设初步探索时期，毛泽东为促成圆满完成"国家富强和人民幸福"之梦所作出的伟大贡献主要包括提出了过渡时期总路线，提出了实现中华民族伟大复兴的战略构想等。

第二，毛泽东是马克思主义中国化的伟大开拓者。中国共产党的历史就是一部马克思主义中国化的历史，毛泽东在其中扮演了马克思主义中国化开拓者的角色，其作用主要体现在以下三个方面：毛泽东率先提出了"马克思主

①习近平：《在纪念毛泽东同志诞辰120周年座谈会上的讲话》，人民出版社2013年版，第8-9页。

义中国化”的科学命题和任务，为马克思主义中国化指明了正确的发展方向；毛泽东为马克思主义中国化提供了科学的世界观、认识论和方法论，从而奠定了马克思主义中国化坚实的哲学理论基础；毛泽东作为毛泽东思想的主要创立者，促成了马克思主义中国化第一次飞跃的实现。

第三，毛泽东是中国特色社会主义事业的伟大奠基者。这主要表现在以下三个方面：毛泽东是探索中国特色社会主义道路的先行者；毛泽东为中国特色社会主义制度奠定了政治前提和制度基础；毛泽东在领导社会主义建设的过程中取得了一系列具有独创性的关于中国社会主义建设的理论成果，为中国特色社会主义理论体系的开创提供了思想先导和理论准备。

(3)实事求是地评价毛泽东的过

毛泽东是人不是神。历史上的任何伟人，包括毛泽东，都不可能是完人或圣人。他为党和人民军队的创立与发展、中国革命的胜利、新中国社会主义事业的发展，立下了不可磨灭的功勋。但是新中国成立以来，毛泽东带领中国人民在社会主义建设道路的探索中走过弯路，他在晚年特别是在“文化大革命”中犯了严重错误，使我国社会主义事业遭受重大挫折。对此要实事求是地进行认识。一是既充分肯定毛泽东的历史功绩，又严肃指出他的历史错误。二是评价毛泽东时应该将其放在其所处时代和社会的历史条件下，全面、历史、辩证地予以看待和分析。毛泽东晚年所犯的严重错误，既有其主观因素和个人责任，也有复杂的国际、国内和社会历史原因，作为党的科学指导思想和科学理论的毛泽东思想并不包括毛泽东晚年的错误观点。三是要摒弃“无产阶级专政下继续革命”的理论，但要继续坚持无产阶级的革命精神。毛泽东晚年的错误论点曾被概括在所谓“无产阶级专政下继续革命”的理论中。在以经济建设为中心的中国特色社会主义现代化背景之下，“无产阶级专政下继续革命”这个理论概念显然已不宜继续使用。但应当指出，尽管毛泽东基于这个“理论”发动的“文化大革命”不仅完全错了，而且在任何意义上讲都不能算是革命的，但是他本人在长期革命斗争中所形成的由马克思主义信念，无畏困难和强敌、敢于斗争的勇气与决心，永葆高度政治敏感性和清醒头脑的状态等要素所组成的无产阶级革命家所具有的革命精神，却不能否定。也就是说，我们要坚决摈弃“无产阶级专政下继续革命”的概念和理论，但是，这并不等于抛弃毛泽东宝贵的无产阶级革命精神。

链接·讨论：如何正确理解毛泽东思想

毛泽东思想是马克思主义中国化的第一个重大理论成果，是马克思列宁主义在中国的创造性运用和发展，是被实践证明了的关于中国革命和建设的正确的理论原则和经验总结，是中国共产党集体智慧的结晶，是党必须长期坚持的指导思想。毛泽东思想是中国共产党的指导思想，也是适合中国情况、关于中国革命和建设的科学理论。毛泽东晚年的错误，明显地脱离了毛泽东思想所秉持的实事求是的轨道。因此，毛泽东晚年的错误观点不属于毛泽东思想的内容。

(二)毛泽东思想的主要内容

1.新民主主义革命道路的探索

党在成立初期，首先把工作重心放在城市，领导工人阶级，开展工人运动，这有利于扩大党的阶级基础。1927年大革命失败后，党的工作重心开始转向农村，并逐步找到了一条既坚持马克思主义基本原理，又符合中国革命实际的正确革命道路，这就是农村包围城市、武装夺取政权的革命道路。

第一，中国革命必须走农村包围城市、武装夺取政权的道路，是由中国所处的时代特点和具体国情决定的。一方面，在半殖民地半封建的中国社会，内无民主制度而受封建主义的压迫，外无民族独立而受帝国主义的压迫，这就决定中国革命的主要斗争形式只能是武装斗争，以革命的武装消灭反革命的武装。另一方面，近代中国是一个农业大国，农民占全国人口的绝大多数，是无产阶级可靠的同盟军和革命的主力军。广大农村是敌人统治的薄弱环节，要取得革命成功，必须先占乡村，再取城市。

第二，中国革命能够走农村包围城市、武装夺取政权的道路，也是由中国所处的时代特点和特殊国情所决定的。具体来讲，有五个方面的原因决定了这种可能性：一是近代中国是多个帝国主义间接统治的经济落后的半殖民地国家，社会政治经济发展极端不平衡，四分五裂，军阀割据，存在不少的统治薄弱环节，为党在农村开展革命斗争、建设革命根据地提供了缝隙和可能；二是近代中国的广大农村深受反动统治阶级的多重压迫和剥削，人民革命愿望强烈，加之经历过大革命的洗礼，革命的群众基础好；三是全国革命形势的继续向前发展，为在农村建设革命根据地提供了客观条件；四是相当力量正式红军的存在，为农村革命根据地的创立、巩固和发展提供了坚强后盾；五是党领导的有力量及其政策的不错误，为农村革命根据地的建设和发展提供了重要的主观条件。

第三，中国革命走农村包围城市、武装夺取政权的道路，根本在于处理好土地革命、武装斗争、根据地建设三者之间的关系。土地革命是民主革命的基本内容；武装斗争是中国革命的主要形式，是农村革命根据地建设和土地革命的强有力保证;农村革命根据地是中国革命的战略阵地,是进行武装斗争和开展土地革命的依托。在党的领导下,实现三者之间的密切结合和有机统一,保障中国革命走向了胜利。

第四,新民主主义革命道路的开辟具有重要的理论与实践意义。从理论上来讲,它是党运用马克思主义的立场、观点和方法,分析、研究和解决中国革命具体问题的光辉典范,对于推进马克思主义中国化具有重要的方法论意义;从实践来看,它反映了新民主主义革命发展的客观规律,从中国革命实际出发,开辟了引导中国革命走向胜利的正确道路,指引新民主主义革命取得胜利。

2.新民主主义革命的基本理论和基本纲领

新民主主义革命理论是以毛泽东为代表的中国共产党人运用马克思主义基本原理,在科学分析中国特殊国情和中国革命实际情况的基础上提出来的理论体系。

(1)毛泽东关于中国革命性质和前途的分析

近代中国半殖民地半封建社会的性质和中国革命的历史任务,决定了中国革命的性质不是无产阶级社会主义革命,而是资产阶级民主主义革命。但是,中国革命已不是旧式的、一般的资产阶级民主主义的革命,而是新的民主主义革命。革命的前途是社会主义而不是资本主义。

第一,新民主主义革命的性质是新式的资产阶级民主革命。毛泽东在《中国革命和中国共产党》一文中,首次提出"新民主主义革命"的科学论断。近代中国的社会性质是半殖民地半封建社会,革命的历史任务主要是推翻帝国主义、封建主义、官僚资本主义的压迫和剥削,求得民族独立和人民民主,所以,其革命范畴就不是无产阶级的社会主义革命,而是资产阶级民主主义革命。毛泽东指出:"既然中国社会还是一个殖民地、半殖民地、半封建的社会,既然中国革命的敌人主要的还是帝国主义和封建势力,既然中国革命的任务是为了推翻这两个主要敌人的民族革命和民主革命,而推翻这两个敌人的革命,有时还有资产阶级参加,即使大资产阶级背叛革命而成了革命的敌人,革命的锋芒也不是向着一般的资本主义和资本主义的私有财产,而是向着帝国主义和封建主义,既然如此,所以,现阶段中国革命的性质,不是无产阶级社会主义的,而是资产阶级民主主义的。"[①]但是,中国革命已不是旧式的、一般的资产阶级民主主义革命,而是新的民主主义革命,它有新的内容和特点:一是时代条件新,新民主主义革命属于世界无产阶级革命的一部分;二是领导阶级新,革

①《毛泽东选集》第二卷,人民出版社1991年版,第646-647页。

命由无产阶级及其政党——中国共产党来领导，领导权的不同是区别新旧民主主义革命的根本标志；三是指导思想新，革命以马克思主义为指导；四是革命前途新，革命的主要目的不是要建立资本主义社会和资产阶级专政的国家，而是建立无产阶级领导的各个革命阶级联合专政的新民主主义国家，并建立社会主义社会。

链接·论述：新民主主义革命的性质

“现时中国的资产阶级民主主义的革命，已不是旧式的一般的资产阶级民主主义的革命，这种革命已经过时了，而是新式的特殊的资产阶级民主主义的革命。这种革命正在中国和一切殖民地半殖民地国家发展起来，我们称这种革命为新民主主义的革命。”①

第二，新民主主义革命的前途是社会主义而不是资本主义。新民主主义革命虽不同于旧式的、一般的资产阶级民主主义革命，但其仍然属于资产阶级民主主义革命的范畴。新民主主义革命要建立的是无产阶级领导的各革命阶级的联合专政，而不是无产阶级专政。所以，新民主主义革命也不同于无产阶级的社会主义革命。一方面，新民主主义革命与社会主义革命性质不同。新民主主义革命仍然属于资产阶级民主主义革命的范畴。它推翻帝国主义、封建主义和官僚资本主义的反动统治，在政治上争取并联合民族资产阶级去反对共同的敌人，在经济上保护民族工商业，容许有利于国计民生的私人资本主义发展。它要建立的是无产阶级领导的各革命阶级的联合专政，而不是无产阶级专政。社会主义革命是无产阶级性质的革命，它所要实现的目标是消灭资本主义剥削制度和改造小生产的私有制。另一方面，新民主主义革命与社会主义革命又是相互联系、紧密衔接的，中间不容横插一个资产阶级专政。新民主主义革命既为资本主义的发展扫清障碍，也为社会主义创造前提。新民主主义革命必然要转变为社会主义革命，其前途也必然是社会主义。

(2)新民主主义革命的领导权和同盟军问题

新民主主义革命的核心问题就是无产阶级的领导权问题。革命的领导权掌握在无产阶级手中还是掌握在资产阶级手中，是区分新、旧民主主义革命的根本标志。

①新民主主义革命必须由无产阶级及其政党充当领导者

中国的新民主主义革命具有不同于世界革命一般规律的特殊性，这种特殊性决定革命的领导力量只能是无产阶级及其政党。这是因为帝国主义不允许中国民族资产阶级建立独立的资产阶级共和国，而是要把中国变成其殖民

①《毛泽东选集》第二卷，人民出版社1991年版，第647页。

地和半殖民地；因为中国民族资产阶级的软弱性和妥协性，他们不愿意也不能够彻底推翻帝国主义和封建势力；因为中国无产阶级的强大和革命的彻底性，领导中国革命的重任，历史地落到了中国无产阶级及其政党的肩上。

键接·论述：无产阶级应当把民主革命进行到底

“马克思主义教导无产者不要避开资产阶级革命，不要对资产阶级革命漠不关心，不要把革命中的领导权交给资产阶级，相反地，要尽最大的努力参加革命，最坚决地为彻底的无产阶级民主主义、为把革命进行到底而奋斗。”[①]“无产阶级应当把民主革命进行到底，这就要把农民群众联合到自己方面来，以便用强力粉碎专制制度的反抗，并麻痹资产阶级的不稳定性。”[②]

②中国无产阶级的特点和优点决定其能够领导新民主主义革命取得胜利

一方面，中国无产阶级具有一般无产阶级与生俱来的基本优点，如与先进的生产方式相联系、没有私人占有的生产资料、具有组织纪律性等。另一方面，中国的无产阶级具有自身的特点和优点，主要表现为三个方面：一是中国无产阶级身受三重压迫，压迫的严重性和残酷性世所罕见，这决定了其革命意志的坚决性和彻底性；二是中国无产阶级分布相当集中、便于组织，利于革命思想的传播和革命力量的团结；三是中国无产阶级大多来自破产农民，和农民有着天然的联系，这使得无产阶级便于和农民结成亲密的联盟，共同团结战斗。基于这样的特点和优势，中国无产阶级及其政党领导中国革命取得胜利具有其历史必然性。

③中国无产阶级要领导资产阶级民主革命取得成功需要具备相应的条件

其主要包括三个方面。一是要建立以工农联盟为基础的广泛的统一战线，这是实现领导权的关键。同时，无产阶级在同资产阶级建立统一战线时，必须坚持独立自主的原则，保持党在思想上、政治上和组织上的独立性，实行又联合又斗争的方针，这是坚持领导权的基本策略。二是要建立和发展无产阶级领导的人民革命武装力量，筑牢实现领导权的坚强支柱。三是要加强无产阶级政党的建设，巩固好实现领导权的根本保证。“既要革命，就要有一个革命党。没有一个革命的党，没有一个按照马克思列宁主义的革命理论和革命风格建立起来的革命党，就不可能领导工人阶级和广大人民群众战胜帝国主义及其走狗。”[③]

④认清中国革命的动力，才能正确解决中国革命的基本策略问题

中国革命的动力是包括四个阶级的人民大众的联合，是工人阶级领导的

①《列宁选集》第一卷，人民出版社1995年版，第558页。
②《列宁选集》第一卷，人民出版社1995年版，第606页。
③《毛泽东选集》第四卷，人民出版社1991年版，第1357页。

以工农联盟为基础的各革命阶级的联合。第一，中国工人阶级是中国民主革命最基本的动力。第二，农民阶级是中国革命的主力军，是无产阶级最牢固、最可靠的同盟军。这是因为中国是一个农业国家，农民占据中国总人口的80%，而且中国早期产业工人的前身就是破产的农民，农民和工人有着天然的联系，容易形成巩固的联盟。第三，除农民以外的各种类型的小资产阶级是革命的动力之一，是无产阶级可靠的同盟军。第四，民族资产阶级也是革命的动力之一，是无产阶级一定时期一定程度上的同盟军。因为民族资产阶级同时具有革命性和妥协性的双重性质，对民族资产阶级要采取慎重的政策，应当努力地与其结成统一战线。

（3）新民主主义革命总路线的完整提出

中国共产党在新民主主义革命时期的总路线，是在总结新民主主义革命实践的基础上制定的，它反映了中国革命的基本规律，指明了革命的对象、动力和领导力量。最早提出“新民主主义革命”科学概念的是1939年《中国革命和中国共产党》一文，该文第一次把资产阶级民主革命分为旧民主主义革命和新民主主义革命，对中国革命的对象、任务、动力、性质、前途等问题进行了系统、深入的论述。1948年4月《在晋绥干部会议上的讲话》中，毛泽东完整地提出了新民主主义革命的总路线和总政策，即“无产阶级领导的，人民大众的，反对帝国主义、封建主义和官僚资本主义的革命”①。总路线的提出表明中国共产党对新民主主义革命的认识达到一个新的高度，对指引新民主主义革命取得胜利具有重要意义。

（4）新民主主义革命的基本纲领

毛泽东在《新民主主义论》《论联合政府》《目前的形势和我们的任务》等著作中全面阐述了新民主主义政治、经济、文化的基本纲领。新民主主义政治纲领即推翻帝国主义和封建主义的统治，建立一个无产阶级领导的、以工农联盟为基础的、各革命阶级联合专政的新民主主义共和国。新民主主义经济纲领即“没收封建阶级的土地归农民所有，没收蒋介石、宋子文、孔祥熙、陈立夫为首的垄断资本归新民主主义的国家所有，保护民族工商业”②。新民主主义文化纲领即无产阶级领导的人民大众的反帝反封建的文化。本讲重点讲述新民主主义经济纲领。

第一，没收封建地主阶级的土地归农民所有，是新民主主义革命的主要内容。农民问题是中国革命的中心问题，农民问题首要是土地问题。没收封建

①《毛泽东选集》第四卷，人民出版社1991年版，第1313页。

②《毛泽东选集》第四卷，人民出版社1991年版，第1253页。

地主阶级的土地归农民所有，是20世纪中国解放和发展农业生产力、解放农民的最伟大举措。党在民主革命时期，逐步认识到土地革命的极端重要性，形成了土地革命路线，这就是依靠贫雇农，团结中农，有步骤、有分别地消灭封建剥削制度，发展农业生产。

第二，没收官僚资本归新民主主义国家所有，是新民主主义革命的题中应有之义。官僚资本与国家政权结合在一起，形成国家垄断资本主义，再结合外国帝国主义、中国地主阶级，成为买办的、封建的、垄断的资本主义，这是国民党反动政权的经济基础。官僚资本的存在严重阻碍中国社会生产力的发展，损害工人、农民、城市小资产阶级等的利益。反对官僚资本主义并非因为它是资本主义，而是因为这种资本主义同外国帝国主义、本国地主阶级和旧式富农密切地结合着，是一种买办的、封建的国家垄断资本主义。没收官僚资本，包含着新民主主义革命和社会主义革命的双重性质。通过没收官僚资本建立起来的具有社会主义性质的国营经济，在新民主主义社会的多种经济成分中居于领导地位，为建立新民主主义的国家政权，为新民主主义政权准备了必要的物质条件，为实现向社会主义过渡奠定了坚实的基础。

第三，保护民族工商业，是新民主主义经济纲领中极具特色的一项内容。民族工商业是民族资产阶级所拥有的那部分企业，是民族资本主义经济的实际内容。这部分企业是与新生产力相联系的先进的生产方式和经济成分，它对发展现代技术、发展社会生产力具有积极作用。在新民主主义条件下保护民族工商业，发展资本主义，是由中国落后的生产力和新民主主义革命的性质所决定的。新民主主义革命不是一般地反对资本主义和资产阶级，它允许民族资本主义在中国的发展，它反对的是与帝国主义和封建主义紧密联系的官僚资本主义。当然，对民族资本主义工商业的保护不是无条件的，需要保护和发展的资本主义，是有利于而不是有害于国计民生的私人资本主义经济，是不能操纵国计民生的资本主义。在新民主主义的国家制度下，让私人资本主义经济在不能操纵国计民生的范围内获得发展的便利，有益于社会向前发展。

3. 新民主主义向社会主义转变的理论

社会主义改造理论是以毛泽东为主要代表的中国共产党人创造性地运用马克思主义关于社会主义革命理论，结合我国实际，系统地回答了中国为什么选择和怎样选择过渡到社会主义这一根本问题而形成的。

(1)新民主主义社会是一个过渡性的社会

从中华人民共和国成立到社会主义改造基本完成，我国社会的性质是新民主主义社会，它是由新民主主义向社会主义转变的过渡性社会形态。这是因为，在新民主主义社会中存在着五种经济成分，即社会主义性质的国营经济、半社会主义性质的合作社经济、农民和手工业者的个体经济、私人资本主义经济和国家资本主义经济。其中，主要的经济成分是三种：国营经济、个体经济和资本主义经济。与之相联系，中国社会的阶级构成主要是工人阶级、农民阶级和其他小资产阶级、民族资产阶级等基本的阶级力量。由于农民和手工业者的个体经济既可以自发地走向资本主义，也可以被引导走向社会主义，其本身并不代表一种独立的发展方向。这一时期的民族资产阶级仍然既有剥削工人的一面，又有接受工人阶级及其政党领导的一面，民族资产阶级与工人阶级的矛盾也具有两重性，既有剥削者与被剥削者的阶级利益相互对立的对抗性的一面，又有相互合作、具有相同利益的非对抗性的一面。因此，这三种基本的经济成分及与之相联系的三种基本阶级力量之间的矛盾，就集中表现为社会主义和资本主义两条道路、工人阶级和资产阶级两个阶级的矛盾，工人阶级和资产阶级的矛盾逐步成为我国社会的主要矛盾。

在新民主主义社会中，社会主义的因素不论在经济上还是在政治上都已经居于领导地位，但非社会主义因素仍有很大比重。社会主义因素居于领导地位，加上当时有利于发展社会主义的国际条件，决定了社会主义因素将不断增长并获得最终胜利，非社会主义因素将不断受到限制和改造。为了促进社会生产力的进一步发展，为了实现国家富强、民族复兴、人民幸福，我国新民主主义社会必须适时地逐步过渡到社会主义社会。

(2)党在过渡时期总路线的基本内涵

新民主主义社会要过渡到社会主义社会，这在民主革命时期已经明确，但是何时过渡？怎样过渡？毛泽东和党的其他领导人对此的认识经历了从先搞工业化建设、再一举过渡，到建设和改造同时并举，即逐步过渡的发展变化过程。

①过渡时期总路线的内容

1954年2月10日，中国共产党七届四中全会通过决议，正式批准了党中央政治局提出的党在过渡时期的总路线，即“从中华人民共和国成立，到社会主义改造基本完成，这是一个过渡时期。党在这个过渡时期的总路线和总任务，是要在一个相当长的时期内，逐步实现国家的社会主义工业化，并逐步实现国家对农业、对手工业和对资本主义工商业的社会主义改造”①。这条总路线的主要内容被概括为“一化三改”。“一化”即社会主义工业化；“三改”即对个体农业、手工业和对资本主义工商业的社会主义改造。它们之间相互联系，不可分

①中共中央文献研究室：《建国以来重要文献选编》第四册，中央文献出版社2011年版，第602页。

离,可以将其比喻为鸟的“主体”和“两翼”。“一化”是“主体”,“三改”是“两翼”,两者相互促进,相辅相成。这是一条社会主义建设和社会主义改造同时并举的路线,体现了社会主义工业化和社会主义改造的紧密结合,体现了解放生产力与发展生产力、变革生产关系与发展生产力的有机统一。党在过渡时期的总路线之所以实行社会主义建设和社会主义改造同时并举,原因在于我国的社会主义工业化不能离开对个体经济和资本主义经济的改造而孤立地进行,而新中国成立以来的实践证明了进行社会主义改造不仅是必要的,而且是可能的。

②过渡时期总路线的必然性

第一,实现国家工业化,是国家独立和富强的物质基础和先决条件。“一化”是党在过渡时期的总路线的主体。要从根本上改变中国贫穷落后的面貌,把中国从一个落后的农业国变为一个先进的工业国,就必须实现国家的工业化,而在中国的具体条件下就是必须实行社会主义工业化。

第二,对资本主义工商业进行社会主义改造,是适应大规模的社会主义建设的需要。中国民族资本主义经济不仅工业资本比重小,而且缺乏重工业的基础,依靠它本身的力量无法有力地推进工业化的发展。新中国成立初期,由于当时工业不发达,国家需要发挥资本主义经济有利于国计民生的积极作用,限制其不利于国计民生的消极方面,这就使社会主义经济和资本主义经济之间必然发生限制和反限制的斗争。随着国家大规模经济建设的展开,无产阶级和资产阶级的矛盾越来越尖锐。新中国成立初期,私人资本的几次投机活动以及私营工商业中相当严重的“五毒”现象,充分暴露了资产阶级唯利是图的本性。只有加快对资本主义工商业的社会主义改造,从根本上解决无产阶级与资产阶级的矛盾,解放被资本主义生产关系束缚的生产力,才能适应国家社会主义工业化建设的要求。

③过渡时期总路线的可能性

第一,我国已经有了相对强大和迅速发展的社会主义国营经济。1952年底,社会主义国营经济在国家经济生活中实际上已居于相对强大的地位,这为党提出向社会主义过渡的总路线提供了物质基础。第二,土地改革完成后,为发展生产、抵御自然灾害,广大农民具有走互助合作道路的要求,这为党提出向社会主义过渡的总路线提供了重要依据。与此同时,手工业也开始向合作化方向发展。第三,新中国成立初期,党和国家在合理调整工商业的过程中,出现了加工订货、经销代销、统购包销、公私合营等一系列从低级到高级的国家资本主义形式。第四,在全国开展了大规模的镇反和“三反”“五反”运动,创造了对私营工商业实行社会主义改造的有利条件。第五,当时的国际形势也有利于中国向社会主义过渡。苏联社会主义的发展已经显示出对于资本主义的优越性,对我国有重要的借鉴作用,这为实行过渡时期总路线提供了有利的国际环境。

(3)资本主义工商业的社会主义改造道路

在推进农业合作化运动的同时,党和政府也有计划、有步骤地开展了对资本主义工商业的社会主义改造,创造性地开辟了一条适合中国情况的对资本主义工商业进行社会主义改造的道路。

①用和平赎买的方法改造资本主义工商业

第一,马克思、恩格斯和列宁关于和平赎买的设想,为中国共产党通过多种形式的国家资本主义,把资本主义私有制逐步改造为社会主义的全民所有制提供了理论依据。第二,对资本主义工商业实行和平赎买的现实依据主要体现在四个方面。一是,因为民族资产阶级具有两面性,这种两面性决定我国工人阶级和民族资产阶级之间存在着的剥削和被剥削的对抗性的矛盾,“如果处理得当,可以转变为非对抗性的矛盾,可以用和平的方法解决这个矛盾”①。二是,中国共产党与民族资产阶级长期保持着统一战线的关系,这就为将二者的对抗性的矛盾转化为非对抗性矛盾并按照人民内部矛盾来处理提供了前提。三是,无产阶级建立了政治、经济上的绝对优势,造成了私人资本在政治、经济上对社会主义的依赖。这种优势体现在建立了人民民主专政的国体以及通过没收官僚资本建立起强大的国营经济。四是,国家实行对粮食和工业原料的统购统销政策,割断了民族资本主义经济和个体经济之间的联系,再加上资本主义企业中工人群众对资本家的监督等因素,这就使私人资本主义企业只能接受社会主义改造。

②采取从低级到高级的国家资本主义的过渡形式

所谓国家资本主义,就是在国家直接控制和支配下的资本主义经济。对资本主义工商业的社会主义改造经历了三个步骤。第一步主要实行初级形式的国家资本主义。国家在私营工业中实行委托加工、计划订货、统购包销,在私营商业中采取委托经销、代销等形式。企业利润“四马分肥”,即按国家所得税、企业公积金、工人福利费、资方红利四个方面进行分配,其中资方红利大体占四分之一。第二步主要实行个别企业的公私合营。国家向私营企业投资入股,生产资料由国家和资本家共同所有;国家派干部入驻企业,与工人、资本家共同管理企业;企业利润仍按“四马分肥”分配。第三步实行全行业公私合营。

①《毛泽东文集》第七卷,人民出版社1999年版,第206页。

全行业公私合营后，国家对合营企业进行清产核资，定股定息，国家委派人员负责企业的生产经营管理，统一调配企业的人、财、物，生产资料为国家所有。企业的生产关系已经发生了根本的变化，基本上成为社会主义国营性质的企业。

③对资本主义企业的改造与对资本家的改造结合起来

我国对资本主义工商业的社会主义改造包括两个方面：一是对企业制度的改造，即把资本主义私有制改造为社会主义全民所有制；二是对人的改造，即把资本家中的大多数改造成为自食其力的劳动者。国家对资方在职人员和资方代理人采取“包下来”的政策，以企业为基地，根据“量才使用，适当照顾”的原则，对他们在政治上适当安排、工作上发挥作用、生活上妥善照顾。

(4)科学评价社会主义改造

社会主义改造取得了有益经验。第一，坚持社会主义工业化建设和社会主义改造同时并举；第二，采取积极引导、逐步过渡的方式；第三，以和平方法进行改造。同时，我国的社会主义改造也出现了一些失误和偏差。1981年6月，中共中央通过的《关于建国以来党的若干历史问题的决议》指出：“在过渡时期中，我们党创造性地开辟了一条适合中国特点的社会主义改造的道路。……在改造过程中，国家资本主义经济和合作经济表现了明显的优越性。到一九五六年，全国绝大部分地区基本上完成了对生产资料私有制的社会主义改造。这项工作中也有缺点和偏差。在一九五五年夏季以后，农业合作化以及对手工业和个体商业的改造要求过急，工作过粗，改变过快，形式也过于简单划一，以致在长期间遗留了一些问题。一九五六年资本主义工商业改造基本完成以后，对于一部分原工商业者的使用和处理也不很适当。”[①]之所以会出现失误，首先，是因为党对中国国情和中国进行社会主义改造的长期性和艰巨性认识不足；其次，对什么是社会主义还没有完全搞清楚，对我国社会主义发展阶段问题还没有来得及形成科学的理论。

不能因为出现失误而否定社会主义改造的伟大意义。社会主义改造出现的问题同它的成就相比是第二位的。在我国社会主义改造的历史上，有两个事实是世界历史上各种革命大变动中罕见的：一是在一个几亿人口的大国中比较顺利地实现了复杂而深刻的社会变革，不仅没有造成生产力的破坏，反而促进了工农业和整个国民经济的发展；二是这样的变革没有引起巨大的社会动荡，并且是在人民普遍拥护的情况下完成的，极大地加强了人民的团结。这

①中共中央文献研究室：《十一届三中全会以来党的历次全国代表大会中央全会重要文件选编》(上)，中央文献出版社1997年版，第169-170页。

些情况说明,我国社会主义改造的基本完成是一个伟大的历史性胜利。

图5-2　上海各界50万人举行盛大集会和游行,庆祝社会主义改造的伟大胜利
来源:《党代会历史细节:从一大到十八大》(党建读物出版社2017年版,第183页)

4.社会主义建设道路理论的初步探索

(1)正确处理人民内部矛盾学说的创立

社会主义社会是否存在矛盾?存在什么性质的矛盾?如何正确认识和解决这些矛盾?这是当时社会主义国家所遇到的一个重大理论问题。正确认识和回答这一问题,对于推动社会主义事业的继续发展意义重大。毛泽东的《关于正确处理人民内部矛盾的问题》系统回答了这些问题,主要内容如下:

①关于社会主义社会的基本矛盾

毛泽东认为,在社会主义社会中,基本的矛盾仍然是生产关系和生产力之间的矛盾,上层建筑和经济基础之间的矛盾。与以往阶级社会的基本矛盾不同的是,社会主义的基本矛盾是在生产关系和生产力基本适应、上层建筑和经济基础基本适应条件下的矛盾,是在人民根本利益一致基础上的矛盾。因此,社会主义社会的基本矛盾是非对抗性的矛盾,具有"又相适应又相矛盾"的特点。毛泽东对社会主义社会基本矛盾的认识虽然在表述和内容上与马克思主义创始人相一致,但是也有自己的独特性。一方面表现在将生产力与生产关系、经济基础与上层建筑之间的矛盾放在人类历史发展的整个过程中加以考察,社会主义社会也不例外;另一方面表现在进一步分析了社会主义社会基本矛盾的特点,即相较于以往的阶级社会来说,社会主义社会的基本矛盾具有非对抗性。这一特点说明社会主义社会基本矛盾可以通过制度自身加以解决。

②关于我国社会的主要矛盾

党的八大指出:我们国内的主要矛盾,已经是人民对于建立先进的工业国的要求同落后的农业国的现实之间的矛盾,已经是人民对于经济文化迅速发展的需要同当前经济文化不能满足人民需要状况之间的矛盾。这一判断,有

利于我们集中精力发展生产，并将党和国家的工作重心转移到技术革命和社会主义建设上来。

③关于社会主义社会存在两类不同性质矛盾的理论

毛泽东指出，在我们的面前有两类社会矛盾，这就是敌我矛盾和人民内部矛盾，这是性质完全不同的两类矛盾。敌我矛盾是人民同反抗社会主义革命、敌视和破坏社会主义建设的社会势力和社会集团的矛盾。这是根本利益对立基础上的矛盾，具有对抗性。人民内部的矛盾，包括工人阶级内部的矛盾、农民阶级内部的矛盾等等。人民内部矛盾是根本利益一致基础上的矛盾，具有非对抗性。毛泽东指出，两类不同性质的矛盾在一定条件下可以互相转化。一般情况下，人民内部矛盾不是对抗性的，但如果处理不当，也可能发生对抗。反之，有些本来是对抗性的矛盾，如果处理得当，则可以转化为非对抗性的矛盾。

④关于正确处理人民内部矛盾的方针

毛泽东指出，用民主的方法解决人民内部矛盾，这是一个总方针。针对人民内部矛盾在具体实践中的不同情况，毛泽东提出了一系列具体方针、原则。具体来说，政治思想领域实行“团结—批评—团结”的方针；对于物质利益、分配方面的人民内部矛盾，实行统筹兼顾、适当安排的方针；科学文化领域实行“百花齐放、百家争鸣”的方针；对于共产党和民主党派的矛盾，实行“长期共存、互相监督”的方针；对于民族之间的矛盾，采取民族平等、团结互助的方针。

(2)对中国社会主义建设道路的探索

首先，《论十大关系》的探索。《论十大关系》提出了建设社会主义国家的基本方针：“我们一定要努力把党内党外、国内国外的一切积极的因素，直接的、间接的积极因素，全部调动起来，把我国建设成为一个强大的社会主义国家。”[①]在这个基本方针的指导下，文章从重工业和轻工业、农业的关系，沿海工业和内地工业的关系，经济建设和国防建设的关系，国家、生产单位和生产者个人的关系，中央和地方的关系等方面提出了社会主义经济建设的新方针。从汉族与少数民族的关系、党和非党的关系、革命与反革命的关系、是非关系等方面提出了社会主义政治建设的新方针。

其次，中共八大的探索。1956年9月，中国共产党第八次全国代表大会召开，大会把社会主义的探索向前推进了一步。第一，明确我们国内的主要矛盾，已经是人民对于建立先进的工业国的要求同落后的农业国的现实之间的矛盾，已经是人民对于经济文化迅速发展的需要同当前经济文化不能满足人

①《毛泽东文集》第七卷，人民出版社1999年版，第44页。

民需要的状况之间的矛盾。第二,进一步确立了社会主义经济建设的基本方针。第三,强调执政党建设的问题。强调坚持党的工作中的群众路线的意义,强调坚持民主集中制的组织原则,强调坚持党的团结和统一。第四,进一步阐述了发展党内民主和人民民主的政治发展方向。第五,对改革经济管理体制提出了若干重要的、富有远见的设想。历史证明,八大的路线是正确的,它为新时期社会主义事业的发展和党的建设指明了方向。①

再次,1957年下半年以后,对中国社会主义建设道路的探索进入曲折发展的阶段,既犯了政治上混淆两类不同性质的矛盾、阶级斗争扩大化的错误,又犯了经济上急于求成、急躁冒进的错误。

最后,在纠正与反思的过程中,以毛泽东为代表的中国共产党人对社会主义建设道路的积极探索并没有止步,主要表现在八个方面。第一,重新探索中国社会主义建设道路的思想路线,强调一切从实际出发,深入调查研究,实事求是。第二,从理论上提出了社会主义社会需要划分阶段的问题,初步确认中国处在不发达的社会主义阶段。第三,提出要利用商品生产、商品交换和价值法则为社会主义服务。第四,提出社会主义经济建设要以农、轻、重为序。第五,提出社会主义经济建设要注意搞好综合平衡。第六,在系统总结经济建设经验教训的基础上,制定了各行各业的工作条例,初步形成适合中国情况的社会主义建设的各项具体政策。第七,正式提出社会主义四个现代化的奋斗目标,并制定了两步走战略,初步认识到建成社会主义的艰巨性和长期性。第八,毛泽东对处于执政地位的共产党自身建设十分重视,对党内可能产生的各种消极腐败现象保持着高度的警惕性。②

图5-3　八大会场

来源:《党代会历史细节:从一大到十八大》(党建读物出版社2017年版,第178页)

①《马克思主义发展史》编写组:《马克思主义发展史》,高等教育出版社、人民出版社2013年版,第349-351页。

②《马克思主义发展史》编写组:《马克思主义发展史》,高等教育出版社、人民出版社2013年版,第351-353页。

五、课堂研讨

【研讨主题】讨论青年毛泽东思想转变的特点。

【教师解析】青年毛泽东经历了由内而外、独立自主进行自我清算的思想转变，并且其思想转变始终都是在救国救民、改造中国的理想信念牵引下进行的，目的就是为了寻找实现理想信念的行动指南。青年毛泽东的思想转变始终同他亲身参与的社会政治实践密切联系，他经过对各种主义的实践验证才决定取舍，因而他向马克思主义的思想转变是曲折但毫不动摇的。

【研讨主题】评价毛泽东的功与过。

【教师解析】评价毛泽东应该将其放在其所处时代和社会的历史条件下，全面、历史、辩证地予以看待和分析。一方面，毛泽东是实现中华民族伟大复兴中国梦的伟大领航者，是马克思主义中国化的伟大开拓者，是中国特色社会主义事业的伟大奠基者。另一方面，既充分肯定毛泽东的历史功绩，又严肃指出他的历史错误，对于毛泽东晚年所犯的严重错误而言，要看到既有其主观因素和个人责任，也有复杂的国际、国内和社会历史原因，作为党的科学指导思想和科学理论的毛泽东思想并不包括毛泽东晚年的错误观点。同时要摒弃“无产阶级专政下继续革命”的理论，但要继续坚持无产阶级的革命精神。

【研讨主题】讨论新民主主义革命与资产阶级民主革命、旧民主主义革命、社会主义革命的不同之处。

【教师解析】第一，近代中国革命有别于历史上欧美各国的民主革命，不是要建立资产阶级的共和国，建立资产阶级专政，而是要建立各革命阶级在无产阶级领导之下的联合专政，建立各革命阶级联合专政的民主共和国，为进入社会主义社会做准备。第二，近代中国革命有别于旧式的资产阶级民主革命，领导革命的是无产阶级，指导革命的是马克思列宁主义。第三，近代中国革命有别于一般意义上的社会主义革命，近代中国革命只推翻帝国主义、封建主义和官僚资本主义的反动统治，而不破坏参加反帝反封建的资本主义成分。

【研讨主题】谈谈社会主义改造和社会主义改革的关系。

【教师解析】社会主义改造和社会主义改革都是为了解放和发展生产力。无论是社会主义改造还是社会主义改革，都是时代发展的要求，都有其内在必然性，是中国共产党人在中国建立和发展社会主义历史进程中两个前后相继、不可或缺的环节。在建设中国特色社会主义实践中，社会主义改造与社会主义改革是同等重要的。社会主义改造与社会主义改革相辅相成，缺一不可，两者统一于建设中国特色社会主义的伟大实践中。没有社会主义的改造，就不会有社会主义制度在中国的确立。同样，没有社会主义改革也就没有中国特色社会主义建设事业的巨大发展。社会主义改造的本质是在中国确立社会主义基本经济制度,而社会主义改革的本质则是社会主义制度的自我完善。社会主义改革是对社会主义改造理论和实践的进一步发展,不能因为社会主义改造过程中出现了某些不足就否定社会主义改造。中国特色社会主义事业的发展,需要继承社会主义改造留下的积极成果,也需要妥善地解决社会主义改造中的遗留问题。无论是改造还是革命,都统一于建设中国特色社会主义的实践,二者有着内在的、历史的逻辑关系。

【研讨主题】为什么说毛泽东是探索中国特色社会主义建设道路的开创者?

【教师解析】第一,毛泽东带领人民建立的社会主义基本制度为中国特色社会主义理论体系的孕育提供了制度前提;第二,毛泽东领导大规模社会主义经济建设取得的巨大成就和重要经验为中国特色社会主义理论体系的创立提供了物质基础和宝贵启示;第三,毛泽东探索社会主义建设规律的立场、观点、方法为中国特色社会主义理论体系提供了一脉相承的思想方法;第四,毛泽东探索社会主义建设规律所形成的一系列重要理论成果是中国特色社会主义理论体系的思想先导和理论生长点;第五,中国特色社会主义理论体系是在科学总结毛泽东探索失误所积累的深刻教训中孕育和发展起来的。

六、资料运用

1. 专著

(1)逄先知、金冲及:《毛泽东传》(全3卷),中央文献出版社,2003。

这部著作结束了以往只能看外国人写的毛泽东传记的历史,是国内学者多年来对毛泽东生平事迹研究的最大成果之一,是一部研究毛泽东的翔实而权威的信史。此书可为本章的讲授提供更为丰富的史料支撑。

(2)石仲泉:《我观毛泽东》(全2册),济南出版社,2013。

这部著作较为全面地揭示了毛泽东探索中国革命道路,特别是探索社会主义建设道路的经验教训。阅读此书,有助于加深对习近平在新进中央委员会的委员、候补委员学习贯彻党的十八大精神研讨班上的讲话中提出的"不能用改革开放后的历史时期否定改革开放前的历史时期,也不能用改革开放前的历史时期否定改革开放后的历史时期"重要论断的理解。

(3)沙健孙:《毛泽东思想通论》,人民出版社,2013。

这部著作是研究毛泽东思想的基础性参考读物和工具书。阅读此书,有助于加深对毛泽东思想形成发展的主观条件、毛泽东思想形成发展的基本脉络、科学评价毛泽东等方面的理解。

(4)中共中央党史研究室:《中国共产党的九十年(新民主主义革命时期)》,中共党史出版社、党建读物出版社,2016。

该书系历史时间跨度最长、内容最为系统完整的一部党史基本著作。新民主主义革命时期卷讲述了中国共产党领导人民取得新民主主义革命胜利的伟大历程、基本经验和重要意义,有助于加深对新民主主义革命理论的理解。

(5)《在中国共产党第七届中央委员会第二次全体会议上的报告》,载《毛泽东选集(第四卷)》,人民出版社,1991。

七届二中全会是一次制定夺取全国胜利和胜利后的各方面政策的极其重要的决策性会议。这次会议完满地解决了中国共产党夺取民主革命的最后胜利和由民主主义革命向社会主义革命转变的一系列重大方针问题,并为这种转变,在政治上、思想上和理论上作了重要的准备。

(6)当代中国研究所:《中华人民共和国史稿》(第二卷),人民出版社、当代中国出版社,2012。

该书以《关于建国以来党的若干历史问题的决议》和中央有关重要文献为依据,展示了中国共产党探索社会主义建设的理论成果,是系统学习中国共产党初步探索社会主义建设道路的理论成果的参考资料。

2.材料推荐

在讲述无产阶级是中国革命的领导阶级时,使用相关材料阐述"中国共产党为什么'能'"。

要点:每个政党都有追求,但不同政党的追求很不相同,不少政党是为小集团争权夺利,而中国共产党是为中国最广大人民谋利益。习近平同志在党的十九大报告中明确指出:"中国共产党人的初心和使命,就是为中国人民谋幸福,为中华民族谋复兴。这个初心和使命是激励中国共产党人不断前进的根本动力。"在中国共产党成立之前,中国落后挨打、积贫积弱。为了改变这个状况,许多志士仁人进行了不懈探索,但都没有成功。中国共产党一成立,就肩负起挽救中华民族危亡、实现中华民族伟大复兴的历史使命。我们党领导人民经过长达28年的浴血奋斗,推翻了帝国主义、封建主义、官僚资本主义的反动统治,建立了中华人民共和国,使中国人民站了起来。之后,又确立社会主义基本制度,实现了中国历史上最深刻、最伟大的社会变革。改革开放以来,中国共产党带领中国人民取得国家建设和发展的重大成就。目前,中国经济总量稳居世界第二位,中国人民富起来了,人民生活总体上达到小康水平,民主法治建设等也取得长足进步。中国用几十年时间走完了发达国家几百年走过的工业化历程,创造了人类发展史上的奇迹。党的十八大以来,中国特色社会主义进入新时代。中国共产党带领人民“解决了许多长期想解决而没有解决的难题,办成了许多过去想办而没有办成的大事,推动党和国家事业发生历史性变革、取得历史性成就,党的面貌、国家的面貌、人民的面貌、军队的面貌、中华民族的面貌发生了前所未有的变化”①。今天,中华民族伟大复兴展现出前所未有的光明前景。历史最有说服力。百年来,中国共产党始终坚持远大理想追求,为国家、民族、人民作出了巨大贡献。

七、案例推荐

案例1:评价毛泽东面面观②

外国人眼中的毛泽东(举例)

第一个在陕甘宁边区进行采访的西方记者埃德加·斯诺:毛泽东是一个精通中国旧学的有成就的学者,博览群书,对哲学和历史有深入的研究,有演讲和写作的才能,记忆力异乎常人,专心致志的能力不同寻常,个人习惯和外表落拓不羁,但是对于工作却事无巨细、一丝不苟,精力过人,不知疲倦,是一个颇有天才的军事和政治战略家。

在实现中美关系正常化过程中,充当两国最高级会谈先行官角色的美国著名学者和外交家基辛格:毛泽东是位高深莫测的主席。

唯一与毛泽东见过面的德国前总理施密特:在驱除日本侵略者、解放中国方面,毛泽东的确功不可没。说到毛泽东当年的对外关系,有一点值得称赞,那就是他没有发动战争。毛泽东曾认为,苏联和中国之间会爆发战争,但他没有挑起这场战争,战争也没爆发。在朝鲜战争期间,毛泽东的态度一直比较审慎,直到美军北上直逼中国边境,他才决定出手。

著名的中国问题专家、美国人R.特里尔:尽管毛泽东有缺点、错误,但他赋予中国一个新的开端,他是20世纪一位魅力超群的政治家。

中国人眼中的毛泽东(举例)

周恩来:他是最能坚持原则又最能灵活运用的领袖。

邓小平:我们党用毛泽东思想教育了整整一代人,使我们赢得了革命战争的胜利,建立了中华人民共和国。

---

①《中国共产党简史》编写组:《中国共产党简史》,人民出版社、中共党史出版社2021年版,第530页。

②孙宝义、刘春增、邹桂兰:《毛泽东史实热点释疑》,中国文史出版社2019年版,第8、24、25、26、28页;武原:《外国人眼中的毛泽东(续编)》,陕西人民出版社1992年版,第301页;《周恩来 刘少奇 朱德 邓小平 陈云著作选读》,人民出版社1987年版,第208页;《邓小平文选》第二卷,人民出版社1994年版,第300页。

案例2:“四大家族”1949年被美国永久冻结的在美非法财产

研究中国历史的美国专家根据20世纪80年代中期一小部分解密的档案,用最保守的方法估计,“四大家族”1949年被美国永久冻结的在美非法财产在20亿美元以上。其中宋美龄名下的就有2.5亿美元,这还不包括永久冻结在美国银行保险库里来历不明的古玩、字画、珠宝、黄金。

要点:中国资本主义分为官僚资本主义和民族资本主义。反对官僚资本主义并非因为它是资本主义,而是因为官僚资本严重束缚了中国社会生产力的发展,它通过不当手段攫取了国家和人民的大量财富,它并不是先进生产力发展的结果。官僚资本在新中国成立前夕已经约占到全国工业资本总额的2/3,全国工矿、交通运输业固定资产的80%,并控制着全国的金融机构,垄断了全国的经济命脉。没收官僚资本又具有双重性质:一方面,就消灭其买办性和封建性,摧毁南京政权而言,它具有民主革命的性质;另一方面,反对官僚资本就是反对大资产阶级,包含着社会主义革命性质。

案例3:关于民主主义革命前途的两种错误认识

“二次革命论”和“一次革命论”。“二次革命论”是以陈独秀为代表的党内右倾机会主义者对中国革命前途的错误看法,认为中国革命既然是资产阶级民主革命,就应由资产阶级领导,等革命胜利建立了资产阶级共和国,资产阶级有了相当程度的发展以后,无产阶级再进行推翻资产阶级统治的第二次革命,建立无产阶级专政。其错误在于否认无产阶级在民主主义革命中的领导权,只看到新民主主义革命和社会主义革命之间的区别,没看到两者的联系,给中国革命造成了严重的危害。“一次革命论”主张“举政治革命与社会革命于一役”,无视中国革命的规律与特点,把反对资产阶级和反对帝国主义、封建主义并列起来,甚至认为资产阶级是革命的最危险的敌人。其错误在于把社会主义革命和民主主义革命的任务放在一起来完成,只看到了民主主义革命和社会主义革命的联系,而忽略了二者的区别。

要点:“二次革命论”和“一次革命论”错误的实质,在于混淆了民主主义革命和社会主义革命的性质。毛泽东在《新民主主义论》中,既区别了两个革命阶段的性质,又分析了两个革命阶段的联系,在理论上成功地解决了两个革命阶段的衔接和革命的发展前途问题。

八、归纳小结

青年毛泽东通过由内而外、独立自主的彻底自我清算,经历了一个从非马克思主义者到马克思主义者的曲折而艰辛的转变过程,其思想转变和马克思主义化过程,集中体现了中国早期马克思主义者所经历的共同心路历程,同时也揭示了马克思主义中国化的一个基本规律,即中国先进的知识分子的马克思主义化是马克思主义中国化的基本条件和根本前提。因而,青年毛泽东的思想转变是毛泽东思想形成的基本条件。

近代中国社会的演变和旧民主主义革命的教训、十月革命和马克思列宁主义的传播、早期共产党人对中国革命道路的艰辛曲折探索等是毛泽东思想形成的历史背景。正确理解毛泽东思想,需要以马克思主义唯物史观,用实践标准和历史分析与阶级分析的根本方法,科学评价毛泽东的功与过。

在毛泽东思想的指引下,中国共产党领导全国人民完成了新民主主义革命,实现了民族独立、人民解放。新中国成立后,中国共产党紧紧依靠人民完成了社会主义革命,确立了社会主义基本制度。在社会主义建设的探索过程中,中国共产党取得的独创性理论成果和巨大成就,为新的历史时期开创中国特色社会主义提供了宝贵经验、理论准备、物质基础。

第六章　推动中国改革开放成功实践的中国特色社会主义

一、篇目概述

本章在教学目标上，帮助学生了解中国特色社会主义理论体系形成的历史条件，掌握中国特色社会主义理论体系的基本问题与主要方面，把握中国特色社会主义理论体系的历史地位，掌握邓小平理论的形成和主要内容等理论知识；引导学生增强对中国特色社会主义理论体系的理论自信，加强青年学生对中国特色社会主义理论体系的理论认同和情感认同；帮助学生掌握理论联系实际的方法论，运用中国特色社会主义理论体系分析现实问题。

教学内容方面，用经典名句导入"中国特色社会主义理论体系"主题，从总论的角度重点讲述中国特色社会主义理论体系的形成、基本问题和主要内容、理论基石和精髓要义、历史地位等重要问题，从分论的角度重点讲述邓小平理论的形成和主要内容。其中，"和平与发展"成为时代主题是中国特色社会主义理论体系形成的历史背景，中国共产党领导的改革开放和社会主义现代化建设的生动实践是中国特色社会主义理论体系形成和发展的实践基础。中国特色社会主义理论体系创造性地回答了"什么是马克思主义，怎样坚持和发展马克思主义""什么是社会主义，怎样建设社会主义""建设什么样的党，怎样建设党""实现什么样的发展，怎样发展""新时代坚持和发展什么样的中国特色社会主义，怎样坚持和发展中国特色社会主义""建设什么样的社会主义现代化强国，怎么建设和发展社会主义现代化强国""建设什么样的长期执政的马克思主义政党，怎样建设长期执政的马克思主义政党"等基本问题。中国特色社会主义理论体系的主要内容，体现着建设中国特色社会主义的基本纲领和战略部署，是党的基本理论、基本路线在经济社会各方面的贯彻实施和生动体现。中国特色社会主义理论体系的理论基石是社会主义本质论、社会主义初级阶段论、社会主义市场经济论。解放思想、实事求是、与时俱进、求真务实，是贯穿于中国特色社会主义理论体系的精髓，是推进中国特色社会主义事业不断发展的强大思想动力。中国特色社会主义理论体系，是指导中国特色社会主义事业发展的有力思想武器，对世界社会主义事业和人类整体发展进步产生重大影响。邓小平理论是中国特色社会主义理论体系的第一个理论成果，主要内容包括社会主义初级阶段理论，党的基本路线，社会主义根本任务的理论，“三步走”战略，改革开放理论，社会主义市场经济理论，“两手抓，两手都要硬”，“一国两制”，中国的问题关键在于党等。

讲授方法方面，本章使用理论讲授法、主题研讨法、案例教学法、实践体验法。通过理论讲授法，将中国特色社会主义理论体系的基本问题和主要内容、理论基石和精髓要义、邓小平理论的主要内容等理论知识传授给学生；通过主题研讨法，引导学生明白只有中国特色社会主义才能发展中国，明白改革开放在促进中国发展的历史进程中的作用等，深化学生对重点问题和难点问题的理解；通过案例教学法，引导同学们坚定对中国特色社会主义的自信；通过搜集“老物品”、参观历史博物馆、观看影视作品等实践体验法，让学生体验改革开放以来，中国特色社会主义建设的发展成就。

本章提供了一些阅读资料与书籍信息，有助于学生理解改革开放前后两个历史时期，正确看待社会主义初级阶段“剥削”现象等，以帮助学生拓展研究广度和深度。

二、教学目标

1. 帮助学生了解中国特色社会主义理论体系形成的历史条件，掌握中国特色社会主义理论体系的基本问题与主要方面，把握中国特色社会主义理论体系的历史地位；了解邓小平理论的形成条件和过程，掌握邓小平理论的核心观点和主要内容。

2. 帮助学生增强对中国特色社会主义理论体系的理论自信，加强青年学生对中国特色社会主义理论体系的理论认同和情感认同；了解邓小平理论的历史地位，了解邓小平理论作为中国特色社会主义理论体系开篇的重要意义，增强对邓小平理论的认同。

3. 帮助学生掌握理论联系实际的方法论，运用中国特色社会主义理论体系分析现实问题，同时掌握实事求是的方法，培养辩证思维。

三、讲授导入

（一）中国特色社会主义理论体系总论

[经典名句导入]

马克思曾说：“一切划时代的体系的真正的内容都是由于产生这些体系的那个时期的需要而形成起来的。所有这些体系都是以本国过去的整个发展为基础的，是以阶级关系的历史形式及其政治的、道德的、哲学的以及其他的后果为基础的。”[1]中国特色社会主义理论体系是为解决中国这样一个经济文化落后的国家在改革开放和发展社会主义市场经济的条件下如何建设社会主义、如何巩固和发展社会主义这一历史性课题而生的，是系统研究中国社会主义建设本质规律的科学。学习这一理论体系的形成、基本问题和主要内容、理论基石和精髓要义、历史地位等重要问题显得非常重要。

（二）中国特色社会主义理论体系的开创

［问题导入］

改革开放四十多年来，中国共产党的面貌、国家的面貌、中华民族的面貌、军队的面貌、人民的面貌等都发生了巨大的变化，中国人民以昂扬的姿态踏上了富起来、强起来的征程。当代中国为什么能发生如此巨大的历史变化？改革开放如何改变了中国，又改变了世界？要了解当代中国的社会变迁，需要对中国特色社会主义的开篇之作——邓小平理论作全面系统的考察。

四、内容阐述

本章将围绕中国特色社会主义理论体系总论和中国特色社会主义理论体系的开创两部分进行讲授。

（一）中国特色社会主义理论体系总论

1.中国特色社会主义理论体系的形成条件

中国特色社会主义理论体系是在中国共产党人把科学社会主义基本原理同中国具体实际相结合，总结我国改革开放和社会主义现代化建设的实践经验，吸取其他社会主义国家兴衰成败的历史经验，并借鉴其他国家发展经验及吸取教训的基础上，逐步形成和发展的。

(1)“和平与发展”成为时代主题是中国特色社会主义理论体系形成的历史背景

一方面，和平成为世界人民的共同愿望。第一，随着战后世界各国人民的空前觉醒，维护世界和平成为一股不可阻挡的历史潮流；第二，随着战后世界经济联系的加强和全球化进程的加快，各国经济间的相互依存、相互渗透的程度有了提高，有利于促进和平局面的到来；第三，随着世界向多极化方向的发展，制止战争的因素在日益增强。另一方面，发展已成为不可遏制的世界潮流。第一，广大发展中国家要巩固政治独立和维护国家主权，改变贫穷落后的

①《马克思恩格斯全集》第三卷，人民出版社1960年版，第544页。

面貌，根本出路就在于抓住机遇，促进发展；第二，西方发达国家也面临再发展的问题；第三，差距扩大，发达国家越来越富，而发展中国家却越来越穷，这个问题最终只能依靠发展来解决。中国特色社会主义理论体系，就是在回应和平与发展这一时代课题的基础上，不断实现的理论创新。20世纪世界社会主义事业兴衰成败的经验教训，以及中国在社会主义建设时期的艰辛探索，是中国特色社会主义理论体系形成发展的历史依据。新中国成立后，以毛泽东为核心的第一代中央领导集体带领全党全国各族人民进行了社会主义改造，确立了社会主义基本制度。此后，在借鉴苏联社会主义建设经验和社会主义模式之后，中国共产党开始结合中国的实际，独立自主地探索适合我国国情的社会主义建设道路。但中国的社会主义建设经历了一个曲折的探索过程，特别是发生了像“文化大革命”这样全局性的错误。党的十一届三中全会以后，中国共产党认真总结正反两方面的经验，汲取“文化大革命”的教训，开始探索建设中国特色社会主义道路。中国特色社会主义道路的开辟和发展，中国特色社会主义理论的形成和发展，都是与我们党认真总结和深刻汲取正反两方面经验分不开的。

(2)中国特色社会主义理论体系形成和发展的总依据、实践依据及重要途径

第一，我国仍处于并将长期处于社会主义初级阶段的基本国情是中国特色社会主义理论体系形成和发展的总依据。第二，改革开放和社会主义现代化建设的实践探索是中国特色社会主义理论体系形成和发展的实践依据。第三，从人民群众的生动实践中总结经验、吸取智慧、寻找路子，是中国特色社会主义理论体系形成和发展的重要途径。

2. 中国特色社会主义理论体系的基本问题和主要内容

(1)中国特色社会主义理论体系的基本问题

中国特色社会主义理论体系创造性地回答了“什么是马克思主义，怎样坚持和发展马克思主义”“什么是社会主义，怎样建设社会主义”“建设什么样的党，怎样建设党”“实现什么样的发展，怎样发展”“建设什么样的中国特色社会主义，怎样建设中国特色社会主义”等基本问题。

第一，什么是马克思主义，怎么坚持和发展马克思主义？改革开放以来，中国共产党人深刻总结经验教训，科学对待马克思主义，既坚持“老祖宗不能丢”，又坚持“讲新话”。马克思主义是立党立国的根本指导思想，在任何时候都必须毫不动摇地坚持；同时又要根据中国实践和时代特征，不断推进马克思主义的发展，推进马克思主义中国化。第二，什么是社会主义，怎样建设社会主义？这是中国特色社会主义理论体系必须回答的首要的基本问题，邓小平

理论第一次比较系统地初步回答了在中国这样一个经济文化落后的国家如何建设社会主义、如何巩固和发展社会主义的一系列基本问题。邓小平阐述了社会主义的本质、发展阶段、根本任务、战略步骤、总体布局等；以江泽民同志为核心的党中央第三代领导集体，提出了建立社会主义市场经济新体制、坚持社会主义基本经济制度、建设社会主义法治国家、发展社会主义先进文化等思想；以胡锦涛为总书记的党中央领导集体，提出以人为本、坚持科学发展观、建设创新型国家、建设社会主义新农村、构建社会主义和谐社会、建设社会主义核心价值体系等思想。第三，建设什么样的党，怎样建设党？这是马克思主义政党取得政权后必须认真回答的一个问题。以江泽民同志为核心的党中央第三代领导集体提出，中国共产党始终代表中国先进生产力的发展要求，始终代表中国先进文化的前进方向，始终代表中国最广大人民的根本利益，系统回答了这一问题。第四，"实现什么样的发展，怎样发展"这是作为发展中国家的中国必须回答的一个问题。科学发展观提出以人为本、全面协调可持续发展，对什么是发展、怎样发展、发展为了谁、发展依靠谁、发展成果由谁共享等重大问题作了创造性回答。第五，建设什么样的中国特色社会主义，怎样建设中国特色社会主义？这是中国特色社会主义进入新时代必须回答的问题。习近平新时代中国特色社会主义思想深刻回答了这一问题。

图6-1　1978年12月18日至22日，中共十一届三中全会召开
来源：《图文中国共产党纪事·6·1972—1981》（河北人民出版社2011年版，第373页）

(2)中国特色社会主义理论体系的主要内容

中国特色社会主义理论体系的主要内容体现着建设中国特色社会主义的基本纲领和战略部署，是党的基本理论、基本路线在经济社会各方面的贯彻实施和生动体现。其主要包括以下内容。

第一，关于中国特色社会主义的根本任务。中国特色社会主义的根本任务是解放和发展生产力，不断改善人民生活，总任务是实现社会主义现代化和中华民族伟大复兴。第二，关于中国特色社会主义的发展阶段和发展战略。我国仍处于并将长期处于社会主义初级阶段，这是建设中国特色社会主义的总依据。"三步走"是中国特色社会主义的发展战略。第三，关于中国特色社会主义的发展动力，即创新。第四，关于中国特色社会主义的根本目的。全心全意为人民服务是中国共产党的根本宗旨，发展为了人民，发展依靠人民，发展成果由人民共享。第五，关于中国特色社会主义总体布局。党的十八大报告提出全面落实经济建设、政治建设、文化建设、社会建设和生态文明建设五位一体总体布局。第六，关于中国特色社会主义的国防和军队建设。必须坚持党对人民军队的绝对领导，坚持人民军队全心全意为人民服务的唯一宗旨。第七，关于中国特色社会主义的依靠力量。人民群众是历史的创造者，是中国特色社会主义事业的主体力量。第八，关于推进祖国和平统一大业。按照"一个国家，两种制度"的构想，实现祖国和平统一，符合中华民族的根本利益。第九，关于中国特色社会主义的外交与国际战略。和平与发展是时代主题，求和平、谋发展、促合作已经成为不可阻挡的时代潮流，中国坚定奉行独立自主的和平外交政策，坚持走和平发展道路。第十，关于中国特色社会主义的领导核心。中国共产党是中国特色社会主义的领导力量和根本保障，中国问题的关键在党。

3. 中国特色社会主义理论体系的理论基石和精髓要义

(1)中国特色社会主义理论体系的理论基石

中国特色社会主义理论体系的理论基石是社会主义本质论、社会主义初级阶段论、社会主义市场经济论。[①]

①社会主义本质论

邓小平提出，社会主义的本质就是解放生产力、发展生产力，消灭剥削、消除两极分化，最终达到共同富裕。邓小平关于社会主义本质的概括内涵丰富。

第一，把解放生产力、发展生产力摆在首要位置，突出生产力对社会主义的极端重要性。邓小平指出："马克思主义的基本原则就是要发展生产力。……社会主义的首要任务是发展生产力，逐步提高人民的物质和文化生活水平。"[②]邓小平同时指出，革命是解放生产力，改革也是解放生产力，"应该把解放生产力和发展生产力两个讲全了"[③]。这样，邓小平从马克思主义基本

①罗文东：《中国特色社会主义理论体系新论》，人民出版社2008年版，第116页。

②《邓小平文选》第三卷，人民出版社1993年版，第116页。

③《邓小平文选》第三卷，人民出版社1993年版，第370页。

原则的高度，确立了解放和发展生产力是社会主义的物质基础和根本任务，从中国历史演变的角度，阐明了解放和发展生产力是中国革命、建设和改革的根本目的。

第二，突出社会主义在生产关系方面的本质属性是消灭剥削，消除两极分化。消灭剥削制度是社会主义革命的直接要求，“两极分化”是同剥削制度相联系的一种社会现象，其根源就在于私有制和剥削制度。邓小平认为：“如果我们的政策导致两极分化，我们就失败了；如果产生了什么新的资产阶级，那我们就真是走了邪路了。”[①]改革开放不会产生剥削阶级，不会导致两极分化。

第三，突出最终实现共同富裕的根本目标。共同富裕是社会主义的一个基本观点和重要原则。邓小平提出一部分人、一部分地区先富起来，先富带动后富，最终达到共同富裕。邓小平通过论述先富和共同富裕的关系，将实现共同富裕的历史条件、现实途径和理想目标有机结合起来，有利于防止和纠正平均主义和两极分化两种错误倾向。

需要看到，建立和巩固社会主义是一个长期的历史过程，对社会主义本质的认识也有一个逐渐深化的过程。江泽民指出，努力促进人的全面发展，是“马克思主义关于建设社会主义新社会的本质要求”[②]。十六大以来，以胡锦涛为总书记的党中央提出“社会和谐是中国特色社会主义的本质属性”的重要论断。社会主义实践是不断发展的，人们对社会主义本质的认识也不断创新，使理论更加符合实践的客观要求。

社会主义本质理论是中国特色社会主义理论体系的基石，它揭示了通过改革开放解放和发展生产力、坚持和发展社会主义这个建设中国特色社会主义的主题，为党的“一个中心、两个基本点”基本路线的制定和执行奠定了坚实的理论基础。

②社会主义初级阶段论

社会主义初级阶段理论的主要内容概括为以下几方面。

第一，我国社会主义初级阶段的基本含义。“我国正处在社会主义初级阶段”包括两层含义。一是我国已经是社会主义社会，必须坚持而不能离开社会主义。这是对我国社会制度的根本性质的规定。二是我国的社会主义还处在初级阶段，必须从这个实际出发，而不能超越这个初级阶段。这是对我国社会主义社会发展程度、发展水平的总判断。

第二，我国社会主义社会初级阶段的基本特点。党的十五大报告从九个

①《邓小平文选》第三卷，人民出版社1993年版，第111页。

②《江泽民文选》第三卷，人民出版社2006年版，第294页。

方面对社会主义初级阶段的基本特征作了深入的论述，指出社会主义初级阶段是逐步摆脱不发达状态，基本实现社会主义现代化的历史阶段；是由农业人口占很大比重、主要依靠手工劳动的农业国，逐步转变为非农业人口占多数、包含现代农业和现代服务业的工业化国家的历史阶段；是由自然经济半自然经济占很大比重，逐步转变为经济市场化程度较高的历史阶段；是由文盲半文盲人口占很大比重、科技教育文化落后，逐步转变为科技教育文化比较发达的历史阶段；是由贫困人口占很大比重、人民生活水平比较低，逐步转变为全体人民比较富裕的历史阶段；是由地区经济文化很不平衡，通过有先有后的发展，逐步缩小差距的历史阶段；是通过改革和探索，建立和完善比较成熟的充满活力的社会主义市场经济体制、社会主义民主政治体制和其他方面体制的历史阶段；是广大人民牢固树立建设有中国特色社会主义共同理想，自强不息，锐意进取，艰苦奋斗，勤俭建国，在建设物质文明的同时努力建设精神文明的历史阶段；是逐步缩小同世界先进水平的差距，在社会主义基础上实现中华民族伟大复兴的历史阶段。其中，第一条和第九条是对社会主义初级阶段的基本特征和历史任务的总概括。第二条到第七条是对社会主义初级阶段基本特征和历史任务在经济、政治、文化等各方面的具体说明。这九条充分体现了社会主义初级阶段历史发展的过程性特征。

第三，社会主义初级阶段不是泛指任何国家进入社会主义都会经历的起始阶段，而是特指我国在生产力发展水平不高、商品经济不发达条件下建设社会主义必然要经历的特定历史阶段。我国进入社会主义社会的历史条件和社会状况及建成社会主义所需要的物质基础，决定了我们进入社会主义社会以后，还必须经历一个很长的初级阶段，至少是上百年的时间，去实现别的许多国家在资本主义条件下实现的工业化和生产的商品化、社会化、现代化。正如邓小平在南方谈话中深刻指出的那样："我们搞社会主义才几十年，还处在初级阶段。巩固和发展社会主义制度，还需要一个很长的历史阶段，需要我们几代人、十几代人，甚至几十代人坚持不懈地努力奋斗，决不能掉以轻心。"[①]

社会主义初级阶段理论是中国特色社会主义理论体系的主要基石。它是对我国现阶段最基本国情的科学判断。正是立足于这一科学判断，我们党不断推进理论创新，相继提出了邓小平理论、"三个代表"重要思想、科学发展观、习近平新时代中国特色社会主义思想等理论，科学地回答了"什么是社会主义，怎样建设社会主义""建设什么样的党，怎样建设党""实现什么样的发展，怎样发展""建设什么样的中国特色社会主义，怎样建设中国特色社会主义"等

①《邓小平文选》第三卷，人民出版社1993年版，第379—380页。

重大理论和实践问题，推进中国特色社会主义理论体系不断丰富发展，使科学社会主义在21世纪的中国愈发焕发出强大生机活力。

③社会主义市场经济理论

社会主义市场经济理论的主要内容包括两个方面。第一，社会主义市场经济的目的是促进社会生产力的发展。第二，市场和计划都是经济发展的手段和方法。社会主义市场经济理论是中国特色社会主义理论体系的基石。它既是对客观实际的理论概括，又是指导实践的科学指针，它已经并将继续在我国社会主义现代化建设和中华民族伟大复兴的进程中发挥重要指导作用。社会主义市场经济理论以及在这一理论指导下确立的社会主义市场经济体制，在促进综合国力有较大增长的基础上，促进了人民生活的改善和提高。

(2)中国特色社会主义理论体系的精髓要义

"解放思想、实事求是、与时俱进、求真务实，是贯穿于中国特色社会主义理论体系的精髓，是推进中国特色社会主义事业不断发展的强大思想动力。"①

第一，解放思想、实事求是是中国特色社会主义理论体系的精髓。实事求是是毛泽东思想活的灵魂。邓小平指出："马克思、恩格斯创立了辩证唯物主义和历史唯物主义的思想路线，毛泽东同志用中国语言概括为'实事求是'四个大字。实事求是，一切从实际出发，理论联系实际，坚持实践是检验真理的标准，这就是我们党的思想路线。"②"实事求是是马克思主义的精髓。要提倡这个，不要提倡本本。我们改革开放的成功，不是靠本本，而是靠实践，靠实事求是。"③

第二，我们党坚持实事求是思想路线的一个显著特点，是把解放思想与实事求是统一起来。邓小平指出："解放思想，开动脑筋，实事求是，团结一致向前看，首先是解放思想。"④"解放思想，就是使思想和实际相符合，使主观和客观相符合，就是实事求是。今后，在一切工作中要真正坚持实事求是，就必须继续解放思想。"⑤党的十七大在总结改革开放的实践经验的基础上，进一步强调，"解放思想是发展中国特色社会主义的一大法宝"⑥。解放思想是实事求是的题中应有之义，二者是有机统一的，要做到实事求是，必须解放思想，同时，要解放思想，必须实事求是。解放思想必须一以贯之，这是党的思想路线的本质要求。

---

①《马克思主义发展史》编写组：《马克思主义发展史》，高等教育出版社、人民出版社2013年版，第369—370页。

②《邓小平文选》第二卷，人民出版社1994年版，第278页。

③《邓小平文选》第三卷，人民出版社1993年版，第382页。

④《邓小平文选》第二卷，人民出版社1994年版，第141页。

⑤《邓小平文选》第二卷，人民出版社1994年版，第364页。

⑥《中国共产党第十七次全国代表大会文件汇编》，人民出版社2007年版，第1—2页。

第三，弘扬与时俱进的精神和坚持党的解放思想、实事求是的思想路线是完全一致的。与时俱进是马克思主义的理论品质，也是马克思主义发展的历史经验。与时俱进要求我们的各项事业随着实践和时代的进步而不断发展，特别是作为我们实践的指导思想的马克思主义及其指导下发展起来的中国特色社会主义事业，都要随着实践和时代的变化而不断推进。

第四，求真务实是辩证唯物主义和历史唯物主义一以贯之的科学精神，是马克思主义认识论的必然要求和本质体现，是党的思想路线的核心内容。求真务实就是坚持认真负责的态度，实事求是的精神，科学严谨的方法，使认识与实际相一致。求真务实就是不断求我国社会主义初级阶段基本国情之真，务坚持长期艰苦奋斗之实；求社会主义建设规律和人类社会发展规律之真，务抓好发展这个党执政兴国的第一要务之实；求人民群众的历史地位和作用之真，务实现好、维护好发展好最广大人民的根本利益之实；求共产党执政规律之真，务全面加强和改进党的建设之实。

4.中国特色社会主义理论体系的历史地位

中国特色社会主义理论体系是指导中国特色社会主义事业发展的有力思想武器，对世界社会主义事业和人类整体发展进步产生重大影响。

第一，推动形成了中国特色社会主义道路，并取得巨大的历史性成就。中国特色社会主义理论体系是在改革开放的实践探索中逐步形成并发展完善的，同时，这一理论体系又有力指导了中国特色社会主义的伟大实践，推动了中国特色社会主义道路的形成和拓展。第二，指导形成了中国特色社会主义制度，并彰显了社会主义的强大生命力。中国特色社会主义道路和中国特色社会主义理论体系为中国特色社会主义制度体系的形成分别提供了实践基础和理论指导。第三，为其他国家建设社会主义和落后国家谋求发展提供了有益借鉴。中国特色社会主义理论与实践为其他社会主义国家的改革，为亚非拉国家的社会主义运动，提供了实践和理论层面的借鉴。中国特色社会主义理论体系及其指导下形成的中国特色社会主义道路和制度，对落后国家和地区的发展提供了重要借鉴。

（二）中国特色社会主义理论体系的开创

1.邓小平理论的形成

（1）邓小平理论的形成条件

邓小平理论作为中国特色社会主义理论体系的开篇之作，其形成条件与中国特色社会主义理论体系的形成条件一致。邓小平理论是在和平与发展成为时代主题的历史条件下，在总结我国社会主义胜利和挫折的历史经验并借鉴其他社会主义国家兴衰成败历史经验的基础上，在我国改革开放和现代化建设的实践中，逐步形成和发展起来的。

(2)邓小平理论的形成过程

十一届三中全会以后，邓小平理论逐步形成和发展，经历了初步形成、形成轮廓、形成体系（走向成熟）、丰富和发展（确立指导地位）的过程，具体过程见表6-1。

表6-1　邓小平理论的形成过程

时间	发展阶段	理论与实践	主要标志
1978—1982年	初步形成	1978年前开展真理标准大讨论；平反冤假错案。 1978年十一届三中全会：重新确立“解放思想 实事求是”思想路线，改革开放决策。 1982年召开党的十二大。	党的十二大提出“建设有中国特色的社会主义”的基本命题，从此，“中国特色社会主义”成为我们党的全部理论和实践创新的主题。
1982—1987年	形成轮廓	1987年召开党的十三大：初步回答了我国社会主义建设的阶段、任务、动力、条件、国际环境等基本问题。	党的十三大第一次比较系统地论述了中国特色社会主义初级阶段的理论，“一个中心、两个基本点”的基本路线，提出社会主义有计划商品经济的理论。
1987—1992年	形成体系（走向成熟）	1992年邓小平发表南方谈话，回答了当时困扰束缚人们思想的一系列重大问题，推进改革进入新阶段。 1992年召开党的十四大，提出“邓小平是我国社会主义改革开放和现代化建设的总设计师”。	社会主义本质理论，市场经济理论，“三个有利于”标准理论等。 党的十四大提出“邓小平同志建设有中国特色社会主义理论”概念，并对其主要内容作了系统概括。

续表

时间	发展阶段	理论与实践	主要标志
1992—1997年	丰富和发展 (确立指导地位)	建立社会主义市场经济,全面推进体制改革。	1997年,党的十五大提出"邓小平理论"概念,并将其作为指导思想写进党章。 1999年3月,全国人大九届二次会议正式把邓小平理论作为国家指导思想写进宪法。

2.邓小平理论的基本问题和主要内容

(1)邓小平理论的基本问题

"什么是社会主义,怎样建设社会主义"是邓小平理论的首要的基本的理论问题。邓小平说:"问题是什么是社会主义,如何建设社会主义。我们的经验教训有许多条,最重要的一条,就是要搞清楚这个问题。"[①]

搞清楚这个问题,关键是要在坚持社会主义基本制度的基础上进一步认清社会主义的本质。首先,我们必须坚持社会主义基本制度不动摇。邓小平指出,社会主义道路是正确的。只有社会主义才能救中国,只有社会主义才能发展中国。"过去行之有效的东西,我们必须坚持,特别是根本制度,社会主义制度,社会主义公有制,那是不能动摇的。"[②]改革开放以来,邓小平反复强调坚持四项基本原则,实际上就是要求我们坚持社会主义基本制度,包括坚持社会主义基本经济制度、基本政治制度和以马克思主义理论为指导的社会主义意识形态。其次,必须在坚持社会主义基本制度的基础上,认清社会主义本质是什么。1992年,邓小平在南方谈话中指出:"社会主义的本质,是解放生产力,发展生产力,消灭剥削,消除两极分化,最终达到共同富裕。"[③]邓小平关于社会主义本质的概括,既包括了社会主义社会生产力的问题,又包括以社会主义生产关系为基础的社会关系问题,是一个有机的整体。这一个科学概括,"遵循了科学社会主义的基本原则,反映了人民的利益和时代的要求,廓清了不合乎时代进步和社会发展规律的模糊观念,摆脱了长期以来拘泥于具体模式而忽略社会主义本质的错误倾向,深化了对科学社会主义的认识。这对于我们在坚持社会主义基本制度的基础上推进改革,指导改革沿着合乎社会主义本质

①《邓小平文选》第三卷,人民出版社1993年版,第116页。
②《邓小平文选》第二卷,人民出版社1994年版,第133页。
③《邓小平文选》第三卷,人民出版社1993年版,第373页。

要求的方向发展，对于建设中国特色的社会主义，具有重大的政治意义、理论意义和实践意义”[①]。

(2)邓小平理论的主要内容

邓小平理论第一次比较系统地初步回答了建设中国特色社会主义的一系列基本问题，包括解放思想、实事求是的思想路线，社会主义初级阶段理论，党的基本路线，社会主义根本任务的理论，“三步走”战略，改革开放理论，社会主义市场经济理论，“两手抓，两手都要硬”，“一国两制”，中国问题的关键在于党等，形成了一个比较完备的科学体系。

①解放思想、实事求是的思想路线

解放思想、实事求是是我们党的思想路线。搞革命，要解放思想，实事求是；建设社会主义，也要解放思想，实事求是。改革开放初期，面对“文化大革命”的“左”的错误和“两个凡是”的思想禁锢，邓小平抓住思想路线问题进行拨乱反正，支持和领导了关于真理标准问题的讨论，批判了“两个凡是”的错误思想，重新确立了实事求是的思想路线。他指出：“实事求是，是无产阶级世界观的基础，是马克思主义的思想基础。过去我们搞革命所取得的一切胜利，是靠实事求是；现在我们要实现四个现代化，同样要靠实事求是。”[②]邓小平赋予实事求是以解放思想的深刻内涵，把实事求是与解放思想统一起来。他认为：“解放思想，开动脑筋，实事求是，团结一致向前看，首先是解放思想。只有思想解放了，我们才能正确地以马列主义、毛泽东思想为指导，解决过去遗留的问题，解决新出现的一系列问题，正确地改革同生产力迅速发展不相适应的生产关系和上层建筑，根据我国的实际情况，确定实现四个现代化的具体道路、方针、方法和措施。”[③]邓小平根据新的历史条件下的新的实际发展情况，丰富和发展了毛泽东提出的党的思想路线的内容，实现了马克思主义中国化的又一次历史性飞跃。

解放思想和实事求是在实践基础上的辩证统一。实事求是是解放思想的过程，解放思想是坚持实事求是的重要前提，二者是一个问题两个互为条件的方面。人们之所以要解放思想，是由于头脑中的一些传统观念和思维模式脱离了客观实际，这种情况下不解放思想、更新观念就不能克服主观与客观的矛盾。反之，解放思想又必须以实事求是为基本立足点。只有与实事求是相统一的解放思想才是科学的解放思想，它同超越实际的主观主义的解放思想有

①《毛泽东思想和中国特色社会主义理论体系概论》编写组：《毛泽东思想和中国特色社会主义理论体系概论》，高等教育出版社2018年版，第96页。

②《邓小平文选》第二卷，人民出版社1994年版，第143页。

③《邓小平文选》第二卷，人民出版社1994年版，第141页。

着根本区别，不能混为一谈。坚持解放思想和实事求是在实践基础上的统一，必须防止把二者对立起来或加以割裂的错误倾向。坚持实事求是并不排斥解放思想，它总是以解放思想为前提；坚持解放思想也不排斥实事求是，它总是以实事求是为原则。

②社会主义初级阶段理论

我国处在社会主义初级阶段，这是邓小平和我们党对当代中国基本国情的科学判断。我们讲解放思想，实事求是，从实际出发建设社会主义，最大的"实际"就是中国的基本国情。

党的十三大系统论述了社会主义初级阶段理论，阐释了社会主义初级阶段理论的科学内涵，党的十五大进一步阐述了社会主义初级阶段的基本特征，充分体现了社会主义初级阶段历史发展的过程性特征。邓小平关于社会主义初级阶段的论断，使我们对社会主义建设的长期性、复杂性、艰巨性有了更加清醒的认识。建设中国特色社会主义，总依据是我国现在正处于并将长期处于社会主义初级阶段，这是党对当代中国基本国情作出的科学判断。社会主义初级阶段是我国在经济文化比较落后的条件下建设社会主义必然要经历的特定阶段。在社会主义初级阶段，必须坚持"一个中心，两个基本点"的基本路线。

③党的基本路线

党的十三大报告提出了党在社会主义初级阶段的基本路线：领导和团结全国各族人民，以经济建设为中心，坚持四项基本原则，坚持改革开放，自力更生，艰苦创业，为把我国建设成为富强、民主、文明的社会主义现代化国家而奋斗。

第一，建设"富强、民主、文明的社会主义现代化国家"，这是基本路线规定的党在社会主义初级阶段的奋斗目标，体现了社会主义社会全面发展的要求。

第二，"一个中心、两个基本点"，这是基本路线最主要的内容，是实现社会主义现代化奋斗目标的基本途径。坚持党的基本路线，必须紧紧围绕经济建设这一中心，必须把坚持四项基本原则同坚持改革开放结合起来，正确处理改革开放和四项基本原则的关系。既要以四项基本原则保证改革开放的正确方向，又要通过改革开放赋予四项基本原则新的时代内涵。坚持把以经济建设为中心同坚持四项基本原则、坚持改革开放这两个基本点统一于发展中国特色社会主义的伟大实践。

第三，"领导和团结全国各族人民"，这是实现社会主义现代化奋斗目标的领导力量和依靠力量。

第四,“自力更生,艰苦创业”,这是我们党的优良传统,也是实现社会主义初级阶段奋斗目标的根本立足点。把“自力更生,艰苦创业”方针概括到党的基本路线之中,不仅是改变我国不发达现状的需要,也体现了社会主义的奋斗精神。

党的基本路线高度概括了党在社会主义初级阶段的奋斗目标、基本途径和根本保证、领导力量和依靠力量以及实现这一目标的基本方针,既紧紧抓住了中国现阶段的主要矛盾,又体现了全面推动历史进步,实现民富国强、民族振兴的要求。党的基本路线在改革开放实践中不断充实和完善。党的十七大把“和谐”与“富强、民主、文明”一起写入了基本路线。党的十九大进一步修改为“为把我国建设成为富强民主文明和谐美丽的社会主义现代化强国而奋斗”,不仅将“美丽”纳入了基本路线,而且将“现代化国家”提升为“现代化强国”,扩展了党的基本路线的内涵,提升了社会主义初级阶段的奋斗目标。

图6-2　党的十三大会场

来源:《党代会历史细节:从一大到十八大》(党建读物出版社2017年版,第268页)

④社会主义根本任务理论

社会主义的根本任务是解放和发展生产力。贫穷不是社会主义,社会主义要消灭贫穷。社会主义制度建立后,为巩固和发展社会主义,必须进一步解放生产力,发展生产力。邓小平强调,发展是硬道理,中国解决所有问题的关键是要靠自己的发展。发展要抓住机遇。我们必须正确估量国际环境对于实现我们战略目标的有利和不利因素,以高度的历史责任感和紧迫感抓住机遇,珍惜机遇,用好机遇,千方百计地发展自己,发展经济。中国要发展,离不开科学。邓小平深刻地概括出“科学技术是第一生产力”这个新论断,该论断反映了科学技术在当代发展的新形势和对我国现代化建设的新要求。邓小平提出了实现现代化“关键是科学技术”，“我们要以世界先进的科学技术成果作为我们发展的起点”，“中国必须在世界高科技领域占有一席之地”等一系列战略思想，为加快我国科技发展，推动经济社会发展，为实现对西方的赶超，指明了方向。

⑤“三步走”战略

1987年4月，邓小平第一次提出了分“三步走”基本实现现代化的战略。同年10月，党的十三大把邓小平“三步走”的发展战略构想确定下来，明确提出，党的十一届三中全会以后，我国经济建设的战略部署大体分三步走：第一步，实现国民生产总值比1980年翻一番，解决人民的温饱问题；第二步，到20世纪末，使国民生产总值再翻一番，人民生活达到小康水平；第三步，到21世纪中叶，人均国民生产总值达到中等发达国家水平，人民生活比较富裕，基本实现现代化。然后在这个基础上继续前进。

“三步走”的发展战略，把我国社会主义现代化建设的目标具体化为切实可行的步骤，为基本实现现代化明确了发展方向，成为全国人民为共同理想而努力奋斗的行动纲领。正如邓小平所说，实现这一发展战略，是完成了一项非常艰巨的、很不容易的任务，是真正对人类作出了贡献，就更加能够体现社会主义制度的优越性。

⑥改革开放理论

新时期最鲜明的特点是改革开放。第一，改革是中国的第二次革命。从根本目的看，改革同革命一样都是为了解放生产力。改革开放是党在新的历史条件下带领人民进行的新的伟大革命，它不是一个阶级推翻另一个阶级意义上的革命，不是也不允许否定和抛弃我们已经建立的社会主义基本制度，它是社会主义制度的自我完善和发展。从改革的特点看，改革同革命一样，都具有根本性、广泛性和深刻性。第二，改革是社会主义社会发展的直接动力。邓小平指出：“要发展生产力，经济体制改革是必由之路”①。改革就是要从根本上改变束缚生产力发展和社会进步的各种具体制度（经济体制和政治体制等），以适应社会主义现代化建设的需要，从而解决社会主义社会发展的动力问题。第三，开放也是改革，对外开放是建设中国特色社会主义的一项基本国策。对外开放是对世界上所有国家的开放，它不仅是经济领域的开放，还包括科技、教育、文化等领域的开放。实行对外开放政策要正确对待资本主义社会创造的现代文明成果。资本主义社会经过几百年发展，特别是一些发达国家，在经济、科技、教育、文化和社会管理等方面，积累了丰富经验，取得了许多历史性的文明成果。社会主义作为后起的崭新的社会制度，必须大胆借鉴、吸收

①《邓小平文选》第三卷，人民出版社1993年版，第138页。

入类社会包括资本主义社会创造出来的全部文明成果，结合新的实践进行新的创造，为我所用，才能加快发展，赢得同资本主义相比较的优势。对外开放要高度珍惜并坚决维护中国人民经过长期奋斗得来的独立自主权利。邓小平指出："中国的事情要按照中国的情况来办，要依靠中国人自己的力量来办。独立自主，自力更生，无论过去、现在和将来，都是我们的立足点。……任何外国不要指望中国做他们的附庸，不要指望中国会吞下损害我国利益的苦果。"①

⑦社会主义市场经济理论

改革开放以来，邓小平对社会主义与市场经济关系进行了深入的探索。党的十二届三中全会通过的《中共中央关于经济体制改革的决定》提出了社会主义经济是"公有制基础上的有计划的商品经济"的论断。邓小平高度评价这个决定是马克思主义基本原理和中国社会主义实践相结合的政治经济学。在南方谈话中，邓小平提出："计划经济不等于社会主义，资本主义也有计划；市场经济不等于资本主义，社会主义也有市场。"②这些论断从根本上解除了把计划经济和市场经济看作属于社会基本制度范畴的思想束缚。党的十四大确定了建立社会主义市场经济体制的改革目标。

邓小平社会主义市场经济理论的要点有三个：一是计划经济和市场经济不是划分社会制度的标志，计划经济不等于社会主义，市场经济也不等于资本主义；二是计划和市场都是经济手段，对经济活动的调节各有优势和长处，社会主义实行市场经济要把两者结合起来；三是市场经济作为资源配置的一种方式本身不具有制度属性，可以和不同的社会制度结合，从而表现出不同的性质。坚持社会主义制度与市场经济的结合，是社会主义市场经济的特色所在、优势所在。

图6-3 随着市场经济体制初步建立，各种民营企业如雨后春笋般涌现

来源：《党代会历史细节：从一大到十八大》（党建读物出版社2017年版，第283页）

①《邓小平文选》第三卷，人民出版社1993年版，第3页。

②《邓小平文选》第三卷，人民出版社1993年版，第373页。

⑧“两手抓，两手都要硬”

邓小平提出的“两手抓”思想内容丰富。

第一，坚持物质文明与精神文明两手抓，两手都要硬。邓小平强调，物质文明和精神文明都搞好，才是有中国特色的社会主义。一手抓物质文明，一手抓精神文明，“两手抓，两手都要硬”，这是我国社会主义现代化建设的一个根本方针。党的十二届六中全会根据邓小平关于加强精神文明建设的思想，提出，我国社会主义现代化建设的总体布局是：以经济建设为中心，坚定不移地进行经济体制改革，坚定不移地进行政治体制改革，坚定不移地加强精神文明建设，并且使这几个方面互相配合，互相促进。

第二，“一手抓建设，一手抓法制”。发展社会主义民主，健全社会主义法制，是十一届三中全会以来我们党坚定不移的基本方针。邓小平在《解放思想，实事求是，团结一致向前看》中强调：“必须使民主制度化、法律化，使这种制度和法律不因领导人的改变而改变，不因领导人的看法和注意力的改变而改变。”[①]邓小平指出：为了保障人民民主，必须加强法制建设，做到有法可依，有法必依，执法必严，违法必究。民主要法制化，法制要保障民主，社会主义民主是民主化与法制化的统一。

第三，“一手抓改革开放，一手抓惩治腐败”。邓小平在南方谈话中指出：“要坚持两手抓，一手抓改革开放，一手抓打击各种犯罪活动。这两只手都要硬。打击各种犯罪活动，扫除各种丑恶现象，手软不得。”[②]

⑨“一国两制”

“和平统一，一国两制”是从中国的实际出发，解决台湾问题、香港问题和澳门问题，实现祖国和平统一的伟大构想。

“和平统一，一国两制”构想，具体来说，就是实行“一个国家，两种制度”。其基本内容主要有如下几个方面。第一，坚持一个中国，这是“和平统一，一国两制”的核心，是发展两岸关系和实现和平统一的基础。第二，两制并存。在祖国统一的前提下，国家的主体部分实行社会主义制度，同时在台湾、香港、澳门保持原有的社会制度和生活方式长期不变。第三，高度自治。祖国完全统一后，台湾、香港、澳门作为特别行政区，享有不同于中国其他省、自治区、市的高度自治权，台湾、香港、澳门同胞各种合法权益将得到切实尊重和维护。第四，尽最大努力争取和平统一，但不承诺放弃使用武力。第五，解决台湾问题，实现祖国完全统一，寄希望于台湾人民。

---

①《邓小平文选》第二卷，人民出版社1994年版，第146页。

②《邓小平文选》第三卷，人民出版社1993年版，第378页。

“一国两制”的构想是邓小平运用辩证唯物主义和历史唯物主义，坚持实事求是，把和平共处的原则用于解决一个国家的统一问题的伟大创举，既体现了坚持祖国统一、维护国家主权的原则性，又体现了照顾历史实际和现实可能的灵活性，是对马克思主义国家学说的创造性发展。

⑩中国问题的关键在于党

建设中国特色社会主义，关键在于坚持、加强和改善党的领导。邓小平指出：“没有中国共产党，就没有社会主义的新中国。”[①]加强党的建设，是我们党领导人民取得革命和建设胜利的一个法宝。邓小平强调，“把我们党建设成为有战斗力的马克思主义政党，成为领导全国人民进行社会主义物质文明和精神文明建设的坚强核心”[②]。

要加强党的思想建设、组织建设、作风建设、制度建设。首先，邓小平强调，党的各级干部，首先是领导干部，要重视马克思主义的理论学习。其次，要坚持和健全民主集中制、加强和改进党的基层组织建设，按照“革命化、年轻化、知识化、专业化”的方针培养和选拔德才兼备的领导干部。再次，要加强党的作风建设。坚持党的宗旨，继承党的优良传统，发扬党的理论和实践相结合的作风、和人民群众紧密地联系在一起的作风以及自我批评的作风。最后，加强制度建设。邓小平指出，领导制度、组织制度问题更带有根本性、全局性、稳定性和长期性。十一届三中全会以来，邓小平和党中央也提出了加强党的制度建设的一系列方针原则。包括党必须在宪法和法律的范围内活动、党要按照党章办事、完成党内各项制度、废除党内干部职务终身制、完善党内监督制等。

3.邓小平理论的历史地位

第一，马克思列宁主义、毛泽东思想的继承和发展。邓小平理论坚持马克思列宁主义、毛泽东思想的基本原理，坚持辩证唯物主义和历史唯物主义的立场、观点、方法，坚持马克思主义思想路线，围绕什么是社会主义、怎样建设社会主义的问题，系统回答了在中国这样经济文化比较落后的东方大国建设、巩固和发展社会主义的一系列基本问题，用一系列具有独创性的思想、观点，继承、丰富和发展了马克思列宁主义、毛泽东思想。

第二，中国特色社会主义理论体系的开篇之作。邓小平理论之所以成为中国特色社会主义理论体系的奠基之作，在于它是对我们党开创的中国特色社会主义道路所进行的系统解释和说明。1978年，党的十一届三中全会果断地停止“以阶级斗争为纲”，将党的工作重心转移到经济建设上来，实行改革开

①《邓小平文选》第二卷，人民出版社1994年版，第170页。

②《邓小平文选》第三卷，人民出版社1993年版，第39页。

放的基本国策,并坚持四项基本原则保证改革开放的正确方向。1982年,党的十二大,邓小平首次提出"建设有中国特色的社会主义"的命题。1987年,党的十三大首次明确提出了党在社会主义初级阶段的"一个中心,两个基本点"的基本路线,党的基本路线首次对中国共产党实现社会主义现代化和民族复兴的目标和路径进行了系统明确的概括。这条道路既坚持了科学社会主义的基本原则,又立足当时中国的基本国情,深刻揭示了在经济文化十分落后的中国实现社会主义现代化和民族复兴的基本规律。

邓小平理论之所以成为中国特色社会主义理论体系的奠基之作,在于它创造性地回答了经济文化落后的中国实现现代化和民族复兴的问题。在什么是社会主义的问题上,邓小平指出"社会主义的本质,是解放生产力,发展生产力,消灭剥削,消除两极分化,最终达到共同富裕"①,清晰地揭示了中国现代化的战略方向,为探索推进现代化的新路径打开了思维空间。在怎样建设社会主义问题上,邓小平理论立足改革开放初期我国生产力极度落后的实际,强调社会主义必须以高度发达的生产力为物质基础这一马克思主义的基本观点,确立了"一个中心、两个基本点"的基本路线,开辟了我们党推进社会主义现代化的新路径。

第三,改革开放和社会主义现代化建设的科学指南。邓小平敏锐地意识到,我国社会主义在改革开放前所经历的曲折和失误,改革开放以来在前进中所遇到的一些困惑,归根结底都在于没有完全搞清楚"什么是社会主义、怎样建设社会主义"。这是社会主义革命和建设所必须面对的首要的根本问题。改革开放以来的历史性转变,就是逐渐搞清楚这个首要的根本问题的进程。邓小平理论对社会主义本质的深刻揭示,使我们更加清楚地认识到,在当代中国,社会主义建设应该确定什么样的发展目标、制定什么样的发展战略,实现中华民族的伟大复兴应该走什么样的道路。正是在邓小平理论的指引下,我们党制定了正确的基本路线,使改革开放后的中国发生天翻地覆的变化,使中华民族在伟大复兴的进程中不断前进。

五、课堂研讨

【研讨主题】为什么说只有社会主义才能救中国,只有中国特色社会主义才能发展中国?

【教师解析】"只有社会主义才能救中国",已被中国革命成功的历史事实所证明;同样,"只有中国特色社会主义才能发展中国",也已经被新中国成立

①《邓小平文选》第三卷,人民出版社1993年版,第373页。

以来特别是改革开放40多年来我国发展的巨大成就所印证。而中国发展进步的根本原因在于开辟了中国特色社会主义道路,形成了中国特色社会主义理论体系,确立了中国特色社会主义制度,发展了中国特色社会主义文化。

党的十九大报告指出:"中国特色社会主义是改革开放以来党的全部理论和实践的主题,是党和人民历尽千辛万苦、付出巨大代价取得的根本成就。中国特色社会主义道路是实现社会主义现代化、创造人民美好生活的必由之路,中国特色社会主义理论体系是指导党和人民实现中华民族伟大复兴的正确理论,中国特色社会主义制度是当代中国发展进步的根本制度保障,中国特色社会主义文化是激励全党全国各族人民奋勇前进的强大精神力量。全党要更加自觉地增强道路自信、理论自信、制度自信、文化自信,既不走封闭僵化的老路,也不走改旗易帜的邪路,保持政治定力,坚持实干兴邦,始终坚持和发展中国特色社会主义。"

【研讨主题】如何理解中国特色社会主义"始于毛,成于邓"?

【教师解析】中国特色社会主义"始于毛",是指中国特色社会主义理论体系的形成是以毛泽东同志为核心的党的第一代中央领导集体的最初探索及其思想成果为基础。中国特色社会主义理论"成于邓",是指中国特色社会主义理论体系形成于邓小平理论。邓小平理论是中国特色社会主义理论体系的开篇和奠基之作。

第一,"建设有中国特色的社会主义"概念正式提出。"建设有中国特色的社会主义"的概念是邓小平在1982年党的十二大开幕词中正式提出的。它是我们党对过去的社会主义模式进行反思和总结的基本结论,是从"中国式的现代"到"中国式的社会主义",再到"建设有中国特色的社会主义"的认识提升、不断推进的必然结果,标志着中国确立了自己的社会主义发展方向。这是中国特色社会主义理论体系形成的起始阶段。

第二,"建设有中国特色的社会主义"理论的初步概括。1987年,党的十三大对我国社会所处的历史阶段这个基本国情问题作了鲜明的回答,从社会主义初级阶段的实际出发,提出建设有中国特色的社会主义的基本路线和具有长远意义的指导方针,概括了中国特色社会主义的一系列科学理论观点。

第三,中国特色社会主义理论体系的系统阐述。经过1992年邓小平的南方谈话和党的十四大对中国特色社会主义理论的系统阐述,到党的十五大把中国特色社会主义理论以邓小平的名字命名,表明中国特色社会主义理论的科学体系已经形成。1997年12月,党的十五大进一步把中国特色社会主义理论正式以邓小平的名字命名,提出了"邓小平理论",指出"邓小平理论形成了新的建设有中国特色社会主义的科学体系”。这是党的全国代表大会正式宣布马克思主义中国化新理论的形成，是对改革开放以来中国特色社会主义理论体系从概念、观点、系统化的逻辑发展过程的科学总结。由此可见，中国特色社会主义理论“成于邓”，邓小平理论的形成过程也就是中国特色社会主义理论体系的形成过程。

【研讨主题】如何正确看待改革开放前后两个历史时期的关系？

【教师解析】习近平从历史延续性上对社会主义建设道路初步探索阶段与改革开放新时期的关系进行了论述，主要内容如下。

“我们党领导人民进行社会主义建设，有改革开放前和改革开放后两个历史时期，这是两个相互联系又有重大区别的时期，但本质上都是我们党领导人民进行社会主义建设的实践探索。”①

第一，改革开放前后两个时期具有历史的延续性。中国特色社会主义不是从天上掉下来的，是党和人民历尽千辛万苦、付出各种代价取得的根本成就。正如习近平总书记在纪念毛泽东同志诞辰120周年座谈会上的讲话中所说：“改革开放前的社会主义实践探索，是党和人民在历史新时期把握现实、创造未来的出发阵地，没有它提供的正反两方面的历史经验，没有它积累的思想成果、物质成果、制度成果，改革开放也难以顺利推进。一切向前走，都不能忘记走过的路；走得更远、走到再光辉的未来，也不能忘记走过的过去。”

第二，改革开放前的探索为改革开放后积累了宝贵的经验和准备了条件。虽然这两个历史时期在进行社会主义建设的思想指导、方针政策、实际工作上有很大差别，但两者绝不是彼此割裂的，更不是根本对立的。我们党在社会主义建设实践中提出了许多正确主张，当时没有真正落实，改革开放后得到了真正贯彻，将来也还是要坚持和发展的。马克思说过：“人们自己创造自己的历史，但是他们并不是随心所欲地创造，并不是在他们自己选定的条件下创造，而是在直接碰到的、既定的、从过去继承下来的条件下创造。”②

如果没有1978年我们党果断决定实行改革开放，并坚定不移推进改革开放，坚定不移把握改革开放的正确方向，社会主义中国就不可能有今天这样的大好局面，就可能面临严重危机，就可能遇到像苏联、东欧国家那样的亡党亡国危机。

对改革开放前的社会主义实践，要坚持实事求是的思想路线，分清主流和支流，坚持真理，修正错误，发扬经验，吸取教训，在这个基础上把党和人民事业继续推向前进。

---

①中共中央文献研究室：《十八大以来重要文献选编》(上)，中央文献出版社2014年版，第111-112页。

②《马克思恩格斯选集》第一卷，人民出版社2012年版，第669页。

第三，改革开放后的实践是对改革开放前的实践探索的坚持、改革和发展。可见，正确看待这一问题，需要我们将其放在我国特殊的环境中来认识我国社会主义建设各个阶段之间的关系，同时，掌握好我国社会主义建设道路初步探索阶段所形成的重要理论成果、物质基础、宝贵经验对改革开放新时期的影响。

【研讨主题】结合台湾2020年大选国民党和民进党的竞选议程，思考“一个中国”原则的重要性，以及“和平统一，一国两制”对于推进祖国统一的重要性。

【教师解析】“一个中国”是不可动摇的原则。国家必须统一，任何制造“两个中国”“一中一台”“台湾独立”的图谋都是包括台湾人民在内的全体中国人民坚决反对的。要尽一切力量去争取用和平方式解决台湾问题，同时不放弃使用武力。只要台湾当局以中华民族的根本利益为重，消除阻挠祖国统一的人为障碍，通过接触和谈判，按照“一国两制”的构想，终归是可以实现统一大业的。

六、资料运用

1.论述摘编

(1)《中国共产党第十二次全国代表大会开幕词》:“把马克思主义的普遍真理同我国的具体实际结合起来，走自己的道路，建设有中国特色的社会主义。”

(2)《中共中央关于加强党的执政能力建设的决定》:“只有社会主义才能救中国，只有中国特色社会主义才能发展中国。”

(3)“只有高举中国特色社会主义伟大旗帜，我们才能团结带领全党全国各族人民，在中国共产党成立一百年时全面建成小康社会，在新中国成立一百年时建成富强民主文明和谐的社会主义现代化国家，赢得中国人民和中华民族更加幸福美好的未来。”

——2012年11月17日习近平在主持十八届中央政治局第一次集体学习时的讲话

2.阅读推荐

(1)中共中央宣传部:《中国特色社会主义学习读本》，学习出版社，2013。

该书全面阐述了中国特色社会主义的理论来源、实践历程、基本构成、总依据、总布局、总任务和夺取中国特色社会主义新胜利的基本要求。阅读该书，有利于整体上把握中国特色社会主义理论体系的形成与发展。

(2)罗文东:《中国特色社会主义理论与实践》,社会科学文献出版社,2012。

该书全面论述了中国特色社会主义理论体系的时代背景、实践基础、思想渊源、发展历程、科学内涵、精神实质、历史地位和指导意义等一系列重大问题。阅读该书有助于把握中国特色社会主义理论体系的全貌和内涵。

(3)杨继绳:《邓小平时代:中国改革开放二十年纪实》,中央编译出版社,1998。

本书从毛泽东逝世写到邓小平逝世;从对中国改革的初始条件的分析开始,引出中国改革的必要性;从农村改革写到对外开放;对中国改革的政治条件、组织条件和思想条件的建立,对计划经济的核心部分——城市经济体制改革,进行了全面而深刻的介绍和分析。

(4)傅高义:《邓小平时代》,冯克利译,生活·读书·新知三联书店,2013。

本书荣获2011年度《经济学人》最佳图书、《华尔街日报》最佳图书、《华盛顿邮报》最佳图书、《金融时报》最佳图书等荣誉,以"他者"的视野阐述了邓小平对中国革命、建设和改革做出的卓越贡献。

七、案例推荐

案例1:怎样看待现实中的"剥削"现象?社会主义初级阶段要不要消灭剥削?

据有关资料统计,我国私营经济在经历了1978—1985年的恢复时期,从1986年起,特别是1992年以来进入了迅速发展的阶段。截至2007年6月底,我国私营企业已超过550万家,占全国法人企业总数的80%以上,加上2621万个体工商户,成为企业群体的主要构成部分。私营企业和个体工商户吸纳就业总数占全国城镇全部就业人数的70%以上和新增就业的90%以上,成为就业人口的主要安置渠道。2007年1月至9月,私营企业税收达3487.3亿元,占全国企业税收总额的9.4%。个体私营企业从业人员超过1亿人。私营企业主在市场竞争中获取高收入,包括一部分剥削收入。

要点:消灭剥削,一是消灭剥削制度,二是消灭剥削现象。社会主义革命推翻了剥削制度,但不等于就立即消灭了剥削现象。

剥削现象,从一般意义上讲,是指社会上一部分人或集团凭借他们对生产资料的占有或垄断,无偿地占有那些没有或者缺少生产资料的人或集团的剩余劳动和剩余产品。历史上出现的剥削现象大都与私人财产的形成方式和支配方式有关。作为经济剥削,其来源于生产领域而不是交换领域或分配领域。依靠违法经营、巧取豪夺,或者依靠手中的权力进行权钱交易,从而无偿占有劳动者创造的社会财富，这些超经济剥削都是非法收入，在任何社会都将受到坚决打击。我国现阶段实行的是公有制为主体、多种所有制经济共同发展的基本经济制度，作为剥削阶级的资产阶级已不存在，那么，剥削现象是否存在？

中国现阶段的剥削现象与以私有制为主体的资本主义国家的剥削是有区别的。一方面，我们要敢于承认有剥削。因为，作为剥削现象存在基础的私有制经济只要存在，依靠对生产资料私人占有而无偿占有他人劳动及其成果的剥削现象就依然存在。据有关资料统计，我国私营经济在经历了1978—1985年的恢复时期，从1986年起，特别是1992年以来进入了迅速发展的阶段。截至2007年6月底，我国私营企业已超过550万家，占全国法人企业总数的80%以上，加上2621万个体工商户，成为企业群体的主要构成部分。私营企业和个体工商户吸纳就业总数占全国城镇全部就业人数的70%以上和新增就业的90%以上，成为就业人口的主要安置渠道。2007年1月至9月，私营企业税收达3487.3亿元，占全国企业税收总额的9.4%。个体私营企业从业人员超过1亿人，私营企业的地位已被广泛认可。另一方面，必须把我国现阶段存在的剥削现象与历史上存在的阶级剥削严格区别开来。首先，我国现阶段的剥削不再是社会占主体地位的阶级剥削，而是依附并服务于社会主义公有关系的一种剥削现象。其次，我国私营企业主的初始资本主要不是靠对别人财产的剥夺而形成的。再次，目前我国的私营企业主一般是自己管理企业。作为企业的管理者的劳动是生产性劳动，它既创造社会财富，也创造价值。这些人由此得到的比一般工人更多的收入当然属于劳动收入。扣除属于劳动收入的部分外，剩下的才是非劳动收入。剥削收入属于非劳动收入，但非劳动收入并非都是剥削收入。在非劳动收入中还包括存款利息、馈赠、遗产、转移支付，等等。纯粹由于私营企业主投资而无偿占有工人创造的剩余价值部分，一般才应视为剥削收入。最后，有剥削收入的人不一定就是剥削者，只有以剥削收入作为主要生活来源的人才属于剥削者，即使是剥削者，只要不形成与工人阶级根本对立的利益集团，就有可能成为中国特色社会主义建设者队伍中的一个组成部分。

剥削现象是我国社会主义市场经济发展的客观存在。

第一，剥削是一个历史现象，消灭剥削也是一个历史过程。马克思主义创始人关于消灭阶级剥削的理论，是从生产力原则出发的，我国现阶段的私营企业，是在党的改革开放政策的引导和鼓励下发展起来的。从我国国情出发，我们目前和今后相当长一个时期内的根本任务是快速发展生产力，增强我国的综合国力和提高人民群众的生活水平，而不是不顾条件地去消灭一切剥削，甚至包括资本主义性质的剥削。

第二,非公有制经济在我国国民经济发展中起着重要的不可替代的作用。一是它是推动我国经济增长的重要力量。二是个体私营经济是新增就业的主渠道,是社会稳定的支持性力量。三是个体私营经济是各级财政,特别是地方财政日益重要的来源。四是个体私营经济已经成为促进第三产业发展,繁荣市场,活跃城乡经济,方便和改善人民生活,满足各类消费需要的重要力量。五是其促进了农村产业结构的调整和劳动力的转移,促进了城镇化建设的步伐,促进了农民收入水平的提高。六是个体私营经济作为创立市场经济体制的先导,是我国初步建立的社会主义市场经济体制的重要推动力量。

我们不回避私营企业主在市场竞争中获取高收入,包括一部分剥削收入,我们也不回避对过高的收入进行宏观调节。同时,我们在实际经济工作中还必须对私营企业和私营企业家进行分类,以区别对待。对那些综合素质高,文明管理,尊重职工权益,乐于扶贫济困,通过各种形式回报社会,对自身及家属严格要求,企业效益好,对国家贡献也大的私营企业家,政府和社会应给予更多的支持和鼓励,也可以授予他们"优秀企业家"等称号,并给予相应的社会荣誉。对那些素质不高,唯利是图,有严重损害职工权益行为,甚至有制假贩假、坑蒙拐骗劣迹的私营企业主,要加强教育、监督和引导,对不法行为,必须坚决予以取缔和打击。

案例2:坚定中国特色社会主义自信

改革开放40多年来,中国特色社会主义把中央与地方的积极性充分调动起来,通过不断加强和改善宏观调控,既发挥好了中央的积极性,使社会经济又好又快地发展,又发挥好了地方积极性。在两个积极性的推动下,全国经济蓬勃发展,同时区域经济、省域经济、县域经济呈现出八仙过海、各显其能的局面。利用这一优势,改革开放40多年来,我们先后建成了三峡工程、青藏铁路、京沪高铁、京广高铁、西气东输、西电东送以及世界上最大的电信网络等举世瞩目的建设项目。基础设施建设的大发展、大飞跃与中国特色社会主义道路紧密相连。这一点,德国原总理施罗德深受感触。国际著名财经人士纳波利奥尼在2013年发表的关于中国道路的著作中提到德国前总理施罗德讲的一番话,当媒体问为什么德国西门子公司生产的列车最终由中国而不是德国购买并投入使用时,施罗德答道:"因为德国修建这样的项目有太多争议,首先是费用,其次是环境,还有许多问题需要顾及。中国则不同,中国由政府决策,如果有需要,那么就修建。在中国,政府代表人民的利益,为人民服务。"这样一种独特优势在今后中国的发展中还会进一步显现出来,帮助我们不断解决建设中的各种问题。

利用这一优势，改革开放40多年来，我们先后完成了包括神舟飞船飞天，“天宫一号”与“神舟八号”“神舟九号”“神舟十号”交会对接在内的载人航天工程，以及运算速度达到每秒亿亿次的超级计算机“天河二号”等高科技项目；我们先后成功举办了1990年北京亚运会、2008年北京奥运会和2010年广州亚运会等重大国际赛事以及2010年上海世博会等国际性博览会；我们先后战胜了一系列重大自然灾害；我们先后建立了城镇居民基本医疗保险制度、新型农村合作医疗制度、农村最低生活保障制度等，使越来越多的人民群众享受到改革发展的成果。

要点：中国特色社会主义理论体系推动中国特色社会主义道路的形成和拓展，中国特色社会主义道路具有无比巨大的优势，中国特色社会主义道路是实现社会主义现代化，创造人民美好生活的必由之路。只有中国特色社会主义道路而没有别的道路，能够引领中国进步、实现人民幸福。

案例3：小岗村人刻骨铭心的第四次“红手印”

对下派任期结束后是继续留下还是回省城，沈浩日记的字里行间以及他和朋友的交谈，都流露出他内心深处的情感漩涡。一边是几千名小岗村村民殷切希望他留下来，两次按下“红手印”的依依不舍；一边是92岁白发苍苍的老母亲，6年不在身边的妻女渴望他回家的望眼欲穿。

他该何去何从？3年前，第一个下派任期即将结束，小岗村出现令人震撼的一幕：小岗人用自己特有的方式要沈浩留下——“大包干”带头人严宏昌、严立学等98人的签名和98个鲜红的“红手印”。沈浩深知“红手印”的分量。

1978年11月24日，小岗村18位村民按下唤醒中国农村的“红手印”，那时是为了吃饭而“留地”；今天他们再次按下手印，是为了致富而“留人”。面对自己亲手培育、刚刚步入正轨的小岗，面对小岗村村民的“请求”与个人利益的矛盾，沈浩最终选择了留下。

又是一个3年，小岗村在沈浩的带领下驶向发展的快车道，然而第二个下派任期眼看又要结束。2009年9月24日，小岗村186名村民第三次按下鲜红的“红手印”，写信给省委组织部、省财政厅，再次要求挽留沈浩。

谁也没想到，生命有时竟是这么脆弱。2009年11月6日凌晨，他太累了，累得没留下一句话，就匆匆离世。在沈浩去世的前3天，“大包干”带头人严金昌对沈浩说：“沈书记，现在3年任期又到了，我们还想再‘扣’你3年。”沈浩笑着说：“我不走了，永远在小岗干了。”每提起那天的对话，严金昌就老泪纵横：“没想到，他真的永远留在了小岗村。”

听到沈书记去世的消息，小岗村的乡亲们不愿意相信这是真的。那个热情爽朗、事事为百姓着想的沈书记,难道就这样走了吗?

要点:沈浩带头去做最苦最累最重的活儿。带头修路、铺水管。水泥洒出来了,他立即用手捧回去。这种身先士卒的精神,让他赢得了小岗人的尊敬。

小岗村号称"改革第一村",是中国农村改革发展史上的样板。曾经的分田到户让小岗人填饱了肚子,不用再去讨饭。然而,历史的功绩也容易成为发展的包袱。时代在变化,形势在变化,单纯的"大包干"似乎已无法解决小岗村而后面临的现实困难,"一朝跨过温饱线,廿年未进富裕门"的窘境呼唤着进一步的变革和发展。小岗村的成功说明,只有解放思想,改革创新,才能实现发展。

案例4:遏"台独",出台《反国家分裂法》

1895年,中日签订《马关条约》,台湾被迫割让给日本,从此开始长达50多年的殖民统治。为了强化对台湾的殖民统治,从20世纪30年代开始,日本在台湾推行所谓的"皇民化运动",强迫台湾同胞改姓日本姓、改讲日本话、改穿日本和服。这样,有一小部分所谓"上等台湾人"被成功改造成"台湾皇民"。1945年抗日战争胜利后,一些"台湾皇民"不愿意回归中国,于是与当时的驻台日军少壮派军官组织秘密小团体,企图在台湾建立"第二个满洲国",阻挠中国政府恢复对台湾行使主权。这就是最早出现的"台独"势力。

同时,太平洋战争爆发后,美国也积极暗中培训托管台湾的军政人员,企图接管台湾。具有"上等台湾人"身份的美国俄亥俄州州立大学化工博士廖文毅被选为其代理人,他回台后成立了"台湾民主独立党",还拼凑了"台湾共和国临时政府"。由于内讧和国民党的策反,1965年,廖文毅宣布放弃"台独"立场,解散"台独"组织。1964年,台湾大学教授彭明敏在海外公开成立"世界台湾人争取独立联盟",主张推翻国民党政权,制定新宪法,建立新国家。针对这些"台独"活动,当时的国民党当局在刑法第100条中专门规定"分裂国土罪",严禁"台独"分子入境,因此,"台独"势力始终无法把"台独运动落实到台湾岛内"。但是,随着李登辉上台,情况发生了变化。1988年8月,"台独"分子把持的"世界台湾同乡会联合会"首次在台湾召开。1990年7月,被国民党当局长期通缉的彭明敏回台出席所谓的"国是会议"。随后,李登辉以推行民主的名义,修改了刑法第100条,取消了"黑名单",宣布"台独"属于言论自由范畴。1991年,李登辉以实行"政党政治"为借口,开始所谓的"宪政改革",支持民进党的发展。1986年成立的民进党原本是一支反对国民党专制统治的力量,但后来逐渐为"台独"分子所控制。1991年10月民进党第五次代表大会通过"台独党纲",正式变成地地道道的"台独党"。在2000年台湾大选中,李登辉认定主张

“台独”的陈水扁是他分裂路线的最佳继承人，暗中帮助陈水扁登上“总统”宝座，其所代表的国民党第一次在野，“台独”势力由此得到前所未有的大发展。

针对台湾当局加紧推行“台独”分裂活动、企图改变中国大陆和台湾同属一个中国事实的形势，2005年3月14日中华人民共和国第十届全国人民代表大会第三次会议通过并实施《反分裂国家法》，首次明确提出在三种情况下中国大陆可以使用“非和平手段”处理台湾海峡两岸关系。法律规定，台湾是中国的一部分，国家绝不允许“台独”分裂势力把台湾从中国分裂出去。国家以最大的诚意，尽最大的努力，实现和平统一。国家和平统一后，台湾实行不同于大陆的资本主义制度，高度自治。但是，“台独”分裂势力以任何名义、任何方式造成台湾从中国分裂出去的事实，或者发生将会导致台湾从中国分裂出去的重大事变，或者和平统一的条件完全丧失，国家得采取非和平方式及其他必要措施，捍卫国家主权和领土完整。法律还特别规定，解决台湾问题是中国的内部事务，不受任何外国势力的干涉。①

要点：“台独”分裂势力顽固坚持“台独”立场，制造“两个中国”的政治事实，严重损害了我国国家主权和领土完整，严重影响了两岸关系的和平发展。《反分裂国家法》发布实施以来，在反对和遏制“台独”分裂行径、维护台海和平稳定、促进两岸关系和平发展等方面，发挥了非常重要的作用。

八、归纳小结

中国特色社会主义理论体系，继承和发展了马克思列宁主义、毛泽东思想，凝结了改革开放新时期以来全部理论和实践结晶，是当代中国的马克思主义。中国特色社会主义理论体系，是在和平与发展成为时代主题的历史背景下、在总结世界社会主义事业兴衰成败和中国社会主义建设正反两方面经验教训中、在改革开放和社会主义现代化建设的实践中逐步形成和发展的。

“什么是社会主义，怎么建设社会主义”“建设什么样的党，怎样建设党”“实现什么样的发展，怎样发展”“新时代坚持和发展什么样的中国特色社会主义，怎样坚持和发展中国特色社会主义”“建设什么样的社会主义现代化强国，怎么建设和发展社会主义现代化强国”“建设什么样的长期执政的马克思主义政党，怎样建设长期执政的马克思主义政党”等是中国特色社会主义理论体系的基本问题。中国特色社会主义理论体系的主要内容包括中国特色社会主义的思想路线，建设中国特色社会主义总目标理论，建设中国特色社会主义总依据理论，社会主义本质和建设中国特色社会主义总任务理论，社会主义改革开

①《反分裂国家法》，法律出版社2005年版。

放理论，建设中国特色社会主义总布局理论，中国特色社会主义战略布局理论，实现祖国完全统一的理论，中国特色社会主义外交和国际战略理论，中国特色社会主义建设的根本目的和依靠力量理论，国防和军队现代化建设理论，中国特色社会主义建设的领导核心理论等。中国特色社会主义理论体系的理论基石是社会主义本质论、社会主义初级阶段论、社会主义市场经济论。解放思想、实事求是、与时俱进、求真务实，是贯穿于中国特色社会主义理论体系的精髓要义。

邓小平理论是在和平与发展成为时代主题的历史条件下，在总结我国社会主义胜利和挫折的历史经验并借鉴其他社会主义国家兴衰成败历史经验的基础上，在我国改革开放和现代化建设的实践中，逐步形成和发展起来的。

邓小平理论贯穿解放思想、实事求是的思想路线，围绕"什么是社会主义、怎样建设社会主义"这个首要的基本的理论问题，在社会主义发展道路、发展阶段、根本任务、发展动力、外部条件、政治保证、战略步骤、领导力量和依靠力量、祖国统一等重大问题上，形成了一系列相互联系的基本观点，构成了这一理论的科学体系。

邓小平理论是马克思列宁主义、毛泽东思想在新的历史条件下的继承和发展，是中国特色社会主义理论体系的开篇之作，对改革开放和现代化建设具有长远的指导意义。

第七章　推向21世纪的马克思主义与习近平新时代中国特色社会主义思想

以江泽民同志为核心的党的第三代中央领导集体带领全党全国各族人民坚持党的基本理论、基本路线，在国内外形势十分复杂、世界社会主义出现严重曲折的严峻考验面前捍卫了中国特色社会主义，成功把中国特色社会主义推向21世纪，形成了“三个代表”重要思想。“三个代表”重要思想，是对中国特色社会主义理论体系的丰富和发展，反映了当代世界和中国的发展变化对党和国家工作的新要求，是加强和改进党的建设、推进我国社会主义自我完善和发展的强大理论武器，是中国共产党集体智慧的结晶，是党必须长期坚持的指导思想。科学发展观是中国特色社会主义理论体系的接续发展，是马克思主义关于发展的世界观和方法论的集中体现，是中国共产党集体智慧的结晶，是发展中国特色社会主义必须长期坚持的指导思想。习近平新时代中国特色社会主义思想是马克思主义中国化的最新成果，是21世纪的马克思主义，开辟了马克思主义创新发展的新境界。

一、篇目概述

本章在教学目标上，帮助学生掌握“三个代表”重要思想的核心观点与主要内容，掌握科学发展观的科学内涵与精神实质，掌握21世纪马克思主义的核心内容和精髓要义；引导学生增强在实践基础上推进理论创新的信念，了解推进马克思主义中国化的必要性和方法；引导学生懂得十八大以来的历史性成就和历史性变革最根本、最重要的在于有习近平新时代中国特色社会主义思想的科学指引，有以习近平同志为核心的党中央的坚强领导。

教学内容方面，通过展现20世纪八九十年代到21世纪初国内外新的社会问题，得出实践的发展迫切需要推进理论创新，在破解现实难题和回答人们思想困惑的过程中，中国特色社会主义理论体系得以发展，走向21世纪。其发展成果首先表现为“三个代表”重要思想。始终代表中国先进生产力的发展要求、始终代表中国先进文化的前进方向、始终代表中国最广大人民的根本利益是“三个代表”重要思想的核心观点。发展是党执政兴国的第一要务、建立社会主义市场经济体制、全面建设小康社会、建设社会主义政治文明、推进党的建设新的伟大工程等是“三个代表”重要思想的主要内容。其次，科学发展观是中国特色社会主义理论体系在21世纪的接续发展。科学发展观，第一要义是推动经济社会发展，核心是以人为本，基本要求是全面协调可持续，根本方法是统筹兼顾，加快转变经济发展方式、发展社会主义民主政治、推进社会主义文化强国建设、构建社会主义和谐社会、推进生态文明建设、全面提高党的建设科学化水平等是科学发展观的主要内容。

马克思主义在21世纪的新形态是习近平新时代中国特色社会主义思想。本章从习近平新时代中国特色社会主义思想的研究对象、世界意义、实践成效三个层面讲授将其称为21世纪马克思主义的原因，并讲授中国特色社会主义进入新时代的科学内涵和重要意义，以及中国特色社会主义新时代我国社会主要矛盾的变化及其依据。在此基础上，讲授习近平新时代中国特色社会主义思想的核心要义和核心内容，进一步分析习近平新时代中国特色社会主义思想的理论精髓，并从四个维度讲授习近平新时代中国特色社会主义思想的重要意义。

教学方法方面，本章使用理论讲授法、主题研讨法、案例教学法、实践体验法。通过理论讲授法，将“三个代表”重要思想、科学发展观的主要内容，以及习近平新时代中国特色社会主义思想的核心要义、主要内容和理论精髓等理论知识传授给学生。通过主题研讨法，引导学生明白重视理论建设和理论指导是我们党的一个根本特点，重视理论创新是使党和国家的发展不停顿的重要武器，明白习近平新时代中国特色社会主义思想对马克思主义作出了许多原创性贡献，是当代中国最鲜活最现实的马克思主义，是21世纪的马克思主义。通过“多事之秋2008”的案例教学，引导学生理解必须全面坚持党的建设，不断提升党的执政能力和执政水平；通过“中国海尔集团坚持走可持续发展道路”的案例教学，引导学生理解可持续发展是科学发展的内涵要义；通过使用资料“中国实现历史性跨越”和资料“不平衡不充分的发展的主要表现”的案例教学，引导学生思考中国特色社会主义进入新时代后社会主要矛盾发生变化的现实依据。通过“数说党的十八大以来的历史性成就和历史性变革”的实践体验法，让同学在收集资料的过程中感悟新时代中国特色社会主义的伟大成就和深刻变革。

本章提供了党的十八大以来我国发展辉煌成就的数据支撑、习近平关于中国特色社会主义的经典论述等相关阅读资料和书籍，以帮助学生拓展研究广度和深度。

二、教学目标

1. 引导学生了解“三个代表”重要思想的时代背景、实践基础，掌握“三个代表”重要思想的核心观点与主要内容；了解科学发展观的时代背景、实践基础，掌握科学发展观的科学内涵与精神实质；理解习近平新时代中国特色社会主义思想是21世纪的马克思主义；掌握中国特色社会主义进入新时代的依据，新时代的内涵及意义；掌握习近平新时代中国特色社会主义思想的核心要义、主要内容及历史地位。

2. 引导学生了解“三个代表”重要思想、科学发展观的历史地位，增强在实践基础上推进理论创新的信念；懂得十八大以来的历史性成就和历史性变革最根本、最重要的在于有习近平新时代中国特色社会主义思想的科学指引，有以习近平同志为核心的党中央的坚强领导。

3. 引导学生掌握运用“三个代表”重要思想和科学发展观所蕴含的方法论分析社会问题的能力，了解推进马克思主义中国化的方法；深刻理解习近平新时代中国特色社会主义思想对于实现中华民族伟大复兴的重要意义。

三、讲授导入

(一)中国特色社会主义理论体系在21世纪的发展

[问题导入]

20世纪80年代末90年代初，东欧剧变、苏联解体，国际共产主义运动遭受了重大挫折。面对世界社会主义陷入低谷的新情况，面对西化、分化的图谋，面对单极和多极激烈斗争的局面，如何捍卫并发展中国特色社会主义？

1992年，邓小平在南方谈话中提出社会主义的本质，把消灭剥削，消除两极分化纳入其中。如何看待现实生活中的雇佣劳动？

1992年，党的十四大确立社会主义市场经济的经济体制改革目标。如何看待非公有制经济，如何对待新社会阶层？

1997年2月19日，邓小平逝世的噩耗传来，万众同悲。他开辟的中国特色社会主义道路能否继续走下去？如何坚持和发展邓小平理论？

1997年下半年，亚洲金融危机的爆发，对我国经济造成冲击。要不要继续开放？如何在对外开放中发展经济和维护国家经济安全？

进入21世纪，党员人数超过6000万，如果疏于管理，肯定会出问题，如何处理好数量和质量的关系？如何加强党的自身建设？

2003年初，一场非典型性肺炎在毫无预兆的情况下肆虐成灾。什么样的发展才是符合人民利益和需求的发展？

上述问题是实践中出现的问题，是用过去的理论来指导实践，还是以新的实践来发展理论？上述问题都不是小问题，直接关系到对“什么是社会主义，怎样建设社会主义”“建设什么样的党,怎样建设党”“实现什么样的发展,怎样发展”等问题的认识,必须从理论上作出明确回答。在破解现实难题和回答人们思想困惑的过程中,中国特色社会主义理论体系接力发展。

(二)21世纪的马克思主义:习近平新时代中国特色社会主义思想

[问题导入]

向学生提问:“党的十九大的一个重要贡献就是把十八大以来党的理论创新成果概括为习近平新时代中国特色社会主义思想。请大家思考,这个名称好在哪里?”

要点:第一,主创标识明确,从“习近平新时代中国特色社会主义思想”这一名称可以看出习近平总书记是这一思想的主创者,习近平新时代中国特色社会主义思想是以习近平同志为核心的党中央领导下的中国共产党人和中国人民集体智慧的结晶;第二,时间标识明确,从名称可以看出这一思想产生于新时代,是马克思主义中国化的最新成果,是21世纪的马克思主义;第三,地域标识明确,从名称可以看出这一思想产生于进入新时代的中国;第四,主题明确,从名称可以看出这一思想的主题是坚持和发展什么样的中国特色社会主义,怎样坚持和发展中国特色社会主义。

四、内容阐述

本章将围绕中国特色社会主义理论体系在21世纪的发展和习近平新时代中国特色社会主义思想两部分进行讲授。

(一)中国特色社会主义理论体系在21世纪的发展

以江泽民同志为核心的党的第三代中央领导集体带领全党全国各族人民坚持党的基本理论、基本路线,在国内外形势十分复杂、世界社会主义出现严重曲折的严峻考验面前捍卫了中国特色社会主义,成功把中国特色社会主义推向21世纪,形成了“三个代表”重要思想。“三个代表”重要思想,是对中国特色社会主义理论体系的丰富和发展,反映了当代世界和中国的发展变化对党和国家工作的新要求,是加强和改进党的建设、推进我国社会主义自我完善和发展的强大理论武器,是中国共产党集体智慧的结晶,是党必须长期坚持的指导思想。科学发展观是中国特色社会主义理论体系的接续发展,是马克思主义关于发展的世界观和方法论的集中体现,是中国共产党集体智慧的结晶,是发展中国特色社会主义必须长期坚持的指导思想。

1."三个代表"重要思想形成的条件

(1)"三个代表"重要思想是在对冷战结束后国际局势科学判断的基础上形成的

总的来看,世界多极化和经济全球化的趋势在曲折中发展,和平与发展仍是时代的主题。在千年更迭、世纪交替之际,我们所处的国际环境已经发生并还在经历着前所未有的巨大变化,这是"三个代表"重要思想产生的最重要的时代背景。

政治方面,20世纪80年代末90年代初,发生了东欧剧变、苏联解体等重大事件,国际共产主义运动遭受了重大挫折。在国内外形势十分复杂、世界社会主义出现严重曲折的严峻考验面前,如何捍卫中国特色社会主义呢?经济方面,使全球经济日益融为一体的经济全球化浪潮正在蓬勃发展,它是当今世界的生产力、世界市场和科学技术等共同作用的结果,是历史发展不可阻挡的大趋势。面对经济全球化趋势与反全球化浪潮,我们党应该作出什么样的抉择?如何正确应对呢?科技方面,科学技术的发展也异常迅猛。以信息技术和生命科学为核心的现代科学技术日新月异,并且深刻地推动着世界经济的发展与全球化进程,并越来越在国家社会经济的发展中起着决定性的作用,各国之间的科技竞争也空前激烈。如何发展科学技术,如何利用科技革命创造的良好机遇,实现社会生产力的跨越式发展?这些是党必须回应和解决的重大问题,"三个代表"重要思想正是在对冷战结束后国际局势科学判断的基础上形成的。

(2)"三个代表"重要思想是在科学判断党的历史方位和总结历史经验的基础上提出来的

第一,"三个代表"重要思想是在科学判断党的历史方位的基础上提出来的。我们党历经革命、建设和改革,已经从领导人民为夺取全国政权而奋斗的党,成为领导人民掌握全国政权并长期执政的党;已经从受到外部封锁和实行计划经济条件下领导国家建设的党,成为对外开放和发展社会主义市场经济条件下领导国家建设的党。党所处的地位和环境、党所肩负的历史任务、党的自身状况,都发生了新的重大变化。党的建设面临的新形势新任务,是"三个代表"重要思想形成的现实依据。第二,"三个代表"重要思想是在总结历史经验的基础上提出来的。总结我们党的历史,可以得出一个重要的结论:我们党之所以赢得人民的拥护,是因为我们党作为中国工人阶级的先锋队和中国人民、中华民族的先锋队,在革命、建设、改革的各个历史时期,总是代表中国先进生产力的发展要求,代表中国先进文化的前进方向,代表中国最广大人民的根本利益,并通过制定正确的路线方针政策,为实现国家和人民的根本利益而不懈奋斗。

(3)“三个代表”重要思想是在建设中国特色社会主义伟大实践的基础上形成的

党的十三届四中全会以来,国际局势风云变幻,我国改革开放和现代化建设的进程波澜壮阔。改革开放以来特别是党的十三届四中全会以来党和人民建设中国特色社会主义的伟大探索,是“三个代表”重要思想形成的实践基础。

一是我们党从容应对一系列关系我国主权和安全的国际突发事件,保证了改革开放和现代化建设的航船始终沿着正确的方向破浪前进。二是我们已经实现了现代化建设“三步走”战略前两步目标,进入了全面建设小康社会、加快推进社会主义现代化新的发展阶段。三是伴随着改革开放和发展社会主义市场经济的进程,我国社会生活发生了广泛而深刻的变化,这给国家的政治、经济、文化和社会生活的各个方面带来深刻影响。四是随着我国社会就业方式、分配方式的多样化,出现了更为复杂的利益关系,原有的社会阶层发生了极大变化,还出现了一些新的社会阶层。五是我国在经历了长时期的经济增长后,也面临着国际经济衰退、国内经济结构需要调整、部分国有企业发生较大困难、人口与资源环境关系紧张、发展经济与保持环境生态的矛盾日益突出等重重压力。“三个代表”重要思想就是在应对中国社会经济发展中出现的各种实际问题过程中形成和发展起来的。

2.“三个代表”重要思想的核心观点和主要内容

(1)“三个代表”重要思想的核心观点

①始终代表中国先进生产力的发展要求

第一,先进生产力的发展要求是什么?“先进生产力的发展要求,主要表现为具有更高素质的劳动者、创造和使用更为先进的生产工具、科学技术的发展进步并不断广泛应用于生产过程、创造出更高的劳动生产率等这几方面因素的统一。”①社会主义的根本任务是发展生产力。我国处于并将长期处于社会主义初级阶段,生产力落后的状况表明发展生产力的任务还十分艰巨,需要按照先进生产力的发展要求不断促进先进生产力的发展,使我国形成发达的生产力。

第二,为什么要始终代表中国先进生产力的发展要求?一方面,始终代表中国先进生产力的发展要求十分重要。生产力是最活跃最革命的因素,是社

①全国干部培训教材编审指导委员会:《“三个代表”重要思想概论》,人民出版社、党建读物出版社2006年版,第127页。

会发展的最终决定力量。社会主义的根本任务是发展社会生产力，始终代表中国先进生产力的发展要求，大力促进先进生产力的发展，是我们党站在时代前列，保持先进性的根本体现和根本要求。另一方面，始终代表中国先进生产力的发展要求又十分紧迫。改革开放以来，我国生产力有很大的发展，但是同国际先进水平相比，同实现工业化、推进信息化的需求相比，同应对前所未有的激烈国际竞争形势的要求相比还有不少差距。

第三，如何始终代表中国先进生产力的发展要求？一是要不断提高工人、农民、知识分子和其他劳动群众以及全体人民的思想道德素质和科学文化素质，这始终是我们党代表中国先进生产力发展要求必须履行的首要任务。二是必须树立人才资源是第一资源的思想，实施人才战略，加强人才队伍建设，为改革开放和现代化建设提供强大的人才保证。三是大力推动科技进步和创新，不断用先进科技改造和提高国民经济，努力实现我国生产力发展的跨越，这是我们党代表中国先进生产力发展要求必须履行的重要职责。四是必须敏锐把握我国社会生产力的发展趋势，坚持以经济建设为中心，制定和实施正确的路线方针政策，不断完善社会主义的生产关系和上层建筑，不断为生产力的解放和发展打开更广阔的通途，不断促进先进生产力的发展。

②始终代表中国先进文化的前进方向

第一，先进文化的前进方向是什么？“在当代中国，发展先进文化，就是发展面向现代化、面向世界、面向未来的，民族的科学的大众的社会主义文化，以不断丰富人们的精神世界，增强人们的精神力量。”

第二，如何始终代表中国先进文化的前进方向？一是必须弘扬民族精神，二是必须加强社会主义思想道德建设，三是必须做好思想政治工作。

③始终代表中国最广大人民的根本利益

第一，中国最广大人民的根本利益是什么？党的十八大以来，习近平总书记指出：“每个人都有理想和追求，都有自己的梦想。现在，大家都在讨论中国梦，我以为，实现中华民族伟大复兴，就是中华民族近代以来最伟大的梦想。这个梦想，凝聚了几代中国人的夙愿，体现了中华民族和中国人民的整体利益，是每一个中华儿女的共同期盼。”《“三个代表”重要思想概论》对新世纪新阶段最广大人民根本利益也进行了概括：全面建设小康社会，加快推进社会主义现代化，到21世纪中叶基本实现社会主义现代化，实现中华民族的伟大复兴，这就是中国最广大人民的根本利益和最高利益。从中可见，奋斗目标同根本利益具有一致性。实现国家富强、民族振兴、人民幸福，即实现社会主义现代化和中华民族伟大复兴是最广大人民根本利益的集中体现。

第二,如何始终代表中国最广大人民的根本利益?一是始终坚持人民的利益高于一切。党的一切工作,必须以最广大人民的根本利益为最高标准。二是努力使工人、农民、知识分子和其他群众共同享受到经济社会发展的成果。三是在我国社会深刻变革、党和国家事业快速发展的进程中,妥善处理各方面的利益关系,把一切积极因素充分调动和凝聚起来。

(2)"三个代表"重要思想的主要内容

第一,发展是党执政兴国的第一要务。党要承担起推动中国社会进步的历史责任,必须始终紧紧抓住发展这个执政兴国的第一要务,把坚持党的先进性和发挥社会主义制度的优越性,落实到发展先进生产力、发展先进文化、实现最广大人民的根本利益上来,推动社会全面进步,促进人的全面发展。

第二,建立社会主义市场经济体制。建立社会主义市场经济体制,必须坚持和完善公有制为主体、多种所有制经济共同发展的社会主义基本经济制度;要进一步探索公有制特别是国有制的多种有效实现形式;发挥市场机制的作用和国家宏观调控,都是社会主义市场经济体制的内在要求,要在更大程度上发挥市场在资源配置中的基础性作用;要理顺分配关系,调整和规范国家、企业和个人的分配关系;要建立和完善社会保障体系,这是建立社会主义市场经济体制的重要内容。

第三,全面建设小康社会。江泽民提出21世纪头二十年是全面建设小康社会的阶段,形成了"两个一百年"的奋斗目标。这深化了邓小平关于分阶段、有步骤地实现现代化的战略思想,丰富了我们党关于社会主义初级阶段的理论,符合我国国情,符合人民愿望,有利于最广泛最充分地调动一切积极因素为实现中华民族的伟大复兴而奋斗。全面建设小康社会,是实现现代化建设第三步战略目标必经的承上启下的发展阶段,也是完善社会主义市场经济体制和扩大对外开放的关键阶段。这是一个既体现时代精神,又具有中国特色,既实事求是、切实可行,又鼓舞人心、催人奋进的目标。这是一个能够充分体现社会主义制度优越性的目标。

第四,建设社会主义政治文明。发展社会主义民主政治,建设社会主义政治文明,是社会主义现代化建设的重要目标。建设社会主义政治文明涉及政治思想、政治制度、行政管理、法制建设等方面,是一个系统工程。最根本的就是要坚持党的领导、人民当家作主和依法治国的有机统一。建设社会主义政治文明,必须坚持依法治国,建设社会主义法治国家;必须进行政治体制改革。

第五,推进党的建设新的伟大工程。坚持中国共产党的领导,就是要坚持党在建设中国特色社会主义事业中的领导核心地位,发挥党总揽全局、协调各方的作用。推进党的建设新的伟大工程，一定要坚持党要管党、从严治党的方针，进一步解决提高党的领导水平和执政水平、提高拒腐防变和抵御风险能力这两大历史性课题；推进党的建设新的伟大工程，一定要准确把握当代中国社会前进的脉搏，改革和完善党的领导方式和执政方式、领导体制和工作制度，使党的工作充满活力；推进党的建设新的伟大工程，一定要把思想建设、组织建设和作风建设有机结合起来，把制度建设贯穿其中，既立足于做好经常性工作，又抓紧解决存在的突出问题。

"三个代表"重要思想是一个完整的科学体系，除了上面的主要内容以外，还包括：关于大力弘扬与时俱进的精神；社会主义初级阶段的基本纲领；中国特色社会主义改革开放的理论；建立巩固的国防、加强军队的革命化现代化正规化建设的思想；坚持和发展爱国统一战线理论；中国特色社会主义外交和国际战略；推进祖国完全统一，提出发展两岸关系八项主张的理论；等等。

3."三个代表"重要思想的历史地位

(1)理论地位。"三个代表"重要思想创造性地运用了马克思列宁主义、毛泽东思想和邓小平理论，形成了富有独创性的新的理论成果，是对马克思列宁主义、毛泽东思想和邓小平理论的继承和发展，是中国特色社会主义理论体系的重要组成部分。

(2)实践地位。"三个代表"重要思想是加强和改进党的建设，推进中国特色社会主义事业的强大理论武器。在"三个代表"重要思想的指导下，以江泽民为主要代表的中国共产党人，坚持党的十一届三中全会以来的路线不动摇，从容应对来自各方面的困难和风险，在实践中进一步回答了一系列重大问题，推进了中国特色社会主义事业。

认识"三个代表"重要思想的历史地位，需要注意两个问题。一是"三个代表"不是单纯的党建理论，而是坚持和发展社会主义的必然要求，是立党之本与执政兴国二者统一的理论，既是治党的理论武器，也是兴国的先进思想。二是"三个代表"重要思想同时也是党的十三届四中全会13年来党和国家伟大实践的必然结论。①

①《党的十六大报告学习辅导百问》编写组：《党的十六大报告学习辅导百问》，党建读物出版社、人民出版社2002年版，第68页。

图7-1　中国共产党第十六次全国代表大会上,“三个代表”重要思想被确立为党的指导思想
来源:《党代会历史细节:从一大到十八大》(党建读物出版社2017年版,第297页)

4.科学发展观的科学内涵和主要内容

(1)科学发展观的科学内涵

科学发展观创造性地回答了“实现什么样的发展、怎样发展”的问题,进一步回答了“什么是社会主义、怎样建设社会主义”“建设什么样的党、怎样建设党”的问题。胡锦涛在党的十七大报告中指出,科学发展观,第一要义是发展,核心是以人为本,基本要求是全面协调可持续,根本方法是统筹兼顾。

第一,推动经济社会发展是科学发展观的第一要义。发展是人类文明进步的基础,也是马克思主义最基本的范畴之一。科学发展观是用来指导发展的理论,中国特色社会主义是靠发展来不断巩固和前进的。科学发展观深刻地回答了“为什么发展”的问题。坚持科学发展,必须加快转变经济发展方式,要准确判断重要战略机遇期内涵和条件的变化,全面把握机遇,沉着应对挑战,推进我国改革开放和社会主义现代化建设。

第二,以人为本是科学发展观的核心立场。以人为本就是以最广大人民的根本利益为出发点和落脚点,科学回答了“为了谁”和“依靠谁”发展的问题。坚持以人为本,就要坚持发展为了人民,始终把最广大人民的根本利益放在第一位。坚持以人为本,就要坚持发展依靠人民,从人民群众的伟大创造中汲取智慧和力量。坚持以人为本,就要坚持发展成果由人民共享,着力提高人民物质文化生活水平。坚持以人为本,最终是为了实现人的全面发展。

第三,全面协调可持续是科学发展观的基本要求。首先,准确理解全面协调可持续的内涵。全面，是从总体布局的角度来讲的，指发展要有整体意识，不仅经济要发展，政治、社会、文化、生态等领域也要发展，要把各个领域视为一个有机统一体的一部分来谈发展。协调，是从各行业以及各环节的关联度来讲的，指发展要均衡，各个行业、各个环节的发展要相互适应、相互促进。可持续，是从发展的时间来讲的，是指发展要持久、要连续，不仅当前要发展，而且要保证长远发展。其次，为什么把全面协调可持续作为科学发展观的基本要求？一是经过长期发展，我们积累了较为雄厚的物质技术条件，可以在推进全面协调可持续发展上有更大作为。二是只有更加自觉地推进全面协调可持续发展，才能更好地化解我国发展的各种制约因素，推动我国发展进程，确保实现我国发展的战略目标。最后，如何做到全面协调可持续？其一，坚持全面发展，要正确认识“一个中心”和全面发展的关系。要按照中国特色社会主义事业总体布局，正确认识和把握经济建设、政治建设、文化建设、社会建设、生态文明建设之间的关系，即它们是相互联系、相互促进的有机统一体。其二，坚持协调发展，一是要协调好经济发展的重大问题，如消费与投资问题、供给与需求问题、发展的速度和结构问题、发展的质量和效益问题、科技进步与人力资源优势充分发挥问题等；二是要正确处理现代化建设中的重大关系，如正确处理经济与社会发展、国内发展和对外开放、城市和农村发展、东中部发展、人与自然发展等重大关系。其三，坚持可持续发展，要处理好眼前利益和长远利益的关系，既满足这代人的发展需求，又要兼顾未来几代人的发展需要。

第四，统筹兼顾是科学发展观的根本方法。统筹兼顾，即统筹城乡发展，统筹区域发展，统筹经济社会发展，统筹人与自然和谐发展，统筹国内发展和对外开放，统筹中央和地方关系，统筹个人利益和集体利益、局部利益和整体利益、当前利益和长远利益，统筹国内国际两个大局。做到统筹兼顾，必须正确认识和妥善处理中国特色社会主义事业中的重大关系，即处理好城乡发展、区域发展、经济社会发展、人与自然和谐发展、国内发展和对外开放等重大关系；必须认真考虑和对待各方面的发展需要，正确反映和兼顾各阶层、各群体的利益要求；要牢牢掌握统筹兼顾的科学思想方法，努力提高战略思维、创新思维、辩证思维能力，不断增强统筹兼顾的本领，更好地推动科学发展；要既立足当前，又着眼长远，做到兼顾各方、综合平衡。

(2)科学发展观的主要内容

第一，加快转变经济发展方式。推动经济持续健康发展，必须坚持以科学发展为主题，以加快转变经济发展方式为主线。科学发展观强调，转变经济发展方式，关键是全面深化经济体制改革，重大战略决策是实施创新驱动发展战略，主攻方向是推动经济结构战略性调整，重大战略是促进区域协调发展，重要措施是积极稳妥推进城镇化、优化城乡经济结构、促进国民经济良性循环和社会协调发展，根本途径是推动城乡发展一体化，重要动力是实现工业化、信息化、城镇化、农业现代化。

第二，发展社会主义民主政治。科学发展观强调，社会主义民主政治的本质和核心是人民当家作主。发展社会主义民主政治，必须坚定不移地走中国特色社会主义政治发展道路，坚持党的领导、人民当家作主、依法治国的有机统一。发展社会主义民主政治，最重要的就是要坚持好、发展好适合我国国情的社会主义政治制度，包括坚持好、发展好我国根本政治制度和基本政治制度；坚持好、发展好社会主义协商民主。发展社会主义民主政治，要坚定不移推进依法治国基本方略，要坚定不移推进政治体制改革，促进社会主义制度的自我完善和发展。

第三，推进社会主义文化强国建设。科学发展观强调，要树立高度的文化自觉和文化自信，兴起社会主义文化建设新高潮，提高国家文化软实力，加快建设社会主义文化强国。要坚定不移地走中国特色社会主义文化发展道路，坚持为人民服务、为社会主义服务的方向，坚持百花齐放、百家争鸣的方针，坚持贴近实际、贴近生活、贴近群众的原则，发展社会主义先进文化。要坚持由马克思主义指导思想，中国特色社会主义共同理想，以爱国主义为核心的民族精神和以改革创新为核心的时代精神，社会主义荣辱观构成的社会主义核心价值体系。要倡导富强、民主、文明、和谐，倡导自由、平等、公正、法治，倡导爱国、敬业、诚信、友善，积极培育和践行社会主义核心价值观。要坚持不懈用中国特色社会主义理论体系武装全党、教育人民，深入实施马克思主义理论研究和建设工程，推进马克思主义中国化、时代化、大众化。

第四，构建社会主义和谐社会。胡锦涛指出："社会和谐是中国特色社会主义的本质属性。"[①]我们要构建的社会主义和谐社会是经济建设、政治建设、文化建设、社会建设、生态文明建设协调发展的社会，是人与人、人与社会、人与自然整体和谐的社会。民主法治、公平正义、诚信友爱、充满活力、安定有序、人与自然和谐相处，是构建社会主义和谐社会的总要求。

第五，推进生态文明建设。我们党提出建设生态文明的重大战略部署，并把它纳入中国特色社会主义事业五位一体总体布局，这是对自然规律及人与自然关系再认识的重要成果，是破解我国经济社会发展面临的资源环境瓶颈制约的必然选择，是深入贯彻落实科学发展观、实现可持续发展的内在要求。

①中共中央文献研究室：《十六大以来重要文献选编》(下)，中央文献出版社2008年版，第673页。

科学发展观强调，建设生态文明，实质上就是要建设以资源环境承载力为基础、以自然规律为准则、以可持续发展为目标的资源节约型、环境友好型社会。要坚持节约资源和保护环境的基本国策，坚持节约优先、保护优先、自然恢复为主的方针，着力推进绿色发展、循环发展、低碳发展，形成节约资源和保护环境的空间格局、产业结构、生产方式、生活方式，从源头上扭转生态环境恶化的趋势。

第六，全面提高党的建设科学化水平。党的建设是党领导的伟大事业不断取得胜利的重要法宝。胡锦涛指出："新形势下，党面临的执政考验、改革开放考验、市场经济考验、外部环境考验是长期的、复杂的、严峻的，精神懈怠危险、能力不足危险、脱离群众危险、消极腐败危险更加尖锐地摆在全党面前。"[①]加强党的自身建设任务比以往任何时候都更为繁重、更为紧迫。

新形势下全面提高党的建设科学化水平的总要求是：要增强紧迫感和责任感，牢牢把握加强党的执政能力建设、先进性和纯洁性建设这条主线，坚持解放思想、改革创新，坚持党要管党、从严治党，全面加强党的思想建设、组织建设、作风建设、反腐倡廉建设、制度建设，增强自我净化、自我完善、自我革新、自我提高的能力，建设学习型、服务型、创新型的马克思主义执政党，确保党始终成为中国特色社会主义事业的坚强领导核心。

科学发展观强调，执政能力建设是党执政后的一项根本建设。全面提高党的建设科学化水平，要加强党的执政能力建设。保持和发展党的先进性是马克思主义政党自身建设的根本任务和永恒课题。胡锦涛指出："先进性是马克思主义政党的本质属性，是马克思主义政党的生命所系、力量所在。"[②]全面提高党的建设科学化水平，要加强党的先进性建设。

5.科学发展观的历史地位

(1)中国特色社会主义理论体系的接续发展

第一，科学发展观是马克思主义关于发展的世界观和方法论的集中体现。科学发展观是我们党坚持把马克思主义基本原理同当代中国实际和时代特征相结合，在新中国成立以来特别是改革开放以来不懈探索的基础上，继续拓展中国特色社会主义实践、探索中国特色社会主义规律的必然结论，既贯穿了马克思主义立场、观点和方法，又把马克思主义中国化推进到新境界。科学发展观是对经济社会发展一般规律认识的深化，初步形成了马克思主义关于社会主义发展的系统理论，进一步丰富和深化了马克思主义对发展问题的认识。

---

①胡锦涛：《坚定不移沿着中国特色社会主义道路前进　为全面建成小康社会而奋斗——在中国共产党第十八次全国代表大会上的报告》，人民出版社2012年版，第49页。

②中共中央文献研究室：《十六大以来重要文献选编》(下)，中央文献出版社2008年版，第525页。

第二，科学发展观是中国特色社会主义理论体系的重要组成部分。科学发展观与邓小平理论、“三个代表”重要思想一脉相承，也是对邓小平理论、“三个代表”重要思想的创造性发展。

(2)发展中国特色社会主义必须长期坚持的指导思想

第一，从理论上来看，科学发展观是关于发展的本质、目的、内涵和要求的总体看法和根本观点，决定了经济社会发展的总体战略和基本模式，对中国特色社会主义的发展具有重大的指导意义。科学发展观要求正确处理经济发展与社会发展、发展速度与效益、市场机制与宏观调控、改革发展稳定等社会主义现代化建设中的一系列重大关系，在大力推进经济建设的同时促进政治、文化、社会共同发展，解决好与经济增长相关的各种社会问题。科学发展观提出统筹兼顾的根本方法，强调总揽全局、科学筹划、协调发展、兼顾各方，使各个方面、各个环节协调一致地运转。

第二，从实践层面来看，从党的十六大到党的十八大，十年的实践证明，科学发展观是指导全面建设小康社会、发展中国特色社会主义的正确理论，未来的发展，仍然需要坚持科学发展观的指导。这十年，我们取得了一系列的成就，巩固和发展了改革开放和社会主义现代化建设大局，把中国特色社会主义事业推进到新的发展阶段。这些成就，无疑彰显了中国特色社会主义的巨大优越性和强大生命力，增强了中国人民和中华民族的自豪感和凝聚力。

图7-2　中国共产党第十八次全国代表大会上，科学发展观被确立为党的指导思想
来源：《党代会历史细节：从一大到十八大》(党建读物出版社2017年版，第319页)

(二)21世纪的马克思主义:习近平新时代中国特色社会主义思想

1. 习近平新时代中国特色社会主义思想是“21世纪的马克思主义”

习近平新时代中国特色社会主义思想,是马克思主义中国化的最新成果,是当代中国的马克思主义、21世纪的马克思主义。这一论断深刻揭示,习近平新时代中国特色社会主义思想是马克思主义中国化的新飞跃,是21世纪马克思主义的新形态,开辟了马克思主义创新发展的新境界。深刻领会这一重大论断,对于坚持用马克思主义中国化最新成果引领新时代、开启新征程具有重大意义。

党的十八大以来,党和国家事业发生历史性变革、取得历史性成就,中国特色社会主义进入新时代。马克思主义中国化最新成果——习近平新时代中国特色社会主义思想已经以其重大的理论意义和实践意义镌刻在世界思想理论版图的显著位置,成为21世纪马克思主义的主体形态。习近平新时代中国特色社会主义思想之所以称为“21世纪的马克思主义”,是与这一思想的研究对象、世界意义、实践成效紧密联系在一起的。

其一,这一思想的研究对象是21世纪世界上最大的发展中国家。党的十八大以来,以习近平同志为核心的党中央团结带领全国各族人民砥砺奋进,党和国家事业续写了世所罕见的经济快速发展奇迹和社会长期稳定奇迹,书写了为世界和平与人类进步事业作出巨大贡献的中国故事,中国已然成为一个世界级的伟大样本。中国样本诞生于人类历史上绝无仅有的独特环境中:超大规模的经济体量、超长时间的历史纵深、超大幅员的国土面积、超大数量的人口规模、超常复杂的民族宗教结构、从未间断的文化血脉和文化传统。中国样本不同于以美英为代表的西方样本,西方学说解释不了中国奇迹;中国样本不同于以阿根廷、智利为代表的拉美样本,所谓华盛顿共识、新自由主义学说完全不适用于中国;中国样本不同于以日本为代表的东亚样本,所谓儒家资本主义的解释框架解释不了中国;中国样本也不同于传统社会主义模式的苏联样本,他们的社会主义学说不能完全解释当今中国发生的故事。习近平新时代中国特色社会主义思想是21世纪正确解读中国奇迹、解码中国样本的唯一科学学说。

其二,这一思想的理论价值具有世界历史意义。习近平新时代中国特色社会主义思想,不仅深化了对共产党执政规律和社会主义建设规律的认识,而且以全新视野把握人类社会发展规律,深刻剖析了人类社会发展规律在21世纪的特殊表现。无论是分析世界社会主义500年的历史演进,向世界宣告社会主义不仅没有灭亡也不会灭亡,而且焕发出蓬勃生机活力,还是强调“和平、发展、合作、共赢”理念,倡导共商共建共享的全球治理观,“坚决摒弃冷战思维和强权政治”,“防止跌入所谓大国冲突对抗的‘修昔底德陷阱’”,建设相互尊重、公平正义、合作共赢的新型国际关系,构建人类命运共同体,无不深刻汲取了人类在历史上形成的教训和智慧,积极应对新的历史挑战,回答了人类向何处去等新的历史课题。这些极富历史智慧和时代精神的重大思想,对推动世界社会主义新发展、促进人类文明新进步作出了历史性贡献。具有世界意义的习近平新时代中国特色社会主义思想,一定会在人类思想宝库中占有重要地位,也一定会在世界马克思主义思想谱系中占据重要地位。

其三,这一思想的实践成效深刻改变着中国和世界。习近平新时代中国特色社会主义思想是破解“中国问题”的行动指南。习近平指出:“我们中国共产党人干革命、搞建设、抓改革,从来都是为了解决中国的现实问题。”党的十八大以来,以习近平同志为核心的党中央,准确把握新时代我国社会的主要矛盾变化,深刻解答新时代坚持和发展中国特色社会主义的重大课题。从擘画中国梦强军梦宏伟蓝图,到构建“五位一体”总体布局和“四个全面”战略布局,到提出由经济高速增长转向高质量发展,把人民军队全面建成世界一流军队,构建以合作共赢为核心的新型国际关系,等等。这些被称为“中国经验”的成功做法,凝结着我们党一个世纪的不懈探索和70多年的执政经验,是解决中国问题的卓越答案。

习近平新时代中国特色社会主义思想是解决“全球性问题”的中国答案。习近平新时代中国特色社会主义思想深刻洞悉纷繁复杂的“国际大棋局”,切中当代人类发展困境,为解决全球性问题提出了独树一帜的中国智慧和中国方案。诸如全球治理观、总体国家安全观、新发展观、正确义利观、全球化观等新理念新主张,设立丝路基金、亚投行、金砖国家新开发银行等重大创举,提出“一带一路”、构建人类命运共同体等国际倡议,体现了国际共识特别是发展中国家的心声,拓展了发展中国家走向现代化的途径,为解决人类面临的战乱、贫穷、共同发展等重大问题指明了根本之道,为维护世界和平提出了新方略、指明了新出路,为促进全球发展描绘了新蓝图、贡献了新动力。①

2.新时代的内涵

经过长期努力,中国特色社会主义进入了新时代,这是我国发展新的历史方位。作出这个重大政治判断,是改革开放以来特别是党的十八大以来我国社会所取得的历史性成就和发生的历史性变革的必然结果,是我国社会主要矛盾运动的必然结果,也是党团结带领人民开创光明未来的必然要求。这个

①何毅亭:《习近平新时代中国特色社会主义思想是21世纪马克思主义》,《学习时报》2020年6月15日;军事科学院军队政治工作研究院:《深刻理解“21世纪的马克思主义”》,《解放军报》2018年1月19日。

新时代，是中国特色社会主义新时代，而不是别的什么新时代。深刻把握中国特色社会主义新时代的内涵，有利于进一步统一思想、凝聚力量，在新的起点上把中国特色社会主义事业推向前进。

第一，这是承前启后、继往开来，在新的历史条件下继续夺取中国特色社会主义伟大胜利的时代。从历史脉络来看，中国特色社会主义是党和人民长期奋斗所创造积累的根本成就和前赴后继的事业。

中国共产党自成立那天起就把实现社会主义和共产主义确定为自己的奋斗目标。在中国共产党的带领下，中国人民经过28年的浴血奋战，完成了新民主主义革命，建立了中华人民共和国，彻底结束了旧中国半殖民地半封建社会的历史，实现了国家的独立和人民的解放。过渡时期，党带领人民通过社会主义改造，完成了社会主义革命，确立了社会主义基本制度，实现了中华民族有史以来最为广泛而深刻的社会变革，为当代中国的一切发展进步奠定了根本政治前提和制度基础。改革开放以来，党带领人民走中国特色社会主义道路，极大地激发了社会活力，极大地提升了我国国际地位，党的面貌、国家的面貌、人民的面貌、军队的面貌、中华民族的面貌发生了前所未有的变化，社会主义在中国展现出强大生命力。十八大以来，党带领人民取得的历史性成就和发生的历史性变革，把中国特色社会主义推进到新的发展阶段。站在新的起点上，团结和带领全国各族人民夺取中国特色社会主义新的伟大胜利，成为这一代中国共产党人义不容辞的历史责任。

第二，这是决胜全面建成小康社会，进而全面建设社会主义现代化强国的时代。从实践主题来看，到2020年全面建成小康社会，到新中国诞生100年建成社会主义现代化强国，是党向人民、向历史作出的庄严承诺，是中国特色社会主义新时代的必然要求和历史任务。

从世界发展史来看，实现现代化的国家和地区，大多都经历了300年左右的时间，而我国要用100年的时间走完发达国家几百年走过的现代化路程，其变化之快、规模之广、难度之大超乎寻常。党的十九大在深刻把握现实条件和未来趋势的基础上，作出了从决胜全面建成小康社会到基本实现现代化，再到全面建成社会主义现代化强国的新的战略安排。这是新时代中国特色社会主义的奋进旋律，也是开创全面建设社会主义现代化国家新局面的动员令。

第三，这是全国各族人民团结奋斗、不断创造美好生活、逐步实现全体人民共同富裕的时代。社会主义的本质是解放生产力，发展生产力，消灭剥削，消除两极分化，最终达到共同富裕。我们党领导人民干革命、搞建设、抓改革，就是为了让人民过上好日子。党的十九大报告提出，新时代是全国各族人民团结奋斗、不断创造美好生活、逐步实现全体人民共同富裕的时代，这体现了以人民为中心的发展思想，体现了我们党全心全意为人民服务的根本宗旨，体现了中国特色社会主义的本质要求。

第四，这是全体中华儿女勠力同心、奋力实现中华民族伟大复兴中国梦的时代。实现中华民族伟大复兴，是鸦片战争以来中华儿女最伟大的梦想，需要一代又一代中国人走好长征路，前赴后继、接力前行去奋斗。经过长期以来特别是党的十八大以来的历史性变革，今天我们比历史上任何时期都更加接近、更有信心和能力实现中华民族伟大复兴的目标。在新时代的长征路上，需要全体中华儿女团结一心、砥砺前行，形成齐心共筑中国梦的磅礴力量。

第五，这是我国日益走近世界舞台中央、不断为人类作出更大贡献的时代。随着我国综合国力不断提高，中国的国际地位显著提升，世界影响力不断扩大，同世界的关系进入新的阶段，成为推动世界和平发展的参与者、建设者和引领者。在中国特色社会主义新时代，中国将顺应国际影响力不断扩大的趋势，不断开创新时代大国外交新格局，积极发出中国声音，承担更多国际责任，为世界和平发展、人类繁荣进步作出新的更大贡献。

3. 中国特色社会主义新时代我国社会主要矛盾变化的依据

对中国社会主要矛盾的科学判断，是制定党的路线、方针、政策的基本依据。党对我国社会主要矛盾的认识根据社会发展变化而不断调整和深化。

1978年，十一届三中全会决定把党和国家的工作中心转移到社会主义现代化建设上来。1981年，十一届六中全会通过的《关于建国以来党的若干历史问题的决议》指出："在社会主义改造基本完成以后，我国所要解决的主要矛盾，是人民日益增长的物质文化需要同落后的社会生产之间的矛盾。"准确地把握了当时我国社会主要矛盾，推动了我国社会主义现代化建设事业的飞速发展。随着中国特色社会主义进入新时代，2018年党的十九大报告指出，我国社会主要矛盾已经转化为人民日益增长的美好生活需要和不平衡不充分的发展之间的矛盾。主要依据有以下三个方面。

第一，经过改革开放40多年的快速发展，我国社会生产力水平总体上显著提高，经济总量从2010年开始稳居世界第二位，制造业、基础设施建设等很多领域在世界上已经从"跟跑"到"并跑"，甚至"领跑"。现在，"落后的社会生产"已经不能概括今天中国的社会生产状况。

第二，人民生活水平显著提高，对美好生活的向往更加强烈，不仅对物质文化生活提出了更高要求，而且在民主、法治、公平、正义、安全、环境等方面的要求日益增长。改革开放以来，我国人民生活水平不断迈上新台阶，已经达到了中等偏上收入国家水平；城镇居民人均可支配收入和农村居民人均可支配收入大幅提高；居民受教育程度不断提高，九年义务教育全面普及，高等教育毛入学率高出世界平均水平；城乡居民健康状况显著改善，居民平均预期寿命高于世界平均水平；覆盖城乡的社会保障体系基本建立，其他很多方面的民生保障也有显著改善。随着人民生活水平不断提高，人民群众的需要呈现多样化、多层次、多方面的特点，期盼有更好的教育、更稳定的工作、更满意的收入、更可靠的生活保障、更高水平的医疗卫生服务、更舒适的居住条件、更优美的环境、更丰富的精神文化生活，人民群众的民主意识、公平意识、法治意识、参与意识、监督意识、维权意识在不断增强。这说明，人民群众对于日益增长的"物质文化需要"层次更高、内容范围更广，出现了阶段性的新特征。

第三，影响满足人们美好生活需要的因素很多，但主要是发展的不平衡不充分问题。发展不平衡，主要指各区域、各领域、各方面发展不平衡，制约了全国发展水平提升。发展不充分，主要指一些地区、一些领域、一些方面还存在发展不足的问题，发展的任务仍然很重。发展不平衡不充分问题表现在很多方面。从社会生产力来看，我国既有世界先进甚至世界领先的生产力，也有大量传统的、相对落后甚至原始的生产力，而且不同地区、不同领域的生产力水平和布局还不均衡，发展水平差距仍然较大，收入分配差距仍然较大。从"五位一体"总体布局来看，我国经济发展水平总体较好，但社会法治化水平不高，文化建设相对滞后，社会建设还有不少短板，生态文明建设问题较多。这些发展不平衡不充分问题相互掣肘，带来很多社会矛盾和问题，是当前和今后一个时期制约我国发展和阻碍满足人民日益增长的美好生活需要的主要根源。

我国社会主要矛盾的变化是关系全局的历史性变化，对党和国家工作提出了许多新要求。我们要在继续推动发展的基础上，着力解决好发展不平衡不充分问题，大力提升发展质量和效益，更好满足人民在经济、政治、文化、社会、生态等方面日益增长的需要，更好推动人的全面发展、社会全面进步。

4. 习近平新时代中国特色社会主义思想的核心要义

坚持和发展中国特色社会主义，是改革开放以来我们党全部理论和实践的鲜明主题，也是习近平新时代中国特色社会主义思想的核心要义。

党的十八大以来，以习近平同志为核心的党中央，坚持以马克思列宁主义、毛泽东思想、邓小平理论、"三个代表"重要思想、科学发展观为指导，坚持解放思想、实事求是、与时俱进、求真务实，坚持辩证唯物主义和历史唯物主义，紧密结合新的时代条件和实践要求，以全新的视野深化对共产党执政规律、社会主义建设规律、人类社会发展规律的认识，进行艰辛理论探索，取得重大理论创新成果,创立了习近平新时代中国特色社会主义思想。这一重大思想的核心要义,就是坚持和发展中国特色社会主义,具体体现在它从理论和实践的结合上系统回答了新时代坚持和发展什么样的中国特色社会主义、怎样坚持和发展中国特色社会主义等重大时代课题,回答了新时代坚持和发展中国特色社会主义的总目标、总任务、总体布局、战略布局、发展方向、发展方式、发展动力、战略步骤、外部条件、政治保证等基本问题,并且根据新的实践对经济、政治、法治、科技、文化、教育、民生、民族、宗教、社会、生态文明、国家安全、国防和军队、"一国两制"和祖国统一、统一战线、外交、党的建设等各方面作出理论分析和政策指导,为更好坚持和发展中国特色社会主义提供了思想武器和行动指南。把握住了这个核心要义,就把握住了最本质的东西,就把握住了改革开放以来党的理论创新成果的历史逻辑和内在联系。

图7-3 在十八大新闻中心举行的新闻发布会

来源:《党代会历史细节:从一大到十八大》(党建读物出版社2017年版,第325页)

5. 习近平新时代中国特色社会主义思想的核心内容

习近平新时代中国特色社会主义思想内涵丰富,涵盖新时代坚持和发展中国特色社会主义的总目标、总任务、总体布局、战略布局、发展方向、发展方式、发展动力、战略步骤、外部条件、政治保证等基本问题,其核心内容是"八个明确"和"十四个坚持"。

"八个明确"是对"新时代坚持和发展什么样的中国特色社会主义"的回答。习近平新时代中国特色社会主义思想,明确坚持和发展中国特色社会主义,总任务是实现社会主义现代化和中华民族伟大复兴,在全面建成小康社会的基础上,分两步走在21世纪中叶建成富强民主文明和谐美丽的社会主义现代化强国;明确新时代我国社会主要矛盾是人民日益增长的美好生活需要和不平衡不充分的发展之间的矛盾,必须坚持以人民为中心的发展思想,不断促进人的全面发展、全体人民共同富裕；明确中国特色社会主义事业总体布局是"五位一体"、战略布局是"四个全面"，强调坚定道路自信、理论自信、制度自信、文化自信；明确全面深化改革总目标是完善和发展中国特色社会主义制度、推进国家治理体系和治理能力现代化；明确全面推进依法治国总目标是建设中国特色社会主义法治体系、建设社会主义法治国家；明确党在新时代的强军目标是建设一支听党指挥、能打胜仗、作风优良的人民军队，把人民军队建设成为世界一流军队；明确中国特色大国外交要推动构建新型国际关系，推动构建人类命运共同体；明确中国特色社会主义最本质的特征是中国共产党领导，中国特色社会主义制度的最大优势是中国共产党领导，党是最高政治领导力量，提出新时代党的建设总要求，突出政治建设在党的建设中的重要地位。

"十四个坚持"，围绕着改革发展稳定、内政外交国防、治党治国治军，构成新时代坚持和发展中国特色社会主义的基本方略，是对"新时代怎样坚持和发展中国特色社会主义"的回答。新时代坚持和发展中国特色社会主义，要坚持党对一切工作的领导，坚持以人民为中心，坚持全面深化改革，坚持新发展理念，坚持人民当家作主，坚持全面依法治国，坚持社会主义核心价值体系，坚持在发展中保障和改善民生，坚持人与自然和谐共生，坚持总体国家安全观，坚持党对人民军队的绝对领导，坚持"一国两制"和推进祖国统一，坚持推动构建人类命运共同体，坚持全面从严治党。

图7-4　北京西长安街沿线复兴门东北角的"四个全面"花坛

来源：《党代会历史细节：从一大到十八大》（党建读物出版社2017年版，第337页）

6. 习近平新时代中国特色社会主义思想的理论精髓

"习近平新时代中国特色社会主义思想之所以能成为马克思主义中国化最新成果，是对中国特色社会主义理论体系的突破性发展，根本原因之一在于它以‘实事求是、人民中心、知行合一’为思想精髓。”①

实事求是，是对辩证唯物主义和历史唯物主义的高度概括，贯穿于唯物辩证法、实践认识论、价值论和唯物史观之中。在马克思主义中国化历史进程中，毛泽东同志将之用中国化的语言，形象概括为“实事求是”。“‘实事’就是客观存在着的一切事物，‘是’就是客观事物的内部联系，即规律性，‘求’就是我们去研究。”实事求是是马克思主义中国化理论成果的理论精髓和灵魂，也是作为马克思主义中国化最新成果的习近平新时代中国特色社会主义思想的理论精髓。

人民中心，是马克思主义价值观的生动表达，是中国特色社会主义本质的内在要求，是中国共产党的最高价值遵循。在新的历史起点上，习近平总书记进一步从哲学高度，多次强调中国共产党人这一矢志不渝的价值理念，对之作出了体现时代、实践发展新要求的创新性诠释，明确提出以人民为中心的发展思想。在庆祝中国共产党成立95周年大会的讲话中，习近平总书记强调：“坚持不忘初心、继续前进，就要坚信党的根基在人民、党的力量在人民，坚持一切为了人民、一切依靠人民，充分发挥广大人民群众积极性、主动性、创造性，不断把为人民造福事业推向前进。人民立场是中国共产党的根本政治立场，是马克思主义政党区别于其他政党的显著标志。”党的十九大报告又强调：“必须坚持以人民为中心的发展思想，不断促进人的全面发展、全体人民共同富裕。”

知行合一，体现马克思主义科学性与实践性有机统一的特点。科学性，强调的是知，即对事物的本质、发展规律、历史逻辑的真理性认识，使主观世界能更好地认识客观世界；实践性，强调的是行，即通过实践，在改造主观世界的同时更好地改造客观世界。马克思在《关于费尔巴哈的提纲》中提出：“哲学家们只是用不同的方式解释世界，问题在于改变世界。”②习近平总书记十分重视知行合一。在新的历史起点上，习近平总书记指出，“坚持实事求是，就要不断推进实践基础上的理论创新”，而且更为强调“空谈误国，实干兴邦”“实干才能梦想成真”“关键在于落实”“踏石留印、抓铁有痕”“久久为功”。强调在“知”的前提下的刚性执行力。

7.习近平新时代中国特色社会主义思想的历史地位

习近平新时代中国特色社会主义思想的历史地位可以从以下四个维度来理解。

一是政治意义，习近平新时代中国特色社会主义思想是新时代的精神旗帜。思想统一了才会有行动上的一致。我们是世界上人口最多、最大的发展

①韩玲：《红色文化涵育社会主义核心价值观研究》，人民出版社2020年版，第142页。

②《马克思恩格斯文集》第一卷，人民出版社2009年版，第502页。

中国家，中国共产党是世界上党员规模最大的政党，怎样才能团结起来、凝聚起来？根本要靠理论指引、思想感召。习近平新时代中国特色社会主义思想扎根于我国960多万平方公里的广袤土地，立足于新中国成立以来特别是改革开放40多年来的伟大实践，聚合了14亿多中国人民的智慧和创造，具有无比深厚的现实基础、十分鲜明的实践特色，以强大的解释力、创造力、凝聚力，激励着全党全国各族人民朝着共同的目标昂扬奋进，是新时代党和人民共同奋斗的精神旗帜。

二是理论意义，习近平新时代中国特色社会主义思想开辟了马克思主义新境界。老祖宗不能丢，又要讲新话，这是我们党对待马克思主义的基本态度。习近平新时代中国特色社会主义思想，既坚持了马克思主义立场、观点、方法，始终把马克思主义作为理论起点、逻辑起点、价值起点，又弘扬与时俱进的理论品格，以一系列具有原创性的新思想、新观点、新论断，以全新视野深化了对共产党执政规律、社会主义建设规律和人类社会发展规律的认识，在理论上实现了重大突破、重大创新、重大发展，写出了马克思主义新版本，对马克思主义在21世纪的发展作出了重大原创性贡献。

三是实践意义，习近平新时代中国特色社会主义思想指引中国特色社会主义创造了新的辉煌。理论创新是最重要的创新。十八大以来，正是在这一伟大理论的指引下，党和国家事业取得了全方位、开创性的历史性成就，发生了深层次、根本性的历史性变革，社会主义在中国焕发出蓬勃的生机和活力，中国以前所未有的自信姿态屹立于世界东方，使置身于这个伟大时代的亿万人民前所未有地感受到了作为中国人的骄傲和自豪。

四是历史意义，习近平新时代中国特色社会主义思想引领中华民族前所未有地接近伟大复兴的目标。十八大以来，以习近平同志为核心的党中央坚持和发展中国特色社会主义，一以贯之地续写中国特色社会主义篇章，以一系列具有原创性的新理念、新思想、新战略，形成了系统完备、逻辑严密、内在统一的科学体系，把中国特色社会主义和实现社会主义现代化、实现中华民族伟大复兴有机贯通起来，聚焦"从哪里来、到哪里去"的历史追问，系统阐述了民族复兴的深刻内涵、历史方位、实现路径和战略步骤，为实现中华民族伟大复兴的中国梦提供了强大精神力量，标注了正确前进方向。

五、课堂研讨

【研讨主题】围绕"理论创新为什么既要坚持一脉相承，又要与时俱进"这一话题，分组讨论理论创新需要坚持的原则是什么。

【教师解析】重视理论建设和理论指导,是我们党的一个根本特点。重视在思想上建党,是我们党的一条重要政治经验。重视理论创新,"这是马克思主义唯物辩证法的根本要求。要使党和国家的发展不停顿,首先理论上不能停顿,否则一切新的发展都谈不上。说要从政治上看问题、考虑问题,这就是最重要的一个政治考虑"①。

【研讨主题】思考与讨论"三个代表"与"三个代表"重要思想的联系和区别。

【教师解析】注意要把"三个代表"重要思想的核心观点与"三个代表"重要思想区别开来。"三个代表"是"三个代表"重要思想的核心观点。"三个代表"重要思想主要意指其主要内容。

【研讨主题】为什么"实事求是"是习近平新时代中国特色社会主义思想的理论精髓?

【教师解析】理论精髓,是一个理论体系得以建构的立场、观点和方法。一个理论体系的基本内容,都是以理论精髓为基础的。实事求是是马克思主义中国化理论成果的理论精髓。习近平新时代中国特色社会主义思想作为马克思主义中国化的最新成果,必然体现马克思主义一以贯之的理论精髓、理论品格和价值追求。

六、资料运用

1. 在讲述"三个代表"重要思想的形成条件时,可使用"江泽民论提出'三个代表'重要思想的必要性"的相关材料

"怎样使我们党在复杂的国内外形势下始终充满活力,带领全国各族人民推进建设有中国特色社会主义的宏伟事业,实现中华民族的伟大复兴,是我想得最多的一个问题。……中国共产党是一九二一年成立的,七十多年来为中华民族的独立和发展,为中国人民的解放和幸福,作出了巨大贡献。然而,如何使我们党始终保持旺盛的生命力,是我们必须认真思考的一个重大课题。今年二月(2000年2月——引者注),我在广东考察工作时提出坚持"三个代表"要求,出发点和着眼点就在这里。"②

要点:"三个代表"重要思想的基本观点,马克思主义经典作家讲过。我们党自创建以来就强调先进生产力的决定性作用,强调先进文化的重要作用,始终坚持全心全意为人民服务的根本宗旨。这些都是马克思主义的基本观点。在新的历史条件下,我们坚持这些马克思主义的基本观点,并用"三句话"来集

①《江泽民文选》第三卷,人民出版社2006年版,第336页。

②《江泽民文选》第三卷,人民出版社2006年版,第14页。

中表述它们，概括为“三个代表”，并结合新的实际进行丰富和发展，目的就是要用最简洁的语言鲜明地树立起党的思想理论旗帜，以便广大干部群众理解和掌握，更好地统一思想，万众一心地为实现党和国家的奋斗目标和发展任务而奋斗。

十三届四中全会以来，我们所处的国际国内环境发生了深刻变化，出现了许多新情况新问题，要求我们从理论上作出回答。“三个代表”重要思想，就是在回答这些重大实际问题中形成的，是对我们建设中国特色社会主义实践经验的总结，是全党智慧的结晶。

2. 在讲述党为什么要代表中国先进生产力的发展要求时，可使用以下数据资料

据有关专家测算，当时，我国传统产业的技术水平同国际先进水平相比，差距多在15年—20年。高技术产业增加值占国内生产总值的比重只有2%左右。科技水平的落后，直接影响了我国经济发展的质量、效益和竞争力。①

虽然我国人才队伍建设不断取得新的成绩，但是国民素质仍然偏低，人才总量相对不足。我国人均受教育年龄仅为8年，明显低于发达国家11年—14年的水平。每10万人口中的研发科学家和工程师人数，我国仅为454人，而日本为4909人，美国为3676人，俄罗斯为3587人，韩国为2193人。在技术工人中，我国高级工仅占3.5%，而发达国家为40%。而到2002年我国将有42%的正副教授和50%以上的研究员、高级工程师、农艺师面临退休，青年人才的培养已迫在眉睫。②

要点：始终代表中国先进生产力的发展要求十分紧迫，我们党需要按照先进生产力的发展要求不断促进先进生产力的发展，使我国形成发达的生产力。

3. 讲述科学发展观的历史地位时，使用资料《2002~2012年十年辉煌成就》③

2003年，中国成功实现载人航天飞行，标志着中国成为世界上第三个独立自主地完整掌握载人航天技术的国家。2003年10月15日，我国第一艘载人飞船神舟五号发射成功；2005年10月12日，神舟六号飞船载两位宇航员第一次进行太空飞行；2011年11月，神舟八号实现与天宫一号的首次和第二次自动空间交会对接；2012年6月29日，载有三名航天员的神舟九号飞船安全“回家”，我国首次载人交会对接任务圆满完成。

---

①《党的十六大报告学习辅导百问》编写组：《党的十六大报告学习辅导百问》，党建读物出版社、人民出版社2002年版，第102页。

②《党的十六大报告学习辅导百问》编写组：《党的十六大报告学习辅导百问》，党建读物出版社、人民出版社2002年版，第104页。

③边吉：《2002～2012十年辉煌成就》，《决策与信息》2012年第11期。

2008年8月，中国成功举办了北京奥运会，标志着我国具备举办大型国际赛事的能力以及国际地位的提升，打开了我国展现自我的新窗口。这次奥运会上，我国取得51枚金牌，位居金牌榜榜首。奥运火炬手达21780人，创历届奥运之最。

2010年5月，我国成功举办了上海世博会。上海世博会以“城市，让生活更美好”为主题，总投资达450亿人民币，创造了世界博览会史上最大规模纪录。同时，超过7000万的参观人数也创下了历届世博之最。

2010年，中国经济总量超越日本，成为仅次于美国的世界第二大经济体。国内生产总值达到47.2万亿元人民币，扣除价格因素，比2002年增长1.5倍。

2011年，我国城镇化率达到51.3%，城乡结构发生历史性变化。

2011年末，我国就业新增人口过亿。城乡就业人数达到7亿6420万人，比2002年增加3140万人。其中，城镇就业人数从2亿5159万人增加到3亿5914万人，增加超过1亿人。

2011年末，城乡居民收入比2002年增长1.8倍。城镇居民人均可支配收入为21810元，农村居民人均纯收入为6977元，年均实际增长8.1%。

要点：从党的十六大到党的十八大，我们党深入贯彻落实科学发展观，制定一系列战略部署，实施一系列重大举措，全面推进经济建设、政治建设、文化建设、社会建设、生态文明建设，为全面建成小康社会打下坚实基础。这十年，在科学发展观的指导下，我们取得了很多重大成就，说明科学发展观是必须长期坚持的正确指导思想。

4. 讲述新时代中国社会主要矛盾的依据时，使用资料“中国实现历史性跨越”和资料“不平衡不充分的发展的表现”

资料：“中国实现历史性跨越”①

（1）经济发展跃上新台阶

40年来，中国经济总量跃居世界第二，综合国力和国际影响力实现历史性跨越。1978年，中国经济总量居世界第十一位，2010年超过日本，成为世界第二大经济体。2017年，中国国内生产总值折合12.3万亿美元，占世界经济总量的15%左右。近年来中国对世界经济增长的贡献率超过30%，日益成为世界经济增长的动力之源、稳定之锚。

经济结构实现重大变革，发展的协调性和可持续性明显提高。2017年，服务业比重提升至51.6%，比1978年上升27个百分点，对经济增长的贡献率为

①《国家统计局发布改革开放40年经济社会发展成就报告》，http://www.gov.cn/xinwen/2018-08/29/content_5317294.htm。

58.8%,提高30.4个百分点。经济增长由主要依靠第二产业带动转向依靠三次产业共同带动。2017年末,中国常住人口城镇化率为58.52%,比1978年末上升40.6个百分点,年均上升1个百分点。城乡居民收入差距持续缩小,2010年以来农村居民收入实际增长连续8年快于城镇。

对外经济发展成绩斐然,全方位开放新格局逐步形成。改革开放初期,中国对外经济活动十分有限,1978年货物进出口总额仅为206亿美元,位居世界第29位。2017年,货物进出口总额达到4.1万亿美元,比1978年增长197.9倍,年均增长14.5%,居世界第一位。外商投资规模和领域不断扩大。

(2)基础产业跨越式发展

基础产业和基础设施跨越式发展,供给能力实现从短缺匮乏到丰富充裕的巨大转变。统计显示,农业基础地位不断强化。2017年,我国粮食总产量稳定在1.2万亿斤以上,比1978年翻一番。近年来,我国谷物、肉类、花生、茶叶产量稳居世界第一位,油菜籽产量稳居世界第二位,甘蔗产量稳居世界第三位。

工业生产能力不断提升。2017年,钢材产量10.5亿吨,比1978年增长46.5倍;水泥产量23.4亿吨,增长34.8倍;汽车产量2902万辆,增长193.8倍。

交通运输建设成效突出。2017年末,铁路营业里程达到12.7万公里,比1978年末增长1.5倍,其中高速铁路达到2.5万公里,占世界高铁总量60%以上。2017年末,公路里程477万公里,比1978年末增长4.4倍。

邮电通信业快速发展。2017年末,全国移动电话普及率达到102.5部/百人;建成了全球最大的移动宽带网,移动宽带用户达11.3亿户。

科技创新成果大量涌现,发展新动能快速崛起。载人航天、探月工程、量子科学、深海探测、超级计算、卫星导航、高铁、核电、特高压输变电……近年来,战略高技术领域取得重大原创性成果,高端装备大步走向世界。2017年,中国研究与试验发展(R&D)经费支出17606亿元,比1991年增长122倍,年均增长20.3%。中国研发经费总量在2013年超过日本,成为仅次于美国的世界第二大研发经费投入国家。

资料:不平衡不充分的发展的主要表现①

“不平衡”讲的是经济社会体系结构问题,主要指比例关系不合理、包容性不足、可持续性不够,而制约生产率的全面提升。“不平衡”主要表现为以下六个方面:

①李伟:《不平衡不充分的发展主要表现在六个方面》,http://cn.chinagate.cn/news/2018-01/13/content_50223130.htm。

一是实体经济和虚拟经济不平衡。我国金融业增加值占GDP比重达到8.4%(2016年),为主要经济体最高,超过美国的7.3%、英国的7.2%。大量资金在金融系统内部循环,"脱实向虚"现象比较突出,金融服务实体经济的能力有待提升。

二是区域发展不平衡。从人均GDP最高的前5个省份与最低的后5个省份的平均水平之比,以及地区间加权变异系数看,我国区域间差距自2006年以后逐步缩小,但近两三年出现再度扩大的势头。

三是城乡发展不平衡。我国城乡居民收入差距仍然较大,2017年前三季度,城镇居民人均可支配收入是农村居民的2.81倍。城乡基础设施和公共服务的差距仍很明显。

四是收入分配不平衡。目前我国的基尼系数还在0.46以上,仍处在较高水平。如果考虑到财产存量的差距,分配不平衡的问题则更加突出。

五是经济与社会发展不平衡。看病难、看病贵、择校难、上学贵、养老难、养老贵等问题,仍然是人民群众的操心事、烦心事。

六是经济与生态发展不平衡。"绿水青山就是金山银山"的理念已深入人心,但人民群众对美好环境和生态产品的需要日益增长,与生态环境总体不佳的矛盾仍很突出。大气、水、土壤污染挑战十分严峻,2017年全国338个地级以上城市,空气质量达标的仅占四分之一。

"不充分"说的是总量和水平问题,主要指发展不足、潜力释放不够、发展中还有很多短板,发展水平特别是人均水平同世界先进国家还有不小距离。"不充分"具体也有六个方面的表现:

一是市场竞争不充分。市场准入还存在不必要不公平限制,行政性垄断、所有制歧视时有发生,一些"僵尸企业"退出困难,地方保护问题依然存在。

二是效率发挥不充分。资本投资效率逐年降低,当前每新增1元GDP需要增加6.9元投资,投资效率明显低于发达国家平均水平,也大大低于我国10年前的水平(2008—2017年增量资本产出效率平均为5.7;1998—2007年则为4.0)。全要素生产率水平仅为美国的43%左右。

三是潜力释放不充分。我国人均GDP仅为美国的14%,欧盟国家的25%,世界平均水平的80%,仍有巨大的提升空间。

四是有效供给不充分。居民消费结构加快升级,而新产品和新服务的供给能力跟不上,居民个性化、多样化、服务化的需求难以得到满足。

五是动力转换不充分。新技术、新产品、新业态和新模式不断涌现,新旧产业融合不断加快,但整体规模和贡献还相对有限,创新驱动增长格局尚未真正形成。

六是制度创新不充分。使市场在资源配置中发挥决定性作用，还面临一些体制机制约束，监管体系、产品质量、食品安全、知识产权保护等方面的制度缺口还很明显，有利于落实创新、协调、绿色、开放、共享的制度环境还未全面形成。

5. 讲述习近平新时代中国特色社会主义思想的核心要义时，使用资料“习近平论中国特色社会主义”

“以毛泽东同志为核心的党的第一代中央领导集体，为新时期开创中国特色社会主义提供了宝贵经验、理论准备、物质基础。以邓小平同志为核心的党的第二代中央领导集体，成功开创了中国特色社会主义。以江泽民同志为核心的党的第三代中央领导集体，成功把中国特色社会主义推向二十一世纪。新世纪新阶段，以胡锦涛同志为总书记的党中央，成功在新的历史起点上坚持和发展了中国特色社会主义。可以看出，中国特色社会主义，承载着几代中国共产党人的理想和探索，寄托着无数仁人志士的夙愿和期盼，凝聚着亿万人民的奋斗和牺牲，是近代以来中国社会发展的必然选择，是发展中国、稳定中国的必由之路。”①

“坚持和发展中国特色社会主义是一篇大文章，邓小平同志为它确定了基本思路和基本原则，以江泽民同志为核心的党的第三代中央领导集体、以胡锦涛同志为总书记的党中央在这篇大文章上都写下了精彩的篇章。现在，我们这一代共产党人的任务，就是继续把这篇大文章写下去。”②

“中国特色社会主义是社会主义而不是其他什么主义，科学社会主义基本原则不能丢，丢了就不是社会主义。我们党始终强调，中国特色社会主义，既坚持了科学社会主义基本原则，又根据时代条件赋予其鲜明的中国特色。”③

“中国特色社会主义特就特在其道路、理论体系、制度上，特就特在其实现途径、行动指南、根本保障的内在联系上，特就特在这三者统一于中国特色社会主义伟大实践上。在当代中国，坚持和发展中国特色社会主义，就是真正坚持社会主义。”④

①中共中央文献研究室:《十八大以来重要文献选编》(上)，中央文献出版社2014年版，第73–74页。

②中共中央文献研究室:《十八大以来重要文献选编》(上)，中央文献出版社2014年版，第114页。

③中共中央文献研究室:《十八大以来重要文献选编》(上)，中央文献出版社2014年版，第109页。

④中共中央文献研究室:《十八大以来重要文献选编》(上)，中央文献出版社2014年版，第74–75页。

七、案例推荐

案例1:中国海尔集团坚持走可持续发展道路[①]

海尔空调早在2000年就开始了对低碳技术的研发,并成功推出了自己的无氟变频空调产品。如今海尔又推出整套绿色家电,并形成了模块化的基地生产线,以新成立的低碳产业链和无氟变频空调推广联盟引领家电行业的低碳经济潮流。目前,海尔无氟变频空调不仅实现了绿色环保,还彻底解决了行业内空调制冷制热慢、效率低的问题。现如今,海尔无氟变频空调能够2分钟速热、1分钟速冷、-20℃超低温启动,能效比更是高达6.91,运行24小时比普通变频空调省电5.2度,相当于94只11瓦节能灯5小时照明量,也相当于每天少向大气排放4公斤的二氧化碳。节能就是最大的减碳。到2007年,海尔节能冰箱又提前达到最新能效标准。新的1级能效标准比过去的1级能效标准平均节能还要低25%,比普通冰箱节能50%。

要点:海尔空调在设计、生产、销售、服务的全过程中为社会及消费者实施低碳,并全面开发无氟变频环保产品,迎合了宏观社会环境,真正做到了用低碳的方式做企业,既降低了企业的生产成本,又赢得了市民的口碑,处理好了眼前利益和长远利益的关系,为企业的长期发展奠定了坚实基础,是可持续发展的典型案例。

案例2:阅读材料“多事之秋2008”,思考为什么要全面加强党的建设科学化水平

众志成城,抗冰救灾:2008年1月10日起,中国浙江、江苏、安徽等19个省级行政区的大范围低温、雨雪、冰冻灾害,导致直接经济损失537.9亿元。其中湖南、湖北、贵州、广西、江西、安徽等6省、区受灾最为严重。

5·12汶川特大地震:2008年5月12日下午2点28分,四川省发生里氏8.0级强烈地震,震中位于阿坝州汶川县。地震造成伤亡惨重。

北京奥运会:2008年8月8日晚,举世瞩目的北京第二十九届奥林匹克运动会开幕式在国家体育场隆重举行。

三鹿“毒奶粉”事件:2008年9月11日晚,石家庄三鹿集团股份有限公司发布产品召回声明,称公司经自检发现2008年8月6日前出厂的部分批次“三鹿”婴幼儿奶粉受到三聚氰胺污染,市场上大约有700吨。很多食用三鹿集团生产的婴幼儿奶粉的婴儿被发现患有肾结石。

要点:中国共产党面对2008年发生的各种大事,其处理过程与处理结果表现出强大的执政能力,充分发挥了党的领导核心作用。但党的领导核心地位

①姚琴,潘巧兰,袁霖波:《企业可持续发展案例分析与讨论》,《北方经济》2010年第11期。

不是一劳永逸的，尽管我们成功解决了2008年的种种难题，我们党仍然面临着能否长期执政下去的考验，面临着改革开放、市场经济、外部环境等方面的考验，也面临着精神懈怠危险、能力不足危险、脱离群众危险、消极腐败危险。这要求我们党必须全面加强党的建设科学化水平，提高党的执政能力与执政水平。

案例3：从改革开放以来历次中国共产党全国代表大会主题提取关键词——“中国特色社会主义”，思考这一关键词说明了什么

党的十二大：提出走自己的道路，“建设有中国特色的社会主义”的命题；

党的十三大：沿着有中国特色的社会主义道路继续前进；

党的十四大：加快改革开放和现代化建设步伐，夺取有中国特色社会主义事业的更大胜利；

党的十五大：高举邓小平理论伟大旗帜，把建设有中国特色社会主义事业全面推向二十一世纪；

党的十六大：全面建设小康社会，开创中国特色社会主义事业新局面；

党的十七大：高举中国特色社会主义伟大旗帜，为夺取全面建设小康社会新胜利而奋斗；

党的十八大：坚定不移沿着中国特色社会主义道路前进，为全面建成小康社会而奋斗；

党的十九大：决胜全面建成小康社会，夺取新时代中国特色社会主义伟大胜利。

要点：从党的十二大到党的十九大的会议主题关键词看，“坚持和发展中国特色社会主义”，是改革开放以来我们党全部理论和实践的鲜明主题，也是习近平新时代中国特色社会主义思想的核心要义。

八、归纳小结

“三个代表”重要思想是在对冷战结束后国际局势科学判断的基础上形成的，是在科学判断党的历史方位和总结历史经验的基础上提出来的，是在建设中国特色社会主义伟大实践的基础上形成的。其核心观点是始终代表中国先进生产力的发展要求，始终代表中国先进文化的前进方向，始终代表中国最广大人民的根本利益。发展是党执政兴国的第一要务，建立社会主义市场经济体制理论，全面建设小康社会理论，建设社会主义政治文明的思想，推进党的建设新的伟大工程的思想等构成“三个代表”重要思想完整的内容体系。“三个代表”重要思想是对马克思列宁主义、毛泽东思想和邓小平理论的继承和发展，是中国特色社会主义理论体系的重要组成部分，是加强和改进党的建设、推进中国特色社会主义事业的强大理论武器。

科学发展观创造性地回答了“实现什么样的发展、怎样发展”的问题，科学发展观的第一要义是推动经济社会发展，核心是以人为本，基本要求是全面协调可持续，根本方法是统筹兼顾。科学发展观的主要内容包括加快转变经济发展方式，发展社会主义民主政治，推进社会主义文化强国建设，构建社会主义和谐社会，推进生态文明建设，全面提高党的建设科学化水平等思想观点。科学发展观是中国特色社会主义理论体系的接续发展，是发展中国特色社会主义必须长期坚持的指导思想。

党的十八大以来，我国取得历史性成就，发生历史性变革，中国特色社会主义进入了新时代，社会主要矛盾转化为人民日益增长的美好生活需要和不平衡不充分的发展之间的矛盾。

习近平新时代中国特色社会主义思想围绕新时代坚持和发展中国特色社会主义这一核心要义，提出了“八个明确”核心观点和“十四个坚持”基本方略。“实事求是、人民中心、知行合一”是习近平新时代中国特色社会主义思想的理论精髓。

习近平新时代中国特色社会主义思想是当代中国马克思主义、21世纪马克思主义，是新时代的精神旗帜，是实现中华民族伟大复兴的行动指南，是建设美好世界的中国智慧和中国方案，是党和国家必须长期坚持的指导思想。

后 记

《“马克思主义发展史课”教学设计》是西南大学马克思主义发展史课程教学团队各位老师集体合作的结晶。编写《“马克思主义发展史课”教学设计》对于我们来说是一种全新的探索和尝试。本书依托西南大学马克思主义发展史教学团队，通过教学设计推动西南大学马克思主义发展史学科的教学水平提升。

本书的编撰分工如下：薛俊强负责拟定全书的提纲，并负责撰写第一章；蒋志红负责撰写第二章、第三章、第四章；易艳华负责撰写第五章、第六章、第七章。书稿完成后，薛俊强完成了统稿以及初步的校对工作，各章负责人承担自己所负责部分最后的校对工作。在本书编撰和校对过程中，吴大娟、高妍同学在资料收集整理和文稿校对方面做了大量工作，并在第一章的初稿撰写过程中承担了部分资料的补充和完善工作。谭惠芝、吴瑶、王娅娅、成军青同学参与了后期的校对工作，尤其是在参考文献校对和汇总方面做了大量工作。杨玉红、侯娟娟两位同学参与了第四章的资料收集、初稿协助写作的工作，并且参与了第二章的校对工作。对以上同学们的辛勤工作特此表示感谢。本书在编写过程中参考和摘编了国内外同行的相关成果，我们对此表示由衷的谢意。

本书出版得到西南大学马克思主义理论一级学科的经费支持，在本书提纲总体设计和立意方面，马克思主义理论学科负责人黄蓉生教授给予了悉心指导，西南大学出版社的编辑在编校本书的过程中提出了许多中肯的修改意见，在这里一并表示感谢。

本书一定存在不少值得改进和完善的地方，我们期望在今后的教学实践和学术研究过程中不断完善本书的内容。同时，我们也诚恳期待学界同行和专家学者的指正，以便我们今后逐步完善本书。

薛俊强

2023年3月30日